一往无前

范海涛 著

中信出版集团 | 北京

图书在版编目（CIP）数据

一往无前 / 范海涛著 . -- 北京 : 中信出版社，
2020.8（2025.3重印）
ISBN 978-7-5217-1995-6

Ⅰ. ①一… Ⅱ. ①范… Ⅲ. ①通信企业–工业企业管理–概况–中国 Ⅳ. ① F632.4

中国版本图书馆 CIP 数据核字（2020）第 109613 号

一往无前

著　　者：范海涛
出版发行：中信出版集团股份有限公司
（北京市朝阳区东三环北路27号嘉铭中心　邮编　100020）
承 印 者：北京盛通印刷股份有限公司

开　　本：787mm × 1092mm　1/16　　印　　张：23.75　　字　　数：360 千字
版　　次：2020 年 8 月第 1 版　　印　　次：2025年 3 月第 22 次印刷
书　　号：ISBN 978–7–5217–1995–6
定　　价：78.00 元

致 一 往 无 前 的 你

目录

第四章 高歌猛进

第五章 生态链起航

第二部分 在忧患中前行

第六章 手机登顶和隐忧初现

第七章 低谷到来，危机初现

第八章 狂风暴雨中的一年

第三部分
最年轻的世界 500 强

第九章 逆转向上

第十章 一波三折的上市之旅

第十一章 新时代，新征程

后 记

推荐序

凡是过往，皆为序章——小米 10 年再出发

雷军
小米创办人，董事长兼 CEO

今年 4 月 6 日，小米 10 岁生日那天，我和小米全体高管一起重走了创业路：从北京中关村保福寺桥的银谷大厦起步，到望京的卷石天地，再到清河的五彩城，最后到我们自己建的小米科技园。从起点到终点，从地图上算，直线距离不过 6.9 公里，我们却已经走了 10 年。

“要做最好的手机，卖一半的价钱，推动智能手机在全球普及。”

10 年前，我们十来个人，在一间很小的办公室里开始创业时，简直“无知无畏”。毫无经验，赤手空拳，居然还有那么多人相信我们并愿意一起干，实在太不可思议。

创业最动人的部分就在于此。

那时的我们，无所畏惧，哪怕面对最顶尖的全球巨头，哪怕无数次被供应链拒绝，被无数人怀疑，我们都没有一丝犹豫迟疑，毅然站上全球竞争最激烈的舞台。

那时候的我们，朝气蓬勃，希望用互联网思维来改变中国制造业，让中

国品牌在全球崛起。我们相信，立足中国强大的制造实力，中国品牌一定可以做好。

那时的我们，意气风发，希望建立商家和用户之间朋友式的关系，让全球每个人都能享受科技带来的美好生活。我们相信，只要不断做出“感动人心、价格厚道”的好产品，就能和用户成为真正的朋友。

10 年过去了，小米还在，而且还在不断长大，我们的梦也正逐步成为现实。世界前六的手机品牌中，已有 4 家来自中国。世界各地都有小米的粉丝，很多人因为我们而见识了中国制造和中国设计的荣光。通过生态链模式，我们和很多志同道合的创业者一起，改变了很多行业，也逐渐改变了人们的日常生活。

但我们最在乎的，还是一切刚开始时，那个“小餐馆”的梦。它不必很大，但门口常有人排队，每一位食客几乎都是老朋友，真心喜欢我们的真材实料、用心厚道。小米想像这样的小餐馆一样，始终被信任、被喜爱。

小米是什么？这是 10 年来，我被问和自问最多的问题。

小米就是工程师的梦想，靠技术和产品亲手改变世界，让世上每一份的认真投入，都能有公道的回报。

小米就是工程师追求的信任。证明最好的产品能有最好的价格，让用户可以“闭着眼睛买”。

因为我们相信，“东西更好，价格更平”是所有人的向往；人们终究还是欣赏为人厚道，向往世间公道。

小米的 10 年就是一群最简单执着的工程师，怀着最简单纯粹的想法，用最简单专注的方式，追求最简单坦诚的信任。因为简单纯粹，所以无所畏惧；因为无所畏惧，所以一往无前！

10 年一路，精彩很多，磨难更多。小米 10 周年之际的这本书，是向参与创办这家公司的创业者致敬；为眼下和未来的小米人，提供一份更完整的小米序章总结；为跋涉在创业路上的人们提供一份可供参考的得失样本；也是给 10 年来关心、关注、支持或怀疑小米的所有朋友，一份坦诚的告白。

真实，是我们对这本书最大也是唯一的期待。感谢本书的作者范海涛女士，感谢她大量辛勤的工作，感谢她用最平实的视角，客观记录这家小公司10年来的成长轨迹、漫长征程的序章。

小米的10年序章，只是移动互联网创业汹涌大潮中的一朵浪花，但我们希望它终能呼应、推动一个属于全球每个人的更美好的未来。

因为指向未来，所以上下求索。在北京知春路或中关村创业大街，在上海漕河泾或张江，在杭州滨江或文二路，在深圳深南大道或华强北，在美国硅谷，在印度班加罗尔……都有着一样在午夜燃烧的眼神，或者于晨光中笃定的面孔，澎湃咆哮、洪流奔涌。

因为美好，因为属于每一个人，才值得向往。让所有人，不论他/她是什么肤色、什么信仰，来自什么地方，受过什么教育，都能一样轻松享受科技带来的美好生活，才是我们认定的星辰大海征途。

凡是过往，皆为序章。更深的海，更狂的浪，潮声轰鸣，总在前方。相信相信的信念，相信相信的力量，相信相信的航向，无论晴空万里，抑或风雨如晦，我们注定一往无前！

前 言

小米10年，生而逢时

探索，让未来多一种可能。

2019年9月24日下午两点，在北京海淀区安宁庄北路小米科技园D栋地下一层的篮球场上，即将举办一场新品发布活动。整个篮球场的灯光按照约定的时间暗淡了下来，如同一场戏剧就要拉开帷幕，追光灯打到舞台的中央，整场戏的主角就要登台。

半分钟后，音乐退去，小米集团创始人雷军迈着轻松的步伐走上舞台，黄色的灯光追随着他。今天，他穿着一尘不染的白衬衫、深蓝色的牛仔裤、一件和牛仔裤颜色相近的休闲西服外套，脚踩一双白色的休闲鞋。看得出来，今天他的头发经过了仔细打理，黑亮且一丝不乱。

从青年时代开始在中国科技创业界打拼，雷军几乎经历了整个中国科技互联网时代的升腾跌宕之旅，有着如同电影《少年派的奇幻漂流》主人公一样的心路历程。从软件时代到PC（个人计算机）时代，再到互联网时代，每一次科技更迭，他都是亲历者，对浩如烟海的往事如数家珍。如同很多第一代创业者一样，他经历过自我成就的高光时刻，感受到了光辉岁月的垂青。又如同很多当时的探路者一样，他也经历过低至尘埃的至暗时刻，感受过那种真实而壮烈的疼痛。他在创业的过程中认识自己，摸索着世界的规律。

10 年前，又一次产业周期的更迭悄然而至，移动互联网的崛起即将掀起巨大浪潮，雷军立志终结中国山寨手机横行于世的乱象，并改造中国制造业。他和伙伴们在盘古大观酒店咖啡厅的餐巾纸上，写下了他们内心深处的愿景——“硬件 + 软件 + 互联网”，让人们享受科技带来的美好生活。随后，雷军不断召集同行者，创建了这家叫作小米的公司。

一路走来，小米已经从餐巾纸上的构想，成长为一家年销售额超过 2000 亿元人民币、在 90 多个国家和地区占有市场份额的全球化公司。那个鲜明有力的橙色标志“MI”成为很多人心中一盏有温度的科技明灯。数亿创新技术和工业设计完美结合的产品走进了千家万户，给人们带来奇酷有趣的生活体验。在很多海外市场，人们也惊讶于来自一家中国公司、带着 MI 字样的科技产品，可以做得如此淋漓尽致。

10 年的蜕变既有趣又令人深思，循着小米公司 10 年的成长历程，人们可以描绘出一家新兴的中国科技公司在全球市场权重变化的路径图，也可以追踪到中国力量崛起的影子。这正是 10 年移动互联网大潮的一种写照——在新的产业大潮来临之际，总会有新兴的公司脱颖而出，而越来越多的中国新兴力量，已经有了屹立于世界潮头的能力。

一个更有力的佐证是，仅仅经过 9 年时光，小米就成为最年轻的世界 500 强公司之一。而小米在这个名单上的出现，使得中美互联网公司之间的力量对比发生了改变。2018 年，互联网服务领域的中美公司数量对比还势均力敌——阿里巴巴、腾讯、京东对阵亚马逊、谷歌、脸书。而到 2019 年，因为小米的加入，在互联网创新的高地上，中国首次反超美国。

从 2010 年到 2020 年的这 10 年间，很多像小米这样有价值的中国公司不断涌现。庞大的互联网用户基数和丰富的应用场景、不断迭代的新技术以及不断增速的网络带宽，为中国互联网巨头的诞生奠定了基础。在这样的背景之下，美团、滴滴、字节跳动、快手、蚂蚁金服等企业以及微信等通信工具诞生了，彻底改变了人们的生活方式。仔细数来，中国的独角兽企业已经占据了全球范围高达 30% 的比例，它们的市值占比也高达四成。在全球市值排名前 10 的互联网公司中，有 5 家是中国公司。

另外，在全球化的进程中，中国的海尔、海信、万向、首钢等企业早已远征海外，而联想并购 IBM（国际商业机器公司）的个人计算机业务、吉利并购沃尔沃、TCL 并购施耐德等案例，都预示着中国企业正在超越以往的范围去配置资源。[①] 而小米也正在把它的品牌授权店开到全球各地。可以说，中国企业翻越国界的实例和玩法层出不穷。

这样的变化颇有深意，正如经济学家所希望的那样：在新的商业环境和商业文明中，中国应该引领全球。在近现代历史中，东方与西方的交流多是单向的，但是中国不会永远做追随者、复制者，随着中国的再次崛起，东西方“双向交流”的时代已经到来。尤其值得注意的是，在移动互联网时代，拥有世界最庞大手机用户群的中国得以用最快的速度积累移动数据。

中国的数据优势不可小视，在快速迭代的互联网世界，中国创造并搜集了详细的海量数据，中国的移动食品配送速度是美国的 10 倍，移动支付普及率是美国的 50 倍，共享单车设施数量是美国的 300 倍。在即将到来的人工智能时代，更多的数据将播种下持续增长的种子。

如果说，2009 年到 2019 年是中国移动互联网公司脱颖而出的 10 年，那么在未来的新经济的成长空间中，时代将创造更多波澜起伏的创业故事。在这个过程中，小米正是给全球经济打上“中国烙印”的一个经典案例。

此时此刻，小米的两万多名员工，正在小米银灰色玻璃外墙的办公楼里忙碌着，很多个会议室里正进行着关于中国科技最前沿问题的激烈争论。而楼下，一场重要的发布会正在进行。它的主题是“探索不可能，让未来多一种可能”。安静的园区里涌动着一个消息：今天，会有一个令人尖叫的产品问世，它采用的，依然是引领世界的技术。

舞台上神色轻松的雷军正在挥洒自如地介绍着自己的产品，这是普通公众可以看到的小米——高通旗舰 5G 手机，不断改进的 MIUI（手机操作系统）

① 王德培．中国经济 2020［M］．北京：中国友谊出版公司，2020：17.

新版本，无边框、全面屏互联网智能电视，领先的无线反充技术，小爱智能音箱结合人工智能的功能试图抢占新的入口。甚至在介绍小爱音箱时，雷军还幽默地提到了“格力”，他说，“小爱音箱可以轻松搞定格力空调”，引来了全场的会心大笑。

舞台上的雷军所代表的小米公司，是热烈的、浓缩的、灿烂的。而舞台之下，一个日常的、公众不易感知的小米公司，每天都充满激情地快速奔跑着。可以说，这 10 年是小米公司惊人成长的 10 年，是雷军作为创业者升级蜕变的 10 年，也是跟随小米公司一路走来的一群人的黄金 10 年。

9 月 23 日，就在雷军为这次重要的新品发布会进行彩排时，小米中国区副总裁张剑慧已经如陀螺般奔忙了一天。作为中国区线下业务负责人，她现在的主要任务是理顺并拓展小米的线下渠道。

9 月 23 日也被小米内部称为“疯狂的星期一”，这一天张剑慧有很多例会要参加。这个小圆脸、眼睛细长、梳着马尾辫的河南姑娘穿着一双白色的跑鞋，以便在各个楼层间奔跑。张剑慧尽管年龄不大，却掌管着 5000 人的团队，很多小米的中坚力量都是她的同时代人。值得注意的是，9 年前，她是从小米的售后主管做起的。

就在这一天晚上，她参加了当天最重要的业务会议——小米全国 23 个区域代理全部来到了小米科技园述职。这些被称为“省总”的区域代表正是小米线下策略的重要执行人。在 H 栋 8 层的大会议室里，“省总”们按照规定，身着白衬衫来参会。他们轮流上台，紧张地复盘 2019 年中秋节期间的销售情况。

2019 年 9 月 23 日，对于小米的海外业务高管、小米高级副总裁王翔来说，同样也是分外忙碌的一天。

这一天早上，全球研究智能手机最知名的数据公司 GFK，派来一个 8 人的高管团队与小米的国际业务团队进行交流。当 GFK 谈到碎片化的东欧市场时，王翔敏锐地发现了数据公司指出的问题——东欧的市场机会比小米想象的要大。他马上走出办公室，用手机联系了东欧市场的负责人。王翔曾任高通全球副总裁和大中华区总裁，他于 2015 年 7 月离开这家知名外企，加入了小米。

2019 年 9 月 23 日这一天晚上，小米的 80 后高管、首席财务官周受资刚刚从深圳飞回北京。因为前一天晚上谈投资业务到凌晨三点，这时他坐在自己办公室的沙发里，捧着一杯星巴克咖啡，说自己有点儿困。周受资是新加坡人，于 2015 年被雷军从 DST(一家知名的国际投资机构) 招致麾下，后来具体负责了小米在香港的上市业务。

那一天，他刚刚参加完 TCL 的重要会议，和 TCL 董事长李东生交流回来。小米今天的投资布局，已经静悄悄地开始向上游挺进，雷军一直有一个推动制造业进步的梦想，因此小米成立了一只上百亿规模的产业基金，目前正在向深入参与中国制造业方面探索。根据这个策略，小米的上游生态链正在慢慢形成。

这些在镜头之外暗流涌动的东西，是公众无法在无数个寻常之日看到的小米公司——在凌晨时刻小米园区依旧灯火通明的办公室，工程师为了新技术突破而进行的一次又一次尝试，小米员工从自己熟悉的领域向不熟悉的领域的跨越，某个人因为小米公司而发生的命运改变，这些是小米每天都在发生的故事。这些人物和命运，是时代与机遇的产物，他们也能阐释小米这家公司给时代和人带来的更为深邃的东西。

镜头回到 2019 年 9 月 24 日的小米科技园篮球场。

终于，那款传说会横空出世的产品在舞台上发布了。雷军在众人的期待下，一次次点亮它的屏幕，它就是全球首款环绕屏 5G 手机——小米MIX Alpha，搭载一亿像素摄像头。它全身通透，发散着蓝宝石一样的闪闪电光，璀璨夺目，像一个傲视群雄的宇宙英雄。人们高举自己的手机开始拍照，现场星光一片，尖叫声此起彼伏。大家惊叹于这来自科技世界的又一次出其不意的心灵撞击——MIX Alpha 突破了硬件领域对屏幕的限制，这是小米有史以来最具颠覆性的产品。

在一片沸腾的情绪中，现场播放起了视频，这是工程师们在研发这个产品时经历的一段“奥德修斯之旅”。在视频中，工程师们谈到了产品研发中的种种艰难困苦，谈到了如何攻克那些名字听上去就十分拗口的技术——环绕形态分层贴合、嵌入式组装、屏幕发声、超声波距离感应、双侧压感屏、柔性屏下指纹……还谈到了攻克这些技术难题时坚定的信念。

没有人比工程师们更清楚这个过程，两年前这个产品立项时，柔性屏技术刚刚起步，没有人可以保证这种探索一定能够成功。如果没有创始人拍板同意大胆尝试，没有对创新所需的真金白银投入的宽容，就不可能有今天这个产品的问世。

其实，这正是 10 年来小米对创新和新技术一以贯之的态度。无论是在高歌猛进的顺境，还是在暗流涌动的逆境，也无论外界多么浮躁喧嚣，在小米黑科技的世界里，始终有一群人，在探索最不可思议的技术。

10 年里，小米频繁调整组织架构，努力应对不确定的外部压力和残酷的产业竞争。你可以从新产品的不断诞生中感受到一种摧枯拉朽的生命力，你可以从和很多小米人的交谈中感受到，小米人始终相信小米诞生之初他们就相信的东西——那些让你感受鲜活、热烈、沸腾、不服输的东西。这些东西和小米人立志达到的目标非常一致，比如，让每个人都能享受科技生活的乐趣；再比如，永远相信美好的事情即将发生。

2019 年下半年，中美贸易摩擦带来行业剧变。在全行业承压的情况下，在小米的千人干部大会上，雷军谈到了小米中国区面临的挑战。

同时，雷军还谈道：在巨大的挑战面前，还有巨大的机遇，当 5G 时代最终来临时，随着手机单价的上涨以及市场规模的扩大，小米将在 2020 年迎来 30%~40% 的上涨空间。面对目前这种市场压力，在小米中国区的情绪略有焦虑的情况下，雷军告诉整个小米管理层：小米未来的路没有捷径，小米通往未来唯一的道路就是——技术立业，苦练内功。

此时此刻，MIX Alpha 的面世，仿佛是对小米这种信念的一种回应。

小米的 10 年，如果是一部电影，镜头将不断向上拉伸。我们会看到中国坐标下的小米故事，我们会看到世界坐标体系里的小米故事，我们会看到处于商业文明进程中的小米故事，我们还会看到科技文明不断升级迭代中的小米故事。

这最终是一个怎样的故事呢?

这不仅仅是一段简简单单的10年光阴的旅程，它更像是一个充满了个人成长史的故事。故事的主角们走进陌生的领域，操盘全新的事物，从盲人摸象到看见全部风景，从莫名恐惧到最终战胜恐惧。

这不仅仅是一个探索新技术，让工程师冲破产品思维边界、在“无人区”独孤求败的故事，还是一个有关科技进化史的故事，它描述了技术追随者经过漫长的蛰伏，最终得到奖赏并开始引领浪潮的历程。

这不仅仅是一家公司勇于试错、不断跟随市场变化进行战略调整、逐步理顺自己节奏的故事，更是一部充满跌宕起伏剧情的公司成长史，一家公司可以在狂风暴雨中依然坚守自己相信的东西，现在正在逆风飞扬、将来可能逆势称雄的故事。

这不仅仅是一个人和一家公司的故事，还是一个关于中国崛起的故事。这是一个在风投系统逐渐成熟、移动互联网全面崛起、产业正在像素级追赶以及消费升级时代来临时，一个国家和一个时代如何成就创新者的故事。

这是另一个刚刚开始。

小米MIX Alpha揭幕的这一刻，时空仿佛穿越了，小米再一次复制了逆风飞扬的故事。很多人仿佛回到了2016年小米MIX横空出世的那一刻，甚至有人泪眼婆娑，认为时间回到了更早的2011年8月16日，小米手机1在北京798艺术区发布的那一历史时刻。

大屏幕上继续播放着对雷军的采访视频。雷军说：探索就是要进入一个无人区，去走没有人走过的路，中国科技公司就应该有这样的使命感，我们就是要做一个很酷的东西、颠覆性的东西来满足米粉对我们的期待，也满足我们在技术领域的探索。

小米永远要做米粉心中最酷的公司!

这一刻分外燃爆。此情此景应该配上一首歌曲:

没有什么能够阻挡
你对自由的向往
天马行空的生涯
你的心了无牵挂
……

探索不可能，让未来多一种可能。

生活，注定热血沸腾！

第一部分
小米的诞生与崛起

2010—2014

第一章
雷军的重新出发

拉面馆前停下的奔驰车

2009年6月的一个午后，一辆闪闪发亮的奔驰车“唰”地一下停在了一家马兰拉面馆门口，两位年轻人走下车来，他们的相遇其实不是偶然。

半个小时之前，晨兴资本的一位年轻的投资经理正行走在北京交道口南大街附近的一片树荫之下，阳光有些灼人，他要赶去参加晨兴资本投资的一家公司——推出UCWeb浏览器的UC优视公司的董事会会议。会议在联创策源的办公室里召开，地点就是他现在正赶往的秦老胡同35号。

和北京那些有着悠久历史的老胡同一样，秦老胡同有些狭窄，汽车开进去有些费劲。从大路往胡同里拐的过程中，所有的车都要把速度降下来，使得胡同口出现了一段拥堵。年轻的投资经理一边步行，一边打量着这段路况，目测着车辆在胡同里穿行的速度。这时，一辆黑色的奔驰车停在了他身旁，车窗降了下来，一个略带沙哑的声音和他打招呼：

“吃饭了吗？”

“还没。”

“走，一起吃个饭。”

车里的人在业内已经很久没有公开露面了，他是中关村最早一代创业者之一，也是UCWeb浏览器的早期投资人，他是一个“年轻的老前辈”。现在离会议时间还有一个小时，他们正好可以一边吃饭一边聊会儿天儿。

参加被投企业的董事会总是这样，可以让平时各忙各的投资人有机会见见面，除了讨论被投的企业外，也可以讨论一些其他的内容，比如产业走向、未来的机会、自己某个灵光一现的想法等等。从20世纪80年代改革开放开始，国际投资巨头进入中国，本土创投也一路崛起，成败得失的故事一直上演。在互联网1.0年代，那些早期在中国布局的机构已经赚得盆满钵满。而现在，一些移动互联网领域的机会开始纷纷出现。像UCWeb这样的手机浏览器产品，正是目前风险投资界看好的绝佳赛道。

年轻的投资经理知道，眼前这位他刚刚遇到的人，是一位有故事的人，他的创业经历早已被演绎成江湖传奇。两年前，他已经转型为一名天使投资人，现在正在新的领域寻找战机。

今天，这个人的装扮和往常差不多，他头发黑亮，梳着偏分头，穿着一条深蓝色的牛仔裤，上身穿着一件没有褶皱的白衬衫，肩头挂着一只普通的黑色尼龙双肩包，一眼望去，他还保留着一些工程师的气质。

他的身高大约180厘米，偏瘦，眼睛里总是带着一种似有似无的笑意，说起话来，右侧脸颊上一个浅浅的酒窝若隐若现。今天，他不用承担那种在一线带兵杀敌的压力了，因此，他略带沙哑的声音带着轻松愉悦。

“看看我身上这件白衬衫怎么样？你猜多少钱？”眼前的人笑着对投资经理提出了问题。

“也就几十块吧。”

“你怎么知道？这是凡客诚品出的，80支，免烫。”

从衬衫工艺开始，这位“年轻的老前辈”在车里兴致勃勃地谈起了电子商务、衣服剪裁、纺纱细度以及物流配送，这一切都让人不禁感叹——每次投资一个新的企业，他都会迅速变成这个领域的专家。

他，就是雷军。

雷军是中国第一代中关村创业者之一，他是一名天才程序员，也是少年成名的创业者，90 年代就进入金山软件公司，经历了办公软件 WPS（文字处理系统）最如日中天的年代。

后来，金山 WPS 和跨国巨头微软在桌面文字处理软件领域进行过一场轰轰烈烈的大战。由于金山的文字处理软件曾经深深影响中国第一批计算机用户，而微软是一个来自西方世界的计算机巨头，因此双方的这场鏖战，被人们赋予了比普通商战更加浓厚的民族主义色彩。

1996 年，微软与金山签署了一份协议——双方都通过自己软件的中间层 RTF 格式来读取对方的文件。这个举措在后来被证明是一个致命的错误。就这样，金山将自己"具有天然垄断性"的 WPS 格式向微软"友好"地开放了。随着微软 Windows 95 的发布，WPS 用户逐渐通过格式开放，大批量转移到微软的 Word 办公软件之下。在与微软的竞争中，金山溃败，而 1996 年成为微软拿下中国市场的标志性年份。

对于亲历者雷军来说，那是他创业人生的至暗时刻。那一年，雷军只有 27 岁。当时，李彦宏还在美国读书，马化腾还在到处筹钱想办法创建自己的第一家公司，马云还在和合伙人一起创办"中国黄页"。

再后来的故事就像一部战争片，在这场大卫与歌利亚的战争中，雷军就像一个前线指挥官，在危急关头向公司立下生死状。

微软很强大，因此金山不能总是待在正面战场。雷军当时给金山定下的战术是，一方面坚持优化 WPS 的用户体验，不求胜速；另一方面以战养战，专门在微软不做的市场缝隙里发力。这才有了后来《金山词霸》和《金山毒霸》的诞生，事后证明，这些产品对金山走出困境至关重要。

另外，在这场略带苦情色彩的持久战中，忽如一夜春风来，中国计算机产业迎来了从桌面软件到互联网时代的全面转型。那些原来在暗处默默耕耘的互联网创业新秀开始崛起。如果说，1995 年张树新在中关村南大街上竖起的那块广告牌——"中国人离信息高速路还有多远——向北一千五百米"只是中国互联网发展的一首暖场序曲，那么 1997 年以后，互联网的热潮就像一首交响乐，每天都在弹奏狂野的旋律。新浪、网易、搜狐三大门户网站先后成立，开启了改变中国网民获取信息方式的革命。

2000 年，新浪、网易、搜狐先后在美国纳斯达克上市，安装了奔腾 III、奔腾 IV 处理器的个人计算机更多地走入千家万户。2000 年，中国上网用户已经达到 890 万人，比三年前有了高达 14 倍的增长。

金山和微软打架的这段时间，曾先后在美国华尔街、硅谷从业的李彦宏回国创立了百度，主营搜索引擎业务；曾经差点儿以 50 万元卖掉自己产品的马化腾创立了腾讯；而马云创立的中国黄页，几经更迭早已经成为电子商务公司阿里巴巴。

在新秀崛起的时代，雷军面临的一个课题是，如何带领金山这样的软件企业在新的产业周期里突围前进，一家传统的软件企业要怎么做才能闯过市场风云变幻的大风大浪。在产业周期的更迭浪潮里，当时的金山面临的是一种典型的“创新者的窘境”。

“真正具有颠覆性的创新可能会被原有的巨头选择性忽视，然后这些创新会在某个节点突然爆发，并改变整个行业格局。”哈佛商学院教授克莱顿 · 克里斯坦森（Clayton Christensen）在《创新者的窘境》里这样表述。某个原来在市场上占有优势的公司，在颠覆性创新方面，反而处在弱势地位。这也是当时金山面临的困境。

其实，因为看到了行业趋势，雷军早在 1999 年就在金山单独成立了一个部门，准备进军互联网，最初尝试的方向是软件下载站。但是事实证明，下载站只是金山进军互联网的一个小探索，这并不是一个好的生意，不断提高的带宽成本无法带来商业变现和用户运营价值。于是，雷军将互联网部门从金山分拆了出来，在 2000 年成立了一个单独的电子商务网站，这就是最早的卓越网。雷军的想法源起于美国的电子商务网站亚马逊——一家通过互联网平台向消费者出售饮料、书籍等商品的公司。

在这个业务上，雷军联合其他股东一共投入了 2000 万元人民币。

雷军对互联网的痴迷程度绝不亚于对软件的迷恋程度。每天一上班，他都要先花半个小时的时间检查卓越网的每一个网页链接，核对每一个广告是否正确，甚至卓越网卖的书，他都要一本一本地翻翻，看看是不是真的值得向读者推荐。忙了一整天后，他和高管们每天晚上 12 点会准时开个电话会议，核对一下当天的经营状况。

随着订单规模不断扩大，库存的压力直线上升。把货放满货架，再打造好全套流水线，最少要 1000 万美元，卓越网每天都在烧钱。雷军忽然意识到，国内的信息化水平还比较低，中国电子商务要达到成熟水平至少还需要 5~10 年的时间。而卓越网要想实现稳健赢利，至少还需要 10 亿元人民币。他心目中最伟大的电子商务公司——亚马逊也经历了同样一段韬光养晦的时光（亚马逊创立于 1994 年，到 2002 年才开始赢利）。

然而卓越网却因为极度缺乏资金而没有坚持那么久，尤其是它的诞生有些生不逢时。2000 年 5 月卓越网成立之际，正值全球互联网泡沫破灭的前夜，卓越网的成长期几乎贯穿了全球风投撤离互联网行业的全过程，一直到卓越网考虑出售的 2004 年 9 月，整个行业还处在低谷期，这意味着卓越网不可能像早期的互联网公司一样，依靠巨额融资支撑下去。

经过很多次卖还是不卖的灵魂拷问，最终，雷军决定以 7500 万美元的价格，将卓越网卖给亚马逊。但是这次出售让他内伤不浅，有长达半年的时间，他不上卓越网，也不见卓越网的老同事。那个时候，中国创业者对卖公司的接受度比较低。雷军感觉，卖掉卓越就如同卖掉了自己的儿女，撕心裂肺。

2004 年下半年，雷军继续推动金山向网络游戏方面转型。金山转战到风险与难度比较大的网络游戏阵地，雷军给这次转型起名叫“X-Mission”，来自汤姆 · 克鲁斯主演的系列动作电影《碟中谍》中的“不可能的任务”。

通过在网游方面的探索，在国产软件步履维艰的现实情况下，金山慢慢走出了一条另辟蹊径的转型之路。随着新的网游不断出炉，网络游戏最终成为金山源源不断的现金奶牛，这也让金山最终逃离了“微软之下，寸草不生”的魔咒，有了自己的生存方式。

2007 年 10 月，金山成功登陆香港联交所，完成了登陆资本市场的梦想。

因为之前有三次失败的经历，因此金山的上市过程显得尤为不易。在上市之前，雷军到中国香港、新加坡、伦敦、纽约参加路演。高密度的行程安排，再加上投资者的尖锐盘问，参与者都极度疲惫，而雷军更是几乎每天晚上都要见很多投资者。奔走在异国他乡的路上，这位30多岁的年轻人几度快要落泪——旁人也许很难体会16年征程的风雨艰辛。

金山在香港上市的这一年，马云带领阿里巴巴B2B业务也在香港上市。腾讯、百度、阿里巴巴的市值在当时都超过了100亿美元。同期（10月6日），新浪的市值是26.83亿美元，搜狐是14.54亿美元，网易是21.13亿美元，三大门户网站的市值总和不到100亿美元。而以腾讯、百度、阿里巴巴为代表的新三大巨头格局，正在去三大门户化而形成。中国互联网上市公司的总市值也被推升至700亿美元。

跌宕起伏的商战和多灾多难的突围，正面战场的冲击和另辟蹊径的艰难，这些经历都内化在雷军心里。金山和微软豪赌、卖掉卓越网、开发网络游戏，这些经历让雷军不再是那个在武汉大学演讲时高喊“我要用未来10年和微软来一场豪赌”的年轻人了。豪情壮志无法简单地解决商业的问题，雷军开始用理性精神看待商业世界。

他用十多年的亲身经历证明，企业家并不是超人和圆桌骑士的混合化身。真正的创业者，要有周密的分析、严密的系统，还要辛勤工作，但是首先是周密的分析。决定一个企业是否能决胜千里的最重要的一条，不是天道酬勤，而是顺势而为。

雷军最终意识到，作为一个创业者，一定要找到趋势。人不能推着石头往山上走，这样会不堪重负。在创业的路上，首先要做的是爬到山顶，再随便踢块石头下去。

离开金山是个既痛苦又复杂的故事。金山在香港上市之后，内心深处对金山怀有浓烈爱意的雷军，出于各种原因选择了放弃。这个过程中他备感挣扎矛盾，承受的情感暴击更是要十倍于卖掉卓越的痛苦。虽然求伯君和张旋龙苦苦挽留，但是最终，雷军还是选择了离开，转身去拥抱“大势”。他甚至觉得，也许离开金山，转去做天使投资，就不需要再对任何一家公司用情太深。

始终置身于这个时代浪潮的最前沿，以及数年一线作战的经验，赋予了雷军一种判断商业机会的本能，他清楚地知道，随着新技术的不断发展，一场新革命的大幕正在拉开。他和所有在时代前线工作的人一样，开始准备拥抱又一个新产业周期——移动互联网时代的到来。

其实，雷军的天使投资人生涯并不是从金山退出之后才开始的。他一直浸润在新旧世界交替的土壤里，感受着产业界一次又一次的潮起潮落。2003年，他看到人们开始讨论 3G。2004 年，他体会到整个互联网市场从低谷中逐渐回归。从那个时候开始，他每时每刻都在思考新的产业机遇是什么，“下一局”的方向在哪里。每当看到希望的火种时，他就会出手做一些投资，因此慢慢地形成了自己的“雷军系”天使投资。

这些投资主要聚焦在三个方向：移动互联网、电商和社交网络。像 UCWeb 浏览器这个产品，正是雷军作为天使投资人的得意之作。

手机发烧友雷军的梦想

对 UCWeb 的这笔投资发生在金山上市之前的 2007 年年初，雷军和几个朋友共同出资 400 万元投资了这家当时几乎弹尽粮绝的公司，其中雷军自己出资 200 万元，占公司 10% 的股份。

手机上网这个在今天看来如此家常便饭的事儿，在当时还是新鲜事物。那个时候，人们通过手机上网的速度很慢，但是 UCWeb 浏览器可以使 PC 网页转到手机上的流量消耗变小，因此加快了手机上网的速度，被网民誉为最省钱的浏览器。另外，UCWeb 还可以在手机上打开多个网页，缓解了人们等待的焦虑。

决定投资 UCWeb 时雷军没有丝毫的犹豫。因为他相信，随着 3G 时代的到来，更多人会选择用手机上网，如果创业者能够在手机上建造所有人上网的通路——浏览器，那么未来就可以繁衍出无限的商业模式。在他眼中，UCWeb 就是未来手机上的谷歌。

事实上，2007 年之后，雷军就给自己立下了一个规矩，那就是在办公室和家里都不再使用电脑，所有的信息处理都尽量只用手机完成。在这个过程中，他体会着即将到来的移动时代一点一滴的演进。

就在 UC 手机浏览器得到第二轮投资的 2007 年，大洋彼岸发生了对产业影响深远的变化——苹果公司在 2007 年 1 月 9 日的 Macworld 大会上发布了自己的移动操作系统 iOS 和 iPhone。几个月后，iPhone 正式横空出世。

iPhone 是苹果公司花了两年半左右的时间才研发出来的产品，整个过程历尽波折。这也是苹果公司创始人乔布斯回归苹果后最重磅的手笔，它将苹果重新推向了繁荣之路。

苹果首席设计师乔纳森在其传记中这样说：

> 每样东西都是新生事物，而且没有一样能正常运行。触摸屏是新的，加速器是新的，我们每走一步都在挣扎，每一步都是如此，在过去的两年半时间里，我们无时无刻不在挣扎中度过。

尽管历经艰辛，但 iPhone 一亮相就风靡世界。《成为乔布斯》里这样记述：

> 在史蒂夫的演示下，多点触控屏仿佛拥有了魔力，在屏幕上滑一下就能滚动列表，双击网址就能打开网页，一切似乎一气呵成。当苹果商店的店门打开的时候，每一次都会引发一场大混乱，热闹的场景就像狂欢节一样。

截至 2007 年年底，在短短的半年时间内，iPhone 销量达到 370 万部。到 2008 年第一季度，iPhone 的销量就已经超过苹果旗下整个 Mac 系列的销量总和；而到那年年底，iPhone 一个季度的销量就是 Mac 的三倍，这带动了苹果公司的收入和利润的飞涨。

iPhone 问世 4 个月后，苹果推出软件开发工具包，供任何想为 iPhone 开发软件的人使用。顷刻间，这个消息传遍了硅谷和投资界，几百家小公司争先恐后地争抢资金进入苹果开发平台。明眼人一看就知道——iPhone 永远地改变了手机行业的游戏规则。

就在全球刮起“苹果旋风”之后的半年，谷歌于 2007 年 11 月 5 日正式公布安卓（Android）智能操作系统。不久之后，这个绿色小机器人便开始在全球风靡起来，它的势头较苹果的 iOS 系统有过之而无不及。

安迪 · 鲁宾（Andy Rubin）被称为“安卓之父”，他是一个对技术有着狂热挚爱的工程师，是极客文化的代表，曾经供职于苹果和微软。2003 年，安迪 · 鲁宾成立了安卓公司，致力于实现自己要研制新一代智能手机的梦想，目标是开发一个向所有软件设计者开放的移动手机平台。

在朋友的帮助下，2005 年 3 月，安迪 · 鲁宾的安卓项目被谷歌收购。在其后的两年时间内，安卓都是谷歌内部的一个权重不高的项目，安迪带着收进来的一个 10 人小团队在谷歌总部偏安一隅，不紧不慢地做着开发工作，甚至谷歌都没有给他们明确的目标和产品发布时间。然而，当苹果发布自己的操作系统后，安卓的权重陡然上升。

2007 年 11 月 5 日，距离苹果发布第一代 iPhone 仅 4 个月，谷歌公司正式公布安卓操作系统，并且宣布与 34 家手机厂商、运营商成立“开放手机联盟”（OHA）。自此，这个基于 Linux 内核的安卓系统正式登上历史舞台。

安卓系统的底层操作系统是 Linux，作为一款免费、易得、可以任意修改源代码的操作系统，Linux 凝聚了全球无数程序员的心血。安卓的开源模式，打破了以往操作系统平台的授权模式，不仅降低了厂商的成本，也赋予了他们更多自由发挥的空间，更提升了他们支持安卓的热情，这是安卓平台能够快速成熟、快速成长的源泉。[①]

---

① 王彦恩 . 智能手机新“引擎”解读 Android 发展之路 . 中关村在线，2011.9.28. 详见 http://zdc.zol.com.cn/251/2511825.html?_t=t 摘自 http://zdc.zol.com.cn/251/2511825.html?_t=t。

苹果系统和安卓系统于2007年这个具有分水岭意义的年份，在大洋彼岸先后发布，给全球科技界带来了崭新的面貌和机遇。网景公司联合创始人马克·安德森（Marc Andreessen，后来成为硅谷的风险投资家）看到这些变化，发出了感慨：新技术的问世“翻转了硅谷的两极”。以前，技术的发展是由军队、大企业推动的，只有这些资金雄厚的实体才买得起零部件。但是现在情况变了，技术的发展由普通消费者推动。

彼时，奔迈公司的Treo手机上市已经有几年时间，RIM移动研究公司（Research in Motion）生产的黑莓手机销量也不错。这些手机都带有小型键盘，所以屏幕不大，但用户查看邮件、查看日历、查找联系人都不成问题。然而，这些手机的销量每况愈下。

iPhone的发布，安卓的横空出世，对于大洋这一边的一家普普通通的、刚刚拿到1000万美元投资的创业公司UC优视会有什么影响？而这又和2009年6月的这个普通的夏日午后，中国的两位风险投资人在一家简陋的拉面馆里的对谈有什么关系？

走进有些阴暗简陋的拉面馆，雷军找了一个靠窗的座位坐下。

“你对UCWeb怎么看？”雷军开门见山地问道。

对面年轻的投资经理敏锐地捕捉到了这个问题的深层含义。他知道，这个问题比表面看起来的要深刻得多，它和两年前地球那边发生的那场科技革命息息相关。敏感的中国前沿科技工作者都在观察着这场科技革命如何搅动移动互联网的大局。这涉及一批像UC优视这样与手机相依相伴的公司，在新技术系统来临之际如何取舍的问题。很显然，雷军在其中看到了安卓带来的巨大机会。

雷军曾经是这位投资经理的一个遥不可及的偶像，但此时这位投资经理已经是一个由连续创业者转型成功的投资人了，尽管年纪不大，但是他也从GPRS（通用无线分组业务）时代一路摸爬滚打到了3G时代，可以用亲身经历谈论服务提供商（SP）的原罪、苹果的创新和安卓开源的奥妙。此时此刻，他已经可以和雷军进行真正的对话。在UCWeb以前，他和雷军还曾经联手投资了拉卡拉。

“我和你的看法当然一样，安卓有机会。”对方回答。

UC浏览器最早根植于塞班（Symbian）系统。这是在苹果iOS和安卓问世之前，全球第一大手机厂商诺基亚使用的手机操作系统。而到2009年，iOS和安卓已经问世两年，除了微软完全封闭的Windows Mobile系统，如同PC时代一样，全球移动平台的两大系统已经逐渐形成两大阵营。雷军对UC浏览器问题思考的本质是，安卓系统已经发布一段时间了，UC浏览器是否应该从塞班系统转移到安卓系统上，从而使UC浏览器将来能够和更多安卓手机相容？

除此之外，雷军更进一步的思考是，相比于苹果iOS、塞班和Windows Mobile系统，安卓是否会在未来的移动互联网市场有更广阔的空间？

对于密切观察产业前沿的极客来说，苹果系统和安卓系统的先后发布，仿佛是某种熟悉的科技产业周期更迭的重现。敏感的观察者不由自主地会想到20世纪80年代PC时代的崛起，而雷军也在思考，这会不会带来另一次不同寻常的历史重演？

人们对那段历史太熟悉了，很多有关乔布斯的传记和硅谷历史的书籍都对此津津乐道。《成为乔布斯》中也毫无例外地记载了这一点：

> 乔布斯坚持认为系统必须封闭，才能够和硬件有更匹配的体验，而比尔·盖茨意识到半导体芯片和电路是完成任务的载体，操作系统就如同在程序员和半导体之间架起了桥梁。标准化的操作能让整个电脑产业受益，也会给开发公司带来具体利润。只有比尔·盖茨意识到了这一点，其他人都没有。

个人计算机产业刚刚开始时，苹果就选择了封闭的道路，而微软选择了开放道路。最终，Wintel模式因为它的兼容性和开放性，在个人计算机市场上占据了主动。

雷军在大一期间就读过《硅谷之火》，对于乔布斯和比尔·盖茨的故事、苹果和微软的故事、麦金塔和Windows的故事，他早就烂熟于心，因此在他眼里，UC浏览器现在面临的问题，不只是一家公司的道路选择问题。

谈了一小会儿对UC浏览器的看法，雷军推开桌上的碗，转过身去，把挂在椅子上的黑色尼龙双肩包打开，然后拿出了几部手机。他一部一部地把这些手机并排摆在饭桌上，然后饶有兴趣地开始介绍："这是iPhone，这是Google G1。"

"我们来看看，安卓的机会到底怎么样。"雷军说，然后拿起手机一个一个把玩起来。这完全是一个手机发烧友的状态，他对面前手机的参数如数家珍，对手机界面的设计也一一论述。雷军好像开始沉浸在未来世界里。

其实，雷军已经背着这些手机很多天了。自从iPhone和安卓出现之后，他就开始研究智能手机了。他曾经买过几十部iPhone送朋友，也买过不少Google G1。在手机这个新天地里，雷军兴致勃勃、孜孜不倦地研究着。他有一种感觉，尽管塞班系统还在看似稳定繁荣地运行，但是这种稳定很快就会被打破。尽管苹果也做了开发者平台，但是雷军的直觉是，以历史的眼光看，苹果的开放度肯定有限。而安卓在当时看来还不是很耀眼，但是以它的开源精神来看，很可能会给产业带来不同凡响的改变。

2009年还是产业裂变的前夜，旧的格局尚未打破，新的格局也未完全形成。但是见证了16年的江湖鏖战、经历过软件业向互联网行业全面转型的整个周期的雷军，此时对创业的机遇和前景的判断非常敏感，这几乎是一个创业者的本能。

在这个不起眼的小餐馆里，雷军谈了UC浏览器的未来，又谈了安卓和苹果的未来。他与年轻的投资经理探讨了未来是三分天下，还是只有两大阵营的问题；他们探讨了哪一部手机的界面更加人性化，哪一部手机又做得差强人意。两个人都兴致勃勃。

经过两年的休整，雷军再次有了一种跃跃欲试的冲动。这段时间，他的那个尼龙双肩包从未离身，很多次这样的场景在重演：他把市面上的手机排成一行，然后兴致高涨地一一讲解。那时候，一些和雷军熟悉的人都有一种隐隐约约的感觉，也许雷军很快就要重出江湖了，而他可能进军的行业，就是手机。

商业领域需要一场效率革命

《硅谷之火》第一版于1984年发行，讲述了截至当时拥有“20世纪唯一而且数额最大的合法积累的财富”的那些人的故事，其中包括盖茨、乔布斯早年的创业传奇。

书中还讲到苹果公司完成第一单生意的过程：一天，乔布斯遇到了保罗·特雷尔（Paul Terrell），此人当时开着一家经营电子产品的小店铺，这个店铺日后发展成为美国第一家电脑零售连锁店——比特商店（Byte Shop）。特雷尔看完苹果公司的第一款产品苹果I型电脑后，礼节性地对乔布斯说了句“保持联系”。第二天，穿着拖鞋的乔布斯就来到了特雷尔的商店，对他说：“我想与你保持联系。”

乔布斯提出让对方销售他的产品，磨不过他的特雷尔花500美元下了个50台的订单，但要求30天内供货。乔布斯和他的合作伙伴史蒂夫·沃兹尼亚克随即开始了繁忙的装配工作。人手不够，乔布斯就把自己的妹妹叫来帮忙。他们在合同到期前一天交了货，赚到苹果公司的第一桶金。

这些故事深深地烙印在了17岁的雷军心里。

1987年，雷军正在武汉大学计算机系读大学一年级，他在武汉大学图书馆读到了《硅谷之火》这本书，如痴如醉。沉浸在硅谷故事里，他深受其中所传递的硅谷精神的感召，一扇窗户在他的心中慢慢敞开。他激动地在武大的操场上走了两圈，内心好像燃烧着一团火。

他第一次明确了自己内心的一种强烈需求——在中国这片土地上，像乔布斯一样创办一家世界一流的公司，创造出一些伟大的产品，改变每个人的生活。

这就是雷军自驱力的重要来源之一。在那段时间里，武汉大学计算机系87级软件二班的同学们亲眼见证了一个优秀程序员的诞生。雷军是班里编程水平最高的学生，他在大学三年级时就知道的底层汇编、DOS内核、加解密、病毒自传染等技术，他的大学同学多是上了研究生以后才接触到的。在大二期间的某一天，雷军和他同宿舍的下铺兄弟崔宝秋去食堂打饭，走在下坡的路上，雷军告诉崔宝秋，他已经可以使用黑客技术制造出病毒了，这让崔宝秋惊讶不已。雷军的知识储备，比同班同学至少要提前一年到一年半的时间。

软件二班的同学都喜欢曹家恒教授讲授的“汇编语言”这门课，曹教授的教学风格深入浅出，语言生动，还能自己编写教材，于是大家给曹教授起了一个雅号——“曹汇编”。雷军这门课的成绩尤为突出，拿到了满分。第二年，雷军的课后作业被编进了“曹汇编”新写的教材里。后来这种情况不断出现，在邢馥生教授编写的Pascal程序语言教材里，雷军的名字也出现过几次。

雷军对自己的专业达到了痴迷的程度。当年电脑还非常稀少，为了增加自己的上机功力，他用纸把键盘拓了下来，然后在这张“纸键盘”上每日练习盲打。后来这种方法成为武大计算机系最出名的练习方式，很多时候，老师在上面讲课，整个班的同学都在下面敲桌子。

大学三年级时，当其他同学还在忙着自己的功课，雷军已经修完了学分，开始在武汉的电子一条街出没。他帮助当时的一些电脑公司解决问题，经常拎着一个装着五英寸磁盘的盒子回来，里面放满了磁盘和他拷贝的软件。收集软件是当时极客们的最大爱好，雷军是这样，他的大学同学也是如此。

80年代末的大学理工男的宿舍也会有卧谈会之类的传统。在雷军的宿舍，大家晚上争论的话题大多是关于当时的黑科技，崔宝秋还曾经因为一个问题和雷军发生了分歧，他们为此打了一个赌。崔宝秋认为，计算机处理自然语言的能力远远不够，因此让计算机写作是不可能的事情。但是雷军却对这件事持相对乐观的态度。他认为，只要语料足够，计算机可以从语料库里拿出语料组合出文章。

那时还是没有互联网的年代，大家却在为远期人工智能的实现能力而争论。崔宝秋甚至给雷军出了一个题目：你能不能让计算机写出一篇作文，题目是“爷爷和足球”。在崔宝秋眼里，爷爷和足球是两个关系较远的中文词汇，用语料堆砌的方法，没有办法讲出一个带有真情实感的故事。

大三期间，雷军构建了自己的专家系统知识库，把病毒特征放到库里，提供反病毒和诊断病毒的依据。他把自己的研究成果写成论文投到了一个学术机构，结果被选中，因此他有了一个可以在全国青年计算机学会演讲的机会。雷军自己准备了一些胶片去成都进行演讲。回到学校以后，他自嘲地说：“本来是 40 分钟的演讲，没想到我 15 分钟就讲完了。剩下的时间我有点儿不知道该干什么，就把这些内容又讲了一遍！”听完雷军的话，宿舍里的同学哈哈大笑。

在很多同学眼中，雷军一直在自己的小世界里践行着极客精神。他是个发烧友、程序员，喜欢下围棋，外表看起来就是个三好学生，但是其实内心深处有点儿“野”。

后来雷军离开了学校分配的单位，自己创业过一段时间，之后进入金山公司。27 岁时，他开始担任金山公司的总经理，做 WPS、与微软鏖战、做卓越网、带领金山转型做网游，然后又经历金山上市，雷军一直以一个创业者的姿态践行着他年轻时在《硅谷之火》中领略的硅谷精神。渐渐地，他从一名活跃的大学生，成长为一个经常出现在新闻里的人物。大学同学经常在新闻里见到他，了解到 WPS 诞生、盘古软件失败等故事，也会听到红色正版风暴、政府采购金山等一系列消息。

从某种程度上来说，大学宿舍的卧谈会一直没有中断过。毕业后，一些同学去美国读博士，雷军和他们从 1998 年开始通过邮件联系，经常探讨中美互联网界发生的种种趣事。以前，同学们总是对雷军说，希望从报纸上看到你的好消息。现在，他们打开互联网就可以轻松得知雷军的动态。

只要雷军去美国，都会第一时间和在美的同学取得联系。有时候同学会去接机，有时候他们还会彻夜长谈。

而在美国的同学也越来越多地亲眼见证雷军的一些重要时刻。2007 年金山上市，雷军在美国路演期间，还在旧金山的一家叫作 Double Tree 的酒店大堂和崔宝秋聊到了深夜。他们畅谈互联网在中国的发展，也谈到一些后起之秀如何正在中国快速发展。互联网这个江湖还很大，雷军的梦想也还有很多。另外，雷军谈道，金山一路走来，路途非常曲折，最后上市的市值也不是最高的，在雷军内心，上市是对大家的一个交代，但是对于雷军自己来说，他真的不甘心。

2007 年，崔宝秋听说了雷军退出金山软件、转型为天使投资人的消息。他内心深处有两种复杂的感受在碰撞，一方面，他的第一反应觉得这不可能，因为这不是雷军的风格。如果雷军决定偃旗息鼓，这和雷军从大学时期就给他留下的一贯印象产生了偏差。另一方面，他替雷军感到惋惜，尽管做投资也是实现创业梦想的途径之一，但是这个途径和真正用创业的方式实现梦想并不一样。此时，崔宝秋的眼前浮现的是大学时期雷军和同学一起下围棋的场景，他总是在宿舍的桌子上铺开一张蓝色的塑料布棋盘，然后宣布开战。那时的雷军两眼放光，绝不服输。

其实，雷军的内心深处从来没有偃旗息鼓过。

从金山时期开始，雷军就涉足风险投资领域。而在退出金山，真正转型到风险投资领域的两年时间里，他慢慢地投出了具有自己特色的“雷军系”企业，甚至还花 200 万元投资了一个叫乐讯的手机论坛。当时大家都觉得这个案子太小，没有什么意思。但是雷军坚持做了这项投资，他认为通过这个平台可以近距离观察手机行业的发展，了解什么叫移动互联网。

雷军正通过投资这种方式近距离观察、思索新的产业机会，观望下一个时代风口。雷军身边的朋友此时对雷军的感觉是一致的——他不会甘于寂寞。他们不约而同地认为，雷军正在酝酿一个大计划。他们坚信，总有一天，雷军会宣布一件令他们感到震惊的大事。

从 90 年代开始，雷军经常会去大洋彼岸的美国，有的时候是去开会，有的时候是去路演，有的时候是去度假。深受硅谷精神感召的他，终于有机会在硅谷停留，感受这里的万物生长。

2007 年，苹果手机发布，雷军作为发烧友，第一时间购买了 iPhone。

iPhone 改变了手机的形态。在欣赏苹果手机工业设计的同时，手机后面印着的一行字也引起了雷军的注意：Designed by Apple in California, Assembled in China（加州苹果设计，中国组装制造）。这一行小字让雷军很感慨——世界对于中国制造的印象还停留在组装上。最好的工业设计都是来自美国本土，世界级的品牌也大多来自西方世界。这让他除了思考手机本身以外，也开始思考品牌的力量以及中国制造业和西方国家的差距。

《定位》的作者之一杰克·特劳特（Jack Trout）曾调查过 China（中国）对于品牌意味着什么，调查的结果是“Made in China”就是质劣价廉的代名词。雷军想到，中国到今天还没有真正的世界级品牌，还依然是世界工厂。就拿他最关注的手机市场来说，2009 年这一年，在中国市场上，诺基亚依然以 53.1% 的关注比例独揽半壁江山，成为最受用户关注的手机品牌。排第二名的是三星。那一年，三星用机海战术在中国的高中低档手机市场全面开花。同时，三星作为中国 3G 运营商终端定制合作伙伴，在 3G 市场也有较大作为。索尼爱立信排在中国市场的第三名，获得 7.2% 的关注度，随后是摩托罗拉、LG。国产手机获得的关注度并不高。

在国产品牌的手机获得的关注寥寥无几的同时，山寨手机却横行于世。2008 年，中国山寨手机的出货量已经达到 1.01 亿部；到 2009 年，这个数字达到了 1.45 亿。①

在金山时期，雷军和谷歌公司合作过《金山词霸》手机端产品，在各种手机上尝试过适配；在做天使投资人期间，雷军又投资了 UCWeb，体会过各种手机操作系统的流畅性。可以说，雷军对当时市场上所有的手机型号烂熟

① 荆文静．山寨手机之衰落．AI 财经社．2018.10.05. 详见 https://baijiahao.baidu.com/s?id=1613442653685182047&wfr=spider&for=pc。

于心，也注意到了山寨机对市场的侵蚀。

看似在投资界“休息”的雷军，对这样的市场状况思考了很多。比如，苹果和安卓未来会在移动市场如何大显身手？比如，中国制造业的廉价形象能否彻底改变？再比如，如果自己再次出手，应该在哪个领域深耕细作？

除却国产手机品牌在国际市场的缺失，雷军也时常思考手机行业之外存在的问题。比如，他开始研究整个制造链条中的效率问题。那个时候他时常觉得商场里卖的东西简直是天价，昂贵得不合道理。比如，一件成本 15 美元的衬衣，在中国的商店里往往要卖到 150 美元，定倍率有 10 倍之多，而一双鞋的定价往往要在成本价的基础上再加 5~10 倍，这样的例子不胜枚举。

观察到这个现象，雷军很长时间都在思考，为什么制造业中生产和流通的效率长期得不到提高？为什么商业运转中间环节的巨大耗损要让消费者买单？所有针对削减成本的努力为什么都只集中在 10% 的生产成本里，而从不向 90% 的运营交易成本开刀？

“商业领域需要一场深刻的效率革命。”雷军最终得出了自己的结论。

这一系列由点及面的想法慢慢地浮出水面，再次创业要做什么这一问题的答案也开始在雷军内心逐渐清晰：创建一家以安卓为底层、手机硬件为核心、软硬件一体的移动互联网公司，制造中国最好的手机硬件和手机操作系统。另外，用一种高效的方法解决中国制造的核心问题，改善整个社会运作效率低下的现象，用一种更好的方式，比如电子商务，让产品直接面对消费者，从而让商品具有极致的性价比。这样一来，他就可以从手机开始，逐渐地改变中国的制造业，创建有影响力的中国品牌。

想好这一切，雷军笃定了自己未来的方向。他就像《硅谷之火》里描述的那些年轻人一样，非常清楚自己内心的需求，他也相信《硅谷之火》里的那段描述：

> 我们今天正处于这样一个时代：充满幻想的人们发现他们获得了他们曾经梦寐以求的力量，并且可以利用这个力量来改造我们的世界。

往前冲，控制好节奏

2010 年年初的一天晚上，晨兴资本董事总经理刘芹正在家里休息，突然，他的诺基亚 N97 手机响了起来，他看了一眼来电显示——雷军。于是他拿起手机走进书房，他知道，这将是一次时间很长的通话。从 2003 年相识开始，雷军和他已经共同投资了拉卡拉、UCWeb、YY 语音、多看阅读等十几个项目，他和雷军之间的每一次交谈，时间都不会短，他的书房里有几块备用电池。尽管经常在不同的董事会上见面，他们依然需要经常在私下讨论一些细节。

刘芹深知，总有一天，雷军会和他说重出江湖的事情。雷军曾半开玩笑地和他说，再干就不是 10 亿美元的事情了，要干就干个百亿美元的生意。他早就感受到了雷军内心的那种跃跃欲试。

2003 年第一次在办公室见到雷军时，刘芹只有 29 岁，只是一个进入投资行业不到 3 年的投资经理，由于长着一张娃娃脸，刘芹看上去比实际年龄更加年轻。用刘芹自己的话来说，他当时就是一个在前台跑项目的小毛孩儿，而雷军已经是中关村一名带着光环的年轻企业家了，经常出现在各种新闻里。第一次去见雷军时，他还背负着去见“偶像”的心理压力。但是没有想到的是，雷军没有一点架子，就穿着一件普通的 T 恤，顶着一头长发出来见他，像一个工程师一样和他畅所欲言。

第一次在金山见面，刘芹明显感觉到金山正在以“非常痛苦”的形式做网络游戏。刘芹当时很年轻，说话有点口不择言，本来是去和雷军请教迅雷下载前景的，却顺势评论了一下金山。他对雷军说：“金山的游戏研发能力非常强，但是也可能造成一个问题，那就是不愿意快速地抓住外部便捷的资源！”听完这话，雷军陷入了短暂的沉默。他非常明白刘芹指出的问题是什么，那时候，陈天桥的盛大网络正做得如日中天，主要是靠代理韩国的网络游戏，因此挣钱显得很轻松。晨兴资本投资的九城游戏，也是靠代理韩国和美国的游戏大作赢利。很明显，刘芹看到了眼前的一些问题，生发出了自己的思考。但是雷军就是这样一个非常相信工程师能力的人，他愿意更多地依靠自己。

虽然刘芹比雷军年轻4岁多，而且当时两个人的“江湖地位”有着巨大的悬殊，但是他们一见如故，此后也经常在一起交流，有的时候假期还会一起去滑雪。2009年，已经成为天使投资圈内著名投资人的雷军和刘芹聊天时，希望刘芹总结一下自己投资的方法论，比如，怎样才能成为一个成功的投资人？做投资最关键的是什么？刘芹觉得这些问题很宏观，想了一下说：“做投资肯定有很多值得总结的道理，但是我觉得做投资最重要的素质是勤奋。我相信，作为一名投资人，你必须足够勤奋才可能成功。”雷军马上反驳道：“我现在最不相信的就是天道酬勤。”

雷军总是说，自己是被天道酬勤“耽误”的。从金山退出后，雷军一直在进行痛苦的复盘，在和刘芹交流时也会有一些真情流露。他还会谈起自己没有在互联网崛起之初抓住机会的核心原因，以及自己错过了哪些机遇。最简单的一个例子是，1999年雷军去美国考察时，就注意到了刚刚崛起的谷歌，他甚至还在回国后写了一篇文章详细描述了这家公司的新锐模式和理念，但是出于各种原因，他没有后续动作。这让他深刻地体会到一点：在互联网创业领域，必须快速行动。

机遇这个词，时常会出现在他们的对话中。作为天使投资人，没有人比他们对把握机遇有更多的发言权了，也没有人比他们更相信机遇背后潜藏的巨大势能。看到机遇，把握机遇，在机遇的洪流中纵身一跃，几乎是他们的本能和天职。

2009年6月，中信出版社出版了马尔科姆·格拉德威尔（Malcolm T. Gladwell）的《异类》。作者对社会中那些成功人士进行了分析，让人们看到了一连串颇感意外的统计结果：英超联赛大部分球员都是9月到11月出生的，比尔·盖茨和史蒂夫·乔布斯都出生于1955年，纽约有很多著名律师事务所的开创者竟然都是犹太人后裔，他们的祖辈都是在纽约从事服装生意。

这些结果让人意外，但是看到统计背后的故事就会恍然大悟。英超球员注册的时间是9月，在同期的球员中，9月份出生的人实际上比8月份出生的人几乎大了一岁。一岁的差距对他们的职业生涯有着不可低估的影响。乔布斯和比尔·盖茨都是1955年出生的，在他们大学毕业或辍学的时候，个人计算机行业刚刚开始发展。出生太早，无法拥有个人计算机，而出生太晚，计算机革命的时机又被别人抢占了。

说到底，异类从来不是异类。成功者都是历史与环境的产物，是机遇与积累的结晶。

刘芹在读过《异类》之后，便成了格拉德威尔的信徒，对机遇的概念也有了更深刻的认识。他发现国内PC互联网创业者也存在这种巧合。雷军、丁磊、李彦宏、马化腾都是在20世纪60年代末70年代初出生的，而互联网在国内兴起之时，正是这群人大学毕业两年左右。

刘芹和雷军曾分享过阅读《异类》这本书的心得，现在他和雷军一样，相信比起十足的勤奋，机遇和趋势是成败的关键因素。他们清晰地感知到，跟随中国风险投资的发展，其与互联网产业结合的大势，未来还会看到不一样的风景。

创业投资作为一种投资方式发源于美国。1946年，美国第一家风险投资公司成立。随后，风险投资和硅谷的创新越来越多地联系在一起。硅谷1.0时代造就了一批风投专家，为硅谷后来的起飞打下了坚实的基础。谷歌、亿贝、思科和脸书等公司的成功，为硅谷缔造了一批又一批新贵。

国内创业投资的概念最早于20世纪80年代提出，最初的创业投资由国家层面推动，一切都在尝试和学习中开始。20世纪90年代初，美国国际集团、中创公司、富达、泛亚、摩根士丹利登陆中国市场。刘芹担任合伙人的晨兴资本是香港陈氏家族创立的家族基金，于1992年进入中国内地。刘芹正是在中国第一批互联网公司开始欣欣向荣的1999年进入晨兴资本工作的。那个时候，他就开始和像雷军一样的年轻企业家交流、交往，为自己积累经验和提高判断能力打下基础。

从1998年开始，中国的创业投资者以及私募股权投资也开始活跃。随着晨兴资本在国内投资搜狐、携程、九城、正保教育、凤凰网并且大获成功，一向低调的刘芹开始在创投圈崭露头角。人们开始熟悉这个模式——资本可以对创业者进行加持，让创业公司得到快速增长，刘芹正是这机遇洪流的一分子。

2009年，一个新的沸腾时代正在开启。而雷军和刘芹面临的机遇是什么呢?

2009年年初，业界期待已久的3G牌照终于发放，工信部部长李毅中亲手将牌照发放到三家运营商手中，业内对3G时代充满想象。

全球范围内，智能手机2009年的销量较上年同期增长了3300万部。2008年，苹果在智能手机市场的占有率为8.6%，2009年，苹果将这一数字提高至14.4%，超过Windows Mobile手机在全球的市场占有率。

安卓手机则是2009年同比增幅最大的，其市场占有率提高了7倍，达3.9%。RIM移动研究公司的黑莓手机销量较上年增加了1100万部，在智能手机市场的份额略长了几个百分点，占据着20%的市场份额。

由于微软Windows Mobile系统停滞不前，致使其手机销量在2009年出现显著下降。很多人对于其用户界面设计以及架构布局等都不习惯，针对这些问题，HTC（宏达电子）推出了全球首款基于安卓系统深度优化的Sense UI，在当年，这是最好用的用户界面之一。那时有专家预言，2010年手机市场发展的重心仍然在于操作系统和应用商店，硬件本身则不会有太大革新。

而必不可少的另一个机遇是——风险投资业在中国逐渐成熟。2005年之后，中国创业投资发展迎来第二个黄金时期，很多投资人看到了其中的机会，中国消费者的潜在需求很大，创业者创造大型公司的机会依然存在。

面对这些大趋势，那一天，雷军拿起电话，终于说出那句刘芹已经预感到并期待了很久的话："刘芹，我觉得咱俩可以聊一聊手机了。"刘芹的内心一点儿也不觉得意外，他知道，那个百亿美元的大生意，雷军终于想好了。为了这一天，雷军已经做了很多体系化的准备。

这一通电话竟然持续了12个小时。刘芹的妻子曾经三次来到书房看刘芹是否打完了电话。但是每一次，她都没有看出这个电话有要结束的意思。最终她关上门，任由他去了。

在这通电话里，雷军和刘芹谈到了他们看到的苹果公司的演进历程。通过两年时间的观察，已经证明 iPhone 是一个断代的产品，它的颠覆性不言而喻。最重要的是，苹果不仅仅是一家硬件公司，它还是一个用户平台。这种软硬一体的极致体验给用户带来了更多的可能性。它也聚合了无数的开发者，形成了一个广阔的开发者平台。

刘芹在这通电话里提到了一家叫作维珍移动（Virgin Mobile）的公司，他对雷军说："维珍移动没有电信运营商基站，它是一个虚拟运营商，它定义了用户关系，也定义了用户的生命周期，所以，你将来要做的，绝对不能仅仅是一个手机公司。"

刘芹知道，雷军想做的事情，是个百亿美元的生意无疑，而这就是那个雷军酝酿了很久的"大计划"。在这一通长达 12 小时的通话中，两个人越谈思路越清晰，越谈越豪情万丈，越谈越觉得要做的很多事情是史无前例的。

而那个在雷军内心推演了无数遍的商业模式，此时被清晰地描绘了出来：做具有顶级配置、极致性能的智能手机，搭载高度定制、体验绝佳的系统和应用软件，按成本定价，然后以最高效的电商渠道取代所有中间环节，将产品直接送到用户手中，最后持续提供互联网服务，以实现商业变现。在这个商业模式里，硬件、软件、互联网，三大要素将互相支撑，形成一个循环，这就是后来人们看到的"铁人三项"模式。

雷军和刘芹认为，在 2010 年这个时间点，支持"铁人三项"模式的客观基础已经形成。在硬件方面，中国本身就是制造业大国，全世界最完整的硬件制造代工厂都在这里集结。在软件方面，雷军带领的金山曾经是最早涉及互联网界面交互体验的公司之一，这是雷军最擅长的领域之一。而在互联网平台方面，雷军则因为从零开始做过卓越网从而建立了一整套对电商的认知，更何况，他作为天使投资人也投资了垂直电商凡客诚品和乐淘网。

在大众消费领域，人们网上购物的习惯已经形成。2010 年，淘宝网已经诞生了 7 年，支付宝在 2004 年就解决了人们的信用问题和网上支付难题。淘宝商城在 2009 年第一次举办了“双十一”，电商已经改变了中国的零售方式。

这一次长谈，仿佛是对雷军最近思索的所有问题的一次痛快的宣泄、梳理、展望和确认，也坚定了他纵身一跃的决心。

当然，雷军也在这通电话里面展示了最真实的一面，他花了很长时间和刘芹谈论了一个重要问题——风险。没有人比雷军更清楚创业给人生带来的风险了。虽然他们之前总是在谈机遇带来的巨大机会，但他们也知道机遇和风险永远是一对孪生兄弟。在创业投资这个圈子里，生和死每天都在发生，奇迹和毁灭亦如影随形。只不过，创造奇迹的故事永远被人们称颂和传扬，而毁灭和死亡却总是无声无息地踉跄离场。

雷军此时已经功名成就。在公众的眼里，他是金山的英雄，是中关村的劳模，是天使投资界的福音和标杆。光他和刘芹两个人共同投资的项目，就已获得数倍的回报，给创业者带来了信心。最重要的是，雷军还有创业导师的身份，他经常在这些被投公司的董事会上，给创业者指点迷津，被视为创业者的引领者。

但是成功没有一劳永逸，雷军再明白不过创业维艰这四个字的意义，也太懂得每一次创业都是死去活来的痛苦体验。创业需要的是钢铁般的意志力和对那种反复落入深渊的濒死感的忍耐力。尤其是手机是一个重投入、重研发的行业，一旦失败，就会满盘皆输，所以这次创业将和他以往的软件创业全然不同，需要很大的资金体量。一旦选择走出这一步，他面临的每一个竞争对手都是庞然大物，包括国外的苹果、三星、摩托罗拉，还有国内的华为、酷派、中兴和联想。

即便是一个曾经身经百战的创业者，一名屡获战功的天使投资人，一个被人们多次提起并且封为圈内传奇的人，当他再次创业的时候，也不意味着肯定能成功。每一场创业都是前途未卜的豪赌。在这种情况下，雷军曾经希望自己来承担所有的创业资金，他甚至在心里设置了一条止损线——一亿美元。如果一亿美元花完，公司还没有起色，他就可以“静悄悄”地把公司关掉。但是，雷军正在接触的一位潜在联合创始人却不认同雷军的想法，他认为引进外部投资者可以让公司在治理方面更加完善。

雷军和所有的创业者一样，对创业既期待又担心。他也有着创业者最珍贵的品格，比如——愿意和本能的恐惧对抗。他曾经好几次和刘芹一起去滑雪，事实上，刘芹的滑雪技能就是雷军手把手教的。在滑雪的过程中，他们很多次站在不同级别的雪道上，那种感觉，曾经让刘芹瑟瑟发抖。而雷军总是告诉他“不要怕，往前冲，控制好节奏”。

面对陡峭的雪道，人的本能就是恐惧，但是他们知道，越是恐惧越要往下冲。恐惧可能会使人本能地向后仰，而越向后仰就越会摔跤。

站在雪道上，你别无选择，只能向下冲。

刘芹知道，雷军的那一连串问题，其实并不需要别人给出答案。虽然那时的雷军已经40岁了，但是他18岁时的梦想还没有实现。刘芹也明白，做天使投资并不能真正疗愈雷军在上一段创业中经受的痛苦和创伤，他需要一段更浓烈的“恋情”来医治自己。

就是在这通电话里，刘芹确定了自己的天使投资意向——晨兴资本将为雷军新创公司提供第一笔风险投资，投资金额为500万美元。

刘芹说，做投资，他的风格一向是比较有耐心的，要风物长宜放眼量——这是他希望晨兴这只本土基金保持的风格。他内心深处觉得，这是雷军给他的一个百亿美元的机会，因此他信心十足。另外，他坚信由他来做首轮投资，可以让雷军背负的心理包袱小一些。

第二章
为发烧而生

寻找同盟者

对于雷军这样一个天生的创业者来说，投资人的身份更像是一种过渡，他在投资圈里休养生息，观察产业，疗愈上一次创业的创伤。然而当时机一到，他就会重新披挂上阵，再次奔赴这个注定让他伤痕累累的战场。他就像那些在飓风来临之际，偏偏还要拿着冲浪板走向海岸线的人，路上的人都在疯狂地躲闪，只有他兴冲冲地不停前行。创业，有时候更像是创业者的一种需求。

一旦做出决定，雷军马上开始组建自己的创业团队，他迫不及待地将自己推进这个产业风口，开始与时间赛跑。

对于一个创业公司来说，没有什么比组建创始团队更为关键的了。尤其是，这个项目的难度如此之大，雷军需要一批成熟的、业内经验丰富的、价值观一致并且相信共同愿景的人和他一起奋斗。他知道，这个团队的打造肯定不会是一蹴而就的，他需要到顶级公司去寻找最优秀的人才。

雷军首先想到的人选，竟然是一个长期在外企做高级管理者，十多年来一直享受着外资科技企业优厚待遇，在外人看来最不可能去创业的人，他就是当时的谷歌工程院副院长、谷歌全球技术总监林斌。

林斌瘦瘦高高，额头宽大，戴着窄边框眼镜，有些书生气，笑起来眼睛就会眯成两道月牙，他有着在微软和谷歌两家美国科技巨头的从业经验。2000年，受李开复的邀请，林斌回国加入微软亚洲研究院，仅仅三年多的时间就帮助公司完成了70多项技术转移，贡献了十多项自主研发的技术。后来，林斌加入谷歌，担任工程院副院长、谷歌中国技术总监。在这期间，他常常去硅谷出差，每次到谷歌总部，他都要和谷歌负责移动业务的副总裁聊一圈儿，其中就包括安卓之父安迪·鲁宾。

林斌和安迪·鲁宾几乎每隔两个月就会见面。林斌提议，一些安卓系统的功能，可以由谷歌中国的工程团队来完成，安迪欣然同意，此后谷歌总部和谷歌中国在移动方面的合作很多。林斌回忆道，安迪是个特别有技术范儿的人。对于安卓要占有多少市场份额，他一开始并没有野心。但是后来，尤其是苹果iOS发布之后，他的目标就很明确了，他重视中国市场，甚至希望和中国移动做深度定制的手机操作系统。为了考察中国ODM① 手机厂商的情况，安迪·鲁宾几次飞来北京。

此后，林斌开发了谷歌手机地图、中文语音搜索、移动资讯、安卓输入法等移动软件和系统框架。除此之外，他还主持开发了谷歌音乐搜索项目，和金山公司一起开发了手机版本的金山词霸。作为谷歌移动的负责人，他在谷歌中国的大楼里搭建了一个小型的实验室，专门进行各种手机的测试。一方面，工程师需要看看谷歌出品的一些App（应用软件）在这些手机上运行得怎么样。另一方面，他们想知道，手机ODM开发的安卓系统到底做得如何。林斌当时有一个习惯，每天背包里都装着不同的手机，有HTC，有诺基亚，还有基于Java（一种计算机编程语言）的各类手机。

此时，一个浏览器进入了林斌的视野，那就是UCWeb。尽管塞班系统当时还不是很好用，但是很多人已经开始在手机上尝试搜索这个动作了。林斌

---

① ODM，全称为original design manufacturer，意为原始设计制造商，指受委托方根据委托方的要求设计和生产产品。受委托方拥有设计能力和技术水平，基于授权合同生产产品。

从内部的数据看到，谷歌在一家叫作 UCWeb 的第三方浏览器上份额涨得特别快，因此决定找到这家公司，把谷歌搜索框嵌入 UCWeb 浏览器中，然后双方进行商业分成。后来，谷歌开发出谷歌地图，也和 UCWeb 进行了合作。

随着UCWeb和谷歌的合作越来越多，林斌也发现了一些亟待解决的问题，他希望可以跟 UCWeb 的董事长聊一聊，而这个董事长，就是雷军。

林斌第一次见到雷军，是在 2009 年 1 月，在一个只能坐 4 个人的小会议室里，双方聊了谷歌和 UCWeb 如何进行深度绑定，也聊了移动互联网的未来。林斌发现，雷军竟然和自己有一个惊人的相似之处，那就是喜欢随身背着一个背包，里面装着各种各样的手机。“我是因为工作原因要做测试，所以随身带着这些手机，你呢？”林斌问。

“我是因为喜欢手机。”雷军回答。

2010 年谷歌退出中国市场之前，来自谷歌总部的压力以及外企在中国的种种不适应，已经在双重夹击着位于清华科技园的谷歌中国。如果说，谷歌总部以活泼的小飞侠文化著称，那么在清华科技园那个色彩明快的 LOGO 背后，隐藏着谷歌中国很多难以向外人诉说的压力和隐忧，让这层明快的色彩蒙上了一层灰暗的颜色。所以说，谷歌退出中国市场，并不是毫无征兆的。

林斌也在此时萌生自己创业的想法。在微软和谷歌工作的这十几年让林斌变得更加沉稳和干练，但他始终缺乏一个证明自己的机会。新的产业风口即将来临之时，他也正在思考自己的未来。由于之前主持谷歌的音乐搜索项目，他和上百家唱片公司有过深入接触，所以当时他最想做的创业项目是音乐搜索。他认为，在将来的移动搜索里，音乐会是一个非常有机会的类别。

2009 年 11 月初，当雷军得知林斌的想法后，立刻向他介绍了自己的“硬件 + 软件 + 互联网”铁人三项的创业想法。他对林斌说：“音乐你就别做了，我们一起做一件大事，更大的事。”毫无疑问，林斌看懂了雷军描绘的更大的版图，也感受到其中承载的野心。经过深思熟虑，林斌决定放弃外企的光环和舒适的一切，在众人惊诧的目光下，跳上了雷军的舰队。

第一个同行者加入后，雷军不再是孤军作战。他和林斌开始频繁地见面、开会，有的时候甚至会在咖啡店的餐巾纸上列出这个商业模式需要继续寻找的同行者。他们明确了需要的人才类型——懂技术的、懂操作系统的、懂用户界面交互的、做过很牛产品的，并列出了潜在的招募对象名单。

此时，雷军在金山时的老部下黎万强刚刚从金山离职，来向他的老领导雷军道别。这样一来，几乎像是老天“送”给了雷军一个合伙人。

黎万强是广东人，金山人都管他叫阿黎。大学一毕业，阿黎就进入金山公司担任软件界面设计师。后来，他组建了金山用户体验和设计团队，这支团队可以说是中国软件产业最早的用户界面设计团队，也是最早在互联网上做用户交互研究的团队。对雷军来说，黎万强正是做手机操作系统中用户界面设计和交互的最佳人选。

阿黎比雷军年轻 7 岁，长得虎头虎脑，戴着一副金边眼镜，笑起来很大声，还经常附带着一种魔性。由于是设计师出身，又从小酷爱摄影，因此阿黎对审美有一种超乎常人的苛刻。有时候为了测试用户对一个 LOGO 或者海报的反馈，他能从身边同事问到饭堂的大师傅。为了让员工看到用户对金山词霸的意见反馈，他让设计师把所有的问卷调查结果用图片化的方式做成板报，呈现在办公大楼的走廊里，员工一眼就可以看到用户对产品最满意和最不满意的地方，这成为很多金山员工懂得要注重用户反馈和沟通途径的一种启蒙。

在和雷军叙旧的同时，阿黎说起自己离开金山之后想开个摄影棚，专门做商业摄影的想法。雷军说了一句：“别扯淡了，跟我干吧。”没有过多的讨论和交流，阿黎选择了再次跟随雷军，开启创业之旅。甚至在雷军没有全部告诉他再次创业要做什么之时，阿黎就已经猜到雷军想做的东西是手机。这是基于一种长期相处、一起打过很多仗之后，难以言述的默契。

而林斌紧接着又为雷军介绍了来自微软的黄江吉，大家都管他叫 KK。

KK 长得浓眉大眼，说起话来喜欢注视着对方，显得格外专注。他在香港长大，1996 年进入微软总部，一直到 2005 年，他都在西雅图负责微软的核心业务——企业软件的大规模数据库管理。2005 年，看到移动互联网的机会在美国开始隐约浮现，KK 在林斌的劝说下回国发展，他曾在微软组建了一支 150 人的团队，专门做 Windows Mobile 的模块。从 2005 年到 2009 年，KK 担任微软 Windows Mobile 的工程总监，可谓职责重大。也正因为如此，他成为移动互联网发展的重要亲历者，也亲眼见证了微软 Windows Mobile 的落败。

事后他进行了复盘，他认为，微软当时有 2000 名工程师在做 Windows Mobile，可以说，微软投入了几乎双倍于苹果的资源。但为什么微软最终没有在手机操作系统上获得成功？很多人说，那是因为微软没有做硬件的基因。但是 KK 认为，微软落败的原因是其长年积累使然。微软在企业用户里面有着几十年的渗透经验，了解的是商业用户的需求。当微软开始做智能手机时，它把智能手机的用户也当作了商业用户，没有去了解普通用户使用手机的需求。当时微软内部有一个不可思议的讨论，那就是 Windows Mobile 需不需要内置相机功能，微软的工程师认为，用户需要时自己安装就好了。

2007 年，iPhone 横空出世，这让已经在 Windows Mobile 团队工作两年的 KK 意识到了危机。苹果手机的诞生对于微软来说是一个巨大的打击，它瞬间颠覆了整个行业。到 2009 年，KK 又亲眼见证了安卓的崛起。这进一步从另一个角度证明，智能手机需要开放的系统，而微软封闭式的系统发展思维始终建造不起势能，在手机领域如果继续使用微软的打法，就会错过整个移动互联网的机会。

2009 年 11 月底，当雷军在北京翠宫饭店的豹王咖啡见到黄江吉时，他们一起讨论了整个产业的发展以及黄江吉在微软内部见证的一些真实案例，两个人聊得酣畅淋漓。

一个有趣的细节是，在等待雷军的时候，爱读书的 KK 拿出了 Kindle（亚马逊推出的电子阅读器）读了一会儿书，他不但是一个读书爱好者，还是电子产品的发烧友，喜欢各种硬件。在他看来，Kindle 的软件用户体验很糟糕，因此自己花了两周的时间写了一个小程序装上。没有想到，雷军是少有的比 KK 还要了解 Kindle 的玩家，这是基于他之前投资过一家做电子书的公司的经验。就像拆卸过所有的手机一样，雷军也拆卸过Kindle，还仔细研究过其内部结构。因此，当天两个人的对话是从电子阅读器开始的，这一下子把两个人的距离拉近了。

KK把在翠宫饭店的这次见面，称为他人生中喝过的最重要的一次咖啡。这场谈话持续了将近5个小时，以至耽误了他当天的其他行程。但是当谈话结束时，他就已经感受到自己希望加入雷军团队的意愿。毕竟，如果要向微软总部建议做一个你认为很有前途的新产品，你必须得先证明，这是一个可以创收10亿美元的业务。但是如果你不去做，谁也无法证明这个业务的价值。KK已经在这样的怪圈里生活了太久。

雷军选择创始人和员工坚持的一个标准是——候选人到底有没有创业心态，愿意不愿意接受降薪而持有公司的期权。雷军知道，只有那些愿意冒险的人才会真心创业，只有相信未来的人才会全力以赴。而林斌、黎万强、黄江吉对这一切都有着一致的理解。这些新加入的同盟者，从此都是一个战壕的战友。

为了让大家更好地进入创业状态，雷军鼓励几位创始合伙人力所能及地拿出一些资金，这是对创业最好的宣誓和表态。雷军带头表示创业期间不拿工资，林斌也做出了同样的承诺。

另外，林斌卖掉了自己持有的微软全部的股票和谷歌3/4的股票，在小米的天使轮融资中投入了75万美元现金。后来这件事被媒体渲染成了一个大义凛然的英雄故事，一段外企人士毅然决然投身创业投资的佳话。但是林斌却坦诚地回忆道，整个过程并不像大家想象的那样具有史诗感。事实上，他的父母首先表示反对他创业，而他也一度陷入痛苦的纠结当中。如果仅仅是放弃谷歌提供的那些优厚待遇，并没有那么艰难，但是当时的情况是，林斌不仅要放弃现有的东西，还要拿出已有的东西，却没有任何人能够为他保证明天，而林斌也不是那种天生就爱冒险的人。

林斌说，其实是谷歌退出中国市场的决定，最终推了他一把，让他在太太的鼎力支持下，走出了创业这一步。

小米粥之约

就这样，雷军聚齐了林斌、黄江吉、阿黎三位联合创始人。大家坐下来，开始为新公司的名字苦思冥想。几个人认真讨论过的名字有“红星”、“红辣椒”和“黑米”，并一度非常迷恋“黑”字系的名字，他们觉得黑色庄重神秘，十分酷炫，而且带“黑”字的公司都有一定规模，比如黑水、黑石，都是世界顶级公司。晨兴资本那位年轻的投资经理赖晓凌负责新项目的落地执行，在他为雷军写的第一版投资文件里，公司名称就是“黑米”，赖晓凌还特意为其配上了英文：BLACK RICE。

尽管公司的名字还没有最终确定，创始人们已经开始在自己熟悉的范围内网罗人才了，新公司急需新鲜的血液进入，大家都在寻找符合条件的产品经理和工程师，希望他们来了之后可以马上开展工作。这段时间，雷军把80% 以上的精力用在了招聘和面试上。

那个时候公司还没有办公室，面试大多在咖啡馆或者茶楼进行。面试的密度很大，几乎每时每刻都在进行。一些选择相信的年轻人，都在这时和这家名不见经传的小公司产生了交集。这些早期员工，大多来自微软和金山两家公司。

林斌也几乎每天都在找人。他想起了当年在微软工程院和他一起踢足球的年轻工程师们。那时候这些工程师大多刚刚研究生毕业，2010 年时差不多都是 30 岁左右的年纪。因为当年经常在周末一起踢球，他们结下了深厚的友谊。

刘新宇戴着一副金边眼镜，皮肤黝黑，说起话来不紧不慢。他是 AC 米兰的球迷，酷爱踢足球，于是发起成立了微软足球队，正是他向林斌申请了一笔预算，让球队可以购买球衣、球鞋并且报销场地费用。刘新宇毕业于北京理工大学计算机系，曾经在微软研究院实习。2003 年研究生毕业之后，他直接加入了微软工程院，先后负责邮件服务器和管理控制台，具体来说，就是设置公司的邮箱策略。

在微软期间，刘新宇最好的朋友兼球友，是一个叫范典的男孩。范典毕业于清华大学计算机系，2007 年加入微软工程院。在微软期间，他接受了写代码最高级别的培训。微软会从一个函数、一个对象类别的命名开始培训，让工程师写的每个程序更具可读性。每一次培训，范典都在写程序的细节上得到提高，感受到妙不可言的意境。这一切让他意识到微软对程序质量的要求。他说，从那之后，他才开始可以写具有国际水平的代码。在微软工程院期间，范典在 Outlook 邮件服务器部门工作，先后参与了 Outlook 2007 和 2010 两个版本的发布。

刘新宇和范典同属微软工程院的一个组，都归林斌领导。在球场上，刘新宇踢左前卫，范典则是中场调度者。范典的传球技术非常好，刘新宇则善于冲锋射门。在球场上，经常是范典一记长传，刘新宇进攻射门，两个人配合默契。那个时候的范典，经常戴个白色的发箍，后面是一根长长的带子，在球场上跑起来非常飘逸，尽管那时他并不是巴蒂斯图塔的粉丝。

范典和刘新宇对林斌的印象很一致，他们觉得林斌平时很斯文，但在球场上很疯狂。在工作中，林斌对编程的要求很高。他会给程序员们开会，提醒大家编程时如果指针用完了，一定要附上 Null（空值），这一点让工程院的工程师们一直记到今天。

2009 年年末，在林斌向范典和刘新宇发出加入小米的邀约之时，两人都已经离开了微软工程院，在阿里云任职，两人都是阿里云的前 30 号员工。没有经过太多的周折，见过林斌，再和雷军聊了几轮，两个人就加入了创业团队。对于雷军要用 iPhone 一半的价格，做出和 iPhone 品质相当的手机，将来再赋予其互联网服务的理念，这些工程师一听就懂。就这样，范典成为小米 6 号员工，刘新宇是第 7 号。

在微软的足球队里，还有一个年轻人叫孙鹏。他 2005 年加入微软，黄江吉是他的直属领导，林斌是部门总监。在微软的 5 年时间里，孙鹏所在的项目组正是黄江吉领导的 Windows Mobile。当时微软内部正在做一个名为 PINK 的项目，做的就是一款叫作 KIN 的手机。2009 年，项目组已经清晰地预见到

KIN 即将失败的结局，但是负责此项目的副总裁依然坚持要把项目继续做下去，原因是微软已经和电信运营商沃达丰签订了协议，如果这个项目被砍掉，微软将赔更多的钱。最后，一款叫作 KIN 的手机被做了出来，卖了不到一万部，这个项目终于就此打住。

孙鹏的英文名叫 Peter，大家取首字母送给他一个雅号——“皮总”。他也是微软足球队的一员，范典和刘新宇都对孙鹏在足球场上的“凶猛”印象深刻。当大家觉得他不能再跑了的时候，他还能再往前跑一步。当大家觉得他应该停了的时候，他还能再盘带几步。他用这样一快一慢的速度，来影响对方防守队员的判断，不过有时候，他也会刹不住车直接冲出边线。

尽管微软的手机项目失败了，但是孙鹏做手机的兴趣被保留了下来。当他收到林斌让他加入一家新的创业公司的邀约时，他环顾四周，看到的是几位微软的老朋友、那些球场上的队友已经入职了。没什么可犹豫的，他成为小米的第 13 号员工。

同样来自微软的还有李伟星。长得瘦瘦小小的李伟星看起来就像一个大男孩，有一双仿佛时刻都在思考的眼睛。在广州长大的他从小到大一路保送，一直到 2005 年从中山大学计算机专业研究生毕业。在本科和研究生期间，他最喜欢做的事情就是参加计算机竞赛，他曾经连续 4 年参加至今都很火的由国际计算机协会（ACM）举办的国际大学生程序设计竞赛，得到的最差的名次是亚洲分站第 6 名。该竞赛的规则是，每一场比赛连续进行 5 个小时，三个人用同一台电脑编程。而李伟星平时参加的训练，比这疯狂得多。

当雷军邀请李伟星加盟小米，一起做更符合终端体验的手机操作系统时，李伟星深有感触。在微软期间做了 4 年 Windows Phone，他早就发现很多设计不符合中国人的需求，但是他的很多想法在微软无法实现。现在，雷军邀请他做的，正是他最想做的事情，他甚至没有想过回报的问题就决定加入。

除了来自微软的年轻同事不断加入新公司，金山系也有人不断加盟。比如王海洲，他是黎万强的下属，一直在金山从事技术工作。阿黎离开金山的时候，他还没有离开。当阿黎召唤他加入创业公司时，他带着对移动互联网的憧憬和对老领导的一贯信任，成为小米的 8 号员工。

同时期加入小米的，还有胖乎乎的屈恒。他在 1999 年以高考 639 分的成绩考入北京航空航天大学计算机系，后来进入金山公司，做的项目是手机上的金山词霸。他的小组会做一些授权工作，把词霸的版权出售给很多手机公司，比如摩托罗拉、诺基亚和索尼爱立信，然后得到营收。但是，随着移动互联网的兴起，屈恒感受到了压力。大家越来越不习惯在手机上安装完整的字典，网易有道在线字典就是在那个时候出现的。这一切，促使金山词霸进行转型，也促使屈恒加入了雷军的新公司。

秦智帆是金山的用户界面设计师，早期一直和黎万强学习界面交互技术。2009 年，金山词霸不仅有 PC 版，也开始有了手机版。在金山工作期间，他在实际操作中开始真正体会什么是用户界面。黎万强会手把手地指导他怎么做出半透明的图标。在这之前，在西北大学学习设计的秦智帆对于界面设计的理解完全基于审美，在金山工作几年后，他终于理解，用户界面不仅仅是视觉方面的体验，把交互做好，才是真正的用户界面，界面交互是一个很综合的事情。在金山期间，黎万强发现秦智帆海报做得不错，于是让他包揽了所有内部海报的制作任务。

当时进入创业公司的唯一的女孩儿叫管颖智，大家喜欢叫她小管。当年她 25 岁，研究生毕业后在一家国企上班。因为大三的时候在金山实习过，所以她和金山团队比较熟悉。2009 年年底到 2010 年 3 月，当雷军的创业团队达到十几个人的规模时，行政和人事的需求自然而然出现，黎万强想起了管颖智，便把她叫来面试。

面试竟然是雷军亲自进行的，这在当时的小管看来简直不可思议。当年在金山实习时，雷军是最大的领导，她只是听说过这个人，从来没有见过。面试时，管颖智和雷军谈起了自己在研究生时期参加“挑战杯”中国大学生创业计划竞赛的经历。当年她在中国地质大学人文经管学院就读，却和计算机学院的同学一起合作做了单片机商业化项目。这个项目在“挑战杯”竞赛中获得了北京市二等奖。

小管加入创业公司之后，做的第一件事情就是给未来的办公室做个简单的装修。她和秦智帆一起，背着大书包整天泡在宜家，为办公室选择办公家具。创业公司最初的办公室选在中关村银谷大厦 807 室，办公室有 400 多平方米，看起来空空荡荡。

据说，这个办公地点的选择让创始人们煞费苦心，它位于谷歌、微软和金山的中间地带，目的是方便未来的员工招募。

新来的年轻工程师们已经开始写代码了。雷军设计了几款 App，让团队迅速开始磨合练兵。大家一起做了几个产品练手，其中一款 App 叫作“司机小蜜”，司机可以用它在手机上查询违章记录。另一款 App 叫作“小米分享”，是一款为安卓用户提供在线分享的手机铃声、壁纸、音乐、电子书和短信息的开放平台。还有一个产品叫作“迷人浏览器”，是一款基于 WebKit（开源的浏览器引擎）内核，针对中国用户使用习惯全面适配的浏览器。当时程序员们有两个据点，一个是清河橡树湾的上岛咖啡，这个地方离刘新宇家比较近。另一个是回龙观附近的上岛咖啡，这个地方离屈恒家比较近。他们就像一支新组成的足球队，正在进行密集的训练，年纪相仿的他们，也在这种磨合中迅速熟悉起来。

还有很多时候，他们会聚在保福寺桥附近的星巴克里写代码。晨兴资本的赖晓凌对这一段游击创业的日子记忆犹新。早上 8 点半，一群年轻的工程师准时来到星巴克的一个角落，每人点一杯咖啡，然后在那里坐一整天。因为一天里不能喝太多咖啡，很多人中途还会出去买瓶水。黎万强对这段日子最深刻的记忆是，为了闹中取静，每个工程师都配有降噪耳机。赖晓凌常常打趣黄江吉和黎万强：“星巴克怎么到今天都没有驱逐你们？”

“黑米”这个名字最终还是被否定了。新来的工程师们都加入了给公司命名的民主讨论当中。大家最后确定了几个起名字的原则，比如一定要亲民，读起来朗朗上口，让人印象深刻，一定要是中文，不需要奇怪的英文翻译。终于，博览群书的雷军想到了他最喜欢的一句话——“佛观一粒米，大如须弥山”。当有人提议把公司叫作“大米”时，投资人刘芹说：“互联网天生回避大而全，我们不取大，取小，我们就叫小米吧。”这个平实且简单的名字，立刻赢得了所有人的认同。

就这样，小米公司诞生了。

后来，雷军进一步阐释了这个名字的含义：小米中米的拼音是MI，可以进一步阐释为Mobile Internet，即移动互联网；MI也可以理解为Mission Impossible，表示小米要完成不可能完成的任务；同时，雷军也希望用小米加步枪的革命浪漫主义精神来征服世界。在公司名称最终确定以后，雷军向所有人宣告，小米将是他工作的最后一家公司，这是他作为公司创始人的一个承诺。

小米公司于2010年4月6日搬入银谷大厦。对于那一天，大家记忆犹新。

公司的行政兼人事主管管颖智按照黎万强的要求，提前准备好了一个简单的开业仪式所需要的物料：一些吸收装修气味的绿萝已经摆放到位，一次性白碗和一些蛋糕摆放在桌子上，还有一些手持筒型礼炮。她还提前和物业打好了招呼，一会儿可能会有几个简单的花篮送来。

4月6日凌晨5点，黎万强的父亲激动得睡不着觉，就起身用一个很大的电饭煲煮了一锅小米粥。早上10点，这锅煮了将近5个小时的粥被一辆轿车运到了银谷大厦807室。所有的创始人和员工都到了，投资人代表刘芹和赖晓凌也到了。熟悉的人相互聊天，不熟悉的人相互介绍。大家都在等待着热气腾腾的那一刻。

最终，小米粥被搬了进来。一次性的白碗派上了用场，管颖智给每个人分了一碗，大家端起碗来合影留念。那一天，大家都穿得极其普通，和平日一样。雷军也穿着他常穿的那条深蓝色牛仔裤，一件凡客诚品的条纹衬衫，外面套着一件黑色的皮夹克。可能是因为刚刚创业、事情繁多，他的头发没有及时剪，显得有点长。

捧着那碗小米粥，雷军说：“今天，我们正式走上了创业的道路。”

就这样，决心为发烧而生的小米公司成立了。大家欢乐地拉响了自己手中的拉花礼炮，声音挺大，把物业公司的人都招来了。

那一天看起来如此平淡，甚至有一点闹哄哄的。拉花礼炮炸得满地都是，很多人帮忙清扫完散落一地的礼炮碎屑之后，就找到自己的工位开始工作了。

一家崭新的公司，还有太多事情，在前面等着他们。

创始人逐渐靠拢

在很短的时间内，小米的融资工作就结束了。除了晨兴资本投资的500万美元以外，创始团队一共投资了500万美元（其中雷军自己投入了400多万美元，加上林斌的75万美元，以及黄江吉和黎万强投入的部分现金），这就是小米设计的天使轮投融资方案——1000万美元的融资额，以及2500万美元的估值非常快就尘埃落定了。而投资界一些熟悉雷军的朋友，听闻雷军已经在创业界"重启"，迫切地希望为自己的机构争取一些投资份额——比如启明创投的童士豪。

在启明创投工作期间，童士豪和雷军在三年里共同投资了4个项目。雷军的极客风格给童士豪留下了很深的印象。他发现，雷军对趋势的分析很透彻，他们一起投的项目成功率都很高。他甚至一度想把雷军推荐给启明创投，让雷军当自己的老板。

在小米刚刚成立后的一次朋友小聚中，雷军把童士豪约到盘古七星酒店喝咖啡。在这次见面中，雷军把手头正在做的事情给童士豪介绍了一下。

童士豪的身高有190厘米，看上去高大威猛，说起话来声如洪钟，却带着绵软的台湾韵味。站起身来，他气势如虹，让人感觉面前站着一堵高墙。生于台湾的童士豪13岁时随父母移民美国，本科就读于斯坦福大学，之后加入美林证券。2007年，童士豪加入启明创投。

童士豪回想起和雷军这一天的谈话，感觉自己在前半个小时几乎是处于震惊的状态。他在想，面前的这个人是不是疯了？历史上还没有任何一家公司是从零开始把手机做成功的。iPhone是因为有了iMac、iPod才杀入手机市场的，摩托罗拉是有了其他业务之后再加入新业务的。从零开始做手机，这个想法真的很疯狂。

半小时后，童士豪冷静了下来，因为他发现面前的这个人已经把新公司的运营模式想得很细致，逻辑也很通透。最重要的一点是，他是雷军，他对趋势一向敏感，而让童士豪选择相信的原因，大多是基于之前合作的成功经验。童士豪的大脑飞速运转：如果按照雷军的软硬一体、铁人三项的设想，他的创业团队应该具备什么样的素质？最后，童士豪得出结论：这个团队要懂互联网、懂软件、懂电商，还要懂硬件制造。而雷军除了没有做硬件的经验以外，其他领域全部涉足过。童士豪相信，凭借雷军的影响力，一定能够找到合适的硬件负责人。

在和雷军交谈的第二个小时，童士豪已经认定雷军的商业逻辑，尽管雷军此时并没有融资的诉求，但是童士豪决定在启明内部引入这个项目。

在程序员们终于拥有自己的办公室、结束游击式写代码的生涯之后，大家对业务的推进也逐渐走上日常轨道。雷军和几位创始人决定，先从打造团队最擅长的手机操作系统开始，等到操作系统做到优化、流畅、普及之时，再切入手机硬件制造。这是由软到硬，从易到难的思路，也是创业者最熟悉的路径。

因为公司已经有了小米这个名字，所以操作系统自然而然地被称作MIUI。

这个项目由黎万强带队。工程师们从深度定制安卓手机系统入手，研究如何做好这款刷机 ROM（系统软件包）。当时手机市场水货横行，这些水货一般都是英文操作系统，需要把它转换成中国人习惯的中文操作系统才能使用，这个转换的动作，叫作刷机。为了提供与众不同的手机操作体验，当时刷机软件风行一时，但很多刷机软件都是个人和一些小团队做的，他们没有实力或者持续的精力来真正地做好底层优化。而这正是 MIUI 团队想攻克的东西。可以说，做最好的刷机 ROM，让手机发烧友爱上这款操作系统，是 MIUI 的初心。

因此，为发烧而生，成为 MIUI 诞生的起点。

位于银谷大厦的小米办公室也因此“发烧”起来。MIUI团队里的工程师很多都来自微软的Windows Mobile团队，以前囿于大公司的流程，工程师们很多事情无法自主，很多想法也无从实现。而现在，他们一改往日的克制，仿佛来到了广阔天地，每天都在自由世界翱翔着。他们热火朝天地讨论着每个功能该如何优化，做着他们最想做的事情，热情无比高涨。

与此同时，新的创始人的加入，也给团队带来了士气。尽管离职手续还在办理当中，但是谷歌的前高级产品经理洪锋已经来到新的办公室开始工作。洪锋以软件工程师入职谷歌，参与过谷歌日历、谷歌地图等项目，后来作为产品经理打造了谷歌音乐这个产品。林斌认为洪锋具有相当不错的产品思维，所以邀请他加入小米公司。

洪锋是一个极其沉默寡言的编程高手，他不喜欢说话，但是只要说话，总是直击要点，具有总结陈词一般的效果。

他从2005年开始在谷歌总部工作，深受谷歌开放文化的浸染。让他最受触动的就是谷歌的开放文化以及公司内部充斥着的一种浓浓的公民意识。每个星期五，谷歌举行TGIF派对（TGIF是“Thank God, It’s Friday”的简称），在这个派对上，所有的谷歌员工都可以和创始人对话，除了涉及法律层面必须保密的事情，员工可以不受限制地提出自己的问题，包括董事会上董事们做了哪些战略讨论，公司有哪些决定，以及做出这些决策的前因后果。如此一来，谷歌的员工对于整个公司的方向有一种约束性，对于哪些事情可做，哪些事情不可做，员工们有表达自己意愿的权力和勇气。洪锋后来说，你很少看到公司因为接了一个很赚钱的政府项目，然后员工揭竿而起的事情，但是在谷歌，这样的情况非常常见。

作为工程师，可以选择参加20%的自由时间的项目。洪锋用这个时间参加了后来一鸣惊人的谷歌街景项目。由于要亲自上街收集很多数据，谷歌的工程师把一辆普通的轿车进行改装，车顶捆绑了一圈的照相机。由于车上的电源转换器无法提供大量的电，车上还架了一辆柴油发电机发电。每一次工程师们给轿车加汽油的时候，还得给车顶上这辆柴油发电机加柴油。看上去是奇酷有趣的过程，其实在项目进行中状况频出。这辆长相奇怪的轿车冒着黑烟在山景城附近乱跑，经常引来警察的拦截盘查。有的时候，车辆在外面跑了一天，但是发现里面搭载的硬盘装置因为经历了太多颠簸已经报废，数据也没有收集成功。可以说，谷歌街景后来的一鸣惊人，是工程师们用一天天的大冒险换来的。

在硅谷工作了几年的洪锋，因为谷歌中国的成立回到了中国。

当雷军通过林斌见到这位沉默寡言的工程师时，雷军的本意是面试一下未来的创始合伙人，可没有想到的是，平日里少言寡语的洪锋这次竟然一反常态地说了很多话。他准备了上百个问题来问雷军，而这些问题甚至比雷军给自己提的问题都要细致。与其说，当天是雷军在面试洪锋，不如说是洪锋在面试自己将来的老板。

最后，洪锋依然用他总结陈词一般的风格总结了这次交流："可以说，这件事情足够好玩，梦想足够大，从逻辑上讲，足够靠谱，因此可以挑战一下。也可以说，这件事情足够不靠谱，从规模和疯狂程度上来说，是绝对的不靠谱。但是这很有挑战性，我决定来挑战一下。"

洪锋来到小米之后，给整个团队带来了更高一层的极客感。他带来了一个自制的智能机器人，是用一款吸尘器改装而成的。宜家的洗菜篮子被做成了脑袋，两个白色垃圾桶做腿，中间安装一块屏幕，下面有一个吸尘器转盘。洪锋是上海人，每次他回上海的家时，就用电脑远程操控机器人。办公室地面不平，机器人移动时偶尔会被卡住，这时洪锋的声音会从屏幕里面传出来："哥们儿，哥们儿，帮忙搬一下。"身边的人这才回过神来，赶紧帮着机器人挪动一下身体。

MIUI 的系统开发进展得很顺利。虽然时间尚短，但是已经有一些发烧友看到了 MIUI 的诚意。可是问题也随之而来，当越来越多的发烧友刷上 MIUI 系统，在惊叹 MIUI 的快速、美观和人性化的同时，有时候也会遇到系统卡顿的问题。毕竟一个软件和第三方硬件适配，总是会出现这样那样的问题。于是，一个战略的实施比预想的时间提前了，那就是，小米必须尽快做出自己的手机，让 MIUI 完美地运行在自己的硬件上。

但是这时候的小米，还没有一个人有相关硬件的经验。

正式进军硬件

与资本的对接工作持续进行着。小米的项目在启明创投的内部过会并没有童士豪想象的那样顺利，甚至可以说遭遇了一些压力，导致第一轮内部过会没有获得通过。很多第一次接触这个投资项目的年轻人，觉得它野心巨大，风险巨大。

童士豪把雷军、林斌和黄江吉一起邀请到上海，来启明创投的总部和员工交流思想。童士豪回忆，那些当年还年轻的投资人就像今天的 90 后一样，个性十足，提出的问题非常犀利，完全不惧和前辈们拍桌子。而林斌对此的回忆是，与和晨兴资本的见面会相比，这个见面会显得非常正式，问题一个接一个，中间雷军还出去抽了一根烟。

在这轮情绪不高的见面之后，雷军内心已经暗暗决定，小米的天使轮融资不再接受任何新的机构投资者。而童士豪非常坚持，他以个人投资者的身份对小米进行了 25 万美元的投资。

洪锋的加盟不仅给小米这家新创的公司加入了互联网的元素，他还给雷军引荐了他在美国读书时的好友——刘德。这是为未来的手机工业设计挑选的顶级人才。

有趣的是，出生于 1973 年的刘德彼时从未涉足过互联网和科技界的江湖半步，一直活跃在工业设计圈的他，到 2009 年也并不知道雷军是谁，更不知道移动互联网是什么。所以，当洪锋邀请他从美国回来和雷军谈谈的时候，刘德只是把这当成了人生中最普通的一个邀约。

刘德是北京人，从小对画画有浓厚的兴趣，直到今天他还可以轻松地画出齐派的水墨画。他最喜欢一些艺术作品中夹带的失控感，认为那才是真正天才显现的时刻。

刘德在考大学时，选择了一个和画画沾边的专业——工业设计。他上大学那时候，工业设计专业还处于中国院校创办此类专业的早期，学校只是把教授机械工业的老师和教授美术的老师调集在一起给学生们上课，能传授给学生们的专业知识非常有限。于是刘德成立了一个“612 工作室”，组织宿舍同学从晚上 6 点到 12 点自学。那个时候，刘德和他的同学们已经开始研究怎么参加国际比赛了。

有一年，日本大阪设计大赛举办了一个题目为“飘”的国际设计比赛，刘德也提交了自己的设计——用很多大容量可乐瓶组合捆绑在一起做成的一张漂浮床。那时候国内还没有打印设计作品的概念，计算机也不是很普及，刘德就用马克笔画了一张草图寄过去。最终这个设计获奖了，评委会的评语是：它用非常轻松的方式表达了设计者的先锋理念。刘德后来理解道，设计最终是文化之争。当时中国的设计水平还相对落后，设计师必须努力提升自己，才能跨越文化的鸿沟。

刘德毕业后留校当了老师，后来成为北京科技大学工业设计系的系主任。他还用业余时间开了一家设计公司，做过很多“疯狂”的项目。

后来刘德一路辗转，在 2003 年来到美国顶级的艺术院校——美国艺术中心设计学院求学。这一年，刘德 30 岁。考上这所学校意味着在工业设计的教育领域登上顶峰，在美国求学的这段时间里，他经历了西方文化的洗礼，也接受了最大密度的训练，打坏过两台打印机。他在那个时期画的设计图，摞起来有自己的身高那么高。他第一次知道，原来设计是可以量化的，所有的配色不是靠凭空感受，而是有理论依据和具体逻辑的。学校也经常会邀请一些知名企业带着他们的真实需求而来，学生们要和这些大公司合作具体案例，实实在在地为他们做出合理的设计。在刘德眼里，美国艺术中心设计学院不仅是教学生怎么成为一个好的设计师，还要把学生培养成一个好的企业家和战略家。

当洪锋邀请刘德到北京聊聊的时候，刘德其实也正在思考是否回国的问题。2003 年他决定离开北京去西方寻求更开阔的视野时，大量的外国设计公司正在进入北京。而到 2010 年，他已经在美国沉浸了 7 年时间，回国的愿望越来越迫切，因为在他心中，未来的大势还在中国。

当雷军邀请刘德加入新公司时，刘德其实并不知道雷军的影响力。站在银谷大厦某个办公室等待雷军的刘德，显得和高科技环境丝毫不搭。他是一个工业设计师，喜欢在安静的环境中独处，因为曾经教书育人，他的身上有着一种高校老师的气质。

当软件人才和设计人才均已到位，对硬件人才的需求就显得更加急迫了。雷军急需一个懂得做手机硬件的负责人，来统领小米手机这个项目。尽管在软件行业里，雷军的名字几乎无人不知，但是在硬件领域里，他的名字对大家来说还很陌生。软件和硬件，似乎天然地成为彼此隔绝的两个天地。

为了在自己不熟悉的领域招人，雷军和林斌发明总结出了一套用 Excel 表格来管理候选人的独特招聘方法，并且沿用至今。首先，他们会请身边的熟人推荐适合某个职位的候选人，然后在面试这位候选人时，再请他推荐三位他认可的潜在候选人，他们会把这三个人的名字加入表格。以此类推，Excel 表格不断得到扩充，随着时间的推移，他们会对这个行业的人才越来越了解。

但是在联系过 100 多位手机行业的研发人员后，雷军和林斌依然没有找到理想的手机硬件项目负责人，这让两个人都很焦急。

曾经有一个候选人其实已经接近面试成功，他在摩托罗拉工作了十几年，在技术方面是个大拿。雷军为了邀请他加盟，一个多月找他聊了 5 次，一次平均谈 10 个小时。但是当候选人终于答应进入小米，双方开始谈薪资待遇的时候，雷军发现，这位候选人不仅不愿意放弃外企的薪水，还特别在意自己一年休假的天数，对股票和期权却抱着无所谓的态度。这让雷军最终选择了放弃。雷军坚信，一个不具备创业心态的人，技术上再优秀，也不是他想要的人。他需要一个能够全情投入的创业者。

2010 年 9 月的一天，已经为寻找硬件创始合伙人忙活了近两个月的雷军和林斌，来到五道口的“醉爱”餐厅吃饭。林斌告诉雷军，他最近遇到了一个叫周光平的硬件负责人，看起来很合适，他们的女儿在同一所学校上学，因此有机会见过一两面。林斌接着介绍，周光平是个技术人才，曾任美国摩托罗拉总部核心项目组的核心专家工程师、摩托罗拉北京研发中心高级总监。他曾经参与组建摩托罗拉北京研发中心并全面负责北京研发中心硬件部技术管理，领导了很多 GSM、CDMA 和 3G 手机的研发，比如摩托罗拉 A1600、Ming A1200、A78 手机。2008 年，他离开摩托罗拉，成为戴尔投资的一家叫作星耀无线产品的研发副总裁，负责戴尔全球手机的开发，同时也领导戴尔手机和 ODM 厂商的合作。可以说，这是一位对手机研发和供应链都非常熟悉的专家。

听了周光平的履历，雷军说："这个人跳槽时间不长，我感觉再跳槽的可能性不大。"林斌说："试试看。""我明天要出差，要不然你先和他聊聊？""可以。"

林斌说，他和周光平的交流沟通有些出人意料地顺利。第一次见面，周光平就答应林斌会加入小米公司，这让林斌有些喜出望外。之后周光平又和雷军聊了几次，最终确认了入职时间。后来林斌才知道，当时戴尔的高层对做手机这件事情一直摇摆不定，这让周光平的团队处在各种激烈讨论的旋涡当中，很不开心。见到林斌之前，周光平已经完整地搜索了雷军的履历和网上零星的有关小米的消息，早就已经猜到了林斌的来意，因此双方的沟通格外顺畅。周光平入职小米后，负责硬件研发和 BSP（板级支持包）部门。最让人惊喜的是，他带来了一支由十几名顶尖工程师组成的硬件团队，他们将成为打造小米第一款手机产品的黄金团队。

周光平的加入使得小米最早的 7 位创始人最终聚拢。这是一只被外界形容为卧虎藏龙的超豪华团队，其中 5 位有工程师背景、两位有设计师背景，而且 5 人是海归。他们来自微软、金山、谷歌和摩托罗拉，大多数人都管理过几百人的团队。从此刻开始，这些人希望为中国市场打造一款与以往完全不同的产品的野心，有了可以施展的天地。

就在小米公司这段紧张忙碌的招聘和筹备期内，全球智能手机市场又有了飞速发展。苹果在 2010 年 6 月发布的 iPhone 4，毫无悬念地成为全球备受关注的一款智能手机，而在 2009 年还排不进全球前五大操作系统的安卓，在众多手机厂商的支持下，此时已经成为最大的赢家。

2010 年，安卓在美国成为第一智能手机平台。到 2010 年第三季度，安卓在亚洲击败了一直领先的塞班系统，排名手机操作系统第一位。摩托罗拉在这一年推出了 Defy，HTC 推出了搭载安卓系统的 G7，成为 HTC 有史以来最畅销的智能机型。Galaxy S 成为三星安卓智能手机一个很重要的起点，它让三星从此成为安卓阵营里不可忽视的一股力量。

与此同时，一些老牌霸主的防御性措施也频频出炉。为了对抗 iPhone 和安卓，微软推出了 Windows Phone 系统。而对于诺基亚来说，真正的危机似乎在这一年也到来了。在每况愈下的市场反应下，诺基亚于 2010 年 9 月 21 日宣布，诺基亚原总裁兼首席执行官康培凯（Olli-Pekka Kallasvuo）将由前微软商业部门总裁斯蒂芬·埃洛普（Stephen Elop）代替。

在功能机到智能机跃迁的这一年，预言者已经预见到智能手机将对人类生活做出重要改变。网络人类学家安布尔·凯斯（Amber Case）在 2010 年的 TED 演讲中说："智能手机已经不仅仅是我们口袋里的一个设备，它还是更接近于我们自身的数字延伸。这是人类历史上第一次，我们和智能手机以这种方式联系在一起。"

在中国市场上，智能手机的风口清晰可见，iPhone 4 进入中国市场后掀起了一阵热潮。HTC 正式宣布进入大陆市场，代替多普达全面接管其在中国大陆市场的相关业务。而国产手机也纷纷进入搭载安卓系统的竞争领地，联想、酷派、中兴各自都有智能手机产品面市。在软件方面，这些厂商多用自己开发的系统。而单纯尝试软件的公司，也在这时候涌现出来。例如李开复博士成立的创新工场，正在孵化一个叫作点心的创业公司，该公司和第三方手机厂商合作，目标是推出一个既便宜又好用，适合年轻互联网用户使用的手机平台，而这个产品曾经被认为是最有可能成为 MIUI 竞争对手的产品。

此时，小米已经认识到只做软件最终会受制于人，也明确了自己的优势和未来可能面临的问题，由此更加确定软件与硬件必须一起做的思路。

2011 年 3 月，晨兴资本的赖晓凌提供了最新一版的小米科技的介绍。这份文件里清晰地列出了小米科技在过去 6 个月所取得的进展，也披露了尚未问世的小米手机的配置，比如，高性能、超级省电、重新定义拨号短信联系人、支持多种音乐播放格式、可取代卡片照相机的相机质量。

在这份内部文件的最后，赫然写着小米公司面临的挑战：第一，资金门槛；第二，供应商关系。

果不其然，供应商关系，成为小米公司下一步高速成长最迫切要解决的问题。

第三章
新物种诞生

具有魔力的参与感

再次创业，雷军刻意选择了低调。他知道外界一定会对“雷军的再次创业”这个话题倍感兴趣，一旦公布消息，他马上就会成为媒体的焦点，这会给整个团队，包括他自己，带来巨大的压力。他曾经做过调研，如果创业者二次起跑时过于高调，往往会导致动作变形。因此，这一次，他选择低调，希望用产品说话。

与此同时，所有的员工也都签订了保密协议，甚至很多员工的家属都不知道他们在什么公司工作，具体在做什么。家里人只是朦朦胧胧地知道，他们加入了一家软件公司，做的东西好像很神秘。

虽然表面看起来风平浪静，但是小米公司内部正在进行一场热火朝天的革命。几个月来，一些背景不同又个性强烈的年轻人不断加入公司。此时的小米求贤若渴，创始人们恨不得网罗全中国最优秀的工程师马上加入小米，这让他们对人才的强烈个性很宽容。比如，一名叫彭涛的产品经理，面试的时候直接告诉黎万强，她可以经受住强度最大的工作，但是每年都要允许她去日本看彩虹乐队的演唱会，她才会入职。类似这样的要求，黎万强都答应了。

银谷大厦807室很快就热闹起来，这些年轻人聚在一起，每天对手机痛点进行排序筛选，然后进行头脑风暴，希望以最快的速度解决用户使用手机时的各种问题。这里充满了不可思议的民主，人们演讲、讨论、争辩，甚至经常有人摔门而出。

一些新入职的软件工程师，通常是刚走进办公室，就被MIUI的开发模式震撼了。

刚刚开始打造MIUI时，工程师们首先要让系统快起来，让用户感受到顺滑流畅。于是，工程师和产品经理需要持续优化桌面的动画帧速，从每秒30帧到40帧，再到60帧，每一次滑动的时长在不断缩减。另外，产品经理和工程师需要把打电话、发短信这些核心模块的功能一点一点打磨到最好，让人们体会到妙不可言的舒适感。比如，给常用的联系人发短信，一般的系统要用3~5步，而MIUI只需用两步完成，而且过程需要特别人性化。再比如，MIUI试图让用户不用看手机屏幕就能以最快捷的方式调出手电筒，然后只要一松手，手电筒的灯光就自动熄灭，不用刻意去关。此外，“好看”的诉求应运而生，所有的一切必须赏心悦目，就连主题壁纸都要千姿百态，设计师们屡屡被“美”的要求逼到极限。

但是，和其他系统开发的模式不同，对于如何改善和优化产品，小米的产品经理和工程师们都是与用户直接沟通的，这是一个开先河的系统开发模式。每个小米员工都有一个论坛账号，无论是工程师、产品经理，还是设计师，必须登录MIUI论坛，实时和用户交流使用体验。在得到真实的使用反馈后，他们会有针对性地对系统和界面进行修改。雷军也有自己的账号，他天天潜伏在论坛里，把自己叫作——小虾米。

这种开发模式得益于雷军最初对移动互联网的设想——手机操作系统必须用互联网的模式开发。这是因为，互联网的极致都是在快速迭代中产生的。早在2008年，雷军就总结出了互联网的七字诀：专注、极致、口碑、快。其中，专注和极致，是产品目标；快，是行动准则；而口碑，则是整个互联网思维的核心。雷军认为，MIUI应该打造一个手机操作系统的维基百科，让人人参与成为现实，而产品的扩散传播不应该依靠广告投放，而是基于口碑。在这种期待之下，雷军希望给整个产品打造一种氛围——人人都是产品经理。

“做 MIUI 系统，我们能不能也只依靠口碑传播？”雷军问黎万强。

于是，黎万强有了主持 MIUI 时的第一个疯狂想法——能不能先打造一个10 万人的互联网开发团队？而这个开发团队的成员，绝大多数来自用户。

黎万强开始满世界泡论坛，寻找资深用户，每天在一些知名的安卓论坛上灌水、发广告，被封号之后就换个账号继续发帖。早期用户就是这样被黎万强一个一个从不同的手机论坛上拉过来的。

到 2010 年 8 月 MIUI 第一版发布时，论坛上已经汇聚了 100 名核心用户，他们都是顶尖的手机玩家，对用户体验有着独到见解。他们热衷新鲜事物，对系统不断提出自己的想法。为了表达对这 100 名核心用户的浓烈感情，一名叫梁峰的设计师甚至把他们的名字写到了开机画面上，MIUI 团队还为这个开机画面起了一个名字：“感谢你，勇敢的上帝”。

不论是来自谷歌、微软，还是金山，这些年轻人都有丰富的产品开发经验。但是无论是谁，都没有经历过这种工作方式。黄江吉说，即便是在全球顶级的软件公司微软里，也没有人和用户联结得如此紧密。

小米的年轻人也对这种流程革命倍感兴奋。产品经理许斐原来是谷歌中国的一名产品经理。2005 年毕业于清华大学的她，经过几轮残酷的魔鬼面试，才进入梦寐以求的公司——谷歌中国。她是一个性格活泼、爱说爱笑，总是有新奇想法的长发女生，希望在谷歌中国大干一场。但是谷歌的工作节奏却让她颇不适应，产品的开发需要和总部同事不断约时间，当好不容易做好产品定义，把产品原型交给设计师时，又开始了新一轮的约等和讨论。“当所有的事情以月和季度为单位时，想几周做成一件事情非常困难。”她说。在谷歌中国工作的几年里，她最得意的一件事情是，只花了两周时间和谷歌总部沟通，就推动了一个拜年短信的产品功能在中国发布。这对于谷歌来说已经是一个不可想象的速度了。

许斐进入小米时 28 岁，她是放弃短期之内要孩子的想法，毅然决然进入小米的。入职之后，许斐发现，在这里，产品迭代的速度几乎在实时进行，那些曾经束缚她的东西都没有了。她面对的发烧友都是手机专家，这些人给她源源不断地输送了创意和灵感，作为产品经理，这是一种幸福到起飞的感受。手机的锁屏是往上滑还是横向滑？有的用户说为什么不能让我自己定义？好的，那就干脆让用户自己定义锁屏画面，产品经理们将这个设计称为百变锁屏。在这里，许斐和小伙伴们感到心灵的枷锁被打破了，整个人都在放飞。办公室里经常能听到她爽朗的大笑声，有人揶揄她，能不能不要笑得如同大婶儿一般，后来，同事们送给她一个亲切的外号——“许婶儿”。

同样来自谷歌中国上海办事处的金凡，也体会到了这种前所未有的“暴爽”感受。在谷歌，一个用户界面的改动都需要总部某位高管批准，流程的限制不言而喻。而一进入小米，金凡就在用户反馈——筛选痛点——把反馈做成产品——发版这个过程中，迅速找到了一种以前只有在电子游戏中才能感受到的快感——实时正向反馈。他说：“在游戏里，你枪击一个苹果，苹果会立即一击而碎，人们的欲望在此时得到满足，这就是人们沉迷于游戏的心理机制。”那是还没有米聊和微信的年代，金凡沉浸在这种令人沉迷的“游戏”里，他在 MIUI 上开发了短信拜年的优化体验，用户在群发拜年短信的时候，可以自动插入对方的名字，解决了群发短信千篇一律的痛点。

孙鹏是负责底层系统的工程师，统领 MIUI 整个底层系统的开发。他做 Windows Mobile 时那种浩大而传统的开发方式在小米被彻底颠覆。在小米，他执行着敏捷开发的制度，每天早上和小伙伴们站在工位上，用几分钟交流一下今天要做的事情，然后大家坐下分别开始工作，据说这借鉴了丰田的动态系统开发方法，可以最大限度地提高开发效率。在小米这样的氛围里，孙鹏在足球场上的“凶猛”性格被淋漓尽致地显现出来，他心直口快，遇到什么问题都很直接，经常和产品经理甚至公司合伙人据理力争。他曾说过一句名言：“MIUI 更新发版,（代码品质问题）雷军说了不算，我说了才算。”因此，除了“皮总”之外，孙鹏又被同事们送了一个“孙大嘴”的美称。

不仅仅是来自外资互联网公司的工程师们感受到这种开发流程的剧变，

来自本土的软件公司金山的工程师，同样面临着观念的洗礼。屈恒当年负责金山词霸的开发，习惯了其特有的开发节奏——一年只做一个版本。通常来说，这种开发节奏是固定的，前期调研就需要半年，实际开发再做半年到9个月。而MIUI这种每周发布、每天发版的节奏，对于他来说简直是不敢想象。

随着产品每周迭代节奏的制定，“橙色星期五”应运而生。除了工程师写的代码之外，产品的需求、测试和发布都开放给用户参与，MIUI的许多功能设计都通过用户讨论和投票来决定。每个星期二，MIUI请用户提交四格体验报告，工程师们汇总出上一周哪些功能是用户最喜欢的，哪些功能令人失望，还有哪些功能正受到广泛期待。

小米设置了一个叫作“爆米花”的奖项来激励那些得票最高的功能开发者。周五下午，这些得票最高的工程师会得到一桶管颖智购买的爆米花作为奖励。通常，得奖者会把爆米花桶捧在手里，然后绕着办公室游走一圈，这对于开发者来说是最高的荣誉。相对应的，是一个叫作“猪头奖”的奖项，这是给那些在本周制造了bug（漏洞）、影响了用户体验的倒霉蛋们的。猪头其实是个绿色的毛绒靠垫，一旦获此“殊荣”，绿色的猪头将放在获奖者的椅子上一周，起到警示的作用。

因为所有的评价机制都来自用户，因此无论是工程师还是产品经理，都产生了强烈的自驱力。能在周五得到一桶爆米花的人，简直就是漫威英雄。而被迫举起绿色毛绒猪头的人，基本就是颜面扫地，虽然大家只是起哄笑一阵，但也会给拿到猪头的人一种无形的压力。他们深知，在社区中，在微博上，如果做得不好，用户的骂声会非常刺耳，他们只有知耻而后勇，努力改正错误，才能找回颜面。

就这样，负责底层系统的工程师、负责核心CSP（手机核心通信工具——通讯录、短信和电话的统称。）的产品经理、负责桌面和小工具的设计师们组合在一起工作。那是MIUI一段阳光灿烂的日子，组织结构极度扁平、文化极度开放、气氛非常炸裂。

很多早期员工回忆起这段日子，都觉得那是一段有着不可思议的民主、每天灵感无数、天大地大热火朝天的日子。大家为了好的想法而竞争、辩论，甚至一气之下摔掉手机。人们兴奋、忙碌，经常凌晨两三点钟下班。

争吵简直就是日常工作中的一部分，也是工程师和产品经理在做项目的时候经常会遇到的情况。一个个新功能的发布，通常是先由产品经理设计出原型交互图，然后交由系统工程师来具体实现，而矛盾也经常由此产生。

“这个功能为什么要做？”

“你这么设计交互，看上去很傻。”

“这个功能很好，但是从底层进行系统设计时，根本做不到。”

很多时候，产品经理觉得是很好的设计，却被工程师否了，因为工程师认为自己更懂产品。通常大家会坐下来平心静气地解决问题。但是偶尔，产品经理要艰难地跨越产品经理和工程师之间的“鄙视链”，双方最后都怒不可遏。在争吵时，他们声嘶力竭，用词犀利，而且经常想把对方“装进麻袋”。

每周二的发版会，通常是争吵最激烈的时候。这一天，大家要提供一个用很清晰的文字描述的“本周更新”，之后，激烈的巅峰对决总是不可避免。大家为自己坚持的产品功能进行辩护，挑战那些看起来愚蠢的功能和设计，最夸张的时候，个别人甚至有掀掉桌子的冲动。

在这种松散和看似随意的组织之下，MIUI 变得越来越便捷，越来越好用。它的拨号面板非常人性，快速的拼音简搜索嵌入了电话本；不同的响铃让电话的声音选择更多；手电筒功能异常便捷；百变锁屏提供了个性化的锁屏壁纸。在安卓还是一片蛮荒的时代，这些技艺高强、热爱魔鬼般细节的人，在这片鼓励创新的岛屿上，逐渐筑造起一座新的乐园。

MIUI 聚集了越来越多的用户。从 100 个人开始，用户呈现出指数型增长的态势。用户提出的反馈越多，产品经理得到的灵感就越多。MIUI 逐渐成为安卓系统中做得最开放、最有深度、最出色的手机操作系统。这些论坛高手成为产品经理最熟悉的陌生人，虽然素未谋面，但是他们就像心有灵犀的朋友一样彼此热爱。

为了让更多的用户参与进来，MIUI 论坛上经常举办各种各样有趣的活动。

产品经理姚亮曾经策划过一个叫作“我是手机控”的话题活动，这个活动可以让大家标记自己每年使用的手机，并在微博上一键分享自己的手机编年史。小米还会给用户打上一个标签，上面写着用户手机使用的级别，比如菜鸟级、骨灰级和神马级，像雷军这样的手机发烧友就是神马级的。这个活动既怀旧又有趣味性，很快就吸引了超过 200 万人参与。到今天为止，这个活动依然是社会化运营的一个经典案例。

这个时期的小米没有层级关系。从金山进入小米的刁美玲迄今还记得在办公室里和雷军一起吃盒饭、讨论产品原型时的情景。在金山时，刁美玲离雷军的层级很远，她戏称自己在“公司的六环以外”，但是进入小米之后，她经常和雷军、黎万强坐在一起开会。他们在雷军的办公室一边吃着沙县小吃一边讨论。刁美玲记得：“那个饭通常会吃得很快，我们经常一边啃着鸡腿，一边决定把某个产品功能给改了，这种场景时常让我觉得恍惚。”后来随着这种讨论越来越多，刁美玲才逐渐习惯了这种“奇幻感”。

那个时候，行政专员管颖智每天中午都给雷军订沙县小吃，偶尔会加个鸡腿。而几乎所有的同事也都在同一家小馆下单。多年以后，小米的创始员工都还记得，那家店里最受欢迎的是“鸭腿饭”，可以单点追加的还有鸡腿。员工们曾经强烈建议雷军把楼下那家沙县小吃给收购了，以飨员工。

“小虾米”经常出现在 MIUI 论坛上。有的时候，他会分享自己的感受，比如：“MIUI 要学习的不仅仅是苹果，还有另外一个游戏界的神——暴雪。暴雪的产品设计理念是易上手，难精通。手机行业还没有具有暴雪这样设计理念的公司。苹果和暴雪，在有些方面是一样的，比如极致的产品设计态度，比如高口碑，拥有强大的粉丝群体，还有所有员工对于所从事事业的极度狂热。”

有的时候，“小虾米”会孜孜不倦地和产品经理们分享自己的产品建议，比如：“我要上网的时候突然发现手机联不上网了，重新启动折腾很久，才发现是关闭了‘数据访问’功能。如果手机连不了网，是否可以先查询一下数据访问状态，如果关闭的时候，就弹出窗口让用户选择呢？或者，手机上显示有网络标志，但就是上不了网，我听说是那个基站打电话或者上网的人比较多。此时是否应该有返回错误，明确提示用户呢？再或者，关于智能拨号，统计每个号码的使用频度，常用的电话号码优先，写短信时输入电话号码，可以从通信历史中选择最近联系人。”

几乎每个人都知道论坛上活跃着一个叫“小虾米”的热心用户，但是只有小米员工知道，“小虾米”神秘的面纱之后，是昔日的中关村少年英雄——雷军。

获得高通协议

被摔在地上的手机总要被捡起来，激烈的争吵最终被一顿或者两顿烤串儿化解，而被装进麻袋这种说法，几天之后就成了大家哈哈一笑的谈资。不管怎么说，大家的目标是一致的。

黎万强作为设计师，经常给大家灌输他最欣赏的设计大师原研哉的理念——设计的原点不是产品，而是人。设计者要创造出顺手的东西，创造出良好的生活环境，并由此让人们感受到生活的喜悦。

很多人后来用“完美”这个词来形容这段创业早期的日子。也有人用了一个词——乌托邦。银谷大厦400平方米的办公室逐渐不够用了，于是小米搬进了位于望京的卷石天地。在新的办公室里，这些年轻人依然继续进行着系统优化，有着不可思议的自发动力。他们从来没有打卡制度，也没有复杂的办公室政治。所有人的初衷只有一个，那就是把事情做好。因为他们知道，他们都是公司的一分子。

除了真诚和热爱，这家新创立的公司也使用了合理的薪酬体系来保证员工的内驱力能够持续。在进入公司之初，大多数人都选择了降低薪水但尽可能多争取期权的薪资方案。他们知道，只有把事情真正做成，才能在将来得到丰厚的回报。这是让员工成为创业者、在公司拥有主人翁意识的最好方式。

在硅谷软件业腾飞的时代，各个初创公司都留出10%~15%的期权给普通员工，特聘的高管期权另算。这样一来，老板与下属便从雇佣关系变成了契约合作关系，员工也才成为真正的创业者。而雷军在初始结构上，给其他合伙人和员工留出了 70% 的股权池，这在很大程度上激发了大家的主观能动性。

后来，雷军不但给予员工期权，还在员工的请求下接受了员工入股。有一天，一个员工推开雷军办公室的门，对他说："平时我也会有一点点存款用于投资股市，现在公司在进行外部融资，与其这样，不如把一些投资份额留给员工。"对于这个请求，雷军欣然应允，他给每个员工设置了投资上限——30 万元人民币。在给全体员工群发邮件宣布这个决定后，76 名员工一共投资了 1000 万元人民币。在那批最早进入小米的员工里，女孩管颖智表现得最为热情。在没有看清楚这是一封群发邮件的情况下，她就把回复邮件不小心发送给了所有同事。人们看到了她写的四个字——"谢谢雷总！"后来，她把自己的嫁妆钱一共 10 万元投入到了小米公司。

特别有趣的一个现象是，自从员工入股后，雷军经常遇到主动找他聊天的人。一些员工时不时地来到他的办公室，开门见山地问："咱们公司现在状况怎么样了？"显然，作为员工股东，他们比以前更加关注公司的运营表现。

从某种意义上讲，这种机制塑造了公司内部人人都是创业者的心态，也是小米全心投入热血文化的基石。

每个人工作起来都分外努力，只有在午休的时候，紧张气氛才稍有缓和。吃过午饭，有人坐着，有人瘫着，办公室如同一个大学生宿舍。偶尔，设计师秦智帆会从角落里拿出一把吉他，并不熟练地弹奏几首刚学会的曲子，然后被同事们一通抗议——哥们儿，能不能不要制造噪声。

偶尔也会有人出去买几瓶啤酒，大家一起喝了，然后联机打一会《街头霸王》，或者追《斗破苍穹》的连载。午休之后，他们又开始了将持续到深夜的工作。

可以说，外资互联网公司进入中国，以及互联网在中国蓬勃发展的最初 10 年，为移动互联网的发展培养了很多本土人才。2000 年以后毕业的大学生，在这些高度市场化的阵地工作锻炼 10 年之后，已经被磨砺得经验丰富、锋芒初现。他们中的一些人正是小米最初的人才构成。

在软件团队热火朝天工作的同时，硬件团队和工程团队却正经历着最煎熬的日子。高通的许可协议文档很长时间没有到位，这意味着周光平带领的硬件团队和工程团队只能做些最简单的准备工作。有的员工陷入了迷茫，他们不知道自己是否应该继续待在这家公司。

小米的各位创始人一开始就对他们要打造的手机有着清晰的定位，那就是非苹果供应商不用、非三星的旗舰供应商不用，而且要采用高通平台，采用旗舰芯片。只有这样的顶级配置，才能保证小米手机一出生就是极致产品。因此，硬件团队一到岗，小米就开始寻求和高通公司的合作。

在模拟技术时代，关键通信技术只掌握在几家大型制造商手里，由此形成了技术垄断。如果他们不公开技术，别人就买不到芯片，也就和这个行业没有缘分了。

而高通的出现则解决了这个问题。高通和那些把技术专利当作护城河的公司不同，它用技术手段研发出芯片，然后通过专业授权的方式将技术解放出来。这种模式最大的优势是，它为新的进入者迅速形成竞争力提供了便利，同时还可以帮助一些全球运营的公司，在有知识产权保护的国家降低产权法律纠纷的风险。无论是哪家通信制造商，只要研发进行得更快，效率更高，就可以凭借占领市场的能力获得胜利。

作为消费电子领域最复杂的产品，手机的生产并非采购一批元器件，然后像组装电脑一样拼装起来就行，而是需要手机厂商做大量的研发工作，包括定制、调试、优化数百个元器件，还要考虑天线怎么设计，内部结构如何堆叠……手机厂商需要跟芯片等核心零组件厂商一起做联合研发、联合调试。于是，像高通这样的核心零组件厂商对手机制造厂商的支持与研发配合就显得至关重要。

在高通内部，业务线被分成两条，一条业务线是知识产权（IP）授权部门，高通需要收取前置的专利授权费用，然后将技术授权给通信企业。另一条业务线是半导体芯片（QCT）部门，高通需要调拨专业的工程师和企业一起进行手机研发。高通的中国工程师数量相对固定，能获得多少工程师的支持，取决于高通对伙伴未来产品的信心。通常情况下，高通会调拨更多的工程师资源给自己看好的生产厂商，这是因为，未来产品在市场上的表现和高通的业绩息息相关。每出售一部手机，高通都会收取后置的专利费，大约占每部手机批发价的 5%（这个数字在几年之后有所调整）。

小米是一家初创企业，是否可以获得高通的资源，还未可知。

2010 年 9 月 30 日，为了获得高通公司的专利授权，林斌和周光平在嘉里中心对面的一家酒吧里，会见了高通中国负责授权业务的高级管理人员罗伯特·安。这是一个 30 多岁的年轻人，国字脸，言谈举止彬彬有礼，有着外企人士特有的职业风范。他礼貌地介绍了要得到高通授权需要的流程和手续，并表示会支持小米进军手机市场，很快就会给他们发送相关的法律文档。

这一天的会面时间比较短，不到一个小时就结束了，紧接着就是“十一”长假。在假期之后，当林斌收到厚厚的高通格式合同时着实吓了一跳。这是一份如同天书一般的合同文档，里面全是艰深晦涩的英文商务法律条款，每一句都需要仔细研读。即便是在美国留学、在谷歌工作多年的林斌，也需要借助英文法律词典来研究这份文档。

在接下来的一个月时间里，林斌几乎每天都随身带着这本英文法律词典。即便是在团队的讨论会上，他也很少听会议的内容，而是扑在合同上写写画画。有很多次，他都感觉到有点绝望，因为就算借助词典，他也难以真正理解那些晦涩文字背后的深意。研究了一个月之后，林斌才揣摩出一些条款的深层含义。

高通的条款比较严苛，林斌如同一个严谨治学的学者一样，将合同的每一页都画上了线，然后密密麻麻地附上自己的标注，希望将来和高通谈判时可以重点讨论。而高通方面却告诉林斌，合同每修改一处，他们都要发回公司总部进行复核。等待的时间不能确定，从三个月到半年都有可能。

时间在静悄悄地流逝，大部分的硬件部门的员工此时都在等待。一些员工在午休散步时悄悄议论，目前硬件部分没有任何进展，是不是公司已经无法继续推进？而一个员工在一个星期之前刚刚入职，却在此时选择了离职。

事实证明，和高通最后签订的协议一字未改。雷军和林斌最终意识到，对于互联网公司来说，时间就是生命线，竞争对手也许正在四面潜伏。对于小米这家刚刚出生的婴儿公司来说，争取时间才是正道。小米没有等待 3 个月到半年的时间与高通进行商业谈判的资本，他们必须快速推进。意识到这一点，11 月中旬的某一天，在卷石天地的办公室里，雷军和林斌看了看对方，然后说："别谈了，闭着眼睛签吧。"

合同真的一字未改就签了。这样的情景，在雷军 20 多年的职业生涯里，第一次发生。

硬件和软件是两个完全不同的世界，两个世界的商业逻辑以及行走路径完全不同，当克里斯·安德森（Chris Anderson）的免费理论还在互联网的世界被捧为圣经并被人们津津乐道时，在硬件世界里，雷军和林斌知道，没有任何东西是免费的，时间是真金白银的硬性成本。

就这样，经过两个月的挣扎犹豫，和高通的知识产权协议最终在 2010 年 12 月份得以签署。此时雷军和林斌都不知道，这将是小米和所有供应商取得合作的过程中，最顺利的一个篇章。

遭多家供应商拒绝

在投资文件中，供应商关系被列为小米面临的两大挑战之一。随之而来的一场场创业维艰的大戏，其实在这个时间点才真正一点一点地拉开帷幕，其中很多剧情是雷军这种在中国做了 20 多年企业的人，也从来没有遇到过的。周光平博士带来的整个团队有着丰富的硬件经验和供应商资源，对手机供应商非常熟悉。雷军满心以为，在手机供应链搭建方面，完全用不着自己操心。直到有一天，周光平告诉他，供应链遇到困难了，连一个最简单的螺丝钉，厂商都不愿意和小米合作，这让整个创始团队如同遭遇了平地惊雷。

从摩托罗拉到星耀无线，再到小米，颜克胜是一路跟随周光平博士的团队成员之一，一直是结构工程师背景并在行业里浸泡多年，他和很多头部的手机供应商都是一个战壕里的战友。刚开始给小米找供应商时，他以堆叠手机内部结构那样的熟练，一个电话就定位到了多年的熟人，他热情地和对方叙旧、聊天，气氛特别友好。但是往往到了最后，供应商都直白地告诉他："克胜，咱们吃饭聊天都没有问题，但是生意就不要谈了。你们这个公司行吗？别到最后货款都收不回来。"这让颜克胜感慨不已，一个螺丝钉其实就是几厘钱的价格，连一分钱都不到，这真的是当时供应商们对小米的认知吗？

那个时候小米对供应商已经到了渴求的程度。颜克胜会拿着一块打印出来的绿色电路板给他理想的供应商看，然后告诉对方：你能做多少，要多少料，都可以，如果你愿意全部做，全部都给你也可以。但是当时并没有人看好小米的模式。

一家供应商的负责人被林斌请到了雷军的办公室，林斌打开他和高通洽谈期间就准备好的介绍小米模式和现状的PPT（演示文稿），给这位负责人全面介绍了小米公司，以及小米是如何用极致性价比的模式切入互联网服务的。这位负责人当即表示，这种模式非常新颖，他很有兴趣，但是没有表态是否会合作。几周之后，他们传来了正式的回应：暂时不和小米合作。

供应商的拒绝带来的不仅仅是业务上的焦虑，还给员工带来了自尊心的挑战。同样是来自摩托罗拉团队的朱丹和刘安昱清晰地记得一个细节，一个做触控的供应商派来了两位代表到小米谈合作，两个人半仰在沙发上，明确地告诉两位年轻人："我们知道这里不会有什么生意。只是老板让我们来一趟，我们其实就是走个过场。"朱丹和刘安昱从未遭遇过这种羞辱，要知道，在摩托罗拉工作时，他们都是供应商的宠儿。这种态度甚至让两个人有了想去决斗的冲动。

这个时候，小米的管理层逐渐意识到，手机厂商的供应链关系，远非甲乙双方的合同关系那么简单。也不是你手里有充足的现金，就可以随心所欲地挑选你想合作的供应商。元器件供应商往往要投入资金和采购方一起进行研发，因此很多元器件都是独家定制的，导致供应商对与新采购方合作极其谨慎。供应商要选择正确的合作者，很显然，小米不在“正确者”的名单里。当时还没有什么人可以真正理解互联网手机的含义。

出现这种情况并非供应商保守或者傲慢，而是由于当时很多供应商都深受“山寨手机”之苦，所以对新的品牌略显抵触。一些山寨品牌动辄订几十万元的货，但销售情况根本无法保证。账期一到，这些厂商无法正常付款，就变成了老赖，供应商往往血本无归。因此，后来很多供应商都对采购方提出要求，合作之前先拿出三年的财务报表，否则不可能合作。当然，这就给没有任何财务报表的小米造成了困扰。

周光平曾经说，在手机行业浸润多年，他眼看着上千家供应商起来，又眼看着上千家供应商倒下。见多了风起云涌，潮起潮落，他知道很多刚开始时很美好的故事，最后都变成了令人狼狈不堪的事故，所以大家都异常谨慎。

最后，雷军和林斌决定亲自到供应链一线和供应商洽谈，仅台湾地区他们就去了好多次。在软件和互联网世界里一直是传说中人物的雷军，对于供应链世界来说还是个陌生的名字，他依靠投资界、金融界、软件界和互联网界的朋友，和供应商世界建立联系。往往前一天，一些在台湾的老朋友还争抢着雷军的时间想和他见个面，第二天，他走进供应商的会议室时，却要对人们说个开场白——“大家好，我叫雷军”。

他发现，人生第一次，他需要一遍一遍地做自我介绍。

大立光电、友达、光宝、TPK……按照顶级供应商的名单，两个人在台湾约了很多会议，马不停蹄。在这个过程中，有的供应商被雷军攻克了。比如做触控技术的TPK，早先也是拒绝小米的供应商之一，雷军想尽办法调动了所有的资源，通过高盛的台湾地区合伙人见到了TPK的负责人，经过一番艰难的游说，TPK终于不再以产能不足拒绝小米。再比如声学器件供应商瑞声科技，雷军亲自飞到深圳，经过两个小时的洽谈，终于达成了与对方的合作。当时小米刚刚完成新一轮2.5亿美元的融资，出于对小米模式的看好，瑞声科技创始人当场决定对小米投资250万美元。

与供应商的合作协议正在慢慢地达成，可未来小米手机的代工厂是谁，还没有任何进展。周光平的团队将包含富士康在内的全世界前几大代工厂列了一个名单，轮流去谈了一圈，但都无果而终。其实，越是顶级的公司，和新品牌合作就越谨慎。他们的产能都是充足的，他们的资源，只愿意划拨给长期合作的老客户。

大家清点名单后，发现只有最后一家代工厂还没有彻底拒绝小米，那就是位于南京的英华达。如果这家英业达集团的子公司最终也拒绝与小米合作，那么这对创业者来说将是致命一击。而且，如果代工厂谈不下来，谈好了的供应商又有什么用呢?

另外，在手机屏幕方面，小米最终锁定了当时全球顶级的屏幕供应商夏普。这是因为，夏普作为液晶技术之父，是全球久负盛名的供应商之一，也是 iPhone 的主要供应商，对于全面对标 iPhone 的小米而言，这是必须拿下的合作伙伴。但是小米通过各种渠道提出的见面请求，都被夏普公司以没有时间为由拒绝了。

这一切都在困扰着这家初出茅庐的公司。

由于刘德过去有过一些创业的经验，雷军最后让刘德专项负责供应链。他让林斌和刘德一起，继续去啃那些最难啃的骨头。让一个设计师管理供应链，这个决定让刘德惊讶不已，他所有的经验都集中在工业设计领域，距离硬件供应商的圈子十万八千里。他离硬件最近的经验就是，曾经在自己开设计公司期间，给甲方做了一个军用望远镜的外壳，但是这只是小打小闹。对于打造手机供应链这件事，他真心怕自己干砸了。

“干砸了我不怨你！”雷军说。

就这样，2010 年年底，刘德在没有任何经验的情况下，接管了小米的供应链。他要做的第一件事情，就是帮小米谈下唯一那家还有希望的代工厂——位于南京的英华达。

把一个全新的人放在一个全新的岗位上，然后从零开始学习，这对于任何一家初创公司来说，其实都是一种常态的打法。如果说大公司会讲专业分工，创业团队只讲哪里缺位就尽快顶上。

其实雷军和林斌当时也没有供应商的经验，就像林斌从来没有过法务的经验一样，他们都在进行跨界学习，努力走出旧世界的框架。这是他们真正体会到创业维艰的时刻。虽然《创业维艰》是2015年才出版的，但是这本书里谈到的艰难探索，在2010年的小米公司，每时每刻都在发生。他们也是像作者说的那样去做的：

> 某时某刻，创业者一定要成功，否则我们就得滚蛋，去另谋出路，我们必须是一支紧密团结的队伍，大家都要经过锻炼和提高，创始人唯一要做的就是，把员工推入激流滚滚的大海，告诉他们——好好游。

英华达和夏普

2011年2月的一天，南京英华达的总经理张峰坐在自己的办公室里，等待着一家他从未听说过的公司的到访，这是他从事通信行业的第24年。

张峰大学一毕业就进入了通信行业，曾经师从中国3G之父李世鹤，参与过中国第一台移动电话YD9100的研发。李世鹤曾经对张峰说："做技术要沉下心来积累，一旦想赚快钱做商人，就不要想还能做出伟大的技术。"因此，张峰一直勤勤恳恳、踏踏实实地在技术的道路上前进，后来进入台湾企业英业达集团（英华达的母公司）工作。

1994年，张峰在南京组建了英业达南京的通信团队。从1995年到2006年，他领导的研发人员从300多人增至1000多人。在这个时期，他也参与了很多重要项目的研发，比如给英国电信运营商BT的付费电话做支持系统、给贝尔实验室的电话购物做微弱信号检测系统。2001年，张峰的团队给一家叫作E28的公司研发了智能电话，大获成功。这款售价4000多元的手机，后来卖了几十万部，成为行业标杆。

到 2001 年下半年，E28 公司终止了和英业达的合作，准备自己独立研发手机。这让张峰面临一次新的选择：下一个项目该做什么？公司未来又该怎么发展？此时，英华达股份有限公司已经成立，它是英业达集团众多的子公司之一。张峰作为子公司的负责人，需要给公司指出新的业务方向，并能在业绩上有所表现。恰在这时，一个新鲜事物出现在英华达眼前——小灵通。

对于那个时期的道路选择，张峰将其定义为“赚钱的邪路”。但是当时，张峰对此完全没有意识，他还沉浸在成功的喜悦当中。

他本能地根据市场做出了选择，看起来收效显著。2001 年 10 月，英华达和东芝公司签署了芯片购买协议，4 个月之后，小灵通实现了量产。在量产的那一刻，一辆辆货车在英华达公司的门口排队，等待提货，场面蔚为壮观，也让张峰感受到了市场的蓬勃。

从那个时候起，英华达开始大规模建设生产线，逐渐从研发公司演变成一家供应链企业。虽然张峰也带领团队做一些 GSM 全球移动系统终端，比如华为、夏普的手机，但是主要产品还是小灵通。小灵通曾经以绿色环保、资费低廉、超长待机的优势风靡一时。2005—2006 年，仅凭小灵通的订单，英华达的净利润就达到 5 亿元以上，这让张峰沉浸在叱咤风云的感受当中。但是很快，现实就让他陷落到凄风冷雨当中。

2009 年，工信部发出通知，要求小灵通于 2011 年退网。2009 年 1 月，中国联通在公布 2008 年业绩预告时披露，将小灵通资产进行一定规模的减值准备，这实际上就是将小灵通资产列入贬值资产。2010 年，小灵通确认将于 2011 年 1 月 1 日正式退市。政策的变化对英华达造成了重大打击，订单剧烈缩减，昔日穿梭不息的货车不见了，生产线的产能和工人大量空闲。2010 年是张峰最痛苦的一年。那个时候，英华达主要依靠日本和印度的手机订单维持产能，其中印度的一个叫作 SPICE 的品牌，一开始大部分在英华达生产。2010 年下半年，英华达开始接一些“中华酷联”的订单业务，维持着相对稳定的出货量。

在 2011 年 2 月的一天上午，坐在南京英华达总经理办公室的张峰，正在等待一个叫刘德的人前来拜访。刘德来自一家他从来没有听说过名字的公司——小米。在等待的那一会儿工夫里，回想过去8年自己所走过的路，张峰意识到，小灵通并非主流技术，但是因为赚钱太过顺利，这短暂的狂欢让他忘记了技术积累的重要性。这是一个虚假的捷径。

他忽然想起导师李世鹤曾经对他说过的话："你是想一直做技术积累，后续有持续的爆发力，还是想单纯地做一个商人，获得眼前短期的利益？"现在反思起来，过去8年的成功，竟然像一个魔咒。

小米公司的访客到了。刘德给张峰的第一印象是看起来像一个大学老师，高高瘦瘦的，金边眼镜后面是一双总是略带笑意的眼睛。此时此刻，刘德是抱着一种背水一战的心态来拜访英华达公司的。其他的代工厂全都拒绝了他们，英华达是小米唯一的希望了。他面前的张峰，穿着T恤衫、牛仔裤，头发有点儿长，还有一点点小波浪，举手投足间有一种台资企业职场人士特有的严谨气质。而此刻的张峰，内心正渴望着一个对未来有抱负的合作伙伴，来激活他的生产线和工人，让他重新走上技术积累之路。毕竟，他已经为英华达投入了几亿元人民币，做了几个EMC（电磁兼容）实验室。

在宽大的会客室里，刘德非常详细地介绍了小米互联网手机的设想。在一面白板墙上，刘德一边写写画画一边说："我知道你想知道，我们小米未来能有多大的量，这个目前我们也不知道。不过我们的操作系统MIUI已经有几十万用户，这些是我们的种子用户，将对小米手机的市场转化起到巨大的作用。"

此前张峰并没有特别深入地了解过互联网思维，但听了刘德的话，一直在硬件领域工作的他隐约觉得，这应该是一个面向未来的机会。小米现在是什么都没有，但它有梦想，张峰愿意和这家公司一起，为那些更有意义的想法拼一把。尤其是，小米提出可以先期支付研发费用，这解决了英华达的后顾之忧。

这笔生意最终谈成了。随后，林斌飞到南京和张峰就合同细节和报价进行了详谈。据林斌回忆，在得知报价的前一秒钟，他坐在厂区的沙发上，内心非常紧张，而张峰最终写在纸上的价格出乎意料的厚道。看到报价的那一刻，林斌有一种如释重负的狂喜。小米的商业模式终于可以继续推进了，而创始团队把这一刻定义为供应商英华达对小米鼎力相助的时刻。这也是硬件世界和软件世界一次握手的重要时刻。

英华达的合同似乎终结了小米的坏运气，一直没有尘埃落定的夏普屏幕也终于露出一丝曙光。雷军通过金山日本分公司的负责人沈海寅找到了夏普方面的负责人，在夏普中国销售总监陈基伟的帮助下，小米和日本的三井商社取得了联系。在这家日本财团的帮助下，小米终于和夏普约好了见面的时间，他们将在 2011 年 3 月 24 日 15 点，在位于大阪的夏普总部进行第一次商谈。

然而，就在 3 月 11 日下午，一个突发的大事件震惊了世界——日本仙台港以东太平洋海域发生 9 级大地震，连同其引发的海啸共造成超过 15000 人死亡。福岛第一核电站遭到破坏，核泄漏让原本热闹的街道变得空无一人。整个日本已经变成了灾区。

是否按照约定的日期去参加会议？是否需要和夏普讨论一下延期？几位创始人对这些问题进行了几轮讨论。但是地震和核辐射已经是小米在这个时期所遭遇的最小危害了，最终，几个人决定按期前往。

那一天，从北京飞往大阪的飞机上，只有雷军、林斌和刘德三个人。

蓄势待发的小米

在北京飞往大阪的飞机上，他们怀揣着一份给夏普总部写的商务报告，这是刘德和夏普中国销售总监陈基伟在一个星巴克里讨论了很久才写成的，里面写有小米对夏普屏幕计划采购的数量。陈基伟特别建议，第一次采购不要过于激进。此前有太多的厂商拿出巨大的屏幕采购量，结果都被拒绝了。因此，他们写出了一个相对合理的数字——30 万片。

2011 年 3 月 24 日下午 3 点整，在夏普总部大楼里，三井商社的工作人员已经在前台等待来自中国北京的几位客人。除了雷军、林斌和刘德以外，日本金山公司负责人沈海寅全程陪同了这次访问。由于大地震刚刚过去13天，很多国际商务业务被迫中止，整座大楼显得有点冷冷清清。

在日本夏普总部VIP第一会议室里，小米公司的三位创始人雷军、林斌、刘德，经过几个月的波折，终于见到了夏普公司的大桥康博部长。后来他们知道，他们是那天夏普大楼里唯一的一拨访客。洽谈的气氛非常友好，几位创始人按照事先的安排，把小米手机的商业模式讲述了一遍，并恳请夏普成为小米的屏幕供应商。

小米的几位创始人研究过，夏普的一块屏幕拥有FWVGA（854×480）的分辨率，这是当时的智能手机还不具有的优势。但是一旦采用这块屏幕，夏普需要修改底部的FPC（柔性电路板）电路，这意味着夏普要进行额外的成本投入。

原定一个小时的会议持续了三个小时。大桥康博显示出特有的严谨认真，他叫来夏普的工程师，现场研究起修改电路的可行性，会议室里不断有人进进出出。他们一直轻声地用日语交流着，一会儿点点头，一会儿拿着屏幕指指画画。

两个小时之后，大桥康博给出了一个正式结论："可做！"

雷军也拿出了自己最终的屏幕订购方案——30万片。小米高管们已经达成共识，如果小米手机一年可以完成出货30万部，这将意味着战斗的初步胜利。

在晚宴上，大桥康博说出了愿意和小米合作的几个原因，其中最重要的一个原因是三井商社的背书。夏普和三井商社是长期的合作伙伴，双方的信任度一直很高，因此夏普愿意和三井介绍的品牌接触。另外一个原因是小米的创始人们在大地震之后不久冒险按期来访，让他们有些出乎意料，而所有交易的达成都必须依靠面谈。

最后，大桥康博说："这次合作成功，也体现了我们关西人的特点，那就是热爱冒险。"

一直到今天，夏普公司的工作效率还让刘德记忆犹新。刚刚从大阪飞回北京的那天，林斌和刘德还没有吃午饭，他们决定在公司楼下吃碗面条再上去工作。突然刘德的电话响了，楼上的工作人员告诉他：“夏普的工程师到了。”他们匆忙吃了两口，放下筷子跑上楼去。这家企业一旦决定支持你，他们进入角色的速度是飞快的。

可以说，与夏普的成功合作给小米接下来的供应链合作带来了福音，夏普给小米带来了背书效应。从这个时候开始，小米的整个供应链体系慢慢地开始跑通了。刘德经常会夸张地带着小米的存款证明去谈合作。言下之意是直白地告诉对方：我们和那些小公司不一样，我们账上有钱。

刘德对那段满世界谈判的日子印象深刻。当时刘德和一个叫余安兵的同事一起出差，下了飞机他们会租一辆破旧的桑塔纳开着四处跑。很多供应商的工厂都非常偏远，他们借助 GPS（全球定位系统）来导航。但是当时是 2011 年年初，很多地方的公路建设并不完善，和 GPS 的信号也不匹配。很多时候路还有，信号却没了，他们就只能凭感觉开。刘德在美国生活了 7 年，养成了开快车的习惯，他经常把余安兵吓得大叫：“太危险了！！”

有的时候，他们会住城中村，住那种他们之前从没有住过的旅店，一推门就是床，剩下的地方只能放一张极窄的桌子。

有的时候，林斌和刘德也会去供应商比较集中的台湾地区出差，一天之内把台北、新竹、台南跑一圈。有一次出差途中林斌累到眼底出血，不得不提前飞回北京，刘德只能自己一个人把剩下的行程跑完。在捷运的站台上，天色昏暗，刘德一个人孤零零地站在那儿，晕头转向地发现自己买错了票。那一刻，他有些恍惚，自己是谁？在干什么？为什么此时此刻会站在这里？

在北京的小米办公室里，供应商们开始来拜访了。因为手机涉及几百个不同的元器件和供应商，因此林斌和刘德每天的日程表都是满满的。这是一段无比疯狂的日子，他们开始了和供应商长达 5 个月的谈判车轮大战。有时候几家供应商一起出现在办公楼里，他们不得不在一个会议上中断 10 分钟，然后到另一个供应商的会议上接着谈 10 分钟，这样不停轮换。晚上办公室锁门后，他们就把谈判现场转到楼下的星巴克，接着沟通合同细节。

在林斌和刘德与供应商紧锣密鼓谈判的同时，硬件团队也终于等来了高通的许可协议，小米的这群从摩托罗拉迁移过来的顶级工程师，终于可以在他们的广阔天地里大干一场了。他们也期待更多来自高通的工程师来协助他们，共同把艰难的研发工作做好。

订购芯片并不是把采购来的芯片放到硬件里调试运行那么简单，尤其是对于旗舰芯片来说，一家企业要把高通的知识产权完全消化掉，然后由双方的工程技术人员一起把系统做稳定，是非常困难的事情。从过去的经验来看，如果有一千家企业做智能手机，真正能把知识产权吃下来的寥寥无几，对于高通来说，要选对一家合作伙伴，一半靠观察，一半靠运气。有的时候，选择合作伙伴就是一场赌博。

在和高通签订授权协议之后，高通全球高级副总裁、大中华区总裁王翔来到了卷石天地。作为一个和手机行业息息相关的芯片企业的高管，他必须了解趋势。王翔拜访客户时有两个重要的使命，一是介绍自己的技术，二是了解客户对于趋势的判断，从而决定如何调拨自己的资源。

初次与王翔见面，雷军就讲了三个小时。他主要讲了为什么要成立小米公司，以及小米的商业模式是什么。他讲到了 MIUI 社区，讲到了智能手机，甚至讲到了“从群众中来，到群众中去”。所有这一切，都让王翔感觉新奇。雷军还讲到了自己怎么做卓越网，怎么投资凡客，怎么帮助金山转型，这些电子商务的经验将验证小米未来商业模式的可行性。

雷军也讲到了想扭转外国人对中国商品都是廉价、劣质商品的印象，这是小米选择最高端芯片的主要原因。他谈到了日本企业的崛起、德国工厂的强盛，这些国家的制造业都经历过价格便宜、质量不好的阶段。但是 20 世纪 60 年代以来，日本通过几个品牌，彻底改变了全世界对日本制造的印象，这需要企业家精神和强大的执行力。雷军所讲的这一切引起了王翔的共鸣。

当时高通在中国的主要合伙伙伴是华为、中兴、宇龙酷派、联想这些大品牌，除此之外，就是龙旗这样的设计公司。王翔最大的苦恼是如何调配工程师资源，这考验着管理层的眼光。很多人不知道的是，和高通合作的企业成百上千，项目数量繁多，但是所有项目最终的成功率只有 10%，这意味着 90% 的合作项目是失败的。

但是王翔决定给小米调配更多的工程师资源，小米订购的高通骁龙 MSM8260 旗舰芯片，是高通历史上功能最强劲的一款处理器，王翔认为这样的产品值得给有梦想的人去做。通常来说，第一个旗舰芯片用户叫作阿尔法用户，做高通的阿尔法用户往往意味着价格更贵、工程资源投入更多。王翔知道，大多数厂商出于商业的考虑，不愿意做旗舰芯片的首发。从某种层面上来说，在智能手机刚刚发轫的 2010 年年底，中国企业还没有能力和勇气切入旗舰手机。当时用旗舰处理器的都是三星、诺基亚这样的公司。

小米订购的 30 万片旗舰芯片，一片价格在 50 美元左右，而其他多数中国企业购买的芯片，价格在 20 美元到 30 多美元不等。

王翔决定尽自己最大的能力来帮助这家中国公司，进行这次大胆的实验。

卷石天地里的气氛更加热烈了。MIUI 团队依旧保持着强劲的竞合氛围，和用户的沟通无时无刻不在进行着。硬件和工程团队开始进行堆叠和结构的讨论，和所有的手机公司一样，这个团队和 ID（工业设计）团队对于外观和功能有着非常激烈的争论。供应链团队还在与供应商进行车轮谈判，连喝杯水的时间都显得非常奢侈。

这一天，有一位员工晚上 11 点才从卷石天地下班。过了马路，他回过头，顺手对着自己的办公地点照了一张照片。卷石天地其他楼层的办公室灯光大多已经熄灭，只有 12 层还灯火通明。他不禁感慨地在微博上写了一句自己的感想：这里燃烧着小米人的青春。

刘德经常会回想起那段每天都有波澜壮阔的东西在心中涌动的非常态的日子。公司还没有搬离银谷大厦时，他住在逸成东苑，每天下了班他就步行回家。他一路向北，穿过五道口、清华大学，一直走回逸成东苑。“路上看见谁都像亲人，整个世界都特别美好，是爱心大满贯、大爆棚的感觉，当你的心里有一个特别想全身心倾注的事业时，你感觉浑身有使不完的劲。”公司搬到卷石天地之后，刘德必须开车上下班，但是他通常会先把他招来的两个海归设计师李宁宁、陈露送回家才放心。两个女孩刚从上海搬过来，在公司附近合租了一间房子，面对每天如此紧张的工作节奏，刘德常常担心地想：“这么忙，万一她们嫁不出去怎么办？”

很多人在问，为什么小米的管理是如此的扁平？雷军曾经回答过这个问题：“扁平化是基于小米相信优秀的人本身就有很强的自驱力和自我管理的能力。我们的员工都有想做最好的东西的冲动，公司有这样的产品信仰，管理就变得简单了。”

据说，小米的创始人们早期确实买过一个考勤打卡机，但是这个打卡机到今天也没有使用过。

米 1 的摇滚式发布

为了调拨更多高通工程师到小米公司协助研发，王翔需要取得高通总部的认可。然而，高通总部对中国公司的认知，还停留在既有的印象当中。10年前，中国手机企业展示出来的工程能力和技术把控能力都和今天相差甚远，中国手机品牌占全球市场的份额也非常少。王翔需要让总部的人理解，为什么要把工程师资源调拨给市场份额尚未可知的小米。

王翔几次邀请高通全球 CEO（首席执行官）保罗·雅各布（Paul Jacobs）与雷军见面，并且亲自担任翻译。对于小米的模式，他已经烂熟于心，对互联网模式、和用户做朋友、极致性价比这些概念也能脱口而出。另外，王翔特意邀请时任高通运营半导体的 QCT（质量控制技术）部总裁（现任 CEO）史蒂文·麦克考夫（Steven Mollenkopf ）来到小米公司，让他看到雷军手上展示的 MIUI 操作系统是什么样子的，也让他亲自感受那个系统在手心当中滑动的感觉。王翔知道，只有亲临现场，才能让直接决策者了解这是一家什么样的公司。可以看出，史蒂文虽然刚开始满腹狐疑，心中有个大大的问号，但是最终，他的眼睛中逐渐露出理解了这家公司的温和目光。

在这样的努力之下，高通给小米配备了尽可能多的优质工程师资源。MIUI 团队那种热辣的工作氛围很快传导到了硬件和工程团队。憋了两个月的硬件团队此时如同开闸泄水一样酣畅淋漓。负责手机系统软件的刘安昱还清晰地记得大家拿到高通授权合同时，整个团队那种如获至宝的样子。大家一个词一个词地研究着那些英文条款，仿佛要把它们吃到肚子里。

整个房间里充满了青春的荷尔蒙的味道。创始人、MIUI 团队、行政、财务、硬件团队，包括当时刚成立的米聊团队，都坐在一个大平层里。所有的人相隔都不太远，有了问题大家就站起来喊一声，立刻有人走过来协助解决。公司的氛围非常融洽，办公室里满是创业前线的战场感，胜则举杯相庆，败则拼死相救。

做硬件设计的朱丹是周光平博士从摩托罗拉团队带出来的工程师，直到今天，他仍怀念当时的那个黄金团队，虽然人数不太多，但是每个人都能力强大，至少有 7~8 年的工作经验，整个团队呈倒金字塔形结构，即顶级工程师在上面，占最大的比例，所以整个团队的设计能力是顶尖的。“这是一支精锐部队，正好遭遇摩托罗拉走下坡路，小米把这支队伍给捞过来了，这可能是小米的运气之一。”朱丹说。

此时的朱丹有一种在前线征战的感觉，光一个 PCB 板（印制电路板），他都要画三遍，并不是第一遍不够好，而是他希望得到最优解，因此他一遍一遍地计算着在一个 10 毫米的空间里，如何完美地走好 9 条线，以保证空间利用率的最大化。

负责 BSP 系统软件的刘安昱此时早已经走出和供应商交流的那种挫败感，全身心沉浸在工作的亢奋当中。2011 年 3 月 4 日，是他终生难忘的一天。这一天，他去南京英华达的工厂打板，等待硬件工程师许春利拿出已经做好的核心电路板，然后他需要让软件在这块电路板上运行并进行调试，最后将整个屏幕点亮。这个过程将证明，主系统、内存、屏幕等可以以最小系统正式运行。

但是第一次点亮屏幕并不顺利。晚上 8 点之后，板子做出来了，刘安昱一次一次地尝试运行软件，可屏幕就是毫无动静，房间里死一般的寂静。各种待查的原因他都检查了一遍，就是找不到问题所在。

“那种感觉真不是用绝望可以形容的，简直是头皮发麻，因为我们完全不知道是硬件的问题还是软件的问题。如果是板子本身的问题，那最终的结果有可能是把硬件拿回去重做，这样的话，整个项目就会被推迟几个月，后果简直不堪设想。”在回忆这段经历时，刘安昱脸上弥漫着的那种类似于上届奥运会的冠军在这届奥运会预赛阶段就已经被淘汰出局的悲壮。他完全不知道，如果给团队带回去这个结果，会给那个战场带来怎么样的精神打击。

那一次，刘安昱出差订的是锦江之星酒店，但是他压根儿就没有入住，下了飞机他就来到了英华达的产线工作，一遍一遍地如同盲人摸象一样调试着整个系统，每一次调到最后都前功尽弃。凌晨四点，刘安昱调整了一个小小的细节，忽然之间，屏幕亮了起来，一些 Log（程序日志）正在输出。尽管是性格不易激动的工程师，刘安昱在那一刻也几乎快抱头痛哭了。

张国全是负责电话模块的工程师，他至今还记得 2011 年 4 月 20 日中午小米手机第一次接通电话的情景。从严格意义上来讲，那还不是完整的小米手机，只是在一块绿色板子上面扣着一款屏幕，上面接着一个外置天线，整个外观还非常丑陋。但是在这个时候，张国全需要打通一个电话，来证明整个硬件通路是工作的，手机设计的 P0 阶段已经完成。

“丁零零……”当这块并不完美的电路板响起来的时候，已经在手机行业工作长达 10 年的张国全，也难以形容内心的澎湃，因为这是一款他真正想做的手机。大家兴奋地招呼雷军来到他的办公桌前，希望他赶紧体会一下这个重要的光辉时刻。雷军弯着腰，像倾听婴儿的啼哭那样，把耳朵紧紧地贴在桌子边上，捕捉这个美妙的声音。这弯着腰侧耳倾听的一刻，被小米的员工抓拍了下来，成为小米进程中值得铭记的历史瞬间。

直起身来，雷军带领大家鼓了鼓掌，对团队表示了祝贺，看上去完全是一个创业者在某个关键阶段来临时波澜不惊的状态。张国全的内心在惊呼：“天啊！老大！老大！ 你知不知道这一刻意味着什么？！”他真想抓起雷军那双细长的手帮助他在空中挥舞两下，他本能地希望雷军更兴奋一些。

无论是硬件团队还是软件团队，都意识到即将诞生的这款产品可能是一款在市场上给竞品一记重拳的产品——第一款双核1.5G手机、4英寸屏幕、800万像素摄像头、通话时间900分钟、待机时间450小时，所有的一切都是顶级配置。硬件团队知道，这种搭配将是梦幻一般的组合。市场会有什么样的反应？他们不敢想象。

而在软件团队这边，MIUI已经聚集了50万论坛粉丝，其中30万是活跃用户。很多人不断在论坛上披露自己的真实身份，有的是水果店店长，有的是香港内衣设计师，还有很多来自不同国家的粉丝。MIUI允许用户重新编译定制，这种开放策略吸引了很多国外发烧友，他们发布了MIUI英语版本、西班牙语版本、葡萄牙语版本。到2011年7月底，大约有24个国家的粉丝自发地把MIUI升级为当地语言。2011年，有人在推特上说："我在Google Nexus上安装了MIUI，它就像新鲜空气，感觉好极了。"

就在硬件和软件齐头并进时，雷军也无时无刻不在进行商业上的思考。当初他设想的商业模式正在一步一步变成现实，现在他不停地在思考和衡量新的手机该如何定价，这也是他并没有张国全预期的那样兴奋的原因之一。如何定价，决定着小米手机是否能迅速击穿市场，而小米手机能否迅速击穿市场又决定着他第二次创业的成败，而这个成败又不仅仅决定着他个人的命运走向，也关乎那些跟随他的创始人，以及那些每天血脉偾张地奋斗的年轻人的明天。

这是考验一个创始人直觉和经验的时刻。

在思考定价的这段时间，雷军也开始准备小米的第一次产品发布会。在金山时期，他经历过各种形式的产品发布，组织员工进行过的市场活动不计其数。在第二次创业的重要时刻，他决定去除那些他从内心觉得荒诞可笑的部分，那些请客、讲话和走秀的结合。他深信，一场发布会能否成功的关键在内容，这一次，他决定用PPT的形式，集中介绍产品信息，以最透明的方式，让用户看到这个新物种的诞生。

这个决定让负责制作产品发布PPT的梁峰和刁美玲陷入了一种前所未有

的抓狂状态。视觉效果是做了多年 WPS 的雷军的强项，因此梁峰和刁美玲几乎是在老板最擅长的领域之一进行工作，其中的痛苦可想而知。雷军用了几乎两个月的时间来做这份长达 96 页的产品资料，他会非常形象地描述出自己所需要的资料效果，比如："我需要这个部分是 6 块拼图的样子，刚开始时分别放在 6 个方向，最后通过动画的模式组合在一起。""我要价格出现的动画效果，是最后以较大字体降落到纸面上。""我要和现在市面上几款手机的参数对比。我们需要这几个指标。"除此之外，雷军要求所有的设计都尽量符合最美的标准，每一个字和每一个标点符号都要追求极致。

负责产品发布会的小团队占据了一个会议室，他们把所有的资料和电脑都放在那里，整整一个半月每天忙得昏天黑地。因为涉密，所有的物料都被锁在了会议室里。那段时间，有人在那个会议室门上贴了一张 A4 打印纸，上面写着三个大字——"疯人院"。

就在这段紧锣密鼓的发布会筹备期，一个媒体沟通会却不得不提前召开了，这是因为，这段时间发生了一些事情，雷军需要回应外界的一个猜测。在雷军再次创业这段无比繁忙的时间里，他的两位相交 20 年的老友，经常会来卷石天地拜访，他们就是金山公司的创始人张旋龙和求伯君。在雷军离开金山三年多的时间里，金山公司不但进行了大分拆，软件和网络游戏的业绩也双双下滑，2010 年第一季度，金山公司的营收比上一季度大跌了 18%。在这种情况下，两位创始人每周都来恳请雷军重新出山，担任金山的董事长。与以往任何时候都不同，这一次，两位创始人决定赋予雷军全部的投票权。

本来已经低调创业的雷军马上就要发布自己的产品了，对于张旋龙和求伯君的请求他自然而然地选择了婉拒，但是两位创始人的不断恳请最终让雷军心软了下来。毕竟，金山凝结过他全部的青春梦想，现在又是这家公司最困难的时候，他不忍心袖手旁观。于是，几天之后，雷军要重回金山担任董事长的消息传遍了网络，这让雷军有些忧虑。在他心中，金山下一步的调整势在必行，但是马上就要发布的小米产品，将是他此生最重要的作品。

2011 年 7 月 12 日，小米第一次媒体沟通会在北京后海举行。在这个会议上，雷军第一次披露了自己已经再次创业的消息，利用这个机会，他也向投资者和公众表明，他将同时担任金山董事长和操盘小米，两者并不矛盾。就在这个沟通会上，一直在秘密运行的小米商业模式被第一次公开。毫无意外，敏感的科技记者对雷军所描述的"铁人三项"商业模式产生了浓厚的兴趣。这些长期的行业观察者发现，第一次有一家中国企业宣称，要同时涉足硬件、软件、互联网三个行业，这显示出了巨大的野心。而对于这种模式创新，人们的看法则是冰火两重天。

在一些兴奋的表达之外，也传来了诸多看衰的声音。人们对这么小的创业公司要做顶级智能手机充满了质疑。就在小米筹备产品发布会期间，谷歌 NexusOne 手机在线店刚开启了近 200 天，但是销售情况不容乐观。就在小米召开后海沟通会的 12 天后，这款谷歌自主品牌的安卓智能手机停售了，这标志着谷歌在线直销模式失败。这更加剧了人们对小米模式的怀疑。

在业内组织的多个沙龙里，人们纷纷开始预测小米公司的命运，最乐观的观察者也只给出了 5 万 ~10 万部的销售预期。雷军在参加一个叫极客公园的媒体组织的一场沙龙活动时，再次完整地讲述了小米模式。他讲完后，主持人问，现场有多少人被雷军说服了，举手者寥寥无几。

在这段时间，"疯人院"里没人有时间理会外界的质疑。梁峰、刁美玲和雷军在头脑风暴中产生的想法正在被反复打磨，这奠定了小米发布会的基调——信息为王。刁美玲坦诚地回忆，她发现这方面做得最极致的还是大洋彼岸的苹果公司，那种影像呈现的美轮美奂和信息提炼的简明扼要，打动过她很多次。因此，苹果早期的发布会她回看了很多遍，甚至一帧一帧放慢了看。她曾经有过这样的想法：什么时候国内的发布会能把创意做到这个地步？这需要有大量的资金和时间投入。

秦智帆是给发布会的场外产品站和 PPT 上的小米手机拍照的负责人。但是学设计的他最终觉得自己在摄影方面是个外行，于是找了外包公司去做这件事，而他自己则一整天都蹲在旁边观看。外包公司拍好照片之后问他："你觉得怎么样？这样的效果可不可以？"这些问题对于小秦来说简直是一种折磨，因为作为设计师，他看一眼就知道图片效果不好，但是却说不出哪里拍得不好，也无法告诉摄影师该怎么拍，所以沟通的工作经常在三言两语之后就进行不下去了。这让拍摄工作进入了一种怪圈。最后，秦智帆紧急叫来黎万强和梁峰现场救援。作为摄影发烧友的黎万强，很快就指出拍摄灯光的软硬问题，然后和摄影师一起把灯光调得“硬”了一点。就是这样信手拈来的小小调整，拍出的图片立马就不一样了。这一年，是秦智帆跟随阿黎学习成长最快的一年。

时间终于来到了2011年8月16日，这一天是小米第一代手机发布的日子。那个夏日午后，北京的阳光格外灿烂。雷军内心隐隐感觉，也许这一天是改变命运的日子，他的命运？国产手机的命运？还有和他一起奋斗的年轻人的命运？他并不确定。这些模糊的感觉只是在他的脑海里一闪而过。

雷军突然意识到，当张旋龙和求伯君把投票权完全赋予他，承认他可以对所有的决策负责时，这是他金山岁月的一个成人礼。而今天，是他给自己的，作为创业者的一个真正的成人礼。不论结果如何，这是他完全自己设计商业模式、操盘大局的时刻。

这一天也许会是某种分界线吧。在全世界，手机这种产品第一次只通过互联网来销售，这种模式将绕过所有经销商，把中间层的利润让给消费者，这是雷军改变中国制造业的第一次尝试，也是创业者对新模式的亲自践行。

此时，雷军内心很平静，平静得甚至完全没有在意自己的着装。他平时在办公室就喜欢穿几十块钱的凡客诚品出的黑色T恤和牛仔裤，还有同样几十元的乐淘网出品的帆布鞋。这并不是一个财务早已自由的人特意营造的勤俭节约的个人形象，这是他最贵的穿着之一。他经常半开玩笑地对同事说：“这都是我花了几百万美元，甚至上千万美元投出来的，这是我穿的史上最贵的衣服。”某种程度上，他在检验这些他作为天使投资人投出的产品。

这一天，他穿着这身“工作服”在家吃了午饭，然后在离发布会开场还有10分钟时来到了位于北京798艺术中心的发布会现场。一下车，他仿佛瞬间从一个安静的洞穴里被吸入一场旋风中，798艺术中心正在经历一场橙色热带风暴。狂热的小米粉丝早已经把会场入口堵得水泄不通，很多小米员工也被挡在了会场之外。作为当天发布会的唯一男主角，雷军发现自己进不了自己的会场，只好打了一个电话叫了四个同事出来帮他挤出了一条路。

能容纳 500 人的现场，大概挤进去了 800 人。此时距离发布会原定的开始时间还有 5 分钟，发布会总导演黎万强略带慌张地走到雷军身边耳语："咱们开始吧，要不然一会儿真出事了怎么办？"

这是小米历史上唯一一场提前 5 分钟开始的发布会。

那场长达 78 分钟的小米 1 代手机发布会至今还是很多人难忘的记忆。发布会几乎全程伴随着人们的尖叫声。雷军把自己的商业模式春风化雨一般讲述给在场的所有听众。他给人们提供了两份最好的礼物：第一，最好的安卓系统的手机硬件——国内双核 1.5GHz，全球主频最快，比主流手机主频速度快 200%，比最新发布的高端手机主频速度快 25%。第二，首款以互联网模式开发的手机操作系统 MIUI，千变主题和首创的百变锁屏。

整场发布会最高潮的部分经过了精心设计——在和四款手机进行详细的参数比对之后，一个大大的金黄色问号，掉落在黑色的大屏幕上。雷军提出一个简单的问题：这样一款各项参数、软硬件躺赢的手机，最终定价将会是多少？人们像等待魔术师最后一个魔法一样屏气凝神地盯着大屏幕。

几乎撑满整个屏幕的巨大数字，如同夜空中的陨石一样降落下来——金黄色的"1999"字样，伴随着巨大的声效显示了出来。这个视觉效果是雷军亲自设计的。

几乎把房顶掀翻的尖叫声和掌声爆发了出来，持续了将近半分钟。

在同等配置的手机价格都在 4000 元上下时，小米手机直接将价格减掉了一半。这个震撼的价格，加上这种价格出炉的方式，极具戏剧效果。此时此刻，舞台上似乎正在上演一部真正的魔法大戏。

很多在中控台的小米员工顾不上自己正在工作，都流下了眼泪。这一刻，小米人和米粉的心情是一样的，他们把最真诚的热爱，献给了这家无与伦比的魔法公司，献给了这一注定载入史册的时刻。

第四章
高歌猛进

一群不回家的人

第一代小米手机一经发布，就引发了前所未有的关注狂潮，线上那些未曾谋面的30万MIUI粉丝，仿佛在一瞬间都被一种极具诚意的产品主义精神激活了。这种线上线下精神世界水乳交融的感觉，造就了一个巨大的幸福能量场。连发布会上发布的那些彩色手机电池，都显得如此之酷炫。

从此，横空出世的小米手机造就了一个内心世界一直热烈沸腾的社区。小米通过产品将人们联结在了一起。也许，当时这些小米粉丝本身也都是产品主义者。小米人和米粉的精神世界是共通的。

在一片沸腾的发布会现场，一些人激动地在台下大喊："雷布斯！"现场响起了善意的笑声。也许是雷军无意中穿着这身平时上班就穿的黑色POLO衫，和乔布斯在苹果发布会上常穿的黑色T恤或者黑色毛衣有几分相像，人们产生了联想——雷军颇有乔布斯在莫斯康尼会议中心的风范，他这么穿也是刻意为之。其实，从青年时代就深受乔布斯影响的雷军，从未想过会被人们称为乔布斯的模仿者。他永远热爱乔布斯，但是，一个真正的创业者，并不希望完全去复制另一个人。

“我不可能想去做谁的第二，我还是要当雷军第一。”他后来说。

在小米这场决胜之战的发布会上，暗含着一个深层的战略决策，那就是小米的产品如何定价？这是考量一个创业者商业智慧和商业判断的问题，同时也关系着公司的命运走向。小米手机最终价格尘埃落定的过程，也显示了小米创业者的整个思考过程。

在小米手机 1 的发布会上，PPT 上显示小米手机对标的四家企业出品的四款手机分别是 HTC 的 Sensation、三星的 Galaxy S2、摩托罗拉的 MOTO Atrix ME860 和 LG 的 Optimus 2X，雷军列出的手机比对参数有 CPU（中央处理器）、内存、电池容量、屏幕大小和相机像素数量。当然，最重要的还有手机价格。HTC Sensation 的水货售价为 3575 元、三星 Galaxy S2 的售价是 4999 元、MOTO Atrix ME860 为 4298 元，而 LG Optimus 2X 的水货价格为 2575 元。可以想象，在如此强烈的对比下，一款各项参数都排名市场第一的智能手机只卖 1999 元，对人们的震撼力有多大。

自小米手机 1 发布后，媒体就开始研究并解读雷军为自己的新公司制定的“爆款战略”。事实证明，从小米手机 1 开始，小米所有产品都遵循着这一原则：专注打磨超过用户预期的产品，用极致的性能和击穿市场的价格赢得用户的信任和口碑。

1999 元的价格在当时并不便宜，但是相对于产品的配置来说，小米的优势一目了然。其实，雷军最开始希望将小米手机 1 的价格定为 1499 元。因为在 2011 年前后，国产高端旗舰手机的起步价格是 1500 元，而小米希望为用户提供一个最为极致的价格。但是，2010 年 11 月小米手机 1 研发规划接近定型时，周光平博士告诉创始团队，由于小米公司规模太小，又是第一次做手机，因此供应商要的价格都比较贵，小米手机 1 光成本就达到 2000 元。雷军计算了一下，如果小米手机 1 按照规划量产 30 万部，把价格定在 1499 元，意味着公司一上来就要亏损 1.5 亿元。

为了应对这样的亏损，小米在 2010 年 12 月启动了 B 轮融资。按照融资计划，小米此轮将融资 2500 万美元，公司估值达到 2.5 亿美元。但是经过反复思考，雷军意识到，这样过激的定价并不健康，它可能将给公司的后续运营和长远发展带来灾难。经过一夜的思考，在第二天召开的公司管理层例会上，雷军黑着眼圈修正了之前的定价，把最终的价格改成了这个更贴近成本的定价——1999 元，比成本正好低一元。

站在舞台上公布价格的那一刻，雷军的内心对成败其实还是未知的。但是当他听到人们的惊呼和尖叫，他意识到，这个定价是成功的，这依然是一个惊爆世人的价格，足以在市场上阻击对手。接下来的工作，就是尽快将产品送到用户手中。

在发布会的中途，小米社区经历了有史以来的第一次宕机。负责技术的王海洲当时正在赶往发布会现场的路上。忽然，他接到同事的电话："海大人，你赶快回来，小米社区挂了。"由于发布会引发的关注是空前的，小米社区同时在线人数瞬间激增，导致服务器崩溃，王海洲只好马上返回公司，去处理这个紧急情况。据说，自此之后王海洲再也不敢到发布会现场，每一次他都在公司盯着服务器。

高光落幕之后，社交媒体上对"小米"这个新物种的渴求呼之欲出。面对用户对真机的翘盼，表面上看小米初尝胜利的甜蜜，但是实际上，供应链团队和电商团队正面临前所未有的压力。

建立电商平台的工作是 2011 年 7 月开始启动的。亲历过卓越网诞生的整个过程，雷军知道从 0 到 1 建设一个新电商平台的痛苦。他最开始的设想是，自己不干电子商务，而是让小米手机和他投资的凡客诚品合作，用现成的渠道来销售手机，这样是最节约成本的。他也几次和凡客诚品的创始人陈年碰面交流合作的可行性，但是凡客诚品当时自身的业务压力极大，这个合作才谈到一半，就只能终止了。

在关键时刻，雷军将创始人的分工做了调整。负责 MIUI 的黎万强，被再次委以重任：负责小米自有电子商务平台小米网的搭建。后来，黎万强只负责小米网的业务，MIUI 则由洪锋继续带领。至此，小米公司分为四大业务线：黎万强带领的电商和营销业务，洪锋负责的MIUI，黄江吉负责的米聊，林斌、周光平、刘德负责的小米手机和硬件供应链。

和雷军进军硬件、林斌负责法务、刘德去跑供应链一样，黎万强的人生此时也进行了艰难的跨界，他从零进入一个他从来没有涉足过的领域——电子商务。他的下属王海洲原来在金山一直负责技术，对电子商务也是两眼一摸黑。黎万强决定叫上王海洲一起去凡客诚品，去学习怎么搭建一个电商平台。

王海洲从金山时期就负责技术，因为能力强，他被小米人尊称为“海大人”。他至今还记得第一次去乐成国际附近拜访凡客诚品的情景。他们在一座楼里拜访完第一家公司之后，需要穿过东三环的双井桥，到对面的一栋大楼里。没想到走到中途下起了大雨，两个人都没有带伞，只好一边快跑一边用手遮雨，但浑身还是被淋得湿漉漉的。最后他们到双井桥的桥洞里躲了一会儿雨。穿着大裤衩的黎万强喃喃自语道：“今天可真够狼狈的，我们做不好真对不起自己。”

到达凡客诚品的会议室后，黎万强和王海洲大吃一惊，来凡客诚品学习的只有他们两个人，但是凡客诚品却热情地派出了十几个人，这些人分别负责财务、物流、客服、销售、市场。这样的阵容不仅让黎万强和王海洲感觉到他们的后援团的强大，更是有点吓到了他们。小米只是一个刚刚成立一年的小公司，整个团队不过百人，而当时的凡客诚品已经有 500 多人在做电商开发，光系统就有 50 多个。一场马拉松式的会议结束之后，黎万强和王海洲发现，几乎没有一个人能把凡客诚品的整个技术架构讲清楚，每个人都只能看到一个片段。这种过于成熟的系统并不适合初出茅庐的小米。

最终，黎万强和王海洲打消了照搬凡客诚品模式的念头，转而求助雷军投资的另一家电子商务公司——乐淘网。乐淘网的 CTO（首席技术官）李勇毫无保留地将电商的秘籍倾囊相授。从 SKU（库存保有单位设计）、条形码的做法，到怎么收货、打单、配货、出货以及和快递公司结算，他都庖丁解牛一般进行了讲解。这也许是雷军创业的最大优势之一，他可以借助大量之前当“天使”时聚集的企业资源，让小米获得无条件的信任和鼎力支持。

王海洲在乐淘的仓库里至少泡了三天，全程跟踪了解乐淘的后台模式，他甚至坐在乐淘客服的身边，亲自听听他们是怎么接听用户电话的。黎万强和王海洲最终意识到，乐淘的团队在 100 人以内，且刚刚创业一两年，它的结构很简单，特别适合小米学习。

最后，这些专业人士给小米的电商系统提供了两点比较重要的帮助。第一，技术人员告诫王海洲，电商初创时不要把数据全部放到类似 SAP 和 Oracle 这种大型软件当中，因为前期的决策是你没有办法改变的，因此要提前把底盘做好。小米的电商平台接受了很多这种知识传导，最终做成了轻量级的电子商务和去 IOE（IBM、Oracle、EMC）式的灵活模式。这种开源的、可以横向扩展的商业解决方案，给小米网在套装软件和商业产品上节省了不少费用。第二，凡客诚品给小米提供了他们仓库中的两段，让小米网可以在那里中转货品。

毫无意外，电商的创建又是整个团队不眠不休的过程，牙刷牙膏在办公桌上随处可见，躺椅和毯子也都在目之所及的范围。办公室中经常弥漫着外卖盒饭的味道，挥之不去。两三周的时间，整个团队加班加点，吃住在公司，他们像一列 24 小时开动的火车，正在从深夜奔向下一个黎明，然后再奔向下一个深夜。合伙人黄江吉感慨地说："你们真是一群不回家的人！"

为了验证雏形电商运行的可行性，电商团队做了一个"大卖部卖可乐"的活动。在小米公司内部，他们将以一折的价格出售可乐、雪碧、脉动和冰红茶。员工在新建立的小米电商平台页面下单，购买这些售价为 0.1 元的产品，然后在自己的工位上等待配送。电商团队则在这个过程中充分测试在线支付系统是否可以运行。其中最关键的一个问题是——别算错钱。订单系统和收款系统必须对齐。

同样来自金山的姑娘张剑慧承担了这个"快递员"的工作，她在卷石天地的楼里穿梭着，给各个工位送上饮料。系统错误时有发生，有的时候是一个订单送了两次，有的时候是线上收到了钱，但是货品却没有送到。在大卖部上线的这段时间里，小米网的技术人员通过一折卖可乐这个活动测试出了很多问题，这些问题在电商正式上线之前都得到了解决。"这相当于把所有雷都提前挖了出来。”王海洲说。

这个活动虽然时间非常短，但是可口可乐在小米内部只卖很少钱的传统，被保留了下来。创始人们决定持续在这个程序员钟爱的饮料上进行补贴，直到永远。只不过可乐的标价从当初的 0.1 元，变成了今天的 1 元。

电商团队的战时氛围感染了很多新来的员工，他们迫不及待地希望贡献出自己的经验值。张剑慧当时也刚刚来到小米，黎万强还没来得及给她分配工作。除了自告奋勇送了一次快递之外，她用自己的经验指出了小米电商的问题所在。

在筹备大卖部期间，黎万强召集大家在他的小办公室开会。进去七八个人之后，张剑慧已经挤不进去了，只能站在门口旁听。当时大家热烈讨论的一个问题引起了她的注意。原来，小米做电子商务要和支付宝、财付通对接，相关工作人员已经在网上注册了企业号，正在等待协议的批复。而张剑慧在金山期间负责渠道销售，知道如何与支付宝、财付通、银行网关对接。她意识到小米的做法有较大的问题，马上举手道：“阿黎，我有一个看法，我们现在卖的可是手机啊，现金流这么大，我认为我们应该让支付宝来和我们谈一个新的费率，而不是执行网上注册的费率。”黎万强意识到这是一个很重要的问题，马上指着张剑慧说：“从今天开始，你负责这件事。”

因为这个决策，小米电商得到了更为合理的费率。

当库房管理缺乏合适的人手时，黎万强甚至指派当时在小米简历最漂亮的女生刘欣去做这个工作，而这位美国加州理工学院博士毕业、在麦肯锡和微软工作多年的姑娘也毫无怨言，欣然接受了“库管员”这个工作。

小米电商官网就是在这样的情况下建成的。关于网页的风格，设计团队也在黎万强的带领下调整了几次。从苹果模式到京东模式，几经讨论，团队最终把小米官网做成了一个商城的模样。只不过，这个商城只有一件商品，那就是第一代的小米手机。

虽然只是一个看似最简单的电商页面，但是小米却完成了最初的商业闭环——硬件 + 软件 + 互联网平台。小米的效率革命正是从这里开始的。大多数传统的手机厂商此时还在暗夜中沉睡，大家还看不太懂这家“奇怪”公司的路径。

在 798 发布会结束后，有人第一时间在知乎上回答了对小米手机 1 销量的预期，认为“5 万 ~10 万部应该是一个不错的销售数字”。而现实情况却让这个回答显得颇为可笑。

从 2011 年 9 月 5 日起开始接受预订，小米手机在很短的时间之内收到超过 30 万部的订单，不过受产能所限，这款产品从 10 月 20 日正式发售开始一直限量供应，用户需凭预订号排队购买。12 月 18 日，小米手机通过官网放量销售三小时，有超过 10 万用户定购，小米只得临时决定限号销售。再加上此前已经预售的 30 万部，小米手机已经订出了 40 万部。

原来计划一年时间售出的手机量，小米几次开放购买就转眼间卖完了。最后小米公司只能提前关闭购买通道。创始人们意识到，消费者的需求量过于强劲，已经超过了小米自身的产能。

小米用销售数字证明了自己划时代的创新。

然而，前方米粉四处要货，后方库房早已售完，严重缺货的状态一直持续到 2012 年。

供应链的艰难调整

雷军曾经在一张纸上画出过参与感的雏形。这张关于互联网思维的手稿被收录在黎万强所著的《参与感：小米口碑营销内部手册》一书的第 7 页。事实上，小米的信条一直没有变过——互联网思维就是口碑为王，现在的大众主要是以口碑来选择产品，而好的产品就是口碑的发动机。

MIUI 在积累 50 万粉丝之后，迅速发酵。从 50 万到 100 万的粉丝积累，都是依靠微博这样的社会化媒体推动的。对于传统商业世界而言，这样的行动类似于小说《三体》里的降维打击，是不同维度世界的对决，用更通俗的语言来说就是，消费市场已经变天了。小米用一种互联网产品思维让消费者也成为互动过程的一分子，非常热闹疯狂。

小米手机 1 出炉之后，在追捧之外，也有一些不同的声音：如此优质的配置，如此不可思议的价格，你们是怎么做到的？一些人甚至提出了质疑：小米手机是不是也是“山寨”的？内心倔强的雷军，马上用一种更为倔强的方式回应了那些质疑：现场摔手机。

至今互联网上还可以找到当时的照片——“雷军接受现场提问，亲自表演摔手机”。这一天是 2011 年 8 月 19 日，雷军在接受一个小型媒体采访时做出了这个颇为“惊世骇俗”的举动。那一天，他还是那身经典的“天使投资人”着装——深蓝色的牛仔裤，黑色的短袖 T 恤，只不过换了一双有橙色鞋带的黑色帆布鞋，和 T 恤上的橙色元素相互呼应。

橙色是小米的颜色，鞋带是他特意选择的。

当有一个记者提出有关手机质量的疑问时，雷军走到会议室的中间，把黑色的小米手机高高举起，然后放手，手机以自由落体的姿态落在水泥地上，“啪”的一声，电池盖儿瞬间飞了出来，落在旁边。现场工作人员捡起电池后盖和手机，重新安装。再次开机后，小米手机屏幕正常亮起，手机也可以正常工作。雷军的脸上露出一丝胜利者的笑容。他想用此举证明，山寨手机是不可能经受这么严苛的摔跌实验的，小米是一家有技术实力的公司。

这个举动没有经过任何预演，是雷军临时起意的即兴发挥。这个颇具行为艺术特质的举动，让现场的观众发出了惊呼，大家一起热烈鼓掌，观看论坛直播的人也在网络上不断打出感叹号。只是此时坐在旁边的周光平博士早已经吓出了一身冷汗，小米手机问世之前确实是经过了跌落试验，但是标准检测高度是 1.5 米，而雷军那天举出的高度几乎达到了 2 米，足足比测试时高出了 50 厘米。周光平事后对雷军说：“以后再做这个动作时，能不能提前通知我一声？我得保护一下我的心脏。”

这些有趣的故事和人们的亲眼所见，如同一次又一次的冲击波，再次激起公众对小米这家公司的好奇和兴趣。然而，这些事件在提升小米品牌的同时，也加重了小米粉丝的焦虑情绪。网上对小米手机的热烈讨论和线下拿不到货的现实情况，形成了一种强烈的对比。因为小米粉丝总是被告知缺货，小米公司一次又一次被人们戴上搞“饥饿营销”的帽子。

人们在官方网站拿不到手机，就开始在淘宝网上搜索“小米手机”，这时候会出现多条出售信息，而每一条信息都有两三千的浏览量。小米和黄牛们的斗智斗勇，也是从这个时候开始的。

而在小米内部，焦虑情绪更为严重。他们第一次意识到，在经历了那么多的磨难之后，他们在硬件世界的探索才刚刚开始。他们要全面学习和补课的东西叫作——供应链管理。

苹果现任 CEO、乔布斯的接班人蒂姆·库克（Tim Cook）就是供应链管理出身，在《蒂姆·库克传》里，作者描述了供应链管理这项工作的复杂度：

> 确保工厂在装配的时候有足够的零件和供应，这件事情比听起来的要复杂得多。这项工作对精度的要求极高，需要对细节把控极严格，常常让人备感压力。供应链管理就是这样一项浩大而复杂的工作。如果出了差错，要么就没有成品交付，要么就被库存压垮。无论哪一种结果都是致命的。

而早期的小米，正在遭受这种“致命的折磨”。10 月 20 日是约定的限量出货的日子，当时小米的内部计划是每天出货 2000 部手机。但是最后供应链团队发现，他们连 1000 部也做不出来，再后来，他们发现其实连 500 部也做不出来了。此时人们对小米缺货的抱怨在互联网上已经不绝于耳。

此时的雷军焦虑得几乎无法入眠，他每天都会打几个电话给负责供应链的周光平：“博士，咱们能不能出哪怕 200 部机器，咱们这一开卖，款都已经收了，现在一个机器都出不来，你让我和大家怎么交代？”而供应链团队则无奈地表示：“老大，手机模具我们只做了一套，现在因为模具出问题了，所以交付不了。现在要是出货就是全天出货，要是不行就一部也出不来。”

其实，在小米手机开放购买之前，供应链团队已经在 2011 年 10 月 1 日之前，完成了所有的模具准备工作和认证工作，就等国庆节之后正式开工，但是问题总是以比电视剧剧情还夸张的方式突然袭来。

国庆假期之后，一家供应商告知小米，没有办法正常交货，这让硬件研发团队的颜克胜感到非常奇怪，明明节前已经认证完毕了，怎么还有无法交货一说。到了工厂后，颜克胜发现，手机当中的一个螺丝柱没有了，里面的模具分模线也和小米之前认证的不一样。“怎么会这样？”颜克胜问。这家供应商的负责人只能坦白：“节前我们换了一个工程经理，他觉得以前的那套模具做得不够好，所以在国庆节期间加班加点把那个模具给改了。可是改完之后发现，装不成了。”颜克胜回忆起当时听到这句话的感觉，简直是五雷轰顶。“几乎所有人都蒙了。”

为了补救这个问题，颜克胜在工厂待了三天两夜没有离开。他带领团队全部扑在这个项目上，重新修改铜公（一种模具加工方法），每做一道程序都要重新测量。他们如同一群救火队员，把所有的精力都用于扑灭眼前这正在熊熊燃烧的大火，完全忘了自我。

刚刚救完这场大火，另一场中火又烧了起来。由于小米公司人手不够，很多工程师都在亦庄的仓库里帮忙打包装箱。其中一个重要的工作就是给小米手机配上电池。工程师们需要手工把电池放进电池仓里，然后进行包装。这个时候，颜克胜发现，电池供应商提供的电池有大有小，尺寸并不统一。如果是电池小还好办，工程师会重新选一个大小合适的电池放进电池仓内，但是电池大就很麻烦了，工程师怕用力过猛伤害到新手机，只能用手一点点把电池抠出来，一个叫张斌的工程师，最后连指甲盖都抠掉了，鲜血直流。

电池这样的交付质量让颜克胜大为光火，他把电池厂商的负责人直接叫到仓库，质问道：“你们电池的尺寸不统一，怎么会做成这样？”对方竟然在座位上把电池的电路板往地上一摔，说：“你看没有爆炸吧？我觉得这就很好了。”言下之意是，你们有电池用就已经很不错了。

在小米公司的早期，即便在互联网上小米已经拥有粉丝们最真诚的热爱，即便小米的供应商80%都和苹果、三星的供应商重叠，但在冰冷的商业世界里，一些供应商还是只把小米当成一个小生意。颜克胜回忆道："被看轻是一件很正常的事情。"

电池供应商的这种反应让颜克胜非常气愤，他决定这个项目做完之后一定要把这个供应商清理出去，永不复用。后来他真的这样做了，无论这个供应商怎么请求，都再也没有进入小米供应商的名单。

供应链上还有最后一个棘手的问题——3D软板天线偶尔上浮。因为小米手机1的天线软板是通过胶粘黏的，一家供应商做等离子清洗时总是不合规范，导致一些手机的软板天线在工程师拆卸后盖换电池时出现上浮的现象。结构工程师王少杰就守在工厂里处理这件事，一个一个地检查，当他发现其实并没有什么好的办法时，这个身高一米八的大男孩儿，蹲在车间的角落里绝望地呜呜大哭起来。

在小米早期的供应链系统里，各种问题真实地暴露出来。当时小米遇到的最大问题并不是设计能力不足，而是整个供应链的支持力度有限。

当时的结构工程师一共有5个人，除了颜克胜之外，剩下的4个人全部都在制造工厂驻场办公。颜克胜的办公桌就在雷军和林斌的旁边，那段时间他每天至少要打8个小时以上的电话，全部都是在和供应商催货。有一天放下电话之后，他竟然有了耳鸣眼花的感觉。

"每天都是在疯狂催货，让供应商把我要的东西按时间做完，做完了还得是我想要的东西，有些东西有问题，供应商要到现场去做维护。要是一些东西供应不上，就要停线了。你知道停线是什么概念吗？小米当时是租的生产线，每一分钟都是钱！"颜克胜说。

克服这些困难之后，小米终于迎来了产能艰难爬坡的阶段。刚开始一天只能生产500部，后来可以生产1000部。但是这时，泰国的一场洪水又让刚刚开启的供货中断了，小米社区上开始出现铺天盖地的骂声。

2011年10月30日，周光平博士在媒体上对此次断货做出了坦诚的说明："小米手机上有几个MOS管（金氧半场效晶体管）和来电显示彩灯是泰国生产的。因为水灾，泰国工厂停产了一段时间，出货量大大降低，交期也不准，并一再推迟。其他不是来自泰国厂商的材料也有跟不上的，比如电池，前两周一直供货不足，但还在断断续续地供。前天突然通知我们要等 5 天后才能供货。我们在与厂商协调无果之后于昨天发出通知，停售小米手机几天。”

他接着说：“几乎所有手机厂商都会因供应商问题停产。我知道摩托罗拉 A1200 也曾因供应商交不上货停产过。英华达曾经有一天没协调好导致停产一天，但第二天上班后我们就把损失补回来了。英华达产能足够，10 月份每天可以生产 4000 台，11 月份每天可以生产 8000 台，可物料的供应却远远低于这个数字。”

这段时间负责电商的黎万强压力很大。有一天工作到凌晨两点后，他把车停在路边发呆，一种泰山压顶般的压力向他袭来。此时此刻，他太需要单独待一会儿了。黑暗之中，他的手机亮了一下，打开一看，是一条微博私信。这是小米最早期的用户 LEO 给他发来的一条信息，LEO 告诉黎万强，自己做了一段视频放在小米社区，让他去看看。

黎万强打开那条链接，发现那是一段精心制作的视频，全国各地的小米用户在屏幕里喊出了四个字：“小米加油！”

这一瞬间，黎万强热泪盈眶。

做出有爱的产品，用户就会回报以爱。用户的爱又会持续激励团队。

泰国的洪水终于过去了，电池最终也被工程师一个一个手工适配完毕。天线软板的问题，以死磨供应商、让其他供应商替代供货的方式解决，小米手机的产能终于开始慢慢提升。这段时期，这家创业公司的一百多名创业者亲临战场，品尝到了最初成功的甜蜜，也体验着一种前所未有的挣扎。

《创业维艰》一书的作者本·霍洛维茨（Ben Horowitz）说过：

> 挣扎是你在和别人谈话却听不到对方在说什么的状态，因为你一直在挣扎。
>
> 挣扎是你想结束痛苦时的状态。挣扎就是痛苦。

挣扎是你去度假，想放松心情却使心情更差时的状态。

挣扎是你周围簇拥着一大群人，你却感到孑然一身、形影相吊时的状态。

挣扎是冷酷的。

挣扎是违背承诺、粉碎梦想的地狱，是一身冷汗、五内俱焚的感觉。

挣扎不是失败，但是会导致失败。如果你孱弱不堪，你更容易失败。

从史蒂夫·乔布斯到马克·扎克伯格，所有出色的企业家都会经历挣扎，而且是苦苦挣扎。

挣扎是成就伟大的竞技场。

此时此刻的小米，已经经历最完整的挣扎过程，正站立在这个成就伟大的竞技场当中。

米聊的战略收缩

在手机板块获得空前关注和显著成功的前提下，摆在创始人面前的是一个新的问题，那就是小米的战略资源下一步应该如何分布？

在创业初期，雷军就给自己定下了一个目标，这次创业他将和在金山时期不一样，他尽量不进入太多的具体细节，而是聚焦于战略规划、商业模式、核心人才招募、关键技术追踪以及合作伙伴关系等。这是一个创始人应该有的定位。而现在，正是需要他做出决断的时刻。

从离开金山开始，雷军就给自己立了一个规矩：所有的信息操作都尽量在手机上完成。在2008年，这并不是一个美好的体验。但这是雷军逼迫自己完全转向移动端、体验移动互联网的起点。在那个时候，他就找到了一个手机使用的痛点——短信交流不方便。他希望有一个软件可以把短信做成即时通信的方式，让人们更加便捷地交流。这个项目的雏形，就是后来的即时语音通信App。在小米创建初期，雷军在公司内部组建了一个叫作“小米通”的团队，负责落实这个想法。

毫不意外，大洋彼岸的一家公司也在这个时候发现了同样的痛点。2010年10月20日，一款名为Kik Message的跨平台聊天应用程序正式上线，这个产品发布两周内，注册用户就超过100万。这家公司的创始团队是一群来自加拿大滑铁卢大学的学生，他们设计这款应用的初衷只是为了一件事——让年轻人能够轻松地与好友聊天。

非常重要的一点是，他们的分享是基于手机通信录的，这让人们只要登录这个软件，就可以非常方便地给通讯录好友发送信息。Kik的发布让全球移动互联网从业者都无比兴奋，大家看到了一个千载难逢的机遇——基于移动互联网平台的社交工具，它未来的市场规模不可限量。

而在刚刚成立的小米公司里，那些对行业趋势异常敏感的工程师，无疑也看到了其中的巨大机会。

这一天，洪锋和MIUI团队的产品经理冯志勇推开了黄江吉办公室的门，两个人给黄江吉的手机安装上了Kik这个软件。黄江吉的通讯录好友随即全部跳了出来。黄江吉通过Kik加上洪锋和冯志勇成为好友后，用这个软件和他们聊了几句，他立刻意识到Kik这个产品具有划时代的意义。在新的时代来临之际，没有人不知道移动通信蕴含着巨大宝藏。他们决定第二天去和雷军汇报。

由于这次汇报是临时起意，洪锋和黄江吉去汇报时，雷军正好走出会议室，准备去开下一个会，他们在门口拦住了他，现场给他演示了这个软件。后来黄江吉回忆道：“雷军、洪锋和我，我们三个人站在门口，几乎是一分钟之内做出了这个决定。‘小米通’必须立刻发布，关于这里面的机会，我们几乎不需要用太多的语言去讨论。”

于是，小米把“小米通”这个软件升级为一款叫作“米聊”的产品，又抽调了很多工程师来加快研发进度。2010年12月，在Kik发布仅仅一个多月之后，第一代米聊发布了，这是中国最早的手机即时通信产品。米聊拥有的具体功能有对讲机聊天、手机语音聊天、用语音发短信。可以说，Kik 的发布推动了米聊的提前发布。

这就是米聊诞生的整个过程。

当时小米创始人们认为，如果这个产品做好了，将是一个至少 100 亿美元的生意。现在看来，这个预估是保守的，少了至少一个零。但是那是在移动互联网混沌初开之时，这批人对移动互联网的预判依然是超前的，大家内心都知道，有了这样的即时通信工具，未来很可能发生翻天覆地的变化。

米聊一经发布，就获得了非常好的成长性。小米也一度把非常多的优质工程师资源安排到米聊团队，并让洪锋和黄江吉两位创始人来带领这个团队，这甚至让 MIUI 团队的小伙伴有些羡慕。往往工程师资源的放置能清晰地显示公司的战略重点。有些小米的员工甚至认为："米聊几乎获得了公司最大部分的软件优质资源的支持。"

毫无意外，米聊这个项目也开始出现在小米的商业计划书当中，它获得了投资人的格外关注。在 2011 年 9 月小米的一轮融资中，米聊甚至起到了非常重要的支撑估值的作用。

林斌回忆，米聊发布两个月后，用户的增长形势喜人。春节期间，林斌回到老家深圳，和十几个中学同学围坐一桌吃饭，其中大部分人竟然都在使用米聊。另外一两个没有用这个软件的，为了方便和大家联系，也当即下载了米聊准备注册登录，结果却怎么也点击不进去。林斌马上给黄江吉打了一个电话，"我们这儿怎么登录不了？""服务器挂了，太多人在登录。""什么时候能搞定？""半个小时到一个小时吧。"

自从米聊发布之后，用户数几乎一周翻一倍，甚至很多竞争对手也告诉林斌，他们在用米聊谈项目，他们的很多亲戚朋友也在用。短短几个月时间，米聊用户就达到了 100 万，轻松取得了战略上的初步成功。不过这种幸福只持续了很短的时间。

在米聊诞生的过程中，一个不可避免的对手就是腾讯了。在江湖打拼 20 多年的雷军，当然知道这个庞大的对手早晚会来。他心里很清楚，米聊的胜率取决于腾讯到来的早晚。

作为创始人，雷军没有选择在每一个项目中都不切实际地给团队打鸡血。对于米聊这个项目，他经常给团队成员进行理性分析，以免他们在真正遭遇打击时受到情感重创。

雷军和黄江吉对此也有过对话，他告诉黄江吉，如果腾讯用 QQ 这个产品来迎战米聊的话，小米尚有一丝机会，因为 QQ 在手机上的体验过重，不符合移动互联网短平快的用户体验。但是，如果腾讯没有犯任何战略错误，选择用完全相同的产品形态来迎战米聊的话，只有在它能给米聊一年抢跑时间的前提下，小米才有 50% 的胜算。如果腾讯在一年之内拿出一模一样的产品，那么，腾讯的综合资源是小米的一万倍，小米将处于完全的弱势，届时，腾讯会把全部的工程资源和推广资源扑上来，小米获胜的概率将是零。

仅仅一个多月后，“不幸”的消息终于传来，腾讯的“微信”发布了。

微信发布之后，小米其实并不知道腾讯在内部对这个产品放置的权重。很长一段时间，米聊用户在上涨，微信的用户也在上涨。双方短时间内还出现了相互挖角的状况，战事逐步升级。

在双方挖角战进行得比较激烈的 2011 年 4 月，腾讯的创始人之一张志东约见了林斌，两个竞争对手礼貌地在酒店一起吃了一顿早饭。张志东告诉林斌：“我们知道你们正在做米聊，非常关注。但是微信现在对腾讯来讲，是一个很重要的战略部署，我们肯定会做，而且是用重兵来做。”在林斌看来，这是腾讯约他的一个目的，对方是来告诉小米，微信这个产品在马化腾心中的位置。

后面的故事尽人皆知。在腾讯给微信导入 QQ 好友关系，微信发布“附近的人”功能之后，胜负的天平开始加速倾斜。

这是黄江吉第一次和本土巨无霸贴身肉搏。这和他以往的职业经历差别巨大。在微软时，他所在的平台是世界第一，微软的工程师资源甚至比腾讯还多，所以在公司资源方面，他在心理上从来都是占据着优势。但是这一次，他人生中第一次体验到一家创业公司与一个庞然大物型公司对战的感觉，如同一只蚂蚁面对一头大象，力量对比是如此悬殊。

米聊的发展最终还是受到了一些资源上的掣肘，导致在和腾讯贴身肉搏时，逐渐处于弱势。因为工程资源不够，米聊的稳定性一直不够好，容易出现掉线、丢语音等现象。当拥有海量用户时，即时通信对稳定性的要求是非常高的，而这正是做了多年即时通信的腾讯的优势。相比之下，小米的技术储备和网络建设、服务可用性、架构的稳定性、消息系统送达率明显不够，这些都造成了用户体验差的问题。

参与米聊团队的，还有雷军的大学同学、睡在他下铺的兄弟崔宝秋。2012年6月，崔宝秋在雷军的召唤之下一个人从美国回到了中国。当时他在领英（LinkedIn）总部工作，主要做内容搜索。而雷军已经把小米的基本盘稳住了，在不会“坑”老同学的前提下，他把崔宝秋叫来了自己的公司。

在四个战略方向中，崔宝秋选择了米聊团队，因为相对于手机硬件、电子商务、MIUI来说，米聊这个方向更像是他的菜。米聊当中的好友推荐系统，很像领英的“你可能认识的人”功能。崔宝秋自然而然地负责起了米聊的后台建设，还有米聊的好友推荐系统。可以说，小米早期机器学习的平台就是崔宝秋搭建的。雷军当时把大学同学叫来还有一个野心，就是希望通过崔宝秋在硅谷积累的一些互联网后台技术经验，为小米公司打下更为坚实的技术基础。

在手机的战略获得成功以后，雷军对米聊做出了战略收缩的决定。第一，手机的成功已经是既定的事实，一个时期一家公司只能有一个核心战略，如何追货，如何维持供应链的平稳过渡，如何保证交付，当时已经是小米公司的首要任务。第二，和腾讯在正面战场交火注定是烈火烹油，想要赢就要给米聊持续的资源投入，而且很可能依然没有办法取得优势，因此米聊必须进行转型。一家公司不可能在创业初期什么都想要，如果都想要，往往最后什么都得不到。

当时将米聊转向做陌生人社交的呼声在小米内部不绝于耳，小米公司终于站在了技术与道德的交叉路口。首先反对这条道路的就是崔宝秋。在美国待了很多年，他是“阳光交友”的坚定支持者，他和小米很多创始人的观点一致，认为做陌生人交友，找“附近的朋友”，始终感觉有些奇怪，违背一家公司的基本价值观。为了验证自己的感觉，崔宝秋甚至在自己的手机上下载了一个陌生人交友软件，第一次主动尝试和陌生人交流。这个体验让他认定，他终究过不了这个心理关。

最终雷军把洪锋调出了米聊团队，去接管黎万强负责的 MIUI。而黄江吉则继续维护整个米聊团队的简化版。过去的投入没有白费，小米后来利用米聊的积累搭建了云平台，崔宝秋的团队因此被孵化了出来。小米成为安卓阵营里第一个搭载存储云服务的手机操作系统。黄江吉说：“我们并没有浪费米聊锻炼出来的服务器能力。”

虽然米聊的落败给崔宝秋带来了比较大的情感打击，但是他也明白，米聊和腾讯短兵相接，力量对比是悬殊的。尤其是用户链条是腾讯的核心资产，它可以利用这个链条快速发展很多东西。

还好，很快，崔宝秋走出了这种失利感，把更坚实的东西带给了小米。

崔宝秋没有辜负雷军对他的期待——把硅谷学术圈子的氛围带到小米公司，给小米带来更加坚实的技术基础。云平台，定义了崔宝秋内心非常理想的东西，他认为，这种扎实的底层平台技术，是移动互联网公司必须拥有的互联网属性。他坚定地打造小米云平台，在云上支持产品层面的所有东西。但是小米并不是做重资产的公有云服务，而是要做一家技术公司，把重要的数据、敏感的数据和应用层的服务自己管控起来。

另外，崔宝秋还把雷军坚持的开源策略进行了最坚决的执行，对小米的成长做出了巨大的贡献。

雷军曾经对崔宝秋说：“现在任何一家互联网公司离开开源就输在了起跑线上。”于是，提倡技术和鼓励开源成为小米技术团队的基调。而这种拥抱开源的理念也支撑着小米技术体系实现了从 0 到 1。

崔宝秋带着小米工程师做了很多打通数据孤岛、制定开源战略的事情，并且鼓励工程师努力回馈开源社区。

在人们讨论小米强大的营销能力的同时，创始人们在技术方面也丝毫没有掉以轻心。小米的投资人刘芹说："认为小米只是一家营销公司的人是被表象蒙蔽了，小米在系统定制、聚合用户、技术创新方面，都在综合系统地进行着努力。这是一家正在三维立体成长的公司，只看一面难免片面。"

除了对米聊做出战略收缩，雷军后来还对一些非核心业务进行了出售或者转型。比如小米司机（原司机小蜜），最后出售给了一个叫作木仓的创业团队。

尽管对业务有所取舍，但是小米的创始人们依然对创业之初那个时代背景感慨万分。微信诞生后成为一个划时代的产品，现在它已成为一款超级移动应用程序，影响全球超过 10 亿人的生活方式。事实证明，即时通信是个 1000 亿规模的事业，而小米司机演进的方向就是后来的滴滴，最后再加上智能手机。雷军在 2019 年的一次私人聊天时曾感叹："我们真的是赶上了一个好的时代，看上的方向没有一个是小的，上帝一出门，就给我们发了三张好牌。如果是今天，找三个有巨大潜力的方向，很难。"

雷军的描述准确地表达了移动互联网时代刚刚开启之时，那种遍地都是机会的情景。在这样一个阶段，一些雄心勃勃的年轻创业家，看到了新的产业周期里蕴藏的无限机会，开始懵懂摸索新的创业人生。比如，曾经几度创业的王兴，成立了一家叫作美团的公司，意欲在互联网上半场的"千团大战"中突围；一个叫张一鸣的青年正要放弃一个叫作九九房的创业项目，转向做信息流新闻聚合网站今日头条；已经辞去阿里巴巴支付宝副总经理一职 9 个月的程维，前后考虑了 6 个创业方向，但是最终都没有出手去做，而一次又一次出差时无奈误机的经历，让他终于看到了一个普通人生活中的痛点——出行。

当创业人才不断涌现，一拨又一拨的风险投资也进入了市场。中国创业圈的生态系统就这样一步一步走向成熟。在创投领域沉浸了几年的雷军，也看到了这个生态系统的进化。他认为，高速发展了 30 年的中国市场以及中国的消费者接受新产品和新模式的速度，已经超过了世界上其他所有的国家。成立一只创业基金辅佐年轻创业者实现梦想的时机，已经到来了。

顺为基金成立

2010年年底，某个夜晚的11点，银谷大厦的小米办公室里迎来了一位雷军的老朋友，他是新加坡人，身高约有178厘米，国字脸，说起话来声音低沉，慢条斯理。或许是职业生涯一直在做投资的原因，他缓慢的言语中充满了理性和逻辑。他叫许达来，英文名叫Tuck，是雷军很早前就认识的朋友。

也许不到斯坦福大学读书，许达来不会成为一个投资人。他出生于新加坡一个有5个孩子的大家庭，从孩童时代一直到大学本科阶段都在新加坡生活，骨子里有东方文化的那种保守。1998年，许达来到斯坦福大学读书的时候，正好是谷歌诞生的年代，在他眼中，那是一个疯狂的黄金年代。他的同学推荐了一个叫谷歌的搜索引擎给他用，这让他觉得很新奇。互联网不断有新的概念涌现，几乎所有的“.com”公司估值都是一两千万美元，各种创业公司如雨后春笋般出现。他的同学有的声称要改变世界，有的号称30岁肯定退休。“我至今还没有遇到过比这更疯狂的状态。”许达来说。

斯坦福大学经常会邀请硅谷的风险投资人到学校演讲，许达来也经常去听。有一次，在一个大约200人的会场上，一位企业家即将开始演讲。在演讲之前，他提出了一个问题：“在场的各位，你们有谁将来计划创业或者加入创业企业？”很多只手举了起来，许达来环顾四周，发现几乎所有的人都举手了，除了他自己。这个瞬间让许达来很震撼，这是他人生中很重要的一个时刻。他曾经试想过，如果这个提问发生在新加坡会怎么样？可能也就两三个人举手，其他的人是不会举手的。他想，在新加坡很少有人会选择创业这种生活方式，也许是新加坡的环境太安逸了，人们把生活规划得太好，不太愿意去冒险。创业这件事，对许达来而言是很陌生的。

许达来在斯坦福大学的求学经历改变了他的精神世界。虽然他最后没有选择创业，但是他选择了在投资行业工作，这也许是离创业者最近的一个行业。

许达来和雷军的交集发生在2005年，当时许达来就职于新加坡政府投资公司 GIC，这家基金公司成立于 1982 年，负责投资并管理新加坡政府的海外资产，是新加坡的两大主权财富基金之一。许达来在中国内地帮 GIC 考察项目，并让后者主导了对金山的投资。当时他对雷军的印象是，这个人对业务极其熟悉，对很多细节都理解到位。让许达来最有感触的一点是，这个人还有想做一家伟大公司的强烈动力。

两位年轻人在业务层面有了交集之后，很快成为朋友，经常见面交流。2007 年，许达来见证了雷军离开金山的整个过程——求伯君和张旋龙的挽留、各种可能性方案的出台、雷军的犹豫和迟疑，以及最终的离开。对于如何描述雷军当时痛苦和复杂的情绪，许达来的表述是“自己的词汇量并不够大”。

在 2010 年年底的这次朋友小聚中，雷军毫无例外地给许达来讲述了自己正在做的这家公司——小米。他一如既往地用如同晒娃一般激动和骄傲的口吻，讲述了硬件、软件和将来依托巨大的流量入口获得的互联网服务这个商业模式，还有小米当时已经完成的 A 轮融资。两人自然而然地谈到了共同的专业——投资。

经过在风投界十几年的打拼，两人感慨于本土风险投资的崛起。当时大家看到的非常好的案例有启明创投和晨兴资本。雷军和许达来都经历过这个行业里的许多风风雨雨，也见证了巨大的资本助推力量。他们知道，风险投资的意义在于推动社会进步，可以帮助那些有伟大格局的实践者完成梦想。过去 10 年，中国互联网公司完成了原始积累，已经成长出许多独角兽公司，而他们作为观察者，意识到新的移动互联网时代已经到来，新生代企业家还会不断涌现，会有更多的人借助资本改变世界。

许达来提议他们两人成立一只本土基金，来帮助那些弄潮儿继续践行理想，成为他们创业路上的朋友。而雷军再也不想重复，或者看到任何人重复他在金山时期作为创业者的那种不堪回首的逆风而行。

另外，在小米公司已经成立的前提之下，雷军深感一个成熟的公司不能孤立存在，而是需要在产业上下游建立一个全面的生态系统，从而由点到面地完成自己的产业布局。这样一来，一方面，小米在未来可以给自己建立一道护城河，抵御可能的激烈竞争。另一方面，通过孵化自己的创业企业，小米最终可以为整个公司建立起战略协同，在产业竞争中获得更通透自如的能力。在这个时候，雷军已经在思考如何用投资来构建小米的生态体系。

“顺势而为是我40岁之后的人生感悟，我们的基金要顺着大势走，任何时候我们都要尊重、理解创业者，帮助更多的创业者顺势而为。”雷军说。

在那个冬天的夜晚，“顺为”这个名字，就这样在银谷大厦被敲定了下来。

雷军和许达来对他们自己的看法和业内人士的看法非常一致——他们是强强联合，优势互补。雷军是少数真正创过业，同时具有成功经验的天使投资人，而许达来投资经验丰富，兼具国际化视野。他们都属于“追求冒险精神的商业世界里偏理性的那一派”。

实际工作开展得非常迅速，顺为基金给自己定的第一期募资目标是2.25亿美元。募资的过程出乎意料的顺利。当朋友们知道他们在募资，主动介绍了很多国际知名的LP（Limited Parterner，有限合伙人，也叫出资人）给他们，而许达来和雷军经常是各自背着一个包，在一家经济型酒店的大堂里把自己的构想和中国故事讲述一遍，后续自己跟进。很多LP的热情程度超过了他们的想象，所以经常会比约定的时间多聊几个小时。

“我们的经验是非常有说服力的，但是更有说服力的，可能还是趋势。”许达来回忆道。

两人唯一觉得他们可能没有说服投资人的一次，发生在阿布扎比。许达来和雷军一起坐经济舱飞了9个小时才到那个城市，下了飞机两人直奔会场，那时快到午饭时间了，会谈比较仓促，只有一个小时。谈完了顺为的整体构想，对方没有任何表态，也没有挽留这对远道而来的中国客人吃午饭的意思。两人觉得这次募资可能希望不大了，便直接去了迪拜的帆船酒店吃了一顿午餐。

然而，回到北京几天之后，阿布扎比的投资人确定了这笔投资。

可以说，顺为的第一批募资来自世界各地。除了中东的资金，还有来自美国和新加坡的。8个月的筹备期过后，顺为基金正式成立，许达来也进驻卷石天地的办公室，就在小米的楼上办公。从此，他进入了一种每天的工作时长都无法想象的工作状态。而小米和顺为这两家都由雷军统领的公司，也开始了相互助力的旅程。小米的前几轮融资，顺为基金都有深入的参与，小米的很多项目讨论、收购问题，许达来也都有参与意见。

顺为与小米开始并肩成长。从某种意义上来说，作为风险投资机构的顺为承载了雷军更多对未来的野心。落实在投资上，顺为衡量项目的一条原则就是：至少代表未来 10~20 年的趋势。在接下来的几年里，顺为迅速成为小米公司重要的机构投资者和战略投资领域的助推者，是小米未来战略布局中的重要一环。上百家小米生态链企业，顺为都进行了跟投。

陆续扫清障碍

经历过早期的艰难困苦之后，创业者们如同浴火重生，一切都在好转起来。这家成立 400 多天的新公司，从 2011 年年底到 2012 年年底，以拔地而起的姿态，出现在更多人的视野当中。人们并不知道小米经历了怎样的坎坷挣扎，只知道它的横空出世打造了一个“不合常规”的创业故事。它的产品永远供不应求，而用户也把真挚的情感回馈给了它。

全球管理思想家乌麦尔·哈克（Umair Haque）在《新商业文明》一书中写道：当你熟悉了价值对话的商业模式时，你的企业就变成了一辆具有响应性、运转良好的超级跑车。而此时的小米公司，越来越像那辆运转良好的超级跑车。

障碍被陆续扫清。在电商平台方面，黎万强带领王海洲的团队实现了电商后台的打通和稳定运行，扫清了最后一个障碍。这个障碍是一个他们之前从未想到的问题——随货发票不够。

早期的小米，因为公司很小，税务局只给了他们 300 张发票。这意味着发票只能随后寄送，而每单独寄送一张发票，就要多出 10~12 元的快递成本。

当小米手机开始每天有一万部的发货量时，公司成本就多了 10 万元。“我们当时的经营成本都从指缝里抠，一天增加 10 万元简直不可想象。”王海洲说。

为了早日把随货邮寄发票的问题解决，王海洲和财务部一起经过层层审批，终于申请到了数量足够多的发票。这个时候还是冬天，天气很冷，电商的技术团队在北京南五环的百纳物流长期驻扎，每个人都穿着军大衣工作。晚上，他们住在旁边名字听起来高大上，实则很简陋的 6 人间小宾馆里。身为北京人，他们却天天在北京出差，饿了就吃一碗旁边店里的砂锅刀削面。

为了解决打印发票问题，技术团队把几十台爱普生 690K 针式打印机与物流打单室连接，还要把订单与发票进行分组对应。为了节省空间，他们把打印机和纸质发票箱放在三层简易可拆装的架子上，架子之外还有现场组网和网络交换机。

经过几夜的测试，所有问题都解决了。然而，天有不测风云，简易的架子却因为质量问题突然倒塌。网线没有标记，没有 IP 地址对应，网络需要重新组网，长时间的劳动成果在一瞬间灰飞烟灭，一切又需要从头开始。王海洲的情绪有些崩溃，但是他依然打电话给团队里的工程师孙建飞，作为团队领导者，王海洲鼓励团队成员：“我们从哪里跌倒，就从哪里爬起来。”住在 6 人间的兄弟们也相互打气，第二天满血复活，终于搞定了小米的第一套发票随货发系统。这给后续小米手机在网上的销售运营扫清了障碍。小米手机的出货流速，从此快到起飞。

当时负责销售运营的女孩朱磊谈起自己的运营体验，感觉小米完全就是一家依靠产品的公司。它依靠自己的流速运转，让员工可积攒的运营经验极为有限。朱磊说：“每个星期阿黎只发起一次抢购，一次只卖一分钟，然后十几万的货就没有了，剩下的工作就是在数货、发货。我们当时的基础设施真的很差，甚至有一个很好笑的笑话，说小米是用 Excel 表格治天下的，所有的单子刚开始都是填写在 Excel 表格里，后来才慢慢有了后台工具。”

这几乎成为小米早期发展的一个特征，它的成长速度实在是太快了，几乎从一出生就在全力狂奔，公司的很多基础建设都没法跟上它自身的发展速度，以至很多事情都只能在后面慢慢补课。“这就是一家时代成就的公司。”朱磊说。

当黎万强带领电子商务平台进行各项调整时，生产线的产能也渐渐跟上了，这才是销售数字真正飙升的根本原因。

来自摩托罗拉天津工厂的时东禹于 2011 年 9 月入职小米，他一来就进驻了英华达，帮助生产线解决各种棘手问题。当时英华达工厂的焊锡高度和小米手机的要求不符，时东禹就一直待在那里，把相差 2 毫米的高度调整完毕。他告诉英华达的那些部门经理，不要理会网上那些让他们气馁的流言蜚语，比如“英华达是一家二流代工厂”。“等你们给小米做完，没有任何人会说你们是二流的。”

时东禹经常用丰田公司“精益生产”的概念激励工厂，他不断地告诉英华达的管理者如何梳理整个生产线的流程，如何调整人员配备。他深知，只有精细运营，把工序调整到最优状态，才会让组装段的工作得到极大的提升。因此他花了很长时间调整人员排配，改善生产线流程，使之变得更加科学。

他甚至要求工厂发自内心地尊重工人，照顾工人在生产线上的情绪，只有这样，工人才能真心热爱自己的这份工作，这甚至会让生产线上的良品率得到大幅度提升。时东禹是从摩托罗拉出来的员工，他的身体里铭记着那家公司带给他的切身感受——对人的尊重。他相信，这种尊重最终会得到回馈，员工会发自内心地回馈公司。因此他发誓要改变生产线工人的生存环境。当他看到英华达的生产线上只有一个一米多直径的风扇用于降温时，他提出了坚决的反对意见：“这个不行，南京的夏天这么热，像个火炉似的，你们的生产线环境太不舒服了。”后来，他对英华达提出了强制要求：如果要和小米合作，必须在生产车间安装空调；代工厂要把操作台面变小变低，以适合工人舒服地坐着操作，所有加工小米产品的工人，都必须是坐着的；此外，还要给工人的宿舍装上 Wi-Fi，让他们周末可以在屋里自由地上网。

这些人性化的细节，英华达后来都一一做到了。在这个磨合的过程中，小米和供应商之间的理解都加深了不少。

随着小米的发展，供应商的态度也发生了转变。他们看到小米这个品牌的张力和势能，纷纷希望可以和这个年轻的品牌合作。富士康的董事长郭台铭曾经来北京与雷军见面，雷军也在台湾和郭台铭有过一次长达19个小时的会面。

说起那次传奇般的会面，雷军至今都觉得，那是他人生中一次能把下巴惊掉的经历。

那一次，是雷军和林斌以及雷军的好友王川一起到台湾走访供应商。按照行程，某一天的下午4点，他们将和郭台铭见面开会。但是下午4点的会议一次一次被推迟，雷军害怕后面的行程会受到大面积影响，决定先去赶后面的行程。但是在郭台铭的强烈挽留之下，雷军只能让林斌和王川先走，他和郭台铭在第二天的下午1点见面。谁也没有想到，这一见，两个人就聊了19个小时。

在谈话进行到一个小时的时候，郭台铭打电话把富士康的所有高管都叫到办公室，让所有人跟着他一起听雷军讲解小米模式。在这个会议中，郭台铭表现出了对新鲜事物极强的敏感度和求知欲。“他的学习能力和聚焦能力，让我非常震惊。以我今天的忙碌程度，你让我和一个人就一件事情连续交流19个小时，我会觉得不可思议。从郭台铭身上，我看到了一个创业者务实的一面，一旦有新的机会和新的事物出现，他就要扎进去透彻理解，这毫无疑问是一种打破砂锅问到底的精神。”雷军后来回忆道。

那一天，郭台铭把所有的会议都取消了，连另外一家很重要的全球消费电子巨头的会议也没有参加，而且，当他中途上了一趟洗手间，发现个别高管已经不在现场时，马上让秘书询问这个人不在的理由，并命令他立刻回来。几乎没有任何事情能够中断这个会议，只有当秘书进来告诉他，马英九办公室来电时，郭台铭才站起身来说：“这个可能不行，我需要接一下。”在接完这个电话之后，他马上回到会议室，又和雷军继续热烈地交流起来。

富士康很快成为小米的代工厂，在日后的很长时间里，小米都是富士康的第二大合作伙伴。时东禹还记得和廊坊富士康合作的那些历历在目的细节。

当时的廊坊富士康还负责诺基亚、摩托罗拉和黑莓手机的生产，而小米的进驻则代表了富士康迎接新生事物的一种姿态。和廊坊富士康的谈判，是小米快速扩大代工的一个重要节点。富士康谈判的技术细节非常复杂，在物料、生产功率、款项、账期、产能甚至知识产权方面都有非常详细的规定。富士康对合作伙伴的需求准确度非常在意，而且它有专门的风控部门，对风险控制非常严格。

一开始，小米承包了富士康的一条生产线，随着小米产能的扩大，一条生产线变成了两条、三条。但是小米的供应链部门始终认为小米的产能还会继续飙升，要在生产线方面未雨绸缪。后来，时东禹看到在富士康的一座楼里有一个全封闭的净化车间，这个车间正在做诺基亚的一款镶钻的奢侈品手机——当年大名鼎鼎的 VERTU，这里一个月有 60 万部的产能。小米最后包下了这个车间，不到一个季度，就把产能填满了。之后，富士康的这座大楼都被包给了小米。

供应链团队工作的辛苦程度，并不亚于其他团队。在做小米手机 2 期间，团队成员都是蜷缩在沙发里面偶尔休息一下。富士康的伙伴相当不错，给自己订盒饭的同时也给小米的同事订一份，“我们就蹲在一个很小的桌子那里吃完”。在紧盯产能期间，时东禹时常站在富士康的某栋大楼的窗户旁边，看着富士康的员工像蚂蚁搬家一样不停地走来走去，这是工人们每做完一个工序，就要把半成品运送到下一个工序的场景，做完了成品大家就会把东西运送到组装厂去检验。这段时期小米的产能迅速扩大。曾经贴在富士康生产线上的一条标语至今还让时东禹热泪盈眶——“不做中国的 iPhone，做世界的小米”。

这是那些年轻的富士康员工自发制作的标语，他们认可了小米的使命。

高歌猛进的一年

2011 年 10 月之后，“饥饿营销”和“订单真假”始终是围绕在小米公司周围的两种声音。一方面，小米手机总是一机难求，另一方面，小米宣布自己的手机销量已经超过300万部。很多人在讨论，小米手机的真实产能到底是多少？

2012年5月，小米在南京英华达工厂组织了一场面对媒体界的“工厂开放日”活动，记者们可以穿上防尘服和一次性鞋套，参观小米手机完整的生产流程。人们看到，在英华达的工厂里，小米已拥有10条SMT生产线、5条组装线，每月的产能至少有60万部。而小米引入的第二家代工厂富士康，也开始给小米批量供货。

可以说，小米公司的硬件实力在经历一些风雨之后，终于进入正常运转的稳定期。

此时，小米打造的“互联网手机”概念，已经引起互联网行业的关注。人们意识到，在移动互联网来临之际，手机是开启移动入口的一把钥匙。互联网企业都希望尝试硬件或操作系统引流的方式，把自己已有的互联网用户收揽进来，让电脑用户平稳过渡为手机用户。这段时间，敏感的互联网公司都迅速行动起来，在智能手机大潮来临之际，他们醉翁之意不在“机”。

到2012年，安卓市场已经有超过40万活跃应用。在推出与华为合作的手机却反响平平的情况下，腾讯也决定推出基于安卓的定制版ROM，但是这个叫作TITA的系统仅仅发布了一个版本，就停止了更新。后来，腾讯投资了第三方ROM团队乐蛙，依然表现平平，这让腾讯在操作系统方面陷入了一段静默期。创新工场孵化的点心团队在2012年年底被百度收购。而阿里巴巴向天语手机抛出橄榄枝，双方开始合作几代“大黄蜂”“小黄蜂”手机，这个搭载阿里云OS、号称与安卓兼容但完全独立的手机系统，意图推进阿里巴巴的移动版图。随着时间的推进，这些巨头的努力最终似乎都没有达到理想的效果。这和强大的互联网公司始终缺乏硬件基因不无关系。

在这些公司陆续跟进的过程中，雷军还迎来了他人生中绝无仅有的一次“朝阳公园约架”事件。这让原本竞争就很激烈的手机市场，加入了一种互联网圈子独有的荒诞与癫疯的味道。

在看懂小米的互联网商业逻辑后，周鸿祎旗下的互联网安全公司奇虎推出了与第三方公司合作开发的“360特供机”，也想在那时杀入手机硬件市场。这款产品于2011年5月发布时，周鸿祎在微博上向雷军和小米不断开火。有一次，他公开发出要和雷军到北京朝阳公园东门“约架”的消息，引发了网友的热烈围观。而这个事件的幕后故事颇具娱乐性，雷军不但在微博上亲自迎战，还像一个热血少年一样，对约架事件进行了认真部署。他让黎万强带着市场部的刘飞、钟雨飞等几位同事，到朝阳公园东门踩了点，认真研究了站位和撤离路线。在雷军心中，他真的准备大干一场。

最后，这次约架不了了之。而整个“约架”过程有了微博这个社会化媒体的推波助澜，给互联网竞争提供了一个民众可以围观的场所，让这个时代的商战变得更加具有魔幻色彩。

这个具有娱乐元素的事件背后，其实是残酷的市场竞争。一些传统厂商看到小米开始崭露头角，他们预估了小米的年产量，认为几百万部的数量不大，也不相信这样的规模能维持很久。另一家叫作华为的企业，由余承东接手了其终端业务，之后，他说服创始人任正非改变了放弃手机业务的想法，从运营商白牌厂商，向自有品牌转型。

这一切风云变幻，实际上都在证明小米手机对于市场的冲击，也让人们对小米的下一代产品产生了好奇。

对于小米手机2代的研发，雷军亲自参与了其中。可以说，小米手机1虽然配置完美，但是在他心中依然略有缺憾，那就是手机的外观没有达到他的理想设计。比如，小米手机1的厚度竟然有12毫米。网上对于小米手机1外观设计的吐槽也有不少，例如“没有设计语言”。对于这些批评，雷军还是比较在意的，因为他其实是一个很注重细节的人。

总体来说，和任何硬件公司一样，这个阶段的小米公司也在经历着工程部门和ID部门的强烈冲突，在一个部门非常强势的情况下，另一个部门只能节节败退。其实，就算在苹果公司内部，这种冲突也非常普遍——是设计主导工程，还是设计反过来被工程所控制，每一天各种执念和妥协都在公司内部发生。在苹果首席设计师乔纳森·艾夫（Jonathan Ive）的传记《乔纳森传》里，读者可以多次看到这种矛盾的激烈程度。

> 工程师对今天或者当下可能发生的事情是现实主义的，工业设计师则对明天或者未来可能发生的事情充满想象。
>
> 尽管设计的重要性不言而喻，我们还是要解决电气工程、规模化生产、售后服务以及技术支持等问题，每一个部门都有他们自己的声音，他们的声音也许不具有投票表决的作用，但是却代表他们各自的想法。
>
> 在苹果公司，工业设计师的任务是构思出一个完全不存在的产品，并设计出整个生产流程，将想象变成现实。这也包括定义客户触摸苹果时的体验。设计师必须决定产品的整体外观、材料、纹理和颜色，然后，在工程团队的配合下，进一步打造出符合产品质量水准的工艺，完成产品并将其推向市场。

这种典型的结构设计和工业设计的矛盾在小米手机 1 诞生的过程中就出现了，而且，和苹果那种设计师主导并且占据明显强势地位的情况不同，在小米内部，硬件部门非常强势，尤其在小米刚刚起步的阶段，手机内部结构的堆叠受到供应链提供的材料限制，因此给工业设计留出的空间并不多。主导工业设计的刘德曾经坦言，那段日子对他来说是灰暗和痛苦的，他作为设计师的骄傲在那段时间被极大地压制，他甚至不是很愿意对那段时间做仔细的回顾。而雷军改变中国制造、提升中国设计的梦想，也暂时被搁置了。

“第一代手机基本是结构部门做好内部堆叠之后，再进行外观设计。基本的理念，就是在结构做好之后采取‘穿衣服’的方法，将衣服穿在结构之外，再把多余的装饰去掉。那个时候最大的问题是，大家没有商量机制，不知道怎么解决冲突，这带给我们非常大的困扰。”雷军回忆道。

在小米下一代手机进行产品定义的时候，两个部门间的“厮杀”依然存在。雷军意识到，工作中的矛盾太大，如果他再不出面解决这些问题，这些冲突就会演变成私人恩怨。曾经发誓不管研发细节的雷军，此时终于按捺不住，决定亲自来解决团队的问题。“如果米 2 再做这么厚，我自己也会疯掉。”雷军说。

雷军对手机外观设计和部门结构进行了深入思考，他把两个团队拉到一起，然后自己在白板上画出堆叠结构图，告诉两个团队，手机的厚度要是多少，做成什么形状。“幸亏在上学期间立体几何学得不错，也有无线电的基础，因此还是很好地把问题解决了。”雷军回忆道。

这段时间是促使雷军对手机外观设计和结构部门进行深入思考的时间。后来他花了很大的精力来解决两个部门之间的矛盾，他最终知道，手机的工业设计师要对硬件、器件和材料材质有非常深刻的理解。而要解决这些问题，作为战略设计者，他最终需要设计出一个有利于解决问题的磨合机制。这些经验，其实对于几年后的小米，有至关重要的作用。

小米手机 2 在外观上比上一代取得了长足的进步。创始团队对手机的外包装盒也有极致的追求。负责外包装设计的陈露，是刘德在美国艺术中心设计学院的师妹，毕业之后被刘德招致麾下。在美国学习外包装设计时，陈露深受环保主义概念的浸染，这也影响了她在小米做设计的理念。在美国学习期间，老师总是会强调环保的理念，让学生重视社会责任。当时，陈露为了做一个彪马跑鞋鞋盒循环利用的项目，天天去彪马鞋店外面的巨大垃圾箱里捡人们扔掉的鞋盒，然后将这些鞋盒重新喷涂包装，写上新的标识——PUMA Recycle（彪马再利用）。陈露把自己的这个设计叫作 Safe（安全）系列。

这种安全环保的理念，被带到了小米的外包装设计上。小米手机外包装盒使用的是可回收的环保材料，并且适合电商包装。

小米寻找合适的包装供应商时，几乎遭遇了和构建供应链时一样的冷遇。早期陈露的团队约纸张供应商来小米的办公室洽谈业务，竟然被放了鸽子。对方说：“对不起，我们老板没有听过小米这个名字，我就不过来了。”后来，是余安兵花了很多时间一家一家去亲自拜访，几乎把全国的牛皮纸供应商都找了一个遍，才找到一家叫作辛普森牛卡的纸张供应商和小米合作。小米想把牛皮纸包装做出精密产品外包装的样子，要求纸张纤维长、耐折、特别抗压、防水。而这家供应商的纸张恰好是陈露理想中的样子。它能够快速分解，适合直接物流包装，可以直接在外包装上贴面单。尤其是，它的成本非常低廉，比起其他厂家十几元、几十元的价格，小米的外包装最后可以做到几元一个，这特别符合小米极致性价比的理念——在包装上省出的成本，也将返还给消费者。

小米认识到包装是品牌的调性，因此，小米手机 2 不仅颜值上升了，外包装也比一代有了很大改善。比如，小米把一代外包装上的电路图去掉了，做成了去科技感的样子，只留下极其简约的牛皮纸外包装和小米 LOGO。另外，为了改善开箱流程，外包装团队做了几十种开箱测试，就是为了让人们以最自然舒适的方式取出手机。在测试中，他们发现很多男性的拇指比较粗，手抠做小了的话不太好抠，因此调整了手抠的大小，并将其改到了合适的位置。

就在这一年，"盒子兄弟"应运而生。"盒子兄弟"是小米公司的两位员工，一对胖子兄弟。为了说明小米外包装的坚实程度，这对胖子兄弟用双人叠罗汉的方式蹲在小米手机 2 的包装盒上。小米以这种行为艺术的方式让人们知道——小米的外包装不仅简约美观，还能够承受超过 150 公斤的重量，这个画面极为直观、震撼。后来，黎万强把这做成了一个营销事件，他在微博上号召人们以盒子兄弟创建话题，并且发起了以盒子兄弟为素材的 PS（图片处理）大赛，成就了一次极为成功的营销活动。

在这个颇具喜感和娱乐化的活动背后，其实是一家企业对于工匠精神的追求，是对新的商业文明的响应。小米人始终相信，在新的商业环境中，未来的模式不再困于发号施令型的企业，而是倾向于越发深入的民主。就如同《新商业文明》里说的那样，只有民主精神才能让涣散的组织具备爆发力的响应性，和大众的对话替代了以产品为中心的价值主张。

而小米把这种和大众的对话机制，发挥到了最大。

2012 年对小米来说，一切都在好起来。也许不仅仅只是好起来，这一年也是小米克服各种艰难困苦，高歌猛进的一年。

在小米手机 2 发布之后的 2012 年 8 月 23 日，小米又推出了小米手机 1S，它是小米手机 1 的升级版本，配备全球主频最快的高通 MSM8260 双核 1.7GHz 处理器，售价仅为 1499 元。

在官方宣布开放购买的 2012 年 8 月 23 日中午 12 点，50 万部小米手机 1S 正式开售。其中包括 45 万部小米手机 1S 青春版和 5 万部标准版 + 电信版。对于小米手机来说，售罄是毫无悬念的事情，大家只是关心用时多久。而这次小米官方给出的成绩是——4 分 15 秒。

2012 年年底，小米首次向媒体透露，到 11 月底，小米过去一个财年的销售额突破 100 亿元。这个数字令人震惊。而这一年度结束的时候，小米手机共销售了 719 万部，销售额为 126 亿元。2012 年 4 月，小米的估值达到 40 亿美元，到了年底，投资人给小米标出了 100 亿美元的融资估值。投资人的理由很简单——没有哪一家创业公司，能在第一个完整财年，营业收入就超过 100 亿元门槛儿。人们在旁观这家狂飙激进的企业的同时，将其成功定义为“一场不合常规的创业”。

人们这样评论小米：

> 以进军 3G 手机市场为起点，华为和酷派手机销售收入达到百亿都花了 6 年时间；京东商城销售额过百亿，同样用了 6 年；百度达到这个量级则用了 10 年时间。无论放在哪个维度看，小米都不“正常”。

一家成立不到两年、产品卖了只有一年的创业公司，瞬间就进入百亿俱乐部，在中国过去 30 年的商业史上，恐怕只有两类公司达到过这种奇迹：一是某些呼风唤雨的垄断企业，二是此起彼伏的传销企业。

小米的创始人们在这一年中，找到了突破黎明前黑暗的破局感。雷军在接受媒体采访时姿态略低地把这归结为了运气，他感慨地说：“我们做的这些事情是如此有意思，跨了好几个领域，今天我们觉得有无穷的生意要做，有无限的想象空间。”

小米的运气也许可以归结为这个时代给予幸运儿的宠爱，比如2009年微博的崛起，给大众化传播带来了革命。比如2003年之后电子商务在中国的发展，也给小米的直销模式铺垫了时代背景。在人才方面，工程师红利时代的来临，让这个抱朴守拙的群体被激发出了无限的光和热，也给雷军这样的超级产品经理人式的创业者以巨大的发挥空间。当然，最重要的一点是互联网手机增长红利的爆发，在2011年互联网手机启动之际，正好契合了中国智能手机的普及大潮。2011年，中国的手机普及率达到每百人73.6部。2012年，中国3G的普及率达到25%。

诸多因素叠加起来，可能都会让人们产生“风口论”的解读，让人感叹机遇对创业者的垂青。但是，小米人终将把这场胜利定义为价值观的胜利。正如美国管理思想家乌麦尔·哈克在《新商业文明》一书中指出的那样，创建更有意义的企业，并不只是生产差异化的产品，而是改善大众、社区和后代的生活状况。

> 如果一家企业掌握了社会效能的精髓，能够为大众创造更幸福的生活，带来积极的影响，从生产产品转换成改变人们的生活，那么这家企业就会让传统的企业显得完全落伍。

而改变人们的生活，为人们创造幸福感，从一开始就是小米的终极价值观。

第五章
生态链起航

小米模式遥遥领先

时至今日，小米手机 2 在小米人心中都是“一代神机”。从 2012 年 8 月到 2013 年年末，它的生命周期之长，超过了很多人的预期。这是一部再次为发烧而生的手机，各种参数依然强大，它的硬件配置也让其成为当时全球性能最强大的手机之一。尽管小米手机 2 没有做任何营销，但依然引发了人们的热烈反应。

这个时期的小米手机有两个销售渠道，一个是互联网渠道，另一个是运营商渠道。前者占据销售总量的 70%，后者占据 30%。运营商渠道是传统渠道，小米选择了一家全国代理商来全权负责。虽然小米是贴近成本定价，理论上不可能给代理商正常的利润空间，但是林斌发现，尽管只有 2%~3% 的折扣，代理商也非常热情。这是因为，当时运营商在各地都提供大量的价格补贴，他们拿到小米手机后，可以通过合约机的方式把它们销售出去，也非常抢手。这是早期小米除了互联网渠道以外，在线下销售渠道上唯一的探索。

小米手机的强劲销售，也给 MIUI 系统持续不断地带来了新的用户。而本来针对发烧友的 MIUI 论坛，此时也开始有了偏生活化的色彩。越来越多的普通用户通过小米社区和其他用户认识、互动，这里越来越像一个人们热络联系的熟人社区，人们在不同的板块交流互动，MIUI 论坛每天都创造出后台肉眼可见的活跃度。

小米的粉丝们可以在新演化出来的酷玩帮、摄影组等板块一起讨论新奇的生活方式，交流摄影技巧，还可以在各地的同城会见面交流。这样的同城会，一年能有几百场，其中很多都是米粉们自发组织的。很多时候，小米员工也会带着米粉们最爱的 F 码翩然而至，引发一阵阵欢乐的潮水。当时的小米 9 号员工李明，甚至还带着一个外号叫陆柒柒的员工，做出了一份叫作《爆米花》的杂志，这份杂志让米粉们登上了封面，拥有了平日只有明星才有的待遇。在小米人的心中，米粉才是他们的真心英雄。

可以说，MIUI 通过技术论坛和生活论坛的方式，黏合了大量对奇酷有趣生活方式感兴趣的年轻人。而小米也通过产品和论坛，向米粉真切地传递了自己的情感。

2012 年 4 月 6 日，是小米公司正式成立两周年的日子。2012 年 3 月 23 日，市场团队一直到凌晨三点还在商讨怎么搞一个庆祝活动。几个人最初想围绕小米诞生两周年做一场小米电信合约机的盛大发布会。但是，大家觉得这似乎还远远不够。夜至深处，黎万强从椅子上站起来伸了一个懒腰，喃喃自语道：“就这样定了吧，我们就做一个米粉节，让大家一起嗨一嗨，米粉才是我们公司的真心英雄。”

这一次，人们是聚集在一个布置成夜店风格的大会场里欢聚的。没有人能够想到，公司性的活动可以做成如同夜店蹦迪一样简单自由的风格，但又充满了浪漫随意。现场音量奇大地播放着崔健的老歌《新长征路上的摇滚》，会场空间的前部有一个 11 米宽的巨大屏幕，整个会场布满绚丽的霓虹射灯，所有人都穿着橙色的 T 恤打造出一个橙色海洋。这一切都发生在 798 艺术区第一车间那工业味十足的空间里，人们随着音乐自由地摇摆着身体。

为了制造专业的夜店效果，即便是晚上 11 点才下班，黎万强也拽上一堆人去 MIX 夜店观摩学习其灯光效果。回来之后，他对原有的会场进行了大刀阔斧的改进，不但把椅子全部撤掉，让创始人和米粉们一律站着，还引入了现场 DJ。一切都充满了年轻的元素。小米相信，米粉本身就是年轻的，就是热烈的、摇滚的，就是最酷的代名词，因此这一天，必须去除一切古板，做到极致酷炫。而米粉们也不负众望，把最狂热欢乐的一天，反馈给了小米。一名来自深圳名叫 Gage 的资深米粉甚至让雷军都“自愧不如”，他以自己专业的视角设计了一款回头率极高的发型——MI 字 LOGO 发型。这一举动，一时间让他在米粉当中声名大噪。

雷军风趣地对这个发型进行了点评：“虽然很想剃一个这样的发型，但是一直没有这样的勇气。”

Gage 是一名非常忠实的米粉，他说：“我在论坛里待着的时间自己都难以计算，粗略地算来，比上班的时间都要长。为什么会喜欢小米呢？也许是因为小米手机的性能和外观，也许是因为 MIUI 使用便捷，也许是在论坛上能认识很多志同道合的朋友，但是每一点，都让我对小米的产品爱不释手。”

他收藏了几乎小米所有的产品和配件，甚至一度表示，如果小米未来出女士内衣，他也会购买。购买这些宝贝对他来说已经超出了使用的需要，是由喜爱而来的收藏之乐。

那一天，小米在现场还做了一个惊险动作——现场直播 10 万部小米电信合约机的开放购买。小米希望以这样的方式让真相来得更猛烈一些。此前，总是有人质疑小米销量的真实性，认为抢购行为是提前策划的，一切都是为了制造效果而特意营造的氛围，这甚至让黎万强一着急晒出了小米公司的支付宝余额。而这一次，小米想让大家眼见为实。

当雷军启动 10 万部手机在线销售的瞬间，负责后台支持的王海洲吓坏了，他后来形容当时的情形简直是“惊心动魄”。雷军在台上宣布开放购买之后，大屏幕上的销售数字有十几秒钟的时间竟然纹丝不动，这让全场陷入了短暂的尴尬。十几秒钟之后，销售数字终于开始向上滚动，技术团队这才松了一口气。王海洲后来回忆，其实用户进入下单页面后，需要十几秒的时间来填写姓名、地址和电话，然后完成支付，这一系列操作需要一定的时间，而正是这个时间，造成了大屏幕上的数字短暂停滞。而数字一经滚动，就是连续不断的，最终，10 万部合约机售完时间定格在 6 分 05 秒。

现场的米粉一直伴随着数字的跳动欢呼和尖叫，整个 6 分 05 秒，现场沸腾不已。在时间定格的那一刻，台下的黎万强激动地站了起来，在空中挥了挥拳头。还有什么语言可以比亲眼所见更有说服力呢？一切猜疑、诋毁都成了浮云。黎万强一直是个非常感性的人，这个阶段，他把生命中所有的感情和感性，都奉献给了他参与创办的这家公司——小米。

2013 年 1 月，MIUI 全球联网用户突破 1000 万，在 2013 年的米粉节上，小米制作了一部名为《100 个梦想的赞助商》的微电影。这部微电影的调性与其说像一部商业电影，不如说更像一部文艺片。它讲述的是一个小镇青年屡遭质疑，却顽强地坚持赛车梦想的故事。

舒赫是一个小镇上追逐赛车梦的普通年轻人，当他说出自己的梦想时，外人的轻视不屑、对手无情的嘲讽一并涌来，但是他毫不气馁，在自己的努力与朋友的支持下，一步一步走向赛场。在这个过程中，舒赫把所有支持他梦想的人的姓名，都倔强地写在了一辆改装车的车身上，让这些力量化作自己继续向前的勇气，一路陪伴他最终走到赛车现场。而电影中这些被写在车身上的名字，其实就是 MIUI 最早的 100 名用户。

当电影结束，信乐团的歌曲《天高地厚》响起，100 人的名字出现在大屏幕上时，现场许多观众流下了眼泪。小米何尝不像电影中的小镇青年一样，顶着众人的嘲笑，面对质疑和不被理解，艰难走到了梦想的目的地呢？这个微电影的名字，就是为了感谢 MIUI 论坛上最初的那 100 名用户，他们认可小米的梦想，小米把他们称为梦想赞助商。他们的名字，被小米以这种特别的方式永远铭记。

做品牌要解决的第一个问题就是定位，即让人们知道我是谁。而这段日子，小米这个品牌横空出世后，获得了空前关注。小米品牌的胜利，也是“互联网手机”这个新品类的胜利。

有了产品的口碑和品牌的胜利，在销售速度方面，小米屡屡突破自己的纪录。小米手机 2 刚刚开放购买 3 分钟，就卖出了 50 万部。而每次放货，似乎都成了小米网的心魔，以至黎万强带领的团队，每次放货前都要在办公室的花花草草前点上一炷香，然后双手合十祈祷一番。这样做其实就是求个心理安慰，好像只要烧过香了，服务器就能顶住巨大的流量，不会崩溃。

整个市场都在关注这个新品牌的出现以及它的强势突围。2011—2013 年，这个初出茅庐的品牌，已经在强手如林的市场上撕开了一道裂口。2013 年，小米手机全年销量达到 1870 万部，比上一年翻了一倍多，小米周边产品的销售额超过 10 亿元。连小米的吉祥物“米兔”玩偶，也售出了 50 万个。

1870 万部，这个数字对于 2013 年的手机行业来说，依然是个很小的数字。从 2013 年全年数据来看，三星全球出货量居首位，市场份额达到 31.3%，苹果排名第二，市场份额为 15.3%，接下来分别是华为（4.9%）、LG（4.8%）和联想（4.5%）。其中，中国手机产量达到 14.6 亿部，占全球出货量的 81.1%。总体来看，这是智能手机在全世界极速发展的一年。2011 年智能手机总出货量为 4.944 亿部，而 2013 年，全球智能手机出货量为 10.042 亿部，仅用了两年时间就翻了一番。

在中国市场上，传统的手机厂商也开始从功能手机向智能手机转换。在很长一段时间里，传统手机厂商主要以和运营商合作的方式来做渠道销售。为了带动 3G 网络的使用，让更多的手机带动流量，运营商提供的补贴力度很大。2010—2011 年，很多手机厂商都在研究运营商的介入方式，组建运营商渠道。对他们来说，互联网模式还太过新鲜。

对于小米这个品牌，大家最开始认为，市场上出现了一个玩票者——雷军。在众多对手已在这个市场深耕数年、积淀深厚的情况下，人们认为闯入者没有理由成功。但是，随着小米的销量逐渐增加，互联网厂商和手机厂商从 2012 年开始慢慢苏醒。不但互联网企业开始思考切入硬件的问题，硬件厂商也开始意识到手机其实是一个包含着互联网入口的机会。

雷军的办公室陆陆续续开始有传统手机厂商前来拜访学习。而雷军也把小米的方法论和商业模式和盘托出。他认为小米的模式在当时是遥遥领先的，他希望小米模式可以促进整个行业的进步。不过，他后来开玩笑地表示，当时没有意识到，一些品牌的学习能力是如此强大。

值得注意的是，学习能力极强的华为，在 2013 年 12 月 16 日建立了互联网子品牌荣耀，现在这个品牌发展得非常成功。

很多品牌都在伺机而动，正如克莱·舍基（Clay Shirky）在《小米之道》中所说的那样：从业者们其实内心都清晰地知道，中国人的可支配收入在不断地增加，尤其是城市和沿海地区。与此同时电子产品的成本都在普遍降低，这意味着一旦中国市场发生变化，这个变化就会在一夜之间完成。

小米之家的初步规划

小米在旗舰手机上取得的成功众人瞩目。到 2013 年 7 月，MIUI 的用户数已经增长到 2000 万，势如破竹。在这一年的上半年，小米就卖出了 700 多万部小米手机 2，这就要求小米的售后服务体系必须快马加鞭地向前奔跑着完善。

从金山来的张剑慧此刻也在重复着很多小米人的路径——被迫跨界。她在金山有 10 年的从业经验，但是她的经验主要集中在线下的渠道销售领域。

30 岁那年，张剑慧是怀着无限的憧憬来到小米公司的，结果却被黎万强派去做一项比较辛苦的工作——帮助小米建立客服中心，承担起小米在全国的售后维修服务网络工作。

起初张剑慧很不情愿接手这个工作。所有人都知道，售后服务是个脏活、累活和苦活，找到售后寻求服务的人，情绪也肯定不是很好。而且，这还是一个偏后端的活儿，很难做出成绩。但是这个姑娘一旦决定，就全身心投入工作，她马上开始在全国寻找售后地点。到了几个候选城市后，她通过中介公司联系看房，几乎每天都走到满脚血泡，以至她后来每到一个城市，都要先买一个塑料盆，晚上泡脚用。

在这个痛苦的过程中，她曾经质疑过自己工作的价值，但是一件小事让她改变了看法。有一次，她住在成都的一家锦江之星酒店，早上退房时，她让前台的服务员开一张发票。她随口报出了自己公司的名称：北京小米移动软件有限公司。前台的小姑娘忽然两眼放光，从柜台后面跑了出来，上上下下地打量着她说："小米，是那个小米吗？是小米手机的那个小米吗？"

这一刻，张剑慧真正感受到了自己的使命。

如果说给售后服务中心选址这个工作还在张剑慧的经验范围之内，那么制定售后服务的规则就是她的盲区了。刚刚接手这个工作时，她不懂三包规定是什么，也不知道该招聘什么人。她觉得自己很搞笑："那种感觉，就像一个要开会计师事务所的人，不懂会计的基本准则是什么一样。"她一方面招聘专业人士，给她讲解 DOA①、DAP② 这样的概念，另一方面寻找有备件管理经验和供应链管理经验的专业人员，帮她组建售后体系的关键部门。她还主动找诺基亚的售后高管聊天取经，有时候一等就是一下午。当时诺基亚的售后部门在北京的雍和家园办公，张剑慧经常在雍和家园楼下的一个咖啡厅等待诺基亚的高管，她的问题只有一个，那就是如何避免踩到售后服务的那些坑。"我当时就是一个小姑娘，通过请教的方式，认识了很多的行业大咖，这些人都非常坦诚，我拜了很多师傅。"她这样回忆道。

张剑慧选择在居民楼里建立的售后服务中心，后来被更名为小米之家。这里的装修以黑白灰为主调，搭配橙色为装饰色，营造出真正的家的感觉，每个空间都配有宜家的沙发，有的房间还摆放了香薰机，有时会有米粉来到这里，给小米的员工送一些礼物。

在业务方面，张剑慧的很多决策在早期时都受到了挑战。其中引发最激烈争吵的一个问题就是——手机换屏需要多少钱。她招聘来的员工都告诉她，屏幕的成本定价是 1200 元，所以换屏的价格也应该以此为准，甚至应该定为

---

① DOA（dead on arrival），指到货即损或开箱即损。

② DAP（dead after purchase），指在最终用户自购买之日起 15 日内所出现的"三包"规定性能故障范围内的机器。

1300元。但是，性格火暴的张剑慧坚决不同意。“你们这么做，会让我们死无葬身之地。”她向那些她自己招来但是又喜欢挑战她的专业人士开火，“我们不能这样做事，让用户以整机三分之二的价格来更换一块屏幕，这会是什么样的用户体验啊？我们会被用户骂死。”最后张剑慧拿出了解决方案，以一种通盘考虑的方式定价，既不让公司亏损太多，又可以尽量满足用户的体验。

在一步一步的摸索当中，小米手机的售后服务体系逐渐完善起来，后来又有了小米售后体系独有的“一小时快修”服务，也创造了“寄修”等创新的用户体验。张剑慧说，那个阶段，她和雷军说话的机会并不多，他们的互动基本都在米聊群里，经常是雷军发给她一个链接，然后对她说“处理一下这个投诉”，再加上几个哭脸的表情符，言下之意是，你看我们做得还不够完美。

红米诞生，山寨终结

不断完善的小米手机全国售后服务体系，给小米手机的继续扩张带来了支撑和底气。而在2012年上半年到2013年上半年期间，小米的研发团队正悄悄酝酿一次重要的革命。一款历经磨难的新产品，终于要在2013年7月31日这一天发布了，它给市场带来的杀伤力，将是史无前例的。

发布会是以极其简约的方式进行的，地点选在金山公司一个可以容纳40人左右的会议室，这让很多媒体摸不着头脑。因为此前小米的新品都会选择在798会场或者某个商务中心进行盛大发布，而这个规模的发布会，他们还从来没有见过。黎万强在主持这场发布会时解答了大家的疑惑：“我们为什么在一个这么奇怪的地点举办发布会呢？很简单，因为小米在五彩城的办公室已经被当成了工位，全都被占满了，小米已经找不出任何一个能够容纳40人的空间。那我们为什么不做一个盛大的发布呢？我们从去年发布小米盒子的经验总结出来一个结论，就是只要产品足够好，一定可以爆掉。对于今天这个产品，我们就是这么看的。”

那一天黎万强是穿着一件亮蓝色的T恤做这个简单的开场白的，而那件衣服上，从上到下写着两个字——威武。他身后的大红色背景板上，简单写着四个几乎顶天立体的大字——红米手机。而这四个大字下面，平行写着三个机构的名字：中国移动、小米、QQ空间。

红米手机就是这场发布会的主角了。它是小米酝酿一年之后，即将面世的一个新品牌。和小米的旗舰机定位截然不同，它将是一款面向普通消费者、定位在1000元左右的手机，给人们带来的想象空间也将是空前的。

在黎万强简单的开场白之后，身穿黑色T恤的雷军走上台来，介绍了这款产品的参数和出生过程。这一次，他穿的黑色短袖衫没有品牌，只有胸前凸起的一个MI字。当天所有的发言内容，他都记录在自己手上的那部红米手机里。因此，那天他是一只手拿着话筒，另一只手举着手机完成产品介绍的，看上去是如此随意。

雷军的发言大约持续了50分钟，其中有对红米手机性能参数的详细介绍：联发科四核CPU、友达4.7英寸720P屏幕、1GB RAM+4GB ROM以及800万像素背照式摄像头，搭载MIUI 5操作系统，是小米公司首款双卡双待TD机型。

雷军也介绍了这款产品曲折的诞生过程："本来研发团队采用的是另一家公司的芯片，但是我们做了一年多的时间，最后发现流畅性不符合小米的标准，只能忍痛割爱。我们废掉了4000多万元的模具费用，采用了联发科的芯片，又把产品重新做了一遍，才有了红米现在的体验。"

到产品发布时，雷军已经是红米的深度用户，他也要求小米的每一个高管全面使用自己的产品。对于以前一直用WCDMA的雷军来说，"第一次使用TD-SCDMA是一个惊喜"。

这样一款配置的手机，最终的价格也是令人惊讶的。当时相同级别配置的手机，市面普遍售价在1500元左右，而作为杀入千元机市场的主力，雷军给红米的最终定价是799元。这个价格，再一次让整个行业沸腾了。行业观察者们终于意识到，这场看似平淡无奇的发布会，实际上潜台词里充满了血雨腥风。在消费者为这样的价格狂欢的同时，一些手机厂商在角落里倒吸一口凉气，他们已经有了某种不祥的预感——手机行业要变天了。

其实，红米手机的定价过程也颇有戏剧性。如同雷军在小米手机 1 发布之前的最后一刻把价格从 1499 元改为 1999 元一样，红米的定价也是在最后一刻做了修改。而这一次不同的是，雷军把价格从原定的 999 元，直降 200 元，变成了最终的 799 元。这几乎让很多手机厂商毫无招架之力。在外界看来，如此具有杀伤力的价格，已经让红米手机在市场上一剑封喉。

和 QQ 空间做的这场社会化营销非常成功，不少业内人士发出感叹：“我和我的小伙伴都惊呆了”。短短三天时间，QQ 空间上预约资格码已被疯抢 500 万。而首批发售的 10 万部红米手机，最后预约的人数达到了 745 万，这刷新了手机预约人数的纪录。最终，这 10 万部手机开售 90 秒后即告售罄。

后来很多人反复复盘这场社会化营销的经典案例，分析红米选择 QQ 空间合作的正确性。比如，QQ 空间的用户人群符合红米手机消费用户的定位，而且，只有 QQ 产品养成的付费用户最多，不用做市场调查，这个群体也有很大的消费能力。而小米和各类社交媒体合作的经典案例，也在此时被重新拿出来供人们讨论。

其实，从 2011 年年底小米手机第一次在微博上发售开始，黎万强团队一直在操盘与各类社会化媒体的合作。从微博到 QQ 空间以及腾讯电商，再到之后的微信，小米和各大顶级社交流量平台都实现过合作。小米凭借产品的人气和活动策划，不花费任何市场费用，就赢得了各类平台的支持，这让黎万强的团队充满了“持续狩猎”的亢奋感，团队成员钟雨飞还有一个特别的爱好，就是享受眼看合作伙伴平台被巨大活动流量冲垮服务器的快感。

但是，再成功的营销，也离不开产品本身。人们知道，红米手机是以“山寨终结者”的身份进入市场的，自带它的使命而来。

红米开启了国内千元机市场大战，众多手机厂商开始推出各式各样的“性价比”千元机。而红米为消灭横行全国的山寨机添了一把火，成为压垮后者的最后一根稻草。

2009 年后，山寨手机其实已经遭遇过一次重创，三大运营商为了促进 3G 的发展，开始给手机提供大量类似于充话费送终端这样的补贴政策，仅在 2010 年，三大运营商就提供了超过 500 亿元的补贴。这样的补贴力度，使得山寨手机受到严重影响。而以小米手机为首的互联网手机的出现，以高性能和极具杀伤力的价格，使山寨机迅速失去了价格优势，很多原本做山寨手机的企业只能被迫转型。

这个景象非常符合小米最初做手机，进而改变中国制造业的理想。与小米手机大量使用跟苹果、三星相同的供应商不同，红米开始大量使用国产的元器件，从而带动了国产手机供应链的发展。雷军认为，这是小米社会责任的一种体现。

到 2013 年，小米的估值已经达到 100 亿美元。随着红米的问世，小米再次给智能手机行业以及相关从业者带来巨大的冲击波，谁都无法忽视它的存在。人们纷纷评论，这家公司正在以火箭般的速度增长，成为世界上增长最快的公司之一，这是小米创造的一个奇迹。这是一种什么样的感觉呢？要知道，联想用了近 30 年的时间才实现 100 亿美元的市值。

第八位创始人

在小米历史上的几次融资经历中，雷军一直对估值 40 亿美元那次印象深刻，他甚至认为，那次融资是小米历史上最昂贵的一轮融资。当来自俄罗斯的投资人尤里 · 米尔纳（Yuri Milner）给雷军开出这个价格时，雷军自己都感觉难以置信。雷军认为，在从 2.5 亿美元估值到 10 亿美元估值的过程中，小米已经拿到了 30 万部手机的订单，投资人可以清晰地看到小米在第一阶段已经胜券在握，但是在米尔纳直接开出 40 亿美元的价格时，至少当时，小米还没有比 30 万部手机订单更新的进展。当然，后来小米的发展证实了尤里的毒辣眼光。

2012 年 6 月，小米宣布完成 C 轮融资 2.16 亿美元，公司估值达到 40 亿美元。这一估值已接近当时生产黑莓手机的 RIM 移动研究公司 47 亿美元的市值，约为诺基亚市值的一半。

在 40 亿美元融资结束的庆功宴上，雷军想到了一件比较重要的事情，那就是再次邀请他的朋友王川正式加入小米公司。在两年多的创业过程当中，雷军始终认为，创始人一定要想方设法弥补自己的短板，而在小米的整个版图中，硬件依然是他个人的最短板。他以前会以半开玩笑的方式对周光平博士说："在硬件研发方面，我给你当当助理得了。"尽管他可以放低姿态，但是雷军发现，硬件方面的同级协调已经出现了有些困难的情况。公司发展得越来越快，小米迫切需要在硬件人员方面进行补充加强。

王川是当时雷军的朋友当中最懂硬件的一个人。他们 2006 年相识于北京南山滑雪场，一见如故。后来，两家人经常在不同的滑雪场一起度假。有一年春节，在法国阿尔卑斯山的滑雪天堂，王川第一次见识了雷军的"疯狂"。"那时雷军刚刚学会滑雪，我让他自己在绿道练习，他却非要和我们一起上红道。要知道阿尔卑斯山红道的那个难度，在国内基本算是黑道级别了。他就那样跟在我们后面一起滑，速度快极了。我买不到护臀，只给了他几个暖宝宝护腰，那可能是他有生以来摔跤最多的一次吧。一些陡坡下面就是悬崖，简直是在玩命。"

在滑雪场上结下的友谊，一直延续到了雷军创办小米公司时。在小米正式创办的两年零两个月的时间里，其实王川一直都在雷军身边，提供着各种支持和帮助。

比如，王川给雷军介绍了一个日后对小米很重要的人——设计师朱印。说起来，这位 RIGO Design 工作室的创始人和小米还颇有渊源。朱印本来是黎万强的朋友，在小米创办的早期，黎万强曾经邀请过朱印加入小米，一起做 MIUI 的交互设计，但是朱印坚持要实现自己成立工作室的梦想而选择了婉拒。事实证明，这家和小米同时期成立的工作室日后迎来了很多重要的客户，而它每年承接的项目只是收到的总订单的 1/10，可见它对客户的挑剔。在这些客户当中，就包括王川的雷石科技。当时的朱印很年轻，留着络腮胡子，颇有艺术青年的风范，他开出的设计服务价格总是能让甲方的内心微微一震。但是他给雷石科技点歌操作系统提供的设计服务，还是让王川感到物有所值。他立刻把朱印介绍给了自己的朋友雷军，让朱印给 MIUI 的界面提供设计和交互体验服务。最终，朱印参与设计的小米 MIUI 5 系统让雷军赞不绝口，甚至忘记了自己为此支付的天价账单。

可以说，王川是雷军最好的朋友之一。他中等身材，不苟言笑，目光极其坚定。大学期间，王川学习的也是计算机专业，还参加过不少顶级竞赛，是一名顶尖的工程师。 他后来也成为一名连续创业者。

在和雷军认识的 2006 年，王川是中国最大的点歌系统和设备公司——雷石科技的创始人。在雷石获得成功之后，他出于对阅读的浓厚兴趣，又做了多看电子阅读器，这个产品类似于亚马逊的 Kindle，但是更符合中国人的阅读习惯，而且外观也非常简单美观。这个产品的第一版也得到了雷军的喜爱。在雷军的帮助下，王川的“多看”拿到了 1000 万美元的融资，从此正式进入硬件制造领域。

2012 年 6 月，多看阅读因为苹果平板电脑 iPad 的面世，被迫做出战略转型。王川看到的机会和前景是智能电视。从 2011 年开始，智能电视成为科技行业最热门的话题之一，谷歌也在当年推出了 Google TV。这让王川意识到，智能电视是一个绝不应该错失的机遇。而这种转型，非常适合多看这样在硬件领域锻炼了很久的团队。

王川打算从电视机顶盒开始介入电视行业，他希望这个盒子能够拥有中文操作系统和丰富的中文网络资源，成为今后人们看电视时寻找片源的入口。

2012 年 6 月，小米的 40 亿美元融资的庆功宴结束后，宾朋们都红光满面地散去了。雷军把王川带到了自己的办公室，微醺中又开了一瓶红酒。他提出的问题还是那个已经持续将近一年的问题：“王川，你要不要过来？”雷军提议收购多看阅读，估值可以给到市场价格的两倍，条件是王川加盟小米。“如果现在你还不来，就只能说明一点了，你可能看不起我们小米。”说完，雷军将自己手中的红酒一饮而尽。

这次谈话让王川感觉到雷军力邀他加入的决心，也让他感觉有一丝不好意思。他之前拒绝加入小米，其实原因只有一个，那就是他不喜欢和朋友一起创业。将朋友和生意这两件事分开，曾经是他严肃的生活哲学，他知道创业对亲情和友情的那种巨大的杀伤力。而雷军是他最重视的一个朋友，王川不想失去他。

而今天的谈话，让王川感受到了雷军对他的需要。那种感觉，就像站在阿尔卑斯山凶险的红道上，你可以看到，你的同道中人还在。通过这番谈话，他也感觉到雷军让他加入的那种不容置疑的决心。就在那个夜晚，王川也把杯中的红酒一饮而尽，他最终决定打破自己的禁忌和疆界，加盟小米公司。

后来王川带领的团队拿出了小米迈向手机之外第二块屏幕的首个产品——小米电视，而王川则成为小米公司的第八位创始人。

2012 年 11 月，小米科技发布电视机顶盒产品——小米盒子，同时宣布全资收购开发小米盒子的多看科技，多看的投资方将退让出少数股份，其他股份都转换为小米股权，多看创业团队的期权也全部转换为小米期权。

小米盒子只是一个试水产品，却在市场上取得了意想不到的成功。尤其是那倾注了王川巨大心血的 11 键遥控器，是他作为忠实的乔布斯粉丝对乔布斯的一种致敬。作为苹果和乔布斯的铁杆粉丝，王川经常会沉浸在苹果的工业设计里不能自拔。他偶尔会对着苹果的产品做头脑体操，假设如果是他来做这个产品，他会怎么做。最后他发现，苹果的解决方案总是最优解，这是一家令人“绝望”的公司。

于是王川也决定把自己的盒子遥控器做到令人绝望的地步，他要做一个世界上按键最少的遥控器，但是人们依然可以用它自如地控制复杂的功能。他希望达到的效果是，加一个按键，用户会觉得多余，而少一个按键，遥控器就没有办法使用。

他给团队提出要求，这个遥控器要做到无论是 80 岁的老人，还是 4 岁的小孩，不必使用说明书就可以靠直觉操作。为了达到这个效果，在产品测试时，王川让团队成员把屋子里的灯全部关掉，在黑暗中用遥控器找到自己想看的节目。

小米盒子发布后，有一天，王川在自己的办公室接待了慕名而来的 TVB 总经理。见到王川，他说："我终于可以看看这个盒子和遥控器是谁做的了。"王川的内心微微一震，他觉得，此时这个人的心情就和他当年看苹果产品时是一样的——他绝望了。

在小米盒子切入电视之后，做真正的智能电视很快就成为自然而然的事情。王川进驻富士康的工厂，开始打磨他人生中另一个至关重要的产品——小米电视。

对于雷军来讲，硬件的布局终于开始慢慢完善起来。他一直认为未来所有的设备都是互联互通的，万物皆有网是移动互联网未来的方向。从路由器开始，小米在这条道路上已经探索了很久。而打造智能电视，又给了他思考产业的新机会。

生态链起航

看到物联网的风口正在崛起，雷军果断地在 2013 年年末做出一个重要的决断——用投资的方式孵化生产智能硬件的硬件公司。他把这个任务交给了当时在 ID 部门的刘德。

做出这个决策，代表雷军对做企业的一些思考。2013 年是小米蓬勃发展的一年，小米从最初的十几个人已经迅速发展到有 4000 名员工的规模，其中 2000 人都在做手机。如果在小米公司内部孵化硬件企业，必然会降低公司的专注度，这对公司的发展是致命的。雷军对刘德说："我们必须要聚焦，否则效率就会降低，要做我们就要找更专业、更优秀的人来做。我们不要做航母，而是要组成行动敏捷的舰队。舰队中的每一艘船，都要有自己的船长。"在此之前，雷军已经尝试投资了一家生产手机周边的企业——做耳机的万魔声学。

在小米早期，刘德并不觉得自己发挥出了一个工业设计师的专长，自从2012年年初完成供应链的拓荒后，他就把供应链团队转交给了另一位小米的联合创始人周光平。有一段时间，他的工作变成了去银行谈授信额度，去大学校园宣讲小米的价值观，参加一些政府会议。这个时期，员工给他起了一个亲切的名字——德哥。当他接到投资孵化硬件公司的任务时，他就像一条在岸上搁浅已久的鲸鱼，终于回到了久违的大海当中。

刘德在公司内部组建了一支工程师和设计师团队，从头学起了做投资这件事。在生态链概念最初形成的2013年夏天，生态链在小米还不是一个部门。刘德找来一起工作的人有一些共同的特点，那就是他们都是小米的早期员工，对于小米的价值观和方法论都很熟悉；另外，他们在公司内部都有广泛的资源和人脉，遇到困难时在公司内部“刷脸”很容易；最后，他们都是早期小米公司的股份持有者，抵抗诱惑和腐败的能力比较强。

这些投资界的门外汉，从2014年上半年开始到全国各地去出差，“扫描”各类有潜力的硬件公司。而刘德则像早期跑通供应链时那样，开始了天天出差、住破旧酒店的日子。当时有一个叫张维娜的员工，在出差的途中半开玩笑地对刘德说：“德哥，不是说投资人都是衣着光鲜地出入高耸入云的大厦、活跃在中央商务区吗，怎么我们做投资，就是在穷乡僻壤里住快捷酒店啊？”说完，两个人都哈哈大笑起来。

雷军最开始的提议是，生态链公司一定要从手机周边开始做起，毕竟，手机目前是小米的核心，手机的周边产品和公司的核心业务是自然连接的。尤其是，当人们使用手机的时间越来越长时，手机耗电量会越来越大，对于充电的需求也会直线上升。因此，雷军第一个想做的硬件就是移动电源，而他第一个想到能做这件事的人就是张峰。

张峰此时已经不在英华达了。力主承接小米手机的生产后，张峰便离开了英华达开始自主创业，做手机的通信模块业务，他的主要客户是日本夏普。张峰的这家公司后来还获得了雷军的投资。当刘德在南京再次找到张峰时，张峰已经是一个拥有十几名员工，每年能赚几百万元的中小企业家了。

和力主英华达接下小米的手机业务一样，这一次，听到刘德的诉求，张峰依旧没有丝毫犹豫。他把自己公司所有的业务都停掉了，把技术资料和核心代码整理好，把综合测试的设备打包，以最低价格卖给了夏普。同时，他成立了一家叫作紫米科技的公司，准备开始着手做移动电源。接手这个业务，准备二次创业，张峰很大程度上是出于和小米的渊源和对雷军的感恩。不过当时他心中还是有一些疑问："移动电源，是不是简单了点儿？这会是一个大生意吗？"

事实证明，看似简单的移动电源，在小米的要求下并不简单。除了外观设计的极致苛刻外，电源内部结构也要创新，这让一向沉稳的张峰几乎要发疯了。尤其是，雷军对移动电池的性能和定价有非常明确的要求：10000mAh，只卖 69 元。这几乎是当时市场上同标准的移动电源价格的 1/2 甚至 1/3。

所有这些对工业设计团队和张峰团队来说，都是前所未有的挑战。

刘德把他从美国挖回来的工业设计师、同样是美国艺术中心设计学院毕业的李宁宁带到了小米的工业设计团队，从此之后，李宁宁在刘德的指挥下，引领着小米的工业设计风格。经过在小米内部做手机配件这一年的摔打，李宁宁已经从一个学院派变成了一个扎实的实干派。她知道，从美国设计名校毕业并不是自带光环，一个产品从设计到制造，中间要跳过的坑不计其数。在小米公司的一年里，李宁宁通过做手机配件，和很多供应商直接打过交道，系统了解了制造业，也学习了如何选材，如何挑颜色，如何规避深坑。她知道，同样的材料如果颜色不同，表现出来的注塑缺陷也是不同的。这些宝贵的经验，对她日后执行生态链企业的工业设计任务有着不可估量的作用。

ID 团队中的设计师王涛，最终给出了移动电源的外观设计。由于确定使用圆柱形的松下 18650 电芯，又要把外观做到极致、成本压到最低，因此设计师决定用金属铝来做移动电源的材料，这样更符合人体工程学的设计原理。这就要求移动电源的两边要做得有自然的弧度，相比普通产品的棱角边缘，这种设计更易于单手持握。至于内部的结构，则采用跑道型的四根筋条，用螺丝锁上的方式，将电芯固定住。这样的设计，移动电源的强度将是最好的，内部结构也将是最佳的。

设计非常完美，但是执行的难度却堪比登天。张峰很快发现一个问题，每次铝材挤压成型后喷上阳极，正表面就会有筋条裸露出来，而这个工艺问题，很多工厂都没有办法解决。那段时间，张峰自己开着车游荡在江浙一带，在各个城市寻找做铝外壳成型的工厂。他奔走了将近 30 个城市，开了将近 200 套模具，试图解决这个工艺问题。用他自己的话来说，“每天晚上都在工厂里蹲守着，等着给工厂负责人做公关”。一些工厂白天要给 iPad 的外壳做喷砂阳极工艺，所以张峰只能在晚上和他们沟通他的问题。有一次，在从江苏到上海的高速公路上出了交通事故，警察一直没有到现场处理，他在路上堵了几乎大半夜。那一天他沮丧至极，甚至已经准备废掉这个结构，选用另一个组装起来更为复杂的备选方案。

终于，三个月后，这个工艺问题被一家叫作广东和胜的工厂解决了。那里开模的师傅水平非常高，他们调整模具，就像在一个细的沙皮上轻轻地打一下那样，发现不尽如人意的地方之后，再细微调整一下，终于，一体成型的铝合金外壳喷砂之后再也看不到筋条了。在看到成功样品的那一刻，张峰说：“这么多年，虽然经历过无数商战和残酷的竞争，但那一刻还是激动得想流下眼泪。”

2013 年 12 月 3 日，小米移动电源开始在小米网上发售。10000mAh，一体成型的铝合金外壳，表面进行了磨砂处理，整体设计简洁，仅在电源的正面最下方中间的位置有一个“MI”标志。先锋的工业设计和超高的配置，价格却只要 69 元。它一登场，全场惊艳。

“那一天，整个移动电源产业一夜无眠。”张峰回忆道。

作为小米生态链舰队中的第一个企业家，张峰深刻地体会到创业者那种屡屡濒临绝境，但是最终都挺过来重获新生的感觉。小米电源也很好地体现了小米对被投企业那种神奇的赋能效应。小米电源一经发布，第一个月就在小米网出货了 60 万块，第二个月出货量达到 150 万块，第三个月出货量飙升到 300 万块。原来，移动电源确实可以成为一个大生意。

这解决了张峰曾经最为焦虑的问题：一块电源的成本是 77 元，如果无法大量出货，注定要亏损。而随着订单量的不断增加，成本持续降低，张峰终于走过了运营最艰难的那道坎儿，产品是赢利的。

半年以后，移动电源的出货量达到了雷军最初对这款产品的设想——中国的移动电源市场上只有两种移动电源，一种叫作小米，一种叫作其他。小米电源稳稳地站在了品类第一的位置，而且是全球第一。

这似乎再次验证了小米商业模式的神奇效应——极致的工业设计，极高的产品性能，极具杀伤力的价格，用电商解决商业效率的问题。而最让人骄傲的是，很多代工厂后来找到张峰，表示不要加工费也要代工小米移动电源，目的是想学习一下小米电源究竟是怎么制造出来的。随着越来越多厂商来学习，整个移动电源行业的工艺水平都在进步。小米苦心研究出的一套做法，实际上已经带动了整个产业链的发展和成熟。可以说，这和雷军在 2010 年年底成立小米时的设想——改变中国制造业，已经开始遥相呼应。

用小米的模式武装中国制造业，这仅仅是一个开始。接下来，它将不断打造这样的故事。雷军对生态链的部署是：5 年之内孵化 100 个企业，改变 100 个传统行业。

更加神奇的是，雷军和许达来一起成立的顺为资本，也开始助力小米生态链这个神奇的旅程。在所有的生态链投资中，小米公司和顺为资本始终并肩前进。

小米之道初成

2013 年的小米，已经引起了国际上的一些关注。那一年，执教于纽约大学、被业界誉为“互联网先知”、出版过一本对互联网发展产生深远影响的著作《认知盈余》的克莱·舍基，来到中国讲学。在北京某个商场的柜台上，一个带有 MI 字样的手机吸引了他的注意。他的第一感觉是，小米手机 3 不会逊色于其他的好手机。10 分钟后，他拥有了这部手机。

接下来的事情让克莱·舍基感到很神奇。待在中国校园的 7 天里，每次他掏出手机，就会有一些学生问他同样一个问题：“你是在哪买到的？”克莱·舍基后来明白，生产这个手机的企业出货速度已经跟不上市场的需求，很多用户正在苦苦等待。后来，他专门写了一本叫作《小米之道：互联网预言家看小米》的书，其中就描述了他当时的感受：“我竟然用上了这样一个炙手可热的产品，这让我一时成了年轻人羡慕的对象。”

克莱·舍基简单地描述了小米手机 3 的外观：“它采取极简风格，机身很薄，极大的屏占比让它看起来更薄。屏幕四周的黑边设计得很窄，使边框和屏幕看上去浑然一体。”

这位互联网先知对小米这家中国科技公司的观察由此开始。他意识到，有这样一家企业正在引领中国制造走向中国设计。或者说，它至少引发了人们对中国设计的严肃讨论，在他看来这非同小可。

在《小米之道》里，克莱·舍基清晰地记录了这种印象。他说，几十年来，对中国制造的指摘不绝于耳：“绝对的，他们只会大量复制，却不会设计新产品。”改革开放 40 年来，中国的制造业已经逐渐掌握精密产品的复杂流程和组装技术，尤其是电子产品。对于那些目睹了这一过程的人而言，现在的问题已经变成“中国设计何时能赶上西方”。而小米手机 3 无疑给出了清晰的答案，至少就电子产品来说，这个时间点是——2013 年。

尽管雷军并不认为小米手机 3 的工业设计有克莱·舍基说的那样出色，但是这款手机的销量确实十分惊人。这款手机于 2013 年 9 月 5 日发布，10 月 15 日正式上市，在短短的 8 个多月中，销量便突破 1000 万部，延续了小米手机 2 的辉煌业绩，也让小米稳稳地进入中国智能手机厂商前五的位置。

同一天，王川领衔打造的小米第一代智能电视，也在这个叫作“倚天屠龙”的发布会上正式亮相。尽管因为一些原因，小米第一代电视比竞争对手乐视电视的发布晚了一个月，且当时在片源上也不占优势，但是它依然在智能电视这个领域迈出了坚实的一步，成为小米给年轻人的第一台电视，也为日后的追赶打下了不错的基础。

就在9月5日的这场发布会上，一张西方面孔出现在会议现场的座席中，这是一位来自硅谷的巴西人，他发色很深，额头宽大，有着典型的南美人的凸凹五官，他的名字叫雨果·巴拉（Hugo Barra）。他在这里现身，引发了全球科技界的关注。就在不久之前，有关他的一则新闻几乎传遍了全世界——“谷歌安卓全球副总裁雨果·巴拉将加盟小米，出任小米副总裁，负责小米国际业务拓展以及与谷歌安卓的战略合作”。

一石惊起千层浪，人们称雨果·巴拉加盟小米是国内互联网公司首度引入这一级别且常驻国内的国际化高管。除了小米将直接受益之外，这个事件还显示出中国移动互联网界在全球同业版图中的快速崛起，是全行业的幸事。

美国科技博客PandoDaily刊登了题为《雨果·巴拉从谷歌离职对小米是重大利好，对中国科技行业利好更大》的文章，称“对于中国科技行业来说，巴拉加盟小米是一颗重磅炸弹。巴拉的跳槽不仅表明一位顶级高管离开了全球最有影响力的公司，加盟了一家热门的创业公司和潜在的竞争对手，还标志着中国科技公司已经开始加大国际化力度，严肃地对待扩张问题”。

可以说，说服雨果来到小米，既有媒体分析的所有那些原因，也彰显了小米在国际化道路上探索的野心。在雷军的版图规划和顶层设计中，小米从一开始就应该是国际化的，尤其是当分析数据再次证实小米国际化的未来潜力时。一份来自彭博产业的报告指出，2013年第二季度，售价在250美元及以下的智能手机在全球智能手机出货量中占比达到49%，远远高于2012年的31%。“在这种行业的发展趋势中，受益者将是来自中国和印度的新兴手机厂商。”无独有偶，小米此时研发的799元的红米手机1，已经在中国市场证实了它的巨大潜力。

说服雨果加盟小米并不是一件容易的事情。雨果是林斌在谷歌期间的老同事，在谷歌共事期间，他们经常有业务合作。林斌在加盟小米之后去过一次谷歌，向谷歌介绍了小米所做的业务。毕竟，小米手机的底层系统就是安卓。雨果由此认识了这家来自中国的公司。而且，谷歌曾经在2010年推出过Google Nexus手机，但是那一仗输得很惨，这更加激发了雨果对小米的兴趣。

雷军在开启小米的国际化路线之际，首先思考的是跨国运营将产生的文化差异问题。从1996年开始见证互联网在中美两国的发展，以及后来数家美国互联网公司在中国市场铩羽而归，他和林斌同时认为，小米的国际化运营，首先应该邀请一个国际化的人才来统领业务，因此他们第一个想到的人，就是对小米模式比较了解的雨果·巴拉。

对于雨果来说，加入一家有趣的公司并不是什么难事，难的是要离开硅谷来到中国，特别是对于一个长期在美国生活，对中国完全陌生的外国人来说，这并非易事。另外，雨果坦诚地对雷军说，对于他来说，还有一个机会成本的问题，他当时是谷歌安卓产品的副总裁，如果在小米做不成功，他将很难回到原来的位置。

2013年7月，雷军在硅谷的一家咖啡馆里见到了雨果·巴拉，和他进行了一次决定性的谈话。这次谈话的主旨和以前雷军招募中国员工时并没有太大的区别。比如，人们来到小米，可以实现“让人们享受科技带来的美好生活”的愿景；小米将做出造福全球每一个人的产品，让人们享受好的设计和制造。此外他还建议雨果，“你以前都是做研发工作的，何不到一线来做一下产品？这样的改变对你的人生不是很有吸引力吗？”

总之，雨果·巴拉在雷军和林斌的共同劝说之下，终于跨越太平洋来到了小米公司工作。他的第一次亮相就是在小米手机3的发布会现场。当时，他穿着和雷军一样的黑色T恤和深蓝色的牛仔裤，手持一部小米手机3，微笑着，很灿烂。这一刻被很多摄影记者的镁光灯记录了下来。

2013年，小米的估值达到100亿美元，其中国际资本的身影越来越多，这让很多媒体认为，小米有勇气很快进军海外市场，投资中的国际背景是其中一个重要因素。高通中国是在小米成立一年后投资小米的，至今这都是高通非常成功的一个手笔。

DST基金的尤里·米纳尔也是雷军坚定不移的支持者。在中国，尤里已经投资了阿里巴巴、京东、滴滴打车、今日头条、陌陌等企业，在他的眼中，小米和这些创新型企业一样，潜力无限。因此，100亿美元估值的融资，由DST基金独家投资。

小米的成绩单也确实显示出了这样的潜力。小米科技财务数据显示，2013年，小米科技的营收约为265.83亿元，净利润约为3.47亿元。而在2012年，小米的营业收入还只有126亿元，一年时间增长了110%。

2013年末，发生了一件极具娱乐性质的事件，那就是小米科技董事长雷军和格力电器董事长董明珠，在中央电视台举办的第十四届中国经济年度人物颁奖盛典上，当着全国观众的面打了一个著名的赌。雷军说，5年之内，如果小米的营业额超过格力的话，董明珠就输给他一块钱；而董明珠当场表示，她不要一块钱，要赌就赌10个亿。

其实，这场赌约是主办方出于节目效果而增加的一个临时互动。董明珠在央视舞台上即兴提出了10亿这个数字。这让雷军有一点意外，但是他的内心并无惧怕。

虽然格力电器当时的营业收入有1200亿元，小米只有200多亿元，两者几乎相差6倍，但是雷军坚信，以小米的成长性来看，将来一定可以赶超格力。另外全球智能手机出货量不断增长的趋势和行业增长的速度，也给了雷军相当大的信心。2013年这一年，全球智能手机出货量突破10亿部，同比增长38.4%，而中国的智能手机更是同比增长84%，达到3.5亿部。

新经济的活力已经明确地显现出来，移动互联网对互联网的激活效应更是明显。李开复在《AI·未来》一书中说：“网络公司的竞争就像赛跑一样，各方大致处于相邻的跑道上，美国稍微领先中国。但是到了2013年左右，中国的创业者不再跟着美国公司的脚步前进，也不再一味模仿，而是开始研发硅谷没有的产品服务。以往分析师常用类比词来描述中国公司，比如中国的Facebook，中国的Twitter，但是现在这样的类比不再合适，因为中国互联网产业已经成为一个平行宇宙。”

因为董明珠和雷军都是话题人物，两人又是在观众覆盖面极广的直播节目中制造了一个劲爆话题，因此这个赌约立即传遍了大江南北，并且在之后 5 年里，甚至一直到今天，都是人们津津乐道的话题。

这个赌约看上去很欢乐，但内核却很严肃。它提出的一个新命题是：究竟是以格力电器为代表的传统制造业模式更有优势，还是以小米科技为代表的新兴的轻资产的互联网思维模式更有未来。这两种商业模式将在未来相当长的一段时间内，成为企业发展的道路之争。

这个问题之所以引发人们巨大的兴趣，是因为人们明白，新技术对传统世界的颠覆已经越来越迅速。电话的普及率从 10% 上升到 40% 用了 39 年的时间，移动电话达到同样的普及率只用了 6 年，而智能手机仅仅用了 3 年。[①] 商业格局更替似乎也只在朝夕之间，QQ 聚集 5 亿用户用了十几年的时间，而到了 2013 年年底，刚刚诞生 3 年的微信，月活用户数已经达到 3.55 亿。身处这样的时代，企业的发展逻辑也将发生根本性的改变。

营收仅为格力 1/6 的小米，能够加入这个赌约本身，就已经代表了人们对于创新型企业的一种期待。

在这个风云变幻的时代，有一个流行缩写词能够刻画企业家们面临的机遇与动荡——VUCA——四个字母分别代表动荡性（Volatility）、不确定性（Uncertainty）、复杂性（Complexity）和模糊性（Ambiguity）。[②]

而一切的可能性，都饱含于这些机遇与动荡中。

---

① 王德培．中国经济 2020：百年一遇之大变局［M］．北京：中国友谊出版公司，2020.

② 陈春花，廖建文．数字化时代企业生存之道［J］．哈佛商业评论．2017（10）.

第二部分
在忧患中前行

2014—2017

第六章
手机登顶和隐忧初现

国产手机全面觉醒

按照雷军对小米前三年的战略部署，到2014年年初，小米的创业者都是迈着愉悦的步伐大步向前挺进的。小米用互联网对商业运营效率进行的革命是成功的，因物联网崛起的风口而部署的生态链已经起航，其国内市场已经快速向前推进。与此同时，小米也引进了国际人才，做好了进军国际市场的准备。这一切从未脱离4年前小米公司薄薄几页商业计划书的范围。经过几年的实战，小米商业战略的执行如同行云流水一般流畅，小米演绎了一段教科书般的创业历程。

在2014年的小米新品发布会之前，雷军提炼出了小米公司的愿景——让每个人都能享受科技的乐趣，并向员工阐释了小米的企业价值观——“真诚+热爱”。在已经持续4年的创业历程中，公司的创始人们深深地知道，一家公司从平庸到优秀可以依靠天赋与勤奋，而“理想”和“热爱”才是支持公司从优秀走向卓越的精神内核。

当很多中国企业还在研究小米的商业模式，试图看清楚硬件和软件结合的潜力之际，美国人克莱·舍基却因为一趟中国之旅看懂了这家中国公司的精神特质。他在《小米之道》这本书里这样阐述："尽管很多人称这家公司为'中国的苹果'，但是小米在精神上更接近亚马逊和谷歌。"

随着小米逐渐从一家不被注意的小公司，发展成为站在舞台中央的创新者和颠覆者，它引发的关注和吸引的跟随者越来越多。2013 年第四季度，小米的手机市场份额已经进入中国市场前 5 名。2014 年上半年的数据显示，安卓手机活跃度前 10 名中，小米手机占据了一半。这一切都让传统手机厂商如梦初醒，原来那个他们眼中的闯入者，已经成为撼动游戏规则的人。小米就像《颠覆性创新》的作者克莱顿·克里斯坦森所说的那样，是从不被注意的角落里开始这一切的。而等到拥有庞大市场的大公司注意到这些创新者时，时机往往已经有些晚了。现在，传统厂商已经不能对小米的成功视而不见。

从 2013 年下半年起，互联网手机的跟随者和搅局者纷纷粉墨登场，这让整个市场混乱非常。那一年的入局者有从线上起步的魅族、一加、锤子，也有从线下起步的"中华酷联"，即中兴、华为、酷派和联想。

以演讲和理想主义著称的前新东方英语教师、牛博网创始人罗永浩，于 2012 年 5 月创办锤子科技，宣布进军互联网手机这个战场。罗永浩曾经举办过"一个理想主义者的创业故事"系列演讲，有着极强的感染力和个人魅力，因此网罗了大量的"罗粉"，就连小米的那些年轻人也说，"老罗就是有那种现实扭曲力场的人"。因此，老罗宣布要做手机操作系统，进而正式进军互联网手机市场时，竟然让 MIUI 团队有了几分紧张的情绪。

带领 MIUI 团队在前线打仗的洪锋在给整个团队开会的时候，说得最多的一句话是："我们绝对不能让老罗给'秒'了，我们的产品如果不能成为碾压级的，我们就会成为笑柄，那我们在业界就不要混了。"

那段时间 MIUI 团队正在研发 MIUI5，洪锋说："大家都是本着延长自己职业生涯的原则来做这件事情的。"

MIUI 团队的金凡坦诚地回顾了刚刚知道老罗要做手机操作系统时的感受："锤子的操作系统 Smartisan OS 发布之前，老罗在微博上气势如虹，那种宣传给我们带来了很大压力，他确实是一个有巨大号召力的人，我们相信他会发布一个惊天地泣鬼神的操作系统碾压 MIUI，我们真是如临大敌。”

那段时间金凡的精神压力大到睡觉时做起了噩梦。他梦到了老罗发布的锤子操作系统的细节，梦中冷汗直冒。第二天起床后，他赶紧把梦到的东西画了下来。“我们是按照我们假想的老罗的标准，去做 MIUI5 的。”金凡说。

2013 年 3 月 27 日，MIUI 的核心团队成员都去了北京国家会议中心，参加锤子操作系统的现场发布。小米的年轻人们在那个人潮涌动、氛围热烈的会场上很是紧张。现场掌声和笑声接连不断，罗永浩充分发挥了他的演讲特长，把工匠精神、气质情怀等概念，融入极具幽默感和煽动性的话语中，让人们感受到了一种在演唱会现场般的兴奋。金凡和许斐完全听不到外界的反应，他俩一直在米聊群里实时讨论锤子系统发布的进展。他们一边看着发布会，一边现场比对锤子的系统和 MIUI5 的界面。金凡后来回忆说：“45 分钟了，我们以为老罗一直在预热。”许斐最后在米聊群里说：“不是预热，就是这个样子，它就是长成这个样子了。”“真的吗？确定吗？已经介绍完了吗？”

在会议进行到一半时，所有的团队成员才放下心来。

后来有人这样评价这场发布会：从专业的角度看，锤子 ROM 发布会像是一场灾难，不管是会场准备、ROM 本身还是现场演示，都显得很业余。尤其有些令人尴尬的是，发布会现场没有 Wi-Fi，3G 网络也几乎瘫痪，这成了当天晚上最大的败笔之一。因为发布会现场与外界的通信不太通畅，导致各大媒体的图文直播效果都不是很好。

而和锤子这样的新玩家相比，华为推出的新品牌荣耀，则显得更加有专业玩家的风范。从 2013 年 12 月 16 日荣耀 3C 和荣耀 3X 发布开始，荣耀品牌的很多操作，比如举办荣耀狂欢节、发布《勇敢做自己》形象宣传广告等，都带有鲜明的对标小米的影子。对小米来说，这才是凶猛的、正在野蛮生长的对手。

2014 年 7 月 22 日，一年一度的小米旗舰手机——小米手机 4 如期发布。一如既往，它又获得了市场的空前关注。小米手机 4 采用高通骁龙 801 芯片，最大存储为 64G，拥有 800 万像素前置摄像头和 1300 万后置摄像头。小米宣称“它依然是全球最快的手机”。而在这场主题为“一块钢板的艺术之旅”的发布会上，雷军隆重地介绍了一种“碉堡工艺”——不锈钢金属边框工艺。

这块采用奥氏体 304 的不锈钢，是经过 40 道制程 193 道工序，经过锻压成型、8 次 CNC 数控机床打磨而成的。由 309 克的钢板最终加工成 19 克的边框，过程长达 32 小时。而采用这样复杂工艺的直接后果是，一块钢板的加工成本，在富士康要接近 400 元。这让小米后来不得不把这个工艺转给另一家代工厂比亚迪，因为比亚迪的报价比富士康低 80 元，这 80 元对于成本敏感的小米非同小可。小米手机 4 的工业设计由小米的设计师寻克亮主导，该设计再次彰显了雷军对于手机工业设计的野心，他甚至为此投入 19 亿元增添了新的生产设备。

毫无疑问，小米手机 4 无论在性能上还是颇有文艺风格的营销方案上，继续保持了小米一如既往的优势和热度。尤其是，小米手机 4 的发布恰逢换机时代，人们正将手机制式从 3G 切换到 4G，在这个关键时间节点上，小米手机在互联网上保持了先发优势。从 2014 年 9 月开始，三大运营商的小米手机 4（4G 版本）陆续出售。事实证明，这又是一款供不应求的产品，在市场上有着攻城略地的强大能力。

在手机厂商纷纷苏醒的 2013—2014 年，除了各个厂商单兵突破之外，为了应对小米这个新物种和其他的移动互联网巨头，一个叫作“硬核联盟”的组织在 2014 年 8 月 1 日成立了。这是一个由玩咖传媒联手国内一线智能手机制造商组成的联盟，刚成立时参与的手机厂商有 OPPO、vivo、酷派、金立、联想、华为，后续魅族、努比亚也加入进来。他们联合在一起，形成了一个虚拟的应用分发联合体，金立手机时任总裁卢伟冰是硬核联盟的第一届主席。

卢伟冰后来阐释了成立这个联盟的主要原因：“当时如果我们每家手机厂商分别去做应用分发，其实量都是不够的，如果我们量都不大，对外界的吸引力就不足。但是如果我们几家联合起来做分发，就可以有一个亿的规模，足够吸引一些游戏或者应用开发者来做首发，或者和我们一起合作做内容分发。这样的联合，相当于成立一个弱势群体的联盟。”

从这个角度来看，当时的卢伟冰和其他厂商一样，已经完全注意到手机的互联网入口作用。当时市场上的互联网入口还有不少，比如 360 手机助手、91 助手、豌豆荚、创新工场试图切入的点心操作系统等。而此时的小米，因为手机销售如日中天，使得其 MIUI 操作系统的商业价值也鲜明地凸显出来。

有趣的是，卢伟冰和雷军其实很早就认识了。在 2012 年 9 月 25 日这一天，雷军委托他的好友、科技行业的明星分析师孙昌旭，在深圳欢乐海岸的一家茶楼里组了一个“手机局”。除雷军和孙昌旭外，那天来的人还有金立手机总裁卢伟冰、OPPO CEO 陈明永、传音 CEO 竺兆江、康佳手机 CEO 李宏韬等。

当时小米手机 2 刚刚发布，它的出现让人耳目一新。在场的人相谈甚欢，雷军和大家讲述了小米的商业模式，而传统手机行业的管理者也向雷军讲述了供应链管理的难度。大家还把各自的品牌手机拿出来一起拍照，看看谁的相机模组做得更好。孙昌旭把 2012 年这场手机界的对话，称为“互联网手机和传统手机在向对方的领地深情对望”。聚会结束后，雷军要去机场，卢伟冰惊讶地发现知名企业家雷军竟然没有助理，也没有司机，就让自己的司机去给雷军送机。

在那场聚会上，小米手机还是刚刚进入市场不久的一个新选手，而仅仅两年之后，市场格局就发生了不可思议的变化。小米用实力夺取了市场的绝对中心。

2014 年，小米手机全年出货量达到 6112 万部，增长 227%。这意味着，小米手机自带的 MIUI 系统，已经天然地形成 6000 万用户的流量入口，它也有了固定的 1.5 亿成熟活跃的用户，这和雷军当初写在餐巾纸上的那个硬件和软件融合在一起的商业模型，出奇的一致。

小米从在市场上崭露头角开始，就展现出一种独特的气质。雷军甚至把它当成了一种社会实践，他回顾那个时候做过的最疯狂的一个决定，就是小米公司内部不设公关部，也基本不做广告，而是完全让产品的口碑说话。雷军进行这个实验的目的，就是想验证一下，一个产品在没有公关助力的情况下，完全依靠自己的产品力，在市场上究竟能走多远。

几年来，最真诚的赞美和最刺耳的质疑，一直伴随着小米一路向前，就算竞争对手时不时发起攻击，雷军也表现出最大程度的克制，几乎没有回应过任何质疑。在几年的创业过程当中，只有一件事让雷军在公关层面真正感到过困扰，那就是一个曾经的竞争对手魅族手机，在网络上不断描绘出版本繁多的故事，这让小米几年以来第一次有了被蹭热度的烦恼。

在小米获得巨大的成功之后，网络上充斥着各种与事实不符的传言，雷军也想过站出来说明真相，他甚至找出了当年的一些邮件和感谢信，但是最终他忍住了。他觉得专注于眼前的战略部署更加重要。

在公布 2014 年销售数据的时候，雷军写下了一句激励人心的话，既送给所有的小米员工，同时也送给他自己：去到别人连梦想都未曾抵达的地方。

2014 年第三季度，小米的手机市场份额，第一次在中国登顶了。

IoT 风口到来

就在一众厂商还沉浸在对移动互联网崛起的顿悟当中时，在一个平淡无奇的下午，雷军在五彩城的同事们给他带来了另外一场科技演示，这带给了他一场关于万物互联的新思考。雷军意识到，一场关于未来的产业周期迭代，已经在这一年隐约出现了。对于硬件的投资，小米已经通过生态链的方式在 2013 年开启了，而对于硬件之间应该如何进行连接，大家都还没有理出一个清晰的思路。

然而，小米公司里的那些年轻极客，早已在这个领域里悄悄地有了自己的试探和思索。

2014 年年初的一天，小米联合创始人之一黄江吉带着两个年轻人来到雷军的办公室，他们是高自光和殷明君。一进门，黄江吉就对雷军说：“今天，我们给你做一个有意思的 Demo（演示），你来感觉一下怎么样。”

说完，三个人七手八脚地在雷军的办公室里忙活了起来。他们挪开桌子、搬开椅子，找到墙上几个合适的电源位置，把一些小灯泡插到地上的接线板上，让它们统统亮起来。然后，他们把雷军拽到这些灯泡中间，让他席地而坐。最后，他们自己也坐在了地上。

“开始吧！”黄江吉轻轻地说。

坐在旁边的高自光点了点头，拿出自己的手机开始操作。他在手机上轻轻一点，接线板上的一个小灯泡灭了。又点，另外一个小灯泡也灭了。随后，他又用手机把这些灯泡一个个点亮。

“不错，但是，什么意思？”雷军问。

“我们研发出了一个 Wi-Fi 小模组，只要把这个小模组放到任何一个硬件里，这个硬件立刻可以被手机控制，然后就可以连接到我们的 IoT（Internet of Things，物联网）网络里面了。”说完，黄江吉拿出了这个小小的 Wi-Fi 模组——一个嵌入了一套通信协议的小硬件给雷军看。

看着这个半导体小模块，雷军的眼睛亮了一下，这是他的商业判断机制开始启动的一刻。他知道，他一直在思考的万物互联问题，此时此刻，也许有了新的答案。

雷军对于万物互联的感知始于离开金山时，那个时候他就隐隐约约地感觉到，未来所有设备应该都是互联互通的，万物都将可以上网。

创建小米之后，他开始在公司内部对万物互联进行战略部署。当时他对物联网的判断有几点：第一，硬件以手机为中心进行连接，手机相当于一个超级计算中心。第二，将来屏幕会无处不在，所有屏幕之间可以相互协同，屏幕与屏幕之间可以自由对话，所以他引入王川，切入了智能电视市场。第三，路由器一般都是 7×24 小时在线，成为家庭中唯一不掉线的硬件设备，所以路由器将承担数据中心的职责。他还大胆地招了一位知名记者夏勇峰，跨界做路由器的产品定义，研究万物互联的解决方案。

本科毕业于西安交通大学计算机系、研究生毕业于清华大学的高自光，正是被黄江吉从腾讯公司挖到小米，继续做路由器这个产品，并在万物互联方面进行探索的年轻人。但是很快，高自光就发现了路由器的局限所在。

进入小米之前，高自光在腾讯工作了10年，主要负责微视这个产品。在此期间，他在后台发现小米手机用户的活跃度很高，于是，当他想突破自己的舒适区，涉足硬件产品的研发时，就选择了小米这家公司。

小米和腾讯截然不同。刚来小米时，高自光对小米浓烈的创业文化感到惊奇，小米的员工经常是三个人挤在一个工位上，肩并着肩办公，这在腾讯几乎是不可想象的事情。在他的理解中，“如果是在大厂，大家早就抗议了”。另外，腾讯很早就有了完善的人力资源系统和管理制度，一切都很规范。而在小米，这些好像都处在初始阶段。

但是，就是在这样的氛围之下，高自光想做与众不同的事的强烈愿望被激发了出来。这和他在腾讯期间留存的某种精神内核其实是一样的。在腾讯，每个人都希望做出下一个微信、下一个QQ音乐、下一个腾讯新闻，这种激烈的竞争促使每个人都在寻找新的思路。“当你知道很多东西拥有全中国最好的流量依然会死掉的时候，互联网在摸索中留下的东西都是精华。如果你选择慢慢做，你永远不会是张小龙，你只是一个守护者。所以，每个人都想与众不同。”高自光这样说。

现在，在小米探索万物互联的本源，成为高自光的驱动力。不过，在研究路由器三个月之后，高自光得出一个结论：基于路由器做物联网并不可行。他在工作的过程中思考了很多，如果小米物联网业务的成功必须以路由器为基础，那就意味着路由器必须首先成功。如果一家公司A业务的成功必须以B业务的成功为前提，那么这本身就大大降低了A业务成功的可能性。

于是高自光转换了一下思路，他认为，也许做万物互联这件事，不应该把精力放在硬件本身，而是应该去做一个平台。如果互联网公司能把一个平台做好，然后开放这个平台的入口，就可以把标准应用于现有的硬件厂商。顺着这个思路，高自光进行了一次对全国家电厂商的拜访调研，调研的结果很大程度上验证了他的猜想。在南下调研的过程中，高自光发现，很多硬件厂商，包括做家电的厂商，做软件是很艰难的。正所谓隔行如隔山，家电厂商在硬件领域有深厚的积累，但是在做软件和做系统方面没有基因。很多代码在小米也许几个工程师两三天就做出来了，但是传统家电厂商可能半年也做不出来，就算做出来了，也不如小米做得好。这个发现让高自光坚定了自己的想法——做一套系统，让硬件企业直接使用，而这个系统可以让万物互联，这就是高自光最初设想的IoT平台方案。

基于这个思路，高自光看中了大学同学殷明君创办的一家做互联互通解决方案的公司，这家公司能把一套代码量很小的实时操作系统，写到一个价值一二十元的芯片上。这个系统包含一套通信协议，可以直接将系统连到云端。高自光的设想是，他把嵌入硬件的模组提前做好，每个企业只要按照电路图，将这个小硬件焊接在板子上，就可以控制电器了。这样家电厂商在切入互联互通系统时，再也不需要专门招聘软件工程师和芯片开发工程师了，这正好规避了他们的最短板，是一个相对完美的解决方案。

做完这个Wi-Fi模组，高自光给黄江吉演示了一遍用手机开关灯泡的过程，而黄江吉则很快带着高自光和殷明君给雷军演示了一遍。于是就有了前面几个人席地而坐，用手机控制灯泡开关的那一幕。

让高自光颇感自豪的是，灯泡等IoT设备与云端的通信协议和链接方式，很大程度上来自他在腾讯开发QQ后台时的经验，让他决定在那么小的芯片里先不用TCP（传输控制协议），而是用UDP（用户数据报协议），实现和云端的握手，以保证控制设备的快速响应。

这个创意让雷军眼前一亮，他意识到，也许这就是一个与众不同的万物互联思路。不过他觉得模组的价格太贵了，一套这样的东西需要60元左右，不可能有人愿意买。他坐在地上对几个年轻人说："如果我们要实现商业化，至少要把模组的价格降到10块钱左右。"

这个演示是在某个周六做的，下一个周一，高自光带领5名工程师，成立了一个叫作IoT的部门。而殷明君的创业团队也被小米正式收购。小米公司这种快速决策的机制，又一次深深震撼了高自光。从这一天开始，他带领这些工程师开始了IoT在商业合作方面的探索。

在接下来近一年的时间里，高自光感受到了一个理工极客在商业世界探索时的无奈。他组建了一个商务团队去拓展小米和家电企业的合作，但是屡屡遭受挫折。其实做一个平台然后邀请所有公司来加盟的方法，是很多公司初期都会犯的一个错误，在某种程度上，这验证了平台思路的不切实际。

高自光发现，在和家电厂商沟通的过程中，大家态度都是友好的，但是很多大企业大多希望开发自有模块，而不是采用别人的标准，这是非常正常的商业决策。在四处碰壁的商业谈判过程中，高自光第一次感受到来自现实世界的无奈。

在向雷军汇报合作困境的时候，雷军对此表示理解。他告诉高自光，只要系统和平台体验足够好，对用户有吸引力，能给用户带来价值，大家就会来。如果大的厂商不合作，是否可以从小的企业开始合作，慢慢地形成首批用户群呢？雷军还给高自光指出了一个新的方向——为什么不把这个技术首先用在小米自己投资的生态链企业上呢？

刘德领导的生态链部门已经在 2014 年 1 月 8 日成立了，比 IoT 部门的成立还要早一个月。生态链部门在市场上投资硬件企业的速度非常快，一些当时还未在市场上崭露头角的企业，正躲在暗处野蛮生长。

高自光要去尝试将模组载入其中的第一个小米生态链企业，就是一家要做空气净化器的创业企业——智米。

野蛮生长的生态链

用刘德的话来说，生态链部门成立之初还处在整个公司最边缘的位置，但恰恰是在这个不被注意的角落里，充满了自由的空气。当时没有任何人知道，这个部门最后会发展成什么样子，这里就像一片充满希望的蛮荒之地。

这个团队此时集结了刘新宇、孙鹏、李宁宁、夏勇峰等小米早期员工，他们一边做投资人，一边做产品经理，集双重身份于一身。他们正在用非常另类的方式做着投资——不怎么看商业计划书，而是重点看团队和产品的潜力，他们甚至不做详细的估值，而是一上来就问创业者："未来一年，你们在量产之前还需要多少钱，这钱我们出，给我们 15%~20% 的股份。"做决策的速度非常快，甚至有的项目在创业者的办公室里只谈了一个小时就决定了，整个过程充满超现实主义的味道。

刘德后来说："之所以不看估值，是因为初期大家的饼其实很小，讨价还价没有意义。从本质上，小米生态链做的是孵化，我们要用小米的资源帮助这些企业做大，并在此过程中完成小米对生态链企业的价值观、产品观、方法论的传导。"

如果说投资人投资时看重的是团队、数字和回报，小米的工程师则更看重产品、技术和趋势。孙鹏在这个刚刚成立的部门里有一个感受："待在这里非常爽，德哥没有给任何人设定特定的目标，只要你觉得好，你去做就好了。这里仿佛再造了 2010 年年底的 MIUI 团队，连空气都是清新的。"

在这样的氛围下，团队每一个成员都充分发挥了自己的优势，去寻找市场上有潜力的硬件企业。大家如蛟龙得水，各显其能。

2013 年年中时，孙鹏找到了自己中国科技大学的校友、正在做智能手表的黄汪，当时黄汪创办的一家叫作华恒电子的公司已经陷入资金周转困境。孙鹏带回了一块他们做的智能手表给雷军试戴。经过几次洽谈，孙鹏促成了小米生态链对这家濒临破产的公司的投资，从此小米进军智能穿戴行业。

2013 年年底，孙鹏又发现了当时已经陷入困境的照明企业 Yeelight。这家企业的创始人姜兆宁和他的团队成员都是技术出身，只能解决产品研发的问题，对供应链链条的把控毫无经验。在生死边缘挣扎过两次后，姜兆宁选择接受小米生态链的投资，小米由此进入智能照明产业。

与此同时，夏勇峰见到了做扫地机器人的昌敬，两个人一见如故，欢快畅聊。昌敬内心暗暗感叹，小米的产品经理段位很高，谈起产品来如同大神。几轮商谈之后，小米生态链投资了昌敬的石头科技，小米从此进入扫地机器人领域。

类似的事情还在接连不断地发生，从 2014 年开始，小米生态链团队的这种投资切入了不同硬件的各个品类，比如小蚁摄像机、创米智能插头等，小米甚至从美国霍尼韦尔公司挖来了一个叫叶华林的年轻人，投资进入了智能无人机领域。所有与生态链相关的人员，都在以100倍的热情投入自己的工作当中，硬件产品的孵化也很快起步。

刘德决定用自己研究许久的军事理论来指导生态链产品的研发。生态链的产品，需要实现“精准打击”和“小规模特种兵作战”。这要求生态链企业的产品必须是满足大多数人需要的产品，要是单品爆款并且能够实现海量销售，最后在市场上一击命中。而小米的这些产品经理的职责，就是帮助被投企业进行精准的产品定义。

除此之外，刘德的工业设计背景也得到了最大限度的发挥。和他在手机部时阴郁的氛围完全不同，在生态链部门，他给了设计部门最大的决策权重，让这里成为一个设计师文化异常浓重的地方，也释放了所有工业设计师的潜能。

早期生态链产品的外观设计都由李宁宁团队负责审批。李宁宁和刘德师出同门，她对生态链产品的工业设计要求极高，这就决定了小米生态链产品的工业设计必将站在一个制高点上。同时，这也决定了一个残酷的事实——生态链产品的外观设计最初的通过率很低。一家生态链公司的产品设计反复修改几十遍甚至上百遍的例子并不少见。一家公司因此废掉几套上百万元的模具，也不是什么新鲜事。李宁宁在设计方面的执着与坚持，让她成为生态链企业人人害怕的“女魔头”。那些兄弟企业都会紧张地提前相互告知，小米负责工业设计的李宁宁脾气火暴，能不惹最好不要惹，能配合就尽力配合。因此，大家在产品设计方面也都格外上心。李宁宁后来也半开玩笑地说，自己的情绪一开始就控制得不是很好，但也因此在生态链企业里莫名其妙地杀出了一条血路。

有一次，华米的手环要赶着上小米的新品发布会，就等模具最后通过审批。但是李宁宁依然觉得手环的外观设计有一些问题，反复思考之后她认为还是不能放。她坦言那一天她火冒三丈，直接对黄汪开火：“你们怎么能把东西做成这个样子！”黄汪的态度让李宁宁非常感慨，他对已经怒发冲冠的李宁宁说："既然你觉得这个东西不过关，我们就晚一点出货，不赶了，产品做好了才是最重要的。"李宁宁最后给了黄汪两个字的评价：给力。产品要对结果负责，是两个人最终取得的共识。

对于产品的这种严苛，后来也在生态链企业内部形成了一种共识。黄汪甚至在分享会上把这次冲突当作案例分享了出来，他告诉生态链的其他兄弟公司："当你觉得产品还有机会改善的时候，就别着急冲出去，如果太着急出货，冲到了消费者手里，它会消耗你的口碑。"

在小米擅长的爆品打法之下，产品只要一上市，小米就假定它一定是成功的，因此出货的准备是海量的。这意味着，保证产品的高品质尤为重要；同时由于产品的改善迭代需要时间，这就要求产品最好一次成功。

让李宁宁感到幸运的是，刘德的审美和她高度一致，这样基本上不会出现老板扼杀她的想法的情况。刘德给团队的自由度基本上放到了最大。很多设计师笑称："如果在别的单位，我早就失业了。在小米，我还幸福地活着。"

只有在生态链企业和小米的 ID 部门之间的矛盾不可调和的时候，大家才会找到刘德做一下仲裁，此时刘德会从大局出发做一个决策。不过有的时候即便刘德做出了仲裁，也会遭遇手下设计师的严正抗议。比如，一直有争议的"小米空气净化器和巴慕达空气净化器外观的相似性，是否有抄袭嫌疑"问题，曾经是生态链部门里矛盾最大的一项讨论。智米的设计师认为，他们是借鉴了最好设计之后的不同设计，而李宁宁则对此表示出极大的怀疑。当刘德最终做出决定，从大局出发通过这个外观设计时，李宁宁直接把自己的上司刘德从微信通讯录中拉黑了。她评价刘德是一个"有极高审美的'庸俗的商人'"。

这是生态链部门曾经发生的最激烈的冲突，也是对这个部门的一次灵魂拷问。最后大家得出的一致结论是——永远避免这种事情再次发生。

这种对设计如魔鬼一般的折磨和纠结，其实正好符合小米创始人雷军的理念——用中国设计引领中国制造。此时的小米正在逐渐形成自己统一的设计语言——好用的功能、极简的几何外形、极高的工艺品质。小米生态链也发展出一种独特的管理方式——用设计思维把握生态链发展的方向和产品调性。小米生态链逐渐提升了设计在整个商业环境中的话语权。

就在生态链部门建立后不久的2014年3月，雷军正在参加全国两会，严重的雾霾问题第一次开始大范围出现，空气质量问题成为人们谈论的焦点。就在参加两会的间隙，雷军打通了刘德的电话，告诉他小米应该尽快投资一家空气净化器企业，以解决室内空气质量问题。但当整个投资团队搜遍大江南北，发现并没有合适的空气净化器方面的投资对象时，生态链团队做出了一个决定——用直接孵化的方式再造这个品类。

刘德从自己的通讯录里搜出一个人名——苏峻，那是他早期在高校做设计公司时认识的朋友。苏峻也是工业设计出身，他是清华大学设计艺术学博士，当时依然在体制内做教师，是北方工业大学工业设计系主任。和当年还未从高校出走的刘德一样，苏峻在体制内任教的同时，和朋友们开了一家家居用品设计公司，这家公司效益很好，一年大概有3000万元的营收。

每一个创业者启程的故事最开始都是一场灵魂拷问，对于苏峻来说同样如此。在老舍茶馆里听到刘德的邀约以及完整的小米生态链模式时，苏峻完全理解了小米再造空气净化器这个品类的野心。刘德对这件事情的理解是，这是一个百亿规模的生意，这是一个“成仙”的机会，人生要抓住为数不多的风口。而苏峻的内心也开始做权衡考量——是教书育人更加重要，还是设计为人更加重要？当时的他并不知道，如果做出创业的选择后他将得到什么，他只知道，如果做出创业的选择他将失去什么。那就是——系主任的职位、自由的状态，以及一年稳定的3000万元营收。是的，连自己的设计公司他都会失去，这是刘德对他的要求。要做，就必须全职做，他必须从高校离职，还要退出原有公司的股份。

最终，那种与生俱来的对“物”的热爱，战胜了对舒适区的依恋，苏峻决定走出体制，走上创业之路。他知道，对于他这样一个天生的“恋物癖”来说，做这件事情可能是冥冥中注定的。从小他就对“造物”表现出极大的兴趣。在美国游学期间，他曾经独自在美国的一家大超市里，从白天游荡到黑夜，就是为了品味货架上的每一个物品，感受它们的制造和设计。而他也是一个忠实而狂热的苹果粉丝，不但拥有苹果几乎所有的产品，还收藏了苹果历年的产品画册。

离开高校需要苏峻克服14年的惯性，而学校也不同意苏峻辞职，这让苏峻一度很为难。最后学校提出，如果离职，苏峻需要向学校交纳14万元的人才培养费，才能在一周之内把档案结清。这其实是对苏峻的一种变相的挽留。听到这话，苏峻大喜过望，他飞快地跑到人事部门，掏出银行卡，刷了14万元之后，毫不犹豫地离去。

后来苏峻创立智米科技，从招聘到产品都要从头开始。做空气净化器的过程充满了从零创业固有的艰辛和磨难，比如花了两个月才跑通供应链，比如9个月的时间内要把产品做出来，比如在设计、结构各个环节的呕心沥血，比如几乎24小时都在工作。有两个月的时间，苏峻都在不停地咳嗽，感觉整个身体都被掏空了。

而当时最让他头疼的，就是成本问题。按照小米的极致性价比的逻辑，空气净化器采用的是最优质的元器件和结构材料，但是按照小米的价值观，产品依然将采用贴近成本的售价。节省成本几乎是苏峻心中的魔咒，但是就在这个时候，横空杀出来一个高自光——IoT部门的模组芯片最终做出来了，外面卖不出去，高自光就决定先在生态链部门进行试点。而他第一个看中的产品，就是苏峻的空气净化器。

和很多新生事物出现时一样，企业内部如果没有战略协同，一件事情就很难实施。当高自光上门说明要把IoT模组加入空气净化器的时候，苏峻本能的反应是，这事儿和我的空气净化器关系不大呀。而且关键是，加一个模组就又多出来40元的成本，这个钱可都是每天从指头缝儿里一点一点抠出来的啊。另外，加入这个模组，还要考虑联网，肯定会产生漏洞，接下来还有售后问题、给客服带来的压力等等。

这一系列的问题，让人想起来就头大。但是刘德和高自光都认为，这是一件极有远见的事情，小米做硬件就必须要联网、做智能化，这符合未来科技发展的方向。而一个可以用手机控制的空气净化器，是个非常好的开端，也会给客户带来便捷体验。按照智米当时规划的出货量，他们很可能会把智能空气净化器从小众做到普及，引发市场上的一股新风潮。最终，出于长远的考虑，也看到小米对 IoT 的远期规划，苏峻战胜了这些本能的抗拒，同意在空气净化器中加入 IoT 模组。

这件事情让刘德开始规划更远的未来。当时竞争对手飞利浦已经有了智能款的空气净化器，随着 4G 时代的开启，智能硬件的热潮也终于到来，刘德知道，智能联网一定是大势所趋。鉴于此，IoT 部门和生态链部门联手非常必要，他决定从战略上支持高自光的自由拓展。生态链部门成立不久，刘德开始邀请高自光的团队参加每个生态链的会议，与此同时，他对生态链企业也提出了要求：小米投资的硬件设备，能联网的一定要联网。

刘德最后甚至决定，从生态链部门的年终奖里抠出来 100 万元，发给高自光团队，感谢他们对生态链部门做出的贡献。几周后，高自光的 IoT 团队正式划入生态链部门。

这一年，生态链部门取得了不菲的成绩。华米手环一经面世，三个月就出货 100 万只，成为 2014 年小米生态链的扛鼎之作。2014 年 12 月，华米科技宣布了新一轮的融资，共募集 3500 万美元资金，估值超过 3 亿美元。该轮投资由高榕资本领投，晨兴资本、红杉资本和顺为资本跟投。

而空气净化器一经发布，就自带要清洗这个市场的强大气势。2014 年 12 月 9 日，价格仅为 899 元的小米智能空气净化器上市了。由于其简约的外观和优质的性能，以及极具杀伤力的价格，给了这个行业重重的一击。第二年小米空气净化器 2 代推出后，很快就占据了 20% 的市场份额。

由孙鹏帮助定义产品，协助 Yeelight 打通供应链的第一款智能灯泡也出现在小米的产品发布会上。与此同时，这款产品开始在小米网上向 2 亿米粉销售。一天之内，这个产品就卖出了 4 万只。这让姜兆宁大开眼界，他完全被震惊了。“米粉们太疯狂了！”他说。

而此前一直都在持续出货的紫米电源，销量依然一路高歌猛进。截至

2014年12月，紫米的移动电源销售量达到1000万块，保持了全球销售第一的成绩。

比销量更加重要的是，在小米被投企业于各自的领域实现突破的同时，他们对智能化也从最初的迟疑变得更加主动，他们希望高自光的部门尽快给自己的硬件加上IoT模组，以使自己的硬件可以实现远程控制，这给高自光的团队带来了巨大的希望和动力。这应该算是小米IoT部门通过自己投资涉足的硬件初步看到规模效应的开始。IoT部门做了一款叫作小米智能家庭（后更名为米家）的App，让消费者用手机集中控制小米投资的硬件。当时接入的生态链硬件有小米空气净化器、创米智能插座和小蚁摄像机。

当生态链产品有了IoT模组的加持，小米投资的硬件产品才真正脱离孤立的单品，有了彼此相互连接的可能。这些年轻的企业家知道，只有和最新的趋势结合，他们的产品才是踩中时代脉搏的产品，他们也才是时代选中的企业家，将来才有了振翅高飞的可能。

小米国际化之路

2014年4月22日上午10点，雷军在微博上用简单的一句话宣布——小米正式启用国际化新域名mi.com。这条微博的配图是，一张黑夜底色的海报上，用草书写下了一行大字：世界更近了。这几个大字之下，是一个刚刚露出边缘的蓝色地球。

这不是一张普通的海报，它彰显了小米的一个重要战略——小米已经为国际化做好了准备。

这是雷军在引入雨果·巴拉之前，就为小米国际化所做的铺垫。在互联网圈内打拼多年，雷军深知域名对于企业的重要影响。很多企业都修改过域名，以使之更简短、更容易记忆。这样做对用户更为友好，对流量的帮助也显而易见。比如京东，它的域名曾经一度是复杂的360buy.com，后来改为jd.com。

2005 年谷歌进军中国，李开复专门从域名投资者蔡文胜手中买到了 g.cn。

从 2012 年开始，雷军逐渐意识到，xiaomi.com 这个更符合中国人读写习惯的域名，已经不适合小米在国际上打拼。很多外国人读不出 Xiao 这个音，而且 xiaomi 这个拼音对于外国人来说，也读不出任何含义。因此，雷军在 2013 年时派林斌去寻找 mi.com 的域名拥有者，希望能够买回这个域名。最后林斌发现，斯坦福大学的一位教授是这个域名的拥有者，作为一个域名收集爱好者，他在 1991 年就买下了 mi.com 这个域名。

当时小米已经名声在外，因此林斌是通过一家代理公司去接触这位域名拥有者的，目的就是得到一个尽量公平的价格。但是，对方依然开出了一个令人不可思议的天价。这是域名收集者的黄金时刻，一个蛰伏多年的域名终于被买家看中，他将以成百上千倍的溢价将其出售。

经过几轮洽谈，小米最后以 360 万美元的天价买下了这个域名，这个举动一时间被外界认为非常“土豪”。雷军最终拍板了这个决定，因为这个域名符合让国际用户可记、好用的核心诉求，而且，它是唯一的选择。

事后的一个小插曲让林斌记忆犹新。小米委托代办的专利代理人想按正常标准收取佣金，林斌和他急了：“一边儿去，你们公司都是小米投的。”专利代理人觉得林斌所言极是，就把佣金打了一个很大的折扣。

雨果·巴拉到中国以后，很快显示出他要在国际业务方面拓展的野心。他做了很多数据研究和资料收集的工作，找出了有潜力的市场。他在雷军的办公室里铺开一张大大的世界地图，上面是用粗线水笔勾画出的一个个圆圈，旁边标注着这个国家或地区的人均 GDP（国民生产总值）数据和通信设施的发达程度，然后，他拿着笔一个一个给雷军进行讲解。这个场景让雷军感知到雨果的勤奋，并意识到他野心十足。雨果做完这番陈述后向雷军表示，他决定同时在全球 10 个国家和地区迅速挺进，其中，人口密度极大的印度是非常重要的一个市场。

在雨果正式入职小米一周之后，也就是 2013 年 10 月的某一天，他在林斌的办公室见到了马努·库马尔·杰恩（Manu Kumar Jain）。马努出生于 1981

年，来自印度。马努的经历让人印象深刻，虽然年纪轻轻，但是他已经在印度的电子商务圈打拼多年。他与几个和他一样年轻的印度男孩创立了一个叫 Jabong 的时尚品电商网站，在经营网站的过程中，他学习电子商务，了解电商页面、如何进货、库存管理等知识，但是他主要的工作是市场运营。

走进林斌办公室的马努，这一年只有 32 岁。他光头、圆脸、身材高大魁梧，黝黑的皮肤衬托出雪白的牙齿，看上去总是笑意盈盈。

这是一个在印度大家庭里成长起来的男孩，从小接受了良好的教育。他的妈妈热爱阅读，不仅读过好几个大学，还在马努申请大学之后，自己又申请了博士学位继续进修。在马努的印象中，她的妈妈总是鼓励他读书，读什么书都可以。马努的父亲在马努很小的时候就开始经商，经历过一些起起落落，他对父亲经商最深的印象是，有一次，父亲经营的手表工厂遭遇了盗窃，损失严重，几乎让整个工厂陷入破产危机。但是父亲坚持没有去银行贷款，而是靠自己的努力慢慢缓了过来。在父亲的影响下，马努对从商这件事有了朦胧的概念，并且学会了在危机中保持强大。

从马努的履历来看，他能够走进林斌的办公室，看似是一个偶然，其实是冥冥中已经注定的必然。从印度最好的高等学府印度理工学院毕业以后，马努在全球著名的咨询公司之一麦肯锡工作了 5 年，其中 70% 的工作是帮客户做战略执行和落地。由于他服务的客户遍布世界各地，因此在很长一段时间里，他都过着“空中飞人”一般的生活。今天在赞比亚帮客户拓展市场，明天在新加坡帮客户做商务规划，每两天飞到一个新的国家。在那一段时间，他养成了观察公司的习惯，也拓展了国际视野。这也为他后来在印度创业打下了良好的基础。

2008 年，马努因为出差第一次来到中国，这次旅行给他留下的印象极为深刻。他说：“中国是令人震惊的。那些基础设施是那么的先进，我之前一直以为中国和印度差不多，这是我第一次认识到，中国经过几十年的发展，已经变得让人感到不可思议。我当时就想，有朝一日，我一定要再次来中国。”

时隔 5 年，马努终于再次来到中国。这一次他不是公务出差，而是一次私人性质的旅行。他先去深圳和上海见了一些朋友，北京是他的最后一站。在北京，他有一个重要的日程，就是拜访当时已经在海外声名鹊起的公司——小米。他是从一篇英文的整版报道里读到小米的故事的。那个时候，马努刚刚开始关注移动市场，对文章里介绍的小米哲学充满好奇。他通过一个朋友找到了林斌，并通过电子邮件和林斌约了见面。

在这个会议上，马努不但见到了林斌，也见到了刚刚入职的雨果·巴拉。林斌和雨果对印度市场有很多的疑问，他们问了马努很多有关印度经济、印度电子商务以及印度智能手机的问题。马努也问了一些关于小米的问题，同时，他对雨果·巴拉也充满好奇，他问雨果："是什么样的动力让你离开美国常驻中国，来为一家中国公司服务？"

当时的马努还没有任何想加入小米的意思，但是几个月之后，他接到了林斌的电话："为什么不加入我们呢？你可以负责开拓印度市场。"这个时候马努刚刚离开 Jabong，正在思考人生的下一步。看来，这是上天给他的一个完美选择。

马努永远也不会忘记加入小米之前和雷军的正式会面。和林斌、雨果一样，雷军也关心印度市场的现状、印度的电子商务表现以及印度市场未来的可能性。不过，雷军看起来更加关心一个问题，那就是市场的费用。知道马努此前做过电子商务，他问马努："你自己的网站市场费用率是多少？"马努回答："大概 10%~15%。"雷军说："那你猜猜小米的市场费用率呢？""嗯，4%？""不对，再猜。""3%""不对。"此时雷军走到办公室的前面，用黑色速写笔，在一块白板上写了一个大大的零。

就这样，只有 32 岁的马努，成为小米印度的第一号员工，他的职位是小米印度公司总经理。接手这个工作之后，他马上开始了在印度的开荒拓野。在印度开展工作之初的情景，至今让马努觉得十分好笑。

没有办公地点，马努就在离印度最大的电子商务公司 Flipkart 两公里处的一个咖啡馆里办公。和 Flipkart 有会议的时候，他就去开会，没有会的时候，他就打开电脑待在咖啡馆里办公。咖啡馆里的人进进出出，经常会闲聊一会儿。他们问马努："你是做什么工作的？"马努说："为一家叫小米的公司做事。"对方接着问："这是什么公司？在哪里办公？"马努只能回答："还没有办公室，我在咖啡馆办公。"对方这时通常会露出疑惑的表情："你们是一家实体公司吗？""嗯，目前还没有，没有实体。"对话通常到此为止，马努经常会被看成一个奇怪的、也许正在做不合法生意的年轻人。

这给小米印度早期的招聘工作带来了一些困难。给印度人解释小米是一家什么样的公司颇费周折，需要把所有的"小米哲学"从头到尾讲述一遍，这很考验马努的口才以及印度应聘者的理解力。即便马努把应聘者说服了、感动了，通常还会有来自应聘者的父母、朋友和配偶的阻力，没有人会认为这家什么都还没有的公司能有什么前途。

一种强烈的孤独感包围着这个印度年轻人，在印度这种热闹的国度里，拓展业务也许不是最艰难的，最大的挑战是没有人和马努说话。他白天和人最多的交流发生在和雨果以及林斌的三方电话会上。当他终于注册了实体公司，并租下一个能坐 6 个人的办公室时，他发现办公室里空空如也，比咖啡馆还空旷。当他偶尔约个人到办公室谈事时，比约定时间早到的人会发现，马努自己拿着钥匙来开门。2014 年 7 月，当印度第二个员工终于入职的时候，马努简直欢天喜地。他的第一个感觉是，上帝啊，终于有同事可以和我说说话了。

尽管早期的拓展充满魔幻现实主义的味道，但是小米进军印度的步伐却相当迅速。马努和印度最大的电子商务网站 Flipkart 很早就有一些商务联系，而现在，这家网站对于出售小米的产品也十分感兴趣，因此接洽起来并不困难。小米总部很快就做出决定，由 Flipkart 独家销售小米在印度的第一款产品——小米手机 3。他们将用和国内同样的方式——极强的产品性能和吸引人的售价，打响在印度的第一战。

2014 年 7 月 15—21 日，Flipkart 在网站上开放了"一星期注册窗口"，让人们为抢购小米手机做准备。短短一星期之内，他们就收到了 10 万的注册量。

小米为手机产品在印度市场的第一次亮相举办了一个小型的记者发布会，一个小礼堂里，一共来了 18 位印度记者，这让马努十分兴奋，他从来没有想过，记者们会为一个他们从未听说过的公司而来。在这个只有一块屏幕的小型会议上，林斌、雨果和马努三个人都做了简短的发言。这是马努这一生做大量演讲的开始，对于这一次演讲，他的回忆是：十分十分紧张。

小米手机 3 的发布获得了成功。开卖仅仅 39 分钟，小米手机 3 就在 Flipkart 上脱销了。很显然，印度市场还从未领略过这种闪购的力量，因此所做的技术准备明显不够。小米手机 3 从当天中午 12 点开售，Flipkart 的服务器很快就崩溃了。有的时候，链接还未跳到支付页面，用户的购物车就被清空了。一些用户抱怨订单没有通过就被多次收钱。由于 Flipkart 遇到了多种技术问题，大量注册用户未能订购到手机。

可以想见，这样的结果让印度网民产生了抱怨。一些网友纷纷在网站上发表评论："Flipkart 很糟糕，搞得消费者很失望，整个过程缺乏透明度，给他们的服务沾上了污点。至少他们应该事先宣布，无法保证注册一个账号就能在发布当天买到手机""他们想要打败亚马逊""我想他们是在炒作吧，现在每家媒体都突出报道这一事件"。

当然，除了这些偏负面的评论，也有令人兴奋的评价，比如"让我高兴的是，三星、HTC 和索尼等虚高定价的公司将会遭到致命一击！""我今天买到小米手机 3 了，哇，这简直是个性能巨兽啊！"

媒体人士对此次闪购也做出了评论："显然，Flipkart 和小米的库存无法满足需求。"

在一个月的时间内，小米通过线上抢购的方式卖掉了 12 万部手机。短短一个季度，小米在印度智能手机市场的份额就达到 1.5 个百分点。

对于马努来说，此前一切的疑虑都一扫而光。有太多成功的印度企业家曾经对小米的模式产生过质疑。不止一次，一些传统大公司的 CEO 对马努说："你知道，印度市场 94% 都是线下市场，你们怎么可能只做线上 6% 的生意就能取得成功呢？你们怎么可能一分钱市场费用都不花呢？你们肯定会关门的！"

现在马努知道，他们错了。

450 亿美元估值下的隐忧

毫无疑问，2014 年对于小米来说绝对是巅峰的一年。小米秉持自己先锋的理念，在手机市场上一骑绝尘。2014 年第三季度财务报表显示，小米用不到三年的时间，冲到了市场份额中国第一、全球第三的位置。这一成绩把那些长期占据优势地位的传统手机厂商——三星、联想、华为、酷派都甩在了身后，小米一跃成为中国最大的智能手机厂商。

无论对小米是推崇追捧，还是批评怀疑，人们此时已经见证了小米从创建之初就提出来的互联网思维的实现。手机的稳定销量，让 MIUI 有了非常稳定的黏性。截至 2014 年 8 月 16 日，MIUI 用户总数突破 7000 万，洪锋带领的云服务团队让这个系统的便捷性得到充分的发挥。小米云服务的用户此时已接近 6800 万，小米云上存储了 241 亿张照片和 2.47 亿段视频，而且这些数字每天都在增加。这样的数据表现让外界有了这样的观察——小米越来越像一家平台型公司了。

除了在国内市场占据优势以外，雨果 · 巴拉还开拓了印度市场，他很快在全球 7 个国家和地区设立了办公室，准备在国际市场上攻城略地。刘德带领的生态链企业试水投资了 27 家硬件企业，在市场上打造出了几款爆品，这验证了生态链模式的可复制性。

这一年，小米销售了 6112 万部手机，比 2013 年增长 227%，占据中国手机市场份额的 12.5%。它的含税销售额是 743 亿元，比 2013 年增长 135%。可以说，这个成绩单是梦幻的，看起来像是一个创业童话。无论是雷军，还是其他的联合创始人，包括那些早期员工，他们在小米创立之初都没有想到，这一天会到来得如此之快。从外部环境来看，小米抓住了人们从功能机到智能手机的换机大潮的风口，也验证了雷军创业一定要顺势而为的理念。

根据 GFK 公司的数据，2009 年到 2013 年的 4 年间，智能手机的增长率分别为 73%、157%、126% 和 82%，小米能成为移动互联网时代一家“现象级”的公司，与这个宏观利好密切相关。

新的产业周期的到来，给了雷军和同时代的企业家们更多的发挥空间。2014 年，首届世界互联网大会在乌镇举办，中国成为世界互联网的一极。此时，中国智能手机处在井喷期，一个季度的销售量达到 9000 万部，是美国市场的 3 倍。80 后和 90 后平均每人每天上网 3 个小时。4G 时代的到来，让移动互联网释放出巨大的经济能量，当硬件设备有了 4G 技术的支撑，移动互联网、云计算、物联网和基于大数据平台的“新服务、新商业、新应用和新业态”就有了一切可能性。

2014 年，一直在摸索蛰伏中的新一代创业者张一鸣、陈睿、王兴、程维等，终于有了乘风而上的机遇。4G 时代的商业模式红利与互联网红利的叠加，裂变出很多新的应用空间和商业机会，也带来了巨大消费势能。在内容消费和城市出行等方面，人们的生活正在发生翻天覆地的变化。今日头条、哔哩哔哩、美团、滴滴、快手都是带来这种变化的经典案例。在这一年，滴滴和微信达成了合作，使滴滴的用户数超过 1 亿，注册司机达到 100 万，日均单量达到 521.83 万单。快手也开始朝短视频社区方向前进。张一鸣创立的今日头条，终于从搜狐、网易、腾讯等门户新闻客户端的围剿中脱颖而出，规模超过了 1 亿，月活跃用户达到 4000 万。

小米逐渐在市场上取得自己的地位，同时也赢得了创新的机遇。这和小米刚刚创建时，供应链体系只愿意给小米提供一些固有的工艺不同。现在，一些新工艺刚刚展现出可能性的时候，供应商们就愿意来到小米，和研发工程师们一起探讨未来的可能性。

小米手机 4 出货之后，屏幕供应商夏普的一位工作人员来找结构工程负责人颜克胜聊天。忽然，颜克胜看到这个人拿着的手机屏幕上居然切了一个斜角，这让屏幕产生了弧度，比四四方方的屏幕形状柔和了很多。颜克胜马上提出一个问题：你能不能在屏幕上帮我切个圆角？对方说，现在不敢说，只能回去试试。

供应商离开之后，一系列的灵感开始在颜克胜的头脑里涌现。他想：如果夏普的屏幕可以切出圆角，我们的设备就可以做出相应的改变，接下来的问题就是怎么提高屏占比，让手机更好看一些。如果屏占比做到终极程度，那一定是顶天立地，达到百分之百，这就需要把其他的结构推到顶上或者下面。

那一天，颜克胜直到入睡之前还在浮想联翩，他的大脑不停地进行着推演：如果手机的额头和下巴同时消失，那么它的摄像头、射频天线以及屏幕发声器应该在内部怎么摆放？他越想越兴奋，此时此刻，他的想法是，小米能不能做一款史无前例的作品——全面屏手机。

可以说，小米的士气在2014年那一年是空前高涨的。而且，小米的增长态势也让投资人的内心出现了小小的沸腾，他们摩拳擦掌，不断来询问投资的可能性，都希望能够抓住机遇进入小米投资人的战队当中。

DST的尤里·米纳尔是小米最坚定不移的支持者。小米手机4的发布再次大获成功后，2014年7月，尤里给雷军打了一个电话并问了他一个问题："现在小米估值500亿美元，能不能投？"雷军问："为什么是500亿美元？"尤里解释说，脸书在未上市公司里的估值大约是500亿美元，这应该是最高值了。所以，他可以给小米一个未上市公司的最高估值。

此前雷军一直是再次融资的反对者，理由是小米的账上还有很多现金，再加上此前小米还发过一轮债务，总计大约有40亿美元，因此小米并不缺钱。但是一些知名投资人不断前来接洽和沟通，让小米这一轮史上最受关注的融资之旅，最终还是开启了。

软银集团的孙正义曾经托雷军的老熟人陈一舟找到雷军，并转达他对小米的巨大兴趣。雷军也因此飞了两趟日本，每次都和孙正义聊上四五个小时。孙正义非常喜欢小米的产品，他这样向雷军表示："500亿美元的估值太贵了，450亿美元的估值可以投资，软银希望最少持有10%的股份。"

最后，软银同意出资50亿美元，再加上雷军当时接触的其他外部投资者，小米当时的融资额度可以达到70亿美元左右。

交谈很顺利，合同也即将尘埃落定。雷军和软银约定，双方将于2014年10月14日在北京签订这份合约。但是小米的想法在最后一刻还是变了，当雷军带着这个合约回到北京时，有几位高管提出了不同意见。他们认为，现在让过多的资金进场，几乎等于将可预见的胜利果实莫名分享。甚至有位高管说，小米将来的市值应该是一两千亿美元。小米团队最终决定，只能给软银留出 10 亿美元的投资额度，当然，这个提议被软银拒绝了。

最后，这轮融资由 DST 基金发起，从摩根士丹利出来的明星分析师季卫东新组的 All-Stars 基金加入其中。同时，进入本轮融资的还有马云旗下的云锋基金、新加坡主权基金 GIC、厚朴投资等机构。

2014 年 12 月 29 日，雷军发出公开信，正式宣布小米融资 11 亿美元，估值达到 450 亿美元的消息。这个消息如同夜空中的一道惊雷，让整个风投界和产业界大为震惊。人们注视着这个用风驰电掣一般的速度奔跑成长的新物种，用一篇又一篇的分析文章复盘着它的成长。

人们发出了这样的感叹——从刚开始的 2.5 亿美元，到如今的估值 450 亿美元，小米几乎每年都在以 4 倍的速度复合增长，小米的成长创造了一个鲜活的商业奇迹，也使小米逐渐变成众人竞相追捧和膜拜的神明。①

2014 年的光辉业绩、2014 年年底宣布的巨大利好，这一切让创业者所能经历的美好，如同灿烂的礼花一样在夜空中绽放。殊不知，这高光时刻正是隐忧到来的时候。这看似完美的时刻，正是一些错误开始发生的时间。在公司层面，一些问题已经出现了，但是，此时此刻，耀眼的光芒把这些隐忧和问题遮蔽住了，一些人提出的担忧和疑虑，也被举杯相庆的声音掩盖住了。

在手机市场上，一个强劲的竞争对手正在飞速成长。华为 Mate7 的成功，让华为开始快速夺取这一年三星丢失的中国中高端手机市场，并收编了三星退场留下的手机渠道，为华为的后续发展奠定了基调。魅族和阿里巴巴开始战略合作，双方号称要建立更开放的系统。乐视手机也在暗流涌动之中酝酿着并准备用非常规的价格体系对市场进行打击。同时，酷派、奇虎等公司也在手机市场开始了抢夺份额的烧钱行动。硬件厂商们的不安感正在上升，而

---

① 忆“小米”如何 4 年估值 450 亿美金的秘诀 . 热舞传播 . 2018.09.11. 详见 https://baijiahao.baidu.com/s?id=1611302713405490335&wfr=spider&for=pc。

小米的高调融资则带动了热钱进入这个行业的野心。

在这一年不容忽视的还有 OPPO 和 vivo 两个品牌的成长。这一年，运营商把以前只给“中华酷联”的份额开放给了公开市场，因此以前只做公开市场的这两个品牌从单一市场进入了多种渠道市场，包括运营商渠道。

另外，红米将山寨市场终结之后，OPPO 和 vivo 凭借较高的产品毛利与较大力度的渠道投入，吸引了大量经销商与之合作。在线下，他们地毯式地铺设了大量门店，从而形成了一种盛况——在通信一条街上，OPPO 店与 vivo 店从头到尾相间分布。在这段时间，他们的品牌从三线城市更加下沉到五六线城市，夺取了这些曾经被山寨机占据的线下份额，这让他们的总盘子都得到了提升。

另一个商业信号也被忙碌中的小米忽略了，那就是阿里巴巴在这一年开始了它的线下探索，显露出它在新零售方面布局的端倪。那一年，阿里入股银泰百货。此后，淘品牌入驻银泰实体店，银泰超市入驻天猫超市，银泰的会员体系与阿里的天猫大数据打通。而另一家公司美团，已经在残酷的千团大战中脱颖而出，成为除 BAT（百度、阿里巴巴、腾讯）三家巨头之外的另一个巨型公司。其中的原因也和线下市场息息相关——美团的商业模式并非纯线上的生意，其线下庞大的商业容量也让它赢得了坚实的基础。

一些商业评论家认为，1999 年以来，单纯的互联网模式对中国零售业疾风暴雨般的“侵略性改造”，已经达到了“攻击停止线”，中国商业在接下来的时间进入到线上线下相互补充和融合的阶段。

当这些大的线上电商开始在线下布局的时候，就已经对外界放出一定的商业信号——线上市场正在趋于饱和，互联网上的流量红利正在逐渐减少。因此，电商巨头开始在线下寻找新的流量入口。自从出生以来就一路凯歌高唱的小米网，很快就将体会到电商流量见顶的感受。

在国际市场上，小米迎来了它的第一个“成人礼”。成功进军印度市场 5 个月之后，小米遭遇了爱立信的专利诉讼，导致货品被封。此后，印度德里法院授予小米“临时许可证”，允许它继续销售基于高通处理器的智能手机“红米手机 1S”，前提是每部手机要预缴 100 印度卢比。这个事件给雷军敲响了警钟，让他认识到，中国企业走向海外，必须拥有足够的技术专利储备，否则就会受到牵制。当时的小米在专利储备方面还很薄弱。

对于同时在全球 7 个国家和地区铺开的做法，小米创始人之一黎万强也嗅到了一丝危险的气息。有一天，他走进雷军的办公室，对雷军说：“我觉得我们这么干问题很大。”

当然，黎万强提出这个疑问之后，还对雷军说出了一个他个人的重要决定，那就是暂时从小米离开。连续几年管理销售、服务和营销工作的高压已经让黎万强疲惫不堪，他急需一段完整的休息期。这个决定让雷军感到无比惋惜和心痛，也让热爱黎万强这个领导的团队成员陷入了短暂的沉默，一些一直跟随他的同事，比如张剑慧和朱磊，在听到消息那一刻都哭了。

所有的一切都在悄然改变，而小米此刻依然沉浸在高估值的狂欢中。

“所有的人都膨胀了，包括我在内。”雷军后来在复盘时这样评价当时的心态。融资结束一个月之后，雷军忽然意识到，进行这轮估值为 450 亿美元的融资其实是个巨大的错误。它太像是虚荣心驱使的产物了。它引发了资本对互联网手机的狂热追捧，让热钱盲目地进入了这个领域。与此同时，它也把小米带到了一个众人瞩目同时也人人眼热的位置。而小米其实又没有融到足够和那些对手无限制对抗的资金。雷军事后复盘，如果当时小米接受来自软银和其他投资者的共计 70 亿美元的注资，它将有机会通过“不讲理”的战略亏损，招募到更多顶尖行业人才，在几年之内结束激烈的行业竞争。

但是历史没有如果。

危机很快就要降临到这家一直在享受光辉岁月的公司。

第七章
低谷到来，危机初现

旗舰手机第一次缺席

2014 年闪闪发光的业绩，让小米公司在 2015 年初定下了全年销售 8000 万部手机的目标。按照 2014 年的发展势头，并没有人觉得这个目标野心太大。

回过头看小米前 5 年的发展，确实充满了各种不可思议。很难想象，在 2014 年，这家公司做到手机市场份额在全国登顶之际，它的整个手机部加起来只有不到 300 人。而那些强大的竞争对手的研发团队至少是几千人，甚至上万人。小米几乎是用一个“最小系统”来支持手机整个链条运转的。

从创立开始，小米就形成了一种扁平化的管理风格，这是小米在创业初期用互联网的速度搭建自己的商业模型时的刻意追求。联合创始人们带领各自的团队，在自己的领域里一路厮杀。凭借年轻新锐的形象和极度灵敏的市场反应，小米对这个市场进行了降维打击。“我们不是没有 IPD（集成产品开发），我们几乎没有任何明确的流程管理。”雷军在回忆这段时光时说。

这样做的好处显而易见，那就是灵活、有弹性、决策迅速。然而，随着小米快速成长，扁平化的管理风格也暴露出它固有的短板，那就是它让公司内部的管理非常松散，很多时候也缺乏流程管控，这种情况在小米一直延续到 2015 年。

随着市场规模逐渐扩大，员工达到几千人，此时很难再说小米还是一家创业公司了。2015 年，在小米高速成长的背后，系统性成长的问题已经渐次出现，尤其是竞争对手都在“凶残”地借助资本成长，一直放任自流的管理方式终究会暴露出问题。

450 亿元估值的融资之旅结束一个月之后，雷军意识到，小米确实是被市场高估了。市场给小米的估值和小米自身的实力之间，其实是存在差距的。雷军认为，这次融资是他这个创业老兵自从小米创立以来，犯的唯一一个战略性错误。如果说这个错误能给将来的创业者带来一些警示的话，那就是——要在市场都看好你时保持最大程度的冷静。要么克制虚荣，不融资，保持足够的低调，用速度解决问题；要么融到花不完的钱，不怕股份摊薄，可以像美团和滴滴那样，在市场上借助资本的优势进行绝杀。但是，小米就像科幻小说《三体》里描述的那样破坏了黑暗森林法则，不但惊醒了所有的竞争对手，自身的问题也正在以在市场上交学费的方式暴露。

2014 年 7 月发布的小米手机 4 大获成功，但是却迎来了意想不到的缺货问题。小米手机 4 缺货的原因也让人很意外——一家做触控屏的供应商 Wintek（胜华科技股份有限公司）突然之间倒闭了，这让小米猝不及防。这是一家从小米诞生之日起就与小米合作的供应商，双方一直合作愉快，Wintek 掌握一种叫作 OGS（OneGlass—Solution, 一体化触控）的技术，可以让工程师在玻璃上做出触摸屏电路，即使在玻璃上挖槽后，人们从外面也看不出来。在智能手机发展的早期，这种技术是非常先进的，因此很受手机厂商的推崇。

小米供应链的老员工时东禹说，Wintek 是一家“生于苹果，死于苹果”的公司，早期苹果选择了它，所以它迅速崛起，而它的倒闭也是因为苹果改变了工艺路线，其他手机厂商也慢慢跟着走掉了，很多供应商其实都是潮流的产物。Wintek 正是因为对苹果的依赖太重从而使自己陷入了破产困境，这让雷军感到非常突然。之前，为了调研这家公司的实际情况，他曾经特意去找 Wintek 的高管聊天，对方给他出示了各种证据，表示他们活得很好。很显然，这家供应商掩盖了陷入债务危机的事实。

小米手机 4 已经发布，且正处于如火如荼的销售状态，Wintek 的危机却突然爆发了，这几乎是一个处在产能爬坡阶段的产品所能遇到的最要命的事情。采购的所有物料和元器件都被堆放在代工厂里，只缺一个触控屏，工厂只能因此停工。为了挽救 Wintek 于水火之中，小米给它提供了很多帮助，比如在账期上打破既有的约定，提前支付了没有到期的货款，希望它能尽快从危机当中缓过来。但是，Wintek 的倒闭速度还是超过了所有人的想象。

这个时候更换屏幕已经不太现实，小米于是启用了刚刚开始布局 OGS 生产线的供应商欧菲光，但是，由于这个安排是临时决定的，供应商的切换又需要一个过程，因此小米工程师需要在内部对欧菲光的技术进行快速认证。更要命的是，欧菲光的技术当时并不如 Wintek 成熟。

尽管一切工作都在以非常规的方式加速着，但是两个供应商之间的切换依然没有能够做到无缝连接，这导致小米手机 4 这部性能强大、设计良好的手机，在发布后的三个月内都面临着产能不足的巨大压力。出货问题直接影响着小米的营收损益表，这是一个现金流的问题，也是一个生与死的问题。更加残酷的一个事实是，因为小米手机 4 的缺货，市场上出现了需求的缺口，这给了竞争对手利用这个窗口崛起的机会，也让竞争的局势发生了变化，这让小米的供应链团队备感煎熬。

在供应链团队没日没夜地进行第二供应商测试切换，富士康工厂也逐渐提升了小米手机 4 金属中框的加工良率之后，小米手机 4 的出货问题终于在 2014 年 12 月得到解决。让时东禹颇为感慨的是，Wintek 就算在面临倒闭的情况下，还在苏州的一个工厂帮助小米快速地赶出了一批触控屏，但是靠小米一家，毕竟救不活这家已经跟随了小米 4 年的供应商。市场的趋势，已经势不可当。唯一幸运的是，这几个月的严重缺货并没有影响到小米手机 4 的整个生命周期。

小米手机 4 的供应链危机刚刚解除，2015 年 1 月，小米又发布了小米 Note 系列手机，分为标配版和顶配版两款。这是小米手机第一次冲击 3000 元档位，目的是在高端市场立足。但是这两款手机并没能赢得以往小米旗舰手机那样的成功，这源于宏观形势和手机行业的变化。

国家统计局资料显示，从 2011 年到 2014 年，我国 CPI（居民消费价格指数）分别为：105.4、102.6、102.6、102.0（同比上一年为 100）。照此推算，2010 年 1999 元的购买力相当于 2014 年的 2146.39 元。更直观的例子是，小米北京清河总部旁的楼盘橡树湾，2010 年时房价不过每平方米一两万元，而到了 2014 年，已经上涨到每平方米六七万元。

对于小米而言，一方面，即便是紧贴成本的定价，1999 元的价格也再无法满足一款真正旗舰手机的成本需求。另一方面，4 年过去以后，小米第一代的核心用户早已进入社会，无论是自身需求的提升，还是对小米进一步成长的期待，不少人都希望小米能拿出一款性能、设计、工艺都全面升级的超级旗舰手机。

“小米欠我一台 3000 元旗舰”的声音，开始在米粉群中流传。而如何突破 1999 元的价格图腾，也成为小米突围的战略关键。2011 年 8 月，小米 1 代手机 1999 元的价格绝对值在国产手机中堪称顶点，它领先的性能及对照外资品牌较低的价格，为小米赢得了“超级性价比”的标签。但此后，小米的官方传播太过强调性价比，再加上行业竞争中接连不断的舆论攻击，让“性价比”这种颇具理想主义的商业理念渐渐被误导成“低价”，这是小米当时在品牌形象上感到十分痛苦并亟待破局的一件事情。

小米 Note 是对手机工业设计有着非比寻常执念的雷军再次亲自下场参与研发和设计的产品。雷军甚至认为，这是小米前 5 年做出的最漂亮的产品之一，它承担着让小米在 3000 元这个价位的市场进行一次冲锋的使命。然而，尽管开局不错，但是运气终究没有光顾，各种各样问题的出现，让小米没能完成这次品牌的进阶。

小米 Note 标配版最初希望使用高通骁龙 801 芯片升级后的骁龙 805，但是小米的研发工程师发现这个芯片的适用性始终存在问题，因此还是在小米 Note 上使用了小米手机 4 的高通骁龙 801 芯片，这种配置让米粉们第一次觉得小米竟然没有升级手机芯片。而小米 Note 顶配版使用的是高通骁龙 805 之后升级的高通骁龙 810 芯片。可是这个芯片却使手机出现了比较严重的性能问题——使用时会发热。

其实小米这次在设计上非常用心，把手机厚度降到了 6.9 毫米，在当时还在流行金属后盖的年代，小米就使用了双曲面玻璃，在设计上遥遥领先于市场，但是最终，做高通阿尔法客户的风险还是第一次显现了出来——做高通的芯片首发始终是最高端、最发烧、最黑科技的事情，但是也会遇到挑战，一旦高通芯片本身遭遇技术瓶颈，就会直接影响手机的性能。当小米 Note 的销售数据在公司内部传达时，同事们听到了一个消息，这款手机的最终销量可能不会超过 1000 万部，很多员工都表示简直不敢相信，怎么会呢？我们可是小米啊！ 最终，这款售价为 2999 元的小米 Note 顶配版以降价 1000 元清仓收场。

小米 Note 没有完成它的历史使命。

屋漏偏逢连夜雨，同样是因为高通骁龙 810 芯片的发热问题，一年一度的小米数字系列旗舰手机小米 5，在 2015 年也延迟发布了。这对于一个人们一直寄予厚望的新锐品牌、市场上的 No.1 来说，是一个令人失望的消息。可想而知，在品牌建设方面，它给小米造成了不小的伤害。

就在小米不断遭遇内部危机的时候，估值 450 亿美元带来的资本示范效应也显现了出来。2014 年，中国的股权投资市场总体募资超过 5000 亿元，投资近 4500 亿元。而 2014 年以后，中国股权投资市场已经复苏并快速发展，活跃的 VC/PE（风险投资 / 私募股权投资）机构超过 8000 家，管理资本量也超过 4 万亿元人民币，这一切，促成了移动互联网行业在 2015 年的全面爆发，遍地众创空间、火热新三板、愈发成熟完备的投资退出机制，这些消息不断冲击着市场。前所未有的创业速度就在眼前发生。

有小米这样一个快速缔造出的超级独角兽样本，资本对于智能手机的热情空前高涨。

有能力的竞争对手在快速地成长，凶猛地夺取着手机的市场份额。比如华为荣耀不断推出的新机型都表现得相当强劲，因此到2015年10月时，荣耀已经提前实现50亿美元的年度销售目标，销售额同比上一年翻了一倍。在阿里巴巴完成对魅族6.5亿美元的注资之后，魅族在这一年也实现了2000万部的手机销量，对小米起到了一定的制衡作用。而罗永浩的锤子科技依然用它独有的感召力和强大的宣传攻势，在手机这个红海市场上继续发力。2015年8月，罗永浩用他那“单口相声专场”一般的发布会，在上海梅赛德斯奔驰文化中心抛出了“坚果”这个子品牌，主打年轻人群体，那句“漂亮的不像实力派”的文案既不狂妄又带着一丝文艺腔调，令人过目不忘。坚果手机的售价是899元，它的颜值和价格俘获了不少年轻用户的心。

在资本的推波助澜之下，一个极具杀伤力的品牌也在这一年以搅局者的姿态出现了，它就是乐视。

乐视CEO贾跃亭在一场又一场声势浩大的发布会上，创造着各种新奇的概念，吸引着人们的注意力。而且，这些发布会上通常都坐满了娱乐明星，因此，乐视的每一次出击都裹挟着巨大的来自娱乐行业的流量，各种报道和解读遍地开花，这种优势让行业里的其他选手望尘莫及。

2015年4月，乐视超级手机首次出现在公众的视野中，它同时发布了三款产品，覆盖高、中、低三个档次的用户，这样一来，受众用户数量基数更多了，再加上乐视积累的多媒体资源以及生态补贴硬件的销售手段，给所有的互联网手机品牌都带来了压力。尤其令整个行业都感到不可思议的是，乐视手机是以低于成本的定价进行销售的，每销售一部手机，乐视将亏损200元左右，这让整个市场都处于一种疯狂的状态。

对于要不要跟进乐视这种用“自杀式袭击”的方式来定价的策略，小米内部有着不同的声音。雷军把这种内部讨论叫作灵魂拷问。确实，在小米创始人层面曾出现过一种声音，他们认为，出于对小米市场份额的保护，小米要跟着乐视打，把他们的声势尽快压下去。但是这种声音遭到了雷军的坚决反对。“小米已经是采用贴近BOM（Bill of Material，物料清单）的方式定价了，这让小米的利润率非常低，而采用更激进的方式定价，必将引来巨额亏损。凡是有一点商业经验的人，根本就不可能让这种事情发生。”雷军在内部会议上这样告诉大家。其实，这种思考在小米手机 1 发布会之前的那个夜晚，雷军就已经想得很透彻了。

2015 年被人们称作国产手机最喧嚣的一年。除了荣耀、乐视、魅族、锤子演绎着各自版本的故事以外，做互联网安全的周鸿祎也和酷派、乐视进行了一场异常跌宕起伏的商业三角恋。其过程之复杂，情节之混乱，让互联网手机这个充满爱恨情仇的战场，又有了几分奇幻色彩。

在 2015 年手机市场战局激烈的状态之下，雷军最终冷静了下来。他开始意识到，小米出现的几个看似偶然的问题，比如供应商的忽然倒闭、高通芯片的不稳定和发热问题，以及用户开始抱怨的质量问题，其实并不能只归结为偶然出现的外部因素。这些连续出现的问题是小米技术沉淀不够、组织结构不完整、系统性不足的表象，小米真正的问题已经浮出水面——由于小米前几年跑得实在是太快了，随着业务规模的扩大，目前的团队能力已经不足以支撑市场的发展速度。此时，团队对于新趋势的判断能力、供应链的把控能力以及最终的交付能力，在竞争加剧的情况下都显得有些掉队。

比如对于 Wintek 的倒闭，小米应该有提前预警的能力。即便 Wintek 的倒闭是一个意外，但在手机行业，每一个工艺都有第二供应商是个行业惯例，小米的供应链团队也应该有让第二供应商立刻导入量产的能力。这并不是一个简单的过程，供应链团队要把第二供应商的技术拿来做验证和测试，然后一步一步导入量产，这都需要留出一定时间的提前量。然而，2014 年和 2015 年的小米正面临着严重的人手不足的问题，虽然有第二供应商，却没有被真正地导入，这就导致供应链出现问题时，第二供应商无法及时跟上的情况，损失则难以避免。

再比如高通骁龙 810 芯片发热的问题，这个问题其实在 2015 年一直存在，它给好几家国产手机厂商都带来了困扰。而技术能力强大的企业其实是可以通过自己的判断来规避风险的。比如，同样是做高通全球阿尔法用户的三星公司，很早就看到了高通骁龙 810 芯片发热的风险，工程师们在做了充分的技术验证和风险评估之后，最终放弃了这个芯片。而小米当时的研发力量不足，导致缺乏足够的技术风险评估能力。

在小米 Note 发布之后，一些米粉出现了明显的失望情绪，原因是号称“为发烧而生”的小米，竟然在一些前沿技术上没有跟进。比如苹果公司在 2013 年年底正式推出指纹识别和指纹支付功能，很多国内厂商也迅速跟进。然而小米 Note 第一代却没有指纹识别和指纹支付的功能，这说明小米的产品设计周期是有问题的，对用户需求的洞察和判断也出现了偏差。

这一系列问题让雷军看到了公司需要进行一场改革的紧迫性。尤其是他意识到，巨额估值的融资已经让资本市场惊醒，而小米内部还充盈着一种过于乐观的情绪。一些人把估值当作了一种认可，认为小米在市场上是无敌的。整个公司，尤其是手机团队充斥着一种“我是王者”的心态。而这些不切实际的认识和看起来比较膨胀的情绪，最终导致小米在市场上一再地摔跤。

雷军意识到，小米只有进行一场深度的自省才能扭转乾坤。作为公司的创始人，他比其他人更早地觉察到公司内部问题的严重性。

此时，在雷军内心纠结已久的一些老问题再次浮现出来：要不要对手机团队进行一次彻底的调整？要不要对手机的研发、交付、销售系统做一次系统的拉通？这涉及一个最为关键也最为棘手的问题，那就是要不要直接更换手机硬件团队的负责人。这些难题都是创始人的专属问题，没有人能够替他解答。

客观地讲，手机部门的问题由来已久，自从这个硬件部门成立以来，它就非常强势，在小米公司自成一派，且占据着最主要的话语权，它就像一座孤岛，其他部门的人很难和它沟通。

其实在小米进行第一次融资的时候，晨兴资本的刘芹就提醒过创始团队这个问题。他认为，小米的团队成员来自五湖四海，有硬件背景也有软件背景，一定存在不同行业的文化冲突，而如何解决这些冲突将是考验这家公司的一大挑战。

雷军和几位合伙人非常清楚，小米的创始团队本质上还是以软件和互联网背景为主。为了“铁人三项”模式的构建，他们必须以包容的姿态去面对不同文化和团队风格的融合。在包容的背景下，出现局部阶段性的“山头”是难以避免的。但当这座山头越来越大、越来越封闭时，就说明文化冲突的不兼容性已逐渐跨过了包容的边界。

在这样的情况下，当公司内部发生各种纠纷的时候，往往逼迫着雷军成为最大的产品经理，负责出面协调解决各种矛盾。如果再不从根本上处理这个问题，这种非常态的状况就会一直持续下去，最终会影响到小米公司的大局。但是从感情上讲，硬件部门的负责人在小米建立伊始就是团队一员，为早期小米的成功立下过汗马功劳。如果现在更换，会面对非常不确定的舆论压力。而且最关键的问题是，整个团队都是跟着他干了十年左右的老员工，一旦变动，公司内部会不会人心大乱？尤其是，在小米公司内部，暂时还找不出另一个精通硬件的负责人能胜任这个岗位。

核心问题、核心岗位、纷繁复杂的局面，最让人痛苦的问题都交织在了一起。在雷军的人生经验当中，这样复杂的问题，他也是第一次遇到。

面对业务问题，雷军通常是一个无比坚定的战士，他经常开玩笑地说，自己总是有着创业者那种莫名其妙的自信。而面对人的问题时，雷军通常会非常在意别人的感受。因此对于重大人事的杀伐决断，他总是显得格外慎重。

这也是很多创业者在创业征程中会遇到的局面。很多时候，创始人不仅仅要处理业务问题，还需要处理更为复杂的关于人的问题。企业家要面对真实的人性，面对剧烈的情感动荡，面对牵一发而动全身的局面，面对人和人在利益面前不同的表现，他们还要在夜深人静时面对自己，面对自己的孤独和胆怯，面对那些在重大决策面前的犹豫和摇摆，经历那种在处理复杂而棘手的问题时异常痛苦的过程。

但是困难和痛苦也是对企业家精神的考验。正如《创业家精神》一书里所写的那样：

> 有时是昂扬的斗志，有时又极其彷徨，在一个逼仄的空间里，为了梦想、信念和使命感，上下求索。

海外市场惊现10亿库存

2015年4月的一天早晨，在北京五彩城小米公司15层雷军的办公室里，正在召开一个销售运营会议。自从黎万强暂时离开小米之后，林斌就接手了小米网的日常运营工作，他将大部分精力转向了国内市场。参加会议的还有一个新来小米工作的年轻人，负责印度市场公关的美籍华人宋嘉宁。在会上，他负责给雨果·巴拉翻译。

那一天，大家正在如同以往那样核对销售数据。忽然，有人提醒了一句：调拨到印度的小米手机4似乎出货流速特别慢。雷军马上向印度团队要来了销售数据。宋嘉宁清晰地记得，雷军的面部表情从舒缓变成了愤怒，那种愤怒，在他身上其实很少见。雷军不由自主地提高了嗓音："天啊，每周的流速这么慢，你们是积攒了多少库存？这么大的事情怎么不早说？"

会议室里的所有人陷入了可怕的沉默。

手机行业里的人都知道，手机生意就像是海鲜生意，如果手机留在仓库里，每天都在迅速贬值。到开会这天，这批手机在印度已经囤积了50万部库存，按照每部2000元的成本计算，库存的总额就是10亿元。

每一个中国企业走向海外都不是一帆风顺的。10亿元库存给小米公司造成了巨大的灾难。此前，雷军的全部精力都放在几千万台出货量的国内市场上，对于国际市场，他只是委派其他高管和雨果·巴拉共同负责。而现在，他知道了，之前有关国际市场的管理方法，是错误的。

2014年12月底，小米手机4的产能问题终于得以解决，与此同时，缺货几个月的国内市场对这部手机的需求也处于井喷状况。而印度市场却在此时不断地恳求雷军能不能调拨50万部小米手机4到印度市场进行销售。此前，在印度发布的小米手机3和红米1S都大获成功，20万部小米手机3很快就在网上销售一空，这让整个印度团队对小米品牌的巨大市场潜力深信不疑，他们必须乘胜追击。

在国内市场供不应求的情况下，雷军咬着牙特批了50万部小米手机4支持印度市场。但是国际团队却做出了一个对后来影响重大的决定。他们认为，4G 功能对于印度市场来说有些超前，因此，在他们的反复要求下，输送给印度的小米手机 4 为 3G 制式的版本。而这样的决策，事后证明是一个巨大的错误。

号称“一块钢板的艺术之旅”的小米手机 4，由于这块金属中框的加工工艺非常复杂，造成了这款手机的成本居高不下。而当时小米在印度还没有实现本地制造，进入印度市场时还有关税和物流等费用，导致手机价格进一步增高。这一次，小米手机 4 在印度市场给出了 19999 卢比（约 2038 元人民币）的销售价格，这个售价显然超出了大多数印度人的心理预期，再加上这个产品是 3G 制式的，人们不希望购买一个一两年之后就会被淘汰的产品，因此，这款手机的命运完全不像之前在印度市场销售的其他小米产品，用宋嘉宁的话来说：“这个价格在印度市场属于特别贵的区间，在发布的时候，我们就感觉，可能未来卖起来会比较吃力。”

雷军发现这个问题的时候，小米手机 4 在印度市场上的出货速度大约是每周几千部，而且这种状态竟然已经持续了两个多月的时间。按照这个速度，就算再花几年的时间囤积的小米手机 4 在印度市场上也卖不完，而且更加严重的情况是，此时时间已经来到 2015 年第二季度，这批货再也没有办法转回中国市场进行销售了，因为此时中国市场的换机潮已经结束，没有任何人会去购买一部 3G 手机。

在这种情况下，雷军不得不临时从公司的战略合作部门调遣了一个叫宋涛的年轻人，来全权处理这个灾难。

宋涛之前在华为工作了 12 年，有着丰富的海外市场销售经验。他曾经在查韦斯时代负责开拓华为公司在委内瑞拉的市场，后来主要负责拓展加勒比国家的市场，由于在东加勒比海的海岛国家驻扎过一段时间，他的同事送给他一个绰号——“岛主”。进入小米公司后，宋涛有好几年的时间都在负责小米和运营商的战略合作事宜，和国际业务已经没有交集。

当宋涛在贵阳出差的路上得知雷军希望他临危受命去处理小米手机 4 的

库存问题时，他知道——这是一个烫手的山芋，任务既紧急又艰巨。尽管他有多年在海外战斗的经验，但是这一仗肯定不好打。如果做不好，说不定会影响以后的职业生涯。

接不接这个任务，他思考了整整三天。

但是，当他钻进业务线进行初步调查，摸清了国际业务的现状之后，他的感受是——“痛心疾首”“充满了从头到脚的愤怒”“匪夷所思”“缺乏基本的商业常识”。他知道，公司需要一个既熟悉小米模式，又懂海外市场的人去解决这个棘手的问题，时间已经紧迫得容不得任何摇摆和犹豫，出于对公司的责任，他必须马上出发，去打一场硬仗。

在给雷军写了一封长达三页的工作汇报之后，宋涛开始了全球飞行的日子。他知道，在这样紧急的情况下，小米没有时间去打地面战，比如一个国家一个国家的去建立分公司和代表处。目前解决库存的唯一办法就是在全球范围内寻找贸易渠道和代理商，把小米手机 4 销售到其他仍未经历手机更新换代大潮的市场中去，而且越快越好。与此同时，雷军也给了宋涛一个解决问题的思路——在清理这批库存的同时，建立起全球市场的销售团队。

宋涛和刘毅、田淼组成了一个三人小团队，开始了全世界满天飞的日子。这支特种部队的工作是尽快触达各个市场的代理商，与之签订代理合同；与此同时，在当地进行员工面试，搭建小米的全球销售团队。除了借助少部分线上渠道以外，全球市场的大部分业务属于线下业务，而这支团队的身影也遍布巴基斯坦、印尼、迪拜、迈阿密等国家和地区，与代理商的车轮大战式洽谈在几个月的时间内紧锣密鼓地进行着。

2015 年，尽管小米在国内已经是一个知名品牌，但在国际上的知名度还不是很高，因此宋涛团队在各个市场和代理商见面的时候，通常会从介绍小米的铁人三项商业模式开始。在展示小米手机的同时，他们也会让代理商自己感受一下 MIUI 系统，并现场展示其中的一些酷炫功能。有的时候，小米会邀请这些代理商飞到中国来看一看，以求眼见为实。那个时候，通常是谁最先认可了小米的模式，谁就能最先成为小米的代理商，拥有小米在某个市场的代理权。在谈判当中，对小米模式认可的代理商占到大约 50% 的比例，而小米手机 4 几乎是谈判过程中宋涛团队送给代理商的第一份“见面大礼包”。签订销售代理合同的前提是，必须先把小米手机 4 销售出去。

那段日子，一个月有三分之二的时间，宋涛都是在飞机上度过的，而和每一个代理商签订合同的过程，都有一个独特的故事。在迪拜，和代理商的谈判相对顺利，在团队搬出小米的商业模式后，一家敏感的代理商马上意识到这个模式的价值和潜力，尽管有一些打打吵吵，但是它最后还是和小米签订了 5 万部手机的包销代理协议。不仅如此，它还投入了很多费用到地面店的推广和宣传上，在当时小米在国内还没有线下广告投放的情况下，小米的广告海报第一次出现在了迪拜的地铁和轻轨里，后来，迪拜的高速公路旁边也有了印着小米 LOGO 的巨幅广告，这让看到照片的雷军也颇为感慨。

在巴基斯坦的谈判则不太顺利，而且长年在海外的宋涛第一次感受到了某种危险的气息——街上全部都是拿着 AK-47 的军人，在卡拉奇他入住的某家酒店里，从开车驶入到最终进入酒店，要经历三道关卡，经过第一道关卡时，保安要用排雷探测器探查车上有没有炸弹。据说，当地时不时就会有一些恐怖行动发生。在这样的一个市场上，正经历着从功能机到智能机的更新换代，而小米主要洽谈的一家代理商最后并没有和小米达成合作，在耽误了不少时间后，小米把区域代理权给了一家叫作 QMobile 的代理商。

在美国迈阿密，小米和一家拥有重新包装能力的代理商 Bright Star 达成了合作。通常，小米和海外代理商谈判的一个前提条件是，希望代理商拥有重新包装的能力。这是因为，所有手机的原包装上都是中文，手机的系统也是中文的，而每更换一个市场销售，代理商就必须把这些外包装和说明书做本地化的更改，还要更换系统的语言，如果代理商有能力自己做好这些工作，会减少很多后续的麻烦。

那一段时间，宋涛带领的这个小团队，几乎跑遍了除菲律宾以外的所有拥有上亿人口的国家。经过半年的艰苦工作，小米手机 4 的印度库存问题基本得到了解决。尽管蒙受了巨大的损失，但小米能够快速止损已经算是不幸中的万幸了。此时的小米手机 4 在完成出口退税之后，正常的成本在 230 美元左右。而它这一次在国际市场上的出货价格绝大部分在 170~175 美元。在一些国家，它的出货价格甚至达到 180~185 美元，只有最后几万部尾货，宋涛是以 130~140 美元的价格签约出去的。可以说，这一仗最终完成得非常漂亮。在这一年的年底，不仅小米手机 4 的库存问题得到了解决，小米在海外市场的出货量也第一次达到 200 万部。这意味着，除了小米手机 4 以外，其他一些机型也通过代理商触及了全球市场。

在跑遍全球的这个过程中，小米公司因祸得福，完成了全球销售网络的搭建，为日后小米国际部的成立奠定了基础。而且，一些重大问题在此时被发现，让他们得到了纠正的机会。

这些错误，都成为小米在国际化进程中交纳的巨额学费。

比如小米在巴西建立的办公室，被事实证明完全是一个错误。那是一个税法极其繁杂，而电子商务成熟度远远不够的地区，小米在那里建立了一个团队，但是业务的推进几乎为零。而要撤掉这个团队则需要适应当地的法律政策，给雇员支付巨额的赔偿金。最后，小米花了很多的成本才纠正了这个错误，关掉了巴西办公室。

还有，小米有一些代理协议签订得并不合理，这让销售工作很难展开。比如在非洲，一家很小的代理商此前竟然得到了小米在这个地区的独家代理权。由于代理商自身的规模太小，导致这个地区的业务推进非常艰难。而小米需要等待这些独家代理协议履行完毕之后，才能更换合适的代理商。

小米还曾经在印尼市场签订过一份雷军称之为“荒唐到不可思议”的经销商保底合同。那份合同规定，如果经销商收不到零售商的货款，将由小米公司进行保底支付。雷军后来回忆，几乎没有任何一个企业会用这样的方式签订这样的条款。“也许当初负责人为了争取业绩，想赌一把，认为商家倒闭会是一个小概率事件。”没有想到，合同条款一语成谶，经销商合作的商家后来果然关门大吉，没有办法支付货款了，小米只能因为合同上的这句话进行了保底支付。为了这句话，小米损失了 600 万美元，这让雷军在愤怒中收回了国际业务的法务权利，从那一天开始，所有国际业务的合同必须返回总部统一审理。在回忆小米这段在海外市场跋山涉水的过程时，雷军表示，他最终开始理解高通这样的大公司，也理解了所有的全球化公司，“他们其实都是用财务和法务在对公司进行管理”。

在派出宋涛、刘毅、田淼解决国际业务问题的同时，雷军亲自接管了印度市场。从那时开始，印度的每日销售报表都直接发送给雷军，印度市场的负责人马努也开始直接向雷军汇报。一直到今天，雷军每天都要接到10条以上的印度市场信息汇总。而印度的战略，自然而然也开始由总部直接部署，这让小米如何放置国际业务总部和当地市场的决策权，形成了一个先例。

回顾这段日子，雷军坦言，这是小米国际化路途当中非常幼稚的一段时间，“过程中踩了不少的坑”。

雷军从最初咬牙切齿的状态慢慢恢复了平静。他对这些错误进行了反复的复盘——这一切到底是谁的责任？他和林斌好几次都在内部会议上进行了深入灵魂的探讨。最终，他们意识到，他们都有责任。对于海外市场的建设，小米最初是用在地图上画圈指挥作战的方式完成的，现在想来，这一切充满了不可思议的成分。市场毕竟是残酷的，手机还是全球竞争最激烈的消费市场之一，他们却派了一个完全没有实战经验的人去指挥作战。对于雨果·巴拉来说，他在硅谷知名，为人真诚，有着丰富的互联网产品经验，沟通和市场营销能力也非常突出，但是问题是，他没有任何过往的经验可以支撑他实际操盘硬件生意，更何况是同时在全球几个国家铺开的手机硬件生意。

为了弥补国际市场的管理缺陷，雷军终于说服了他理想中最合适的国际市场高管来到小米公司，他就是早期为小米提供了巨大帮助，甚至促成了高通对小米早期投资的高通全球副总裁兼大中华区总裁——王翔。

其实早在2014年，雷军就劝说王翔加入当时势如破竹的小米公司，但是当时的王翔正在经历一个重大事件，这让他放缓了职业生涯变迁的步伐。高通在手机芯片市场一直占据主导地位，而这种地位也带来了弊端。从2013年开始，高通在中国遭遇了旷日持久的反垄断调查，需要和国家发改委洽谈和解协议。王翔正是这个事件的亲历者之一，因此，当雷军找到王翔时，王翔告诉雷军：必须要等到整个事件结束之后再做考虑，他绝不会在这个关键而特殊的时刻选择离开。

高通的反垄断案于2015年5月结束调查。王翔在这一年的7月接手了刚刚恢复平静的小米国际市场业务。事实上，小米的国际部就是在这样的契机下成立的，雨果·巴拉主动提出向王翔汇报。有趣的是，雨果终于可以在没有任何语言障碍的情况下和王翔沟通国际事务了。之前，他总是通过林斌或者宋嘉宁的翻译来和集团管理层对话。而雨果·巴拉意识到，在这样一家正在进行全球化的中国公司里，不会中文终究会限制他的发展。

对于这一点，宋嘉宁也有深刻的认识。宋嘉宁在美国长大，尽管他的父母在家里都说中文，但是他的中文依旧停留在只能简单听说的水平上。刚来小米工作时，宋嘉宁的中文不足以应对复杂的商务讨论，每次开业务会都很紧张。在这种工作环境下，他深感学好中文的重要性，因此他开启了一段疯狂学习中文的日子。宋嘉宁在自己的电脑里建立了一个Excel文档，每天在收到的邮件和微信中挑选不认识的中文单词集中记录，然后在那些中文旁边标注上相应的英文。那段时间，他学习的专业词汇有：供应商、内存、代理商、成本结构等等。等到2019年他在小米工作了4年后，你几乎听不到他有任何口音，如果不问，你会以为他的母语就是中文。

这可能是中国企业进军海外市场，开启全球化之路的过程中一些格外有趣的细节。在很多中国企业走向海外的过程中，这样的故事不断发生着。2013年和2014年，腾讯投入2亿美元用于拓展微信的海外市场。2014年年中，百度在巴西发布了葡萄牙语搜索引擎。阿里巴巴在纽交所上市前，就累计在美国投资了5亿多美元，投资领域涉及电商、移动即时通信、奢侈品电商以及拼车服务。越来越多的中国品牌，正在以不同的方式进驻全球市场。大家跌跌撞撞，但是始终一路向前。就在小米手机4发布之后的2015年4月23日，Mi 4i手机也在印度如期登场，正是那场在印度首都新德里的发布会上，雷军那句略带喜感的英文“Are you OK”，得到了现场印度米粉们的狂热回应。当然，这段如同演唱会现场一般的对白，也被传回国内做成了鬼畜视频，在互联网上疯狂地传播着，这是互联网的娱乐属性大放光彩的时刻。

《创业家精神——中国创业者如何改变中国与世界》一书中写道，当企业的经营不再主要依赖国内市场时，这就意味着中国的发展进入了高级阶段——向世界输出它的企业。

小米此时正在向世界输出自己的企业和品牌，虽然遭受了大风大浪，但是方向始终如一。王翔进入小米国际部之后，很长一段时间都在解决专利问题。他鼓励小米工程师尽可能多地进行专利申请，提高小米在专利领域的话语权。同时，他还收购了一些专利公司，让小米的专利使用更为便捷。最后，他利用自己在高通的经验进行了很多全球移动通信交叉专利授权的谈判，这让小米在走向海外的过程中可以尽量减少掣肘。王翔坦言，做这些事情，雷军承诺不给他预算的限制。

后来担任国际部销售副总裁的刘毅发现，很多在小米手机 4 清库期间选择跟随小米的国际市场零售商，后来也跟随小米的成长逐步壮大。比如，小米在以色列的合作伙伴 Hemilton，后来做到了当地智能手机销售的第二名。而乌克兰的合作伙伴 Allo，后来成为当地市场的第一。还有当时选择帮助小米的俄罗斯合作伙伴 RDC Group，后来不断帮助小米建造小米线下授权店。

另外，小米的财务团队也在积极地学习如何应对汇率的变化，以降低汇率波动对小米手机成本的影响。在全球汇率巨幅波动时，这让小米的采购工作依然可以有条不紊地进行。

在不断试错和改错的过程中，小米自身的抗打击能力也在不断增强。这是一家企业在国际化的过程中，战胜学习曲线的必经之路。这一切，正如同《创业家精神》的作者谢祖墀博士所说的那样：

> 在走向跨国经营的过程中，中国的企业家可能依然是个初学者。但是，他们具有很强的探索能力、适应能力和相当高的风险承受能力，这

些都将帮助他们不断提升国际影响力，中国企业在全球市场上的成长，意味着中国正在成为超级大国，这个转变阶段已经到来。

线下店的第一次探索

早期的小米一直是互联网的崇拜者，也是互联网销售坚定不移的执行者。雷军把当时的小米叫作“坚定的电商主义信仰者”。整个公司都认为，线上模式比传统的线下模式更有先进性。因此，从2010年创立到2014年年底，小米从来没有过任何进军线下的想法。

但是，改变还是在2015年这一年发生了。

尽管在手机研发上出现了一些不尽如人意的状况，但是2015年上半年，小米的销售势头依然强劲。2015年第一季度，小米手机出货量为1500万部，第二季度达到2000万部，这让小米在2015年上半年的出货总量达到了3500万部。而2014年，这个数字还只是2600万台。

在这种情况下，一直主管售后服务的张剑慧冒出了一个新的想法，那就是希望给小米之家增加一些销售功能。她坦言：“如果这样，将给只做售后服务的小米之家增加一些在公司内部的权重，另外，总是有小米的粉丝来到小米之家想购买小米的东西，我们为什么不能给他们提供呢？我们公司这么注重用户体验和服务。”

张剑慧是在2015年4月25日的一次内部会议上提出这个想法的，但遭到了强烈的反对。这些反对听起来无可辩驳：“你具备销售能力吗？”“你们的小米之家都在写字楼里，做销售不觉得很奇怪吗？”“现在网上销售还供不应求，怎么可能分货给小米之家呢？”

在内部的反对声比较强烈的情况下，张剑慧通过内部通信工具米聊向雷军汇报了自己的想法，而这个想法得到了雷军的肯定，他的回复是：去和销售运营的同事聊一聊。这让张剑慧兴奋不已。

她开始不断地去销售运营部门核对货品的情况，也开始做一些线下的物料准备工作。从大学时期在软件门店当促销员到后来在金山做渠道销售的10年积累，张剑慧多年的线下经验似乎想要在这个时刻全部派上用场。尽管一直到2015年4月30日那一天，销售运营部的同事还是告诉她没货可分，但是她还是决定继续进行所有的物料准备。她兴致高昂地做了门店吊旗、产品宣传堆头、易拉宝。“售罄，连售罄的牌子我都提前做好了。”张剑慧说道。不仅如此，她还在5月4日当天召集各个地方的店长回京，专门进行了线下销售培训。

“在进行销售活动前，重要的环节是给所有的店长统一思想，告诉他们哪些步骤是核心要点，怎么介绍产品，怎么和消费者沟通，怎么收款，线上怎么收，线下怎么收，收款流程是什么。我甚至想到，如果货卖完了，我们怎么用F码来应对黄牛。万一有人闹事怎么办？我们应该怎么向派出所报备。我为这些都做了详细的文案。”说起这些，张剑慧显示出了一种轻车熟路的自信。

小米第一次给线下全国分货时带有几分奇幻主义色彩。销售运营团队告诉张剑慧，给线下分货确实存在困难，原因是有一个叫作OBA（Out of Box Audit，开箱检验）的验证过程特别慢，给线下的货能做出来，但是包装不出来。张剑慧一听来了精神，她马上派了售后服务部门的十几个工程师去工厂里现场帮忙，那些工程师站在生产线上刷软件、做合规验证，完成产品出货前的最后一些工序。与此同时，张剑慧请物流部门派来两辆卡车在工厂门口等候。一旦手机包装完毕，货车就可以直接把这些新鲜出炉的货品拉到机场和高铁站，进入运输流程。因为时间太紧，最后分给福州的货实在来不及通过货运物流送达了，张剑慧就让人把货发到了东莞，再让小米员工通过高铁把货带到福州。

就这样，2015年5月12日，小米之家第一次线下销售终于启动了，他们在全国一共分到2000部小米Note顶配版手机。这样的活动让米粉们感到新鲜和激动，全国各地的小米之家都出现了大规模排队购买的场景，张剑慧临时提升了安全预警系统，她还发动当地的售后服务商，每家出两个人到现场当起了临时保安。

那些提前做的精心准备此时发挥了作用。小米之家的服务人员陪着米粉们在现场排队，在等待的过程中，有的人做饼干，有的人变魔术，还有的人送上了带 MI 字 LOGO 的咖啡，这让现场充满了欢快的气氛。在北京的小米总参大楼下，小米员工从食堂里给米粉们一人端来一碗热气腾腾的小米粥，让米粉感受到了来自这家公司的一种质朴的诚意。这一切都显现了小米的凝聚力。一家前来采访的北京媒体人发出了这样的感叹："小米太奇特了，小米的打法也太奇特了！"

这一次线下销售取得了成功，2000 部手机一抢而空。最后，张剑慧真的用上了她提前准备的 F 码，才安抚了一些到了现场却没有买到手机的人，让他们心满意足地回家了。在张剑慧眼中，这是小米进行的一次成功的线下活动尝试，她暂时还没有把这个活动持续做下去的野心。但是，2015 年 8 月的某一天，雷军的助理来通知她，到 15 层和雷军开个会。这在平时是很少发生的事情。用张剑慧的话来讲，她所在的是一个后端的后端的部门，和雷军直接对话的机会并不多。

雷军和张剑慧聊起了 2015 年 5 月进行的那次线下销售探索，询问了张剑慧对于线下市场的理解，并且谈到了小米目前遇到的瓶颈，谈话一直进行了好几个小时。他们聊起了小米的产品销售，也提到了竞争对手在线下的表现。雷军提到，如果小米产品特别好的时候，就会一直供不应求，就算溢价市场也愿意接受。但是如果某款产品并没有预期的成功，就会出现出货流速变慢的情况。雷军还第一次聊到了小米在线下没有阵地的问题，他说："小米在线下市场没有进行下沉，会接触不到一些消费者，小米可能会考虑对此进行一些调整。"在张剑慧的印象中，这是雷军第一次和她提起小米希望在线下进行探索的事情。而雷军和她一样担心的问题是，小米一直以贴近成本的售价在线上销售，小米将如何承受线下的巨额成本？

两个人一直聊到晚上七八点钟，办公室没有开灯，室外昏黄的路灯透过窗户照进屋子。张剑慧对这一幕印象格外深刻，灯光把她面前这个人的轮廓勾画得格外清晰。她隐约地感觉到房间里有些压力。最后，雷军要求张剑慧去几个城市跑一跑，看看小米能不能进行一场真正的试验：开出一家线下店。

2012年，王健林和马云在央视中国经济年度人物颁奖盛典上打了一个赌：到2022年，如果电子商务在中国零售市场份额占到50%的比例，王健林将给马云一个亿，如果没有，则由马云给王健林一个亿。这是有关电子商务和传统线下业务发展预测最著名的一个赌约。当时人们关注的焦点是电商的崛起，很多人认为，电商会在未来完全取代线下市场。而到了2015年，一个有趣的现象发生了，马云的淘宝、天猫正在从线上走到线下，而万达却走上了轻资产的道路——王健林将万达百货卖给了苏宁。零售业正在出现一些值得深思的变化。而随着小米的业务发展和创业者们在一线作战的观察，雷军这个“坚定的电商信仰者”，第一次有了进入线下的想法。他意识到，也许未来的零售市场是线上线下相互结合的。

时任小米公司高级副总裁的祁燕，此时帮助小米公司谈下了一家线下店铺——当代商城店。在电商对实体经济形成冲击的背景下，北京市商委和海淀区商委关心实体经济的发展，希望给老牌商业企业引入新兴的虚拟经济，这和小米想进军实体经济的想法不谋而合。在祁燕的牵线搭桥之下，当代商城引进了小米这个品牌，并给了租金方面的优惠。

这个位于当代商城6层的店铺并不引人注目。签约事宜尘埃落定后，张剑慧对店铺进行了快速的设计和装修工作，希望把业务尽快开展起来。在这个过程中，有一件事给张剑慧留下了啼笑皆非的印象：小米产品的包装全部是适合线上出售的样子，所有的纸盒都是牛皮纸的。摆在展台上，一面墙全是规格不等的牛皮纸盒，透着一种冷冷的风格。而这种风格既不吸引人，也不适合线下销售。于是，张剑慧拉着产品团队、设计团队和信息部的同事来到店铺，希望他们感受一下，如果要在线下商店卖东西，小米的外包装需要做出哪些改变。然后，她推动相关同事把所有的物料都改成符合线下审美的风格，并让信息部的同事把之前线上的电商语言改成了线下的销售术语。比如，电商完结的订单状态叫作妥投，而在线下，这应该叫作已结单。“在小米这样的公司里，和一群一直做电商运营的朋友讲线下需要什么，就像你和印度人说你要吃饺子一样，让人头大。”张剑慧说。

在那段时间，她充分感受到，做零售就是一个充满魔鬼般细节的工作。

当代商城店在小米内部只是被当作一个试点，没有人对它抱有过高的期待。张剑慧甚至想过，等到商城的租金补贴时间一到，她就把店关了。尤其令人担忧的是，店铺所处的位置并不太好，一从小米商店出来，左邻右舍全部是卖被子、毛巾还有各种家居用品的商铺，和小米要吸引的客户群完全不一样。但是令人意外的是，当代商城小米店自从2015年9月12日开门迎客起，每天的客流量几乎相当于整个商场的客流量。店铺里除了小米手机之外，也销售空气净化器、移动电源等生态链产品，这让消费者有了一种逛街的感觉。由于货品流速超出了小米的想象，这个店居然很快就赢利了。

就这样，当代商城店第一次证明了小米在线下的商业模式是可以跑通的，人们看到，只要商品流速快，让商业的效率得到保证，线下店就可以获得利润，这给了小米继续进军线下的极大信心。

与此同时，跑了几个城市的张剑慧也通过米聊向雷军汇报了自己对拓展线下店的一些思考和建议：第一，先在北上广深一线城市进行试点。第二，选择一个省的4~5个地市县，尝试做销售服务一体的“小米之家”。主要的困难和风险在于：第一，库存管理的风险，需要组建新部门做物流仓储。第二，需要做新的系统开发，比如研发进销存系统等。第三，货源和产品如何组合，建议做新品+单品爆款SKU（库存量单位）+利润有保证的SKU现货。第四，需要专门招聘和培训团队。第五，线下店确实有资产重的风险。

随着这些思考和探索的加深，小米进行线下店的系统性拓展最终演变成小米公司未来的一个新战略。而张剑慧提出的这些问题，都是小米实行新战略时要面对和解决的问题。看起来，小米这个坚定的电商信仰者是时候走出自己的舒适区了，而这也是考验创业者能力的重要时刻——随着市场的变化，如何突破既有商业模式的局限，从而进行商业模式的调整。

生态链管理方法论初步形成

就在手机战事在2015年这一年进行得如火如荼之际，小米的生态链部门依然处在整个公司不太主流的位置。但是，这个部门中那些小米最早期的产品经理的内心深处都有一个执念，那就是小米生态链一定要在公司内部长大成人，成为公司的一股新势力，成为一个不被忽视的群体。

这一年，生态链投资进行得有条不紊，生态链部门依然按照三大圈层的逻辑进行着布局。第一圈层投资手机周边，比如小米移动电源、耳机；第二圈层投资智能硬件和智能家居产品，比如智能空气净化器、空调、智能电饭煲；第三圈层投资生活耗材，比如毛巾、牙刷等基础生活用品。不理解这种战略布局的人无法解读小米生态链的商业模式，而看穿这种打法的人深深知道，这种从点到面的链接，让小米在万物互联时代结出了一张紧密联结的网络。

在小米用自己的眼光注视着这些创业者的同时，时代似乎也格外青睐这批创业者。2014年9月10日，李克强总理在天津夏季达沃斯论坛上致辞，他在讲话中反复提到“大众创业，万众创新”，描述了科技创新在推动中国的经济增长与现代化过程中扮演的重要角色。这是政府对互联网创业和本土创新的表态。

在这种大背景之下，民营风投积极跟进。根据毕马威在《2017第四季度全球风险投资趋势报告》中提供的内容可知，从2010年到2013年，中国每年投出的风投资金一直稳定在30亿美元左右。到2014年，金额激增4倍，达到120亿美元，而到2015年，这个金额增长到260亿美元。如同李开复在《AI·未来》中说的一样，到2015年，促使另类互联网兴旺的元素全部到位了：突飞猛进的技术、充足的资金、顶尖的人才和支持创业的宏观环境。这也正是小米生态链的很多企业诞生的时代背景，正是在这样波澜壮阔的创业大潮中，一批幸运儿脱颖而出。

一些产品在不被注意的角落里酝酿蛰伏了很久，一经面世就惊艳四座，改写了整个行业对产品的认知。比如小米插线板，就是这样一款具有强大冲击力的产品。它是由青米团队经过 15 个月的攻坚奋战，最终在 2015 年 3 月 31 日呈现出来的作品。这款插线板最终达到了雷军在小米投资该项目时对青米 CEO 林海峰提出的要求——要做得“美轮美奂”。

这是一个非常典型的、在工业设计上追求极致的案例。设计团队基本上对插线板外观的每一毫米都做了尽可能的完善。一般插线板的拔模角度是 3 度，然而为了达到工艺的极限，小米插线板最初要求拔模的角度最好是零。但是林海峰发现，这样做会导致插线板的废品率太高，出现成本问题。于是插线板的拔模角度被放宽到 1.5 度，而即便是这样的自我要求，依然是插线板这个行业里一场前所未有的革命，它对制造提出了很高的要求。

在工业设计的角度做到最窄和最薄之后，内部结构如何堆叠成为一个很大的挑战。尤其是，插线板必须符合安全的要求，工程团队要在极小的空间里设计电气间隙，几乎像是在螺蛳壳里做道场，这让工程团队数次陷入令人绝望的死循环。最后，内部结构工程师刘永潮在试验了无数次之后，终于在回家的路上灵感闪现，想到了在强弱电之间加入筋位的解决方案，他兴奋地跑回公司希望分享这个消息，结果不小心撞到了一层的玻璃门上，发出了“咣当”一声巨响。当保安跑过来查看情况时，发现一个人正躺在地板上捂着头痛苦地呻吟着。

最终，小米 USB（通用串行总线）插线板以 49 元的价格上市了，一个单品就卖出了几百万只，它再一次震撼并改造了整个行业。在小米生态链的各项投资中，插线板其实是一个非常传统的产品，关于小米是如何对它进行互联网升级的，很多传统行业都想要寻求其答案。有人说，小米最重要的贡献就是输出了标准，然后再按照互联网的逻辑，追求极致。

特别有趣的一件事是，小米以“狙击手”的姿态进军插线板行业之后，这个行业的引领者公牛电器受到了启发，迅速跟进推出了类似的产品，并且开始在电商渠道进行销售，价格比小米插线板还便宜1元钱。尽管小米生态链的产品经理认为，公牛的产品只是和小米形似，但是这已经是整个行业都开始追求对插线板工艺改善的佐证了。可以说，这是小米进军传统行业并且促进整个行业进步的一个经典案例。

随着小米生态链进军的行业越来越多，小米的硬件产品也以越来越清晰的品牌定位出现在市场上，其引发的讨论热度也和小米手机的热度越来越接近。而当越来越多的企业进入小米生态链这个社群后，资源互助就自然而然地产生了。

这一年，小米投资的公司中还有一家格外引人注目，那就是2014年下半年进入小米供应链的纳恩博公司（后更名为九号机器人）。这是一家做平衡车的公司，涉及的行业是便捷出行。为了厘清专利问题，这个公司的创始人高禄峰还在雷军的鼓励下进行了一场著名的并购，收购了“神一样存在的美国平衡车鼻祖Segway（赛格威）”，让其在知识产权方面可以畅通无阻轻装前行。

有了小米的背书之后，纳恩博在供应链上的话语权得到了显著提高，而小米生态链企业之间相互协同的作用也逐渐显现出来。纳恩博生产的九号平衡车对电池有很大的需求量，而电池的成本又关系到平衡车的定价，因此如何选择电池供应商对纳恩博来说尤为重要。在业务初期，当纳恩博需要订购电池时，高禄峰第一个找到的人就是紫米的张峰。在硬件领域浸润了二十多年，张峰此时已经成为供应链领域的专家。他带领的紫米也和电池领域息息相关。

张峰给纳恩博提出了一个中肯的建议，就是紫米不应该独占纳恩博全部的电池业务，这是因为，按照惯例，一个产品的任何关键零件的配件都由应该2~3家供应商来提供，这是一个比较安全的结构。不过紫米的存在给纳恩博带来了两大直接收益：第一，紫米对电池的价格了如指掌，其他的供应商无法给纳恩博报出虚高的价格。第二，紫米一直按照最严苛的标准要求自己，这提高了纳恩博其他供应商的产品质量。

这是小米投资的企业相互助力的一个非常典型的例子。张峰创办的紫米此时已经成为独角兽，在英华达多年和硬件企业接触的经验，也使张峰成为供应链方面的专家。而硬件创业里最大的坑，其实就来源于供应链这个环节。张峰可以让生态链兄弟企业避免一上来就在供应链领域误入歧途。张峰后来成为供应链问题的资深顾问，几乎每个生态链企业遇到供应链方面的问题都会找他帮忙。而紫米也开始为越来越多的企业提供电池产品，成为其他生态链企业的供应商，并且帮助他们完善电源技术。

此时，小米生态链企业的“竹林效应”开始显现。在小米生态链的理论中，小米认为，独角兽企业就像是一棵孤立的竹子，如果没有生长在竹林里，就没有强大而发达的根系，就不能进行新陈代谢，很容易大起大落。而现在，生态链企业逐渐形成了一个生态系统，他们的根系交织在一起，一边不断向外延伸，一边为竹笋的快速成长提供肥沃的土壤。

耗时一年半的研发之后，在 2015 年 10 月，纳恩博推出了九号平衡车，它采用双轮设计，重 12.8 公斤，时速可达每小时 16 公里，售价只有 1999 元。以前动辄上万元的平衡车单品，现在被九号平衡车降维打击了。到 2015 年 12 月，九号平衡车实现出货 10 万台。

2015 年是生态链投资进行得越来越频繁的一年，在不断进行的投资进程中，小米意识到它对生态链公司的管理还处在非常松散的状态，而越来越大的投资体量，势必要求越来越规范的管理。因此，刘德从诺基亚公司招了一位名叫赵彩霞的总监，希望她给生态链公司进行一次系统的梳理。很快，生态链企业就将迎来一场“风暴”。

面试赵彩霞时，刘德问了她一个问题：“在诺基亚你看不看每颗料的成本？”赵彩霞回答：“我不光看，还要看它每个月以及每个季度的成本变化，我还要关心汇率，哪怕是成本发生几美分的变化，我都要找出原因来。”因为这样的回答，刘德邀请赵彩霞立刻到小米公司工作，她的职责是：帮助小米生态链企业建立成本考核机制。

从诺基亚这样的公司来到小米生态链部门工作，赵彩霞的感受是魔幻的，她从来没有过这样的体验，拿她的话说，她是从一个井井有条的地方来到一个“什么都缺”的初创公司，什么问题都要自己去推动解决。但是这反而激发了她的内驱力，她说：“随便做一点事情，就觉得特别有价值感。”在诺基亚从来不错过饭点儿的她，在小米经常忙得忘记了吃饭。

小米生态链企业获得的利润，要按照股份给小米公司进行一定比例的分成，这就需要用营业收入减去成本。然而赵彩霞发现，小米和生态链公司签署的合同文本里，有很多条款难以落地。怎么核算利润？怎么扣除成本？每一个生态链企业都有一套自己的算法，概念也描述得非常模糊。赵彩霞认为，为了生态链平台高效、长久、持续的发展，小米必须有统一的业务合作协议范本，其中最重要的内容就是确定分成依据，这就对成本的真实性有了严格的要求。成本报价不但要真实，还要有无限期、可追溯的违规惩罚机制。赵彩霞对此的解释是：“小米没有办法一颗料一颗料去审查成本，但是合同里要有规定，如果有证据表明供应链公司虚报成本，将对其处以10倍以上的罚款。”

当时很多生态链企业找到刘德，有的想求情，有的要投诉，也有很多是对这个新制度表达“抵制”的，但是，刘德对赵彩霞的决定给予了最坚决的支持。在小米运营的这几年时间里，小米的管理层已经达成共识，小米模式的核心是用户的信任。小米最终要达到的理想状态是用户登录小米商城后，理解小米的产品在品质和价格上都是最优的，可以闭着眼睛随便买。而小米投资的生态链产品拥有小米品牌的背书，一次失望就会让之前的努力白费，因此对成本的精确考量，是对小米模式的守护。

这套统一的机制最初推行时，在生态链企业内部遭遇了强烈的反对，甚至一些小米的产品经理也表示反对，他们觉得这样做把事情“复杂化”了。而平时在办公室里管赵彩霞叫彩霞姐的同事，第一次开始在邮件里称她为“赵总”，一看就是对强制推行合作协议的工作产生了情绪。

很多生态链企业本能的反应就是不想签，他们的反应要比小米内部大得多。一些企业的 CEO 甚至直接对赵彩霞说：“我们就是要虚报一点儿成本啊，赵总，我们的利润这么低，不虚报一点儿，我们怎么可能活得下去。”赵彩霞听到这些，几乎从椅子上跳了起来。她狠狠地拍了一下办公桌，厉声说道：“你可真行！只要你敢报，我就敢罚。不信咱们就来试试。”面对巨大的阻力，赵彩霞采取了比较强硬的态度，如果不签这个协议，小米公司就停止对生态链产品的订单采购。而如果没有采购，企业就没有现金流。确实有一两家公司因为纠结签约的事情，让产品的采购延迟了一到两周的时间。最后，他们逐渐认识到从大局考虑这件事情对企业发展的益处，因此都陆续签署了合作协议。

除了搭建合同系统、整理分成逻辑、厘清历史数据，赵彩霞还主持搭建了生态链的集中采购系统。很多生态链公司使用的物料都有相同的品类，因此集中采购将能从报价上大量节省成本。从 2015 年 8 月开始，赵彩霞拉着财务部、信息部、物流部等 7 个部门一起搭建了这个集采系统。它打通了物流、订单和财务结算体系。一直到今天，这个系统每年的采购金额大约在十几亿到二十亿元人民币之间，所有的结算都是系统自动推送的。

集中采购系统在当时也引发了生态链公司的一些争议。一些生态链公司认为，供应链关系是一个公司的命脉，希望掌握在自己手中。今天，小米对于是否加入集采已经没有硬性规定。如果生态链企业能够证明自己可以拿到更好的报价，也可以自己去谈。但是总体来说，集采系统整体可以为供应链节省 5%~15% 的利润空间，对于早期那些没有供应商关系的生态链企业来说，这种帮助是巨大的。

到 2015 年，小米生态链企业已然发展出一定的规模，销售额同比增长 2.2 倍，为小米贡献了不少收入。其中，收入超过 1 亿元的公司有 7 家，最多的一家卖出了 17.5 亿元的产品。而小米在这一年又投出了 28 个项目。

整个生态链部门那种要长大的心态，很快也感染了赵彩霞。而推动生态链企业的规范化，是促使它规模化成长的一个重要基础。那段时间，赵彩霞经常重复的一句话就是："我们要长大啊，要长大，不管有什么困难，我们都要长大。人挡杀人，佛挡杀佛，我们生态链部门，就是要长大。"

解开8000万销量的心魔

2015年是中国移动互联网风云激荡的一年，各种变化令人应接不暇。这一年，除了三大巨头的市值继续增长以外，互联网行业还发生了四起"骇人听闻"的合并案，由此产生了58赶集、滴滴快的、新美大、携程去哪四小巨头，他们几乎在一夜之间，依靠合并的方式让市值快速上涨，分别成为移动互联垂直领域的绝对王者。领域内的很多并购开始由巨头发起，他们纷纷开始调整自己的战略，对国内的互联网企业进行投资或者收编，目的就是对自己的业务进行互补或者增强。

竞争局势愈演愈烈的这一年，也是手机行业急剧变化的一年，充满了江湖里快意恩仇的残酷，也开始显现出一种荒诞不经的娱乐感。流量明星、娱乐新闻和手机发布会开始捆绑在一起，这让手机从业者开始自嘲地表达手机圈已经变成了娱乐圈。

在某种程度上，这也从侧面反映出小米在江湖上正在被围剿的事实。对于小米来说，这绝对是漫长的一年，这一年充满了太多阴晴不定的因素，以至雷军在回忆这一年时，他所有的记忆都是在紧锣密鼓地处理着各种突发问题，紧密的时间表甚至让他忘记了压力的存在。而8000万部手机的销售目标也给整个市场带来了太多的期许和注视的目光。当小米的销售情况不达预期时，各种关于小米的负面报道、批评、质疑和诋毁，也在这一年内充斥着媒体，甚至有人表示——小米5年之内就将消失。

竞争对手从来都是毫不留情的。

负责销售运营的朱磊在这一年的11月，经历了小米自成立以来竞争局势最惨烈的一次"双十一"。

小米早期的销售相对封闭，只在自己的小米网上做运营。直到 2013 年，小米才在天猫的邀请下第一次参与淘宝“双十一”大战。“当时天猫给予的条件非常优惠，费用率极低，几乎是象征性的。”朱磊说。小米也不负众望，在那一年轻松夺冠。2014 年是林斌接手销售运营之后的第一次“双十一”大战，在小米势头正盛的时间点，那一年的销售数据也傲视群雄，这让整个销售团队都处于一种无比轻松的气氛中，以至有工程师用林斌的头像做了一个表情包，他拿着香槟左摇摇、右摇摇的形象充斥着欢乐的米聊工作群。

2015 年，小米正式开通全网电商，除了在自己的小米网上做销售以外，小米在天猫、京东、苏宁的网店都开始做起了销售运营。随着战事升级，那一年的“双十一”大战格外惨烈，OPPO 和 vivo 在线下的护城河越挖越深，线上崛起的品牌也都虎视眈眈。一个渠道内公开的秘密是，有的友商甚至把线下渠道商集中起来，让他们从电商平台上规模下单。“双十一”这一仗，小米不想输。随着品牌间的激烈角逐，小米和友商的排名一直交替上升，在最后半个小时的巅峰对决中，小米拿出了撒手锏——为用户提供 50 元的红包直接进行绝杀，这让小米在最后一刻终于锁定胜局。

“因为我们从来不用黄牛刷单，所以这种战役打起来格外艰难。”朱磊说。

这一年不断升级的手机战事，让雷军感到格外辛苦。也许这就是雷军在 2015 年 11 月 24 日那场发布会上格外动情的原因吧。在那场发布会上，小米推出了红米 Note 系列第三代机型，即红米 Note 3。这是一款非常经典的机型，它采用 5.5 英寸 1080P 屏幕，屏占比达到 73.2%；它拥有双摄配置，前置摄像头为 500 万像素，后置的摄像头达到 1300 万像素，配有当时流行的双色温 LED 闪光灯，可实现 1080P 视频录制。可以说，这款手机满足了广大米粉对于千元旗舰机的所有期待。

也许因为这一年经历了太多的跌宕起伏，站在台上的雷军百感交集。他回顾了 24 年前，自己第一次坐 13 个小时的火车从武汉来到北京的心情，那种站在北京站广场上四顾茫然的感觉，那种对于梦想的渴望。

第一次，雷军在演讲中几度哽咽，这或许是雷军在历次公开演讲中最为动情的一次，回到后台时，工作人员发现，他的双眼都是红的。在这个舞台上，雷军在回顾自己青春梦想的同时，似乎也是在通过这个演讲和自己进行一场对话。他在提醒自己，提醒那些和他一起出发的人——从24年前到今天，他自己是为了什么而出发的？而从4年前到现在，小米又是为了什么而出发的？

这种思考一直延续到2016年1月15日的年会上，雷军在这个年会上对这个问题做出了解答。那一天，林斌公布了2015年小米手机的销量成绩单——小米手机销量超7000万部，依然处在全国第一的位置。但是这个成绩，显然跟小米预期的保8000万部冲1亿部的目标差了不少。雷军在这个年会上，也对这漫长的一年做出了总结。他用他那句在印度Mi 4i发布会上红遍互联网的句子提出了问题："面对这样的成绩单，Are you OK？"

> 说实话，我不OK。过去的一年我们实在过得太不容易了。面对这样的压力，我们内部也有很多的情绪和想法。我们到底出了什么问题？我思考了很长时间，最后得出了结论——我们内心有心魔。
>
> 年初我们定了一个8000万台的销售预期，面对这样的市场形势，不知不觉，我们把预期当成了任务。我们所有的工作，都不自觉地围绕这个任务来展开，每天都在想怎么完成这个目标。在这样的压力下，我们的动作变形了，每个人脸上都一点儿一点儿失去了笑容。我们是一个刚刚创业不到6年的公司，应该朝气蓬勃才对。这时候，我们就要多想想，当初我们为什么出发。
>
> 创业的本质是什么，就是要做我们觉得酷的产品，就是要享受这个过程，无论有多少困难，无论有多少问题，小米都要享受这个过程，所以2016年我们的战略是——开心就好。只有开心，才能有激情动力，只有开心了才有创造的灵感，小米的每一个同事开心了，用户才能开心。

在这次讲话里，雷军除了让大家解开8000万销量的心魔之外，还多次提到“让每个人能够享受科技的乐趣”。为了让大家明晰未来的目标，雷军列出了 2016 年的三个关键词：聚焦、补课和大胆探索。另外，精细化运营也被提到了很重要的位置上。

2015 年尽管内外焦灼，但小米依然有许多新的动作和尝试。

比如，在王川和朱印经过十多次的艰难洽谈之后，小米在这一年最终收购了朱印的 RIGO Design 工作室。而这次收购，为 MIUI 后来不断的升级迭代、做出最好的用户体验提供了保证，也为朱印后来负责小米的手机工业设计埋下了一道伏笔。当朱印最终带着他的团队成员进入小米公司之后，他终于和那些一路上“相爱相杀”的小米产品经理会合了。这一次，他把他一直以来的信条“恨什么就改变什么”带到了 MIUI 团队——“如果我们恨什么功能，就一定要去改变它”。

另外，在这一年，一项重要的尝试开始在小米内部推进，那就是小米开始了对自己的商业模式的验证。在雷军的倡议下，MIUI 的商业化探索正式开启，他要告诉投资人的一件事情就是，5 年前他为小米设计的商业模式——硬件 + 软件 + 互联网并不是一个故事。互联网服务将给公司带来收入，这既能解决研发投入的问题，还可以解决把高品质的产品卖便宜的矛盾，同时也可以吸引更多优秀的人才加入小米，让公司变得更有价值。

当然，对于小米那些有追求的工程师来说，他们的内心是纯粹的，本能地抗拒商业化。这个决策公布之后，整个团队都表现出消极怠工的状态。而雷军的工作就是推动员工在内部进行尝试，先不设限地往前走，然后在途中再进行纠正。在这个过程中，工程师们都经历了一个克服心理障碍的过程，这是一个非常有趣的推动商业决策的过程，而关于怎么做出让用户不反感的广告这种讨论，贯穿了 MIUI 团队接下来两年多的发展历程。

除了 MIUI 开始商业化之旅并真正给小米带来了现金流之外，小米的手机部门也在做一些新的有意义的探索。手机硬件结构部负责人颜克胜一直在思考的那个手机新形态——全面屏手机正式在小米内部立项了。他对雷军讲述了一家公司建立预研团队的重要性：如果一家公司的产品全部是为今天的市场准备的，其实并不容易做出特别酷的产品，这是因为，今天的产品总是要受限于当今的成熟技术，也要考量成本。而对于一家技术公司来说，一个预研部门可以为未来的技术突破做准备，这是一家公司有技术远见的表现。在研究新技术的过程中，不应该有预算和时间的限制。

作为一个有技术背景的创业者，雷军完全理解创新的意义和创新所带来的价值。他更理解在小米这种工程师文化很浓重的公司里，工程师对于创新的那种情怀和渴求。他知道创新有时候就像是风险投资，很多时候你无法保证付出的时间成本和资金成本能获得回报，但这就是一种对于世界的真挚情感和理想主义，这里面有一种说不出的舍生取义的大义凛然。这也正是硅谷能诞生奇迹的原因—— 硅谷的神奇之处不在于产生了多少 GDP，而在于其不断引领世界科技发展的潮流，不断产生出伟大的公司。在很年轻的时候，雷军就深谙这种冒险主义和理想主义，并且把这些内化于心。在金山时期，重写 WPS 花费了团队 5 年时间，这是他执行创新的一种实际行动。在做小米的过程中，他也一直关注着英特尔花费几百亿美元研发芯片的过程，并且经常以此告诫人们创新的艰难。因此，到 2015 年，雷军自然而然地对全面屏这种全新的概念，给予了最大程度的支持。尽管这个项目在内部争议很大，但是雷军还是拍板决定去做，并在第一时间请整个项目组吃了一顿饭，给大家打气。

在努力鼓舞士气的同时，雷军还在用自己的实际行动弥补着那 450 亿美元估值融资的错误。这一年，他一方面劝说黎万强中止休假重新回归小米，另一方面在寻找一个真正懂财务、懂投资的人来帮他给公司把关。2015 年 7 月，他把在 DST 尤里 · 米纳尔身边帮其看项目的年轻人周受资招致麾下，任命他为小米集团首席财务官。这个决定让相当多的人跌破眼镜，毕竟，这个新加坡年轻人当时只有 32 岁。

在很多人质疑周受资过于年轻的时候，雷军却用自己的判断认准了周受资的潜力。雷军说，周受资是世界级的投资家，年轻、聪明，而且有一种对世界复仇一般的勤奋。他知道，周受资在 DST 工作期间，为了研究创业项目并观察中国移动互联网的发展，每年会约见350个创业者。从2010年开始，他每天都在思考一家企业的核心竞争力在什么地方。周受资认为投资是一种技术活，需要大量的累积，这样才能实现从量变到质变的飞跃。2015年雷军找到他时，他已经深入研究过1000家企业。

王翔和周受资的加入，阿黎的回归，这一切都是在为2016年的小米补课元年做准备。很快，小米就将迎来形势更加焦灼，如同狂风暴雨的一年。而那个是否要换掉硬件团队负责人的严肃问题，此刻依然萦绕在雷军的心头。

第八章
狂风暴雨中的一年

供应链出现危机

从 2015 年下半年开始，小米手机的销量明显下滑，负责销售运营的朱磊眼看着所有数据正在变动，她感受到前所未有的煎熬。对于从 2011 年就看着销售数据一路上涨的朱磊来说，这是她第一次经历数字的大幅波动。在这之前，小米都在一路凯歌地成长，这让她工作起来格外兴奋，同事们甚至给她起了一个霸气的外号——大王。而雷军所描述的那种“小米前 5 年浑身开挂，大家一路唱着歌曲，一边吃着火锅”的创业状态，似乎在此刻画上了一个休止符。等待小米的，更像是一次正常的创业了，正常的创业，就要经历挫折，经历大起大落，经历无比漫长的艰难困苦。

从小米开始创业的 2010 年，一直到 2016 年，手机市场的大盘一直在不断高涨，这说明，人们对手机这个产品有着旺盛的需求，这也给了新的入局者以机会。但是此时，小米却因为一个又一个的问题，在各个方面遭遇阻击，这一年，是小米开始经受狂风暴雨的一年。

作为业务的一线负责人，朱磊清晰地感受到，并不是小米的产品不受欢迎了，而是小米的产品周期和供货节奏出现了明显的紊乱。从 2015 年下半年开始，小米的产品往往是发货周期跟不上产品的热度。比如小米 Note 这款产品，它本身非常受米粉的追捧，但是由于曲面玻璃的良率问题，导致小米 Note 缺货了好几个月。等到产能爬坡终于结束时，产品在市场上的热度已经过去了。在小米产品始终缺货的状态下，正在对小米进行“群殴”的那些品牌却能够正常出货，他们填补了市场上人们对手机更新换代的需求，从而也抢占了一定的市场份额。从小米手机 4 到小米 Note，供应链一而再，再而三地出问题，这让小米从管理层到基层员工都很着急，解决这些系统性问题已经迫在眉睫。

移动互联网的发展在这一年出现了新的趋势。在 2015 年这一年，所有的平台完成了绝大部分用户从 PC 端到移动终端的迁移。因此，2016 年，整个移动互联网市场“流量见顶”的趋势已经完全明朗。这对于擅长电子商务营销的小米来说，自然也不是一个利好消息。

另外，这一年还出现了一个有趣的现象，那就是用户流量正在逐渐去中心化。85 后和 90 后的用户正在分成圈层。比如哔哩哔哩的用户，在微博上并不活跃。私有关系流量、娱乐性流量变化正在悄然发生。对于小米来说，这些都是需要学习的崭新课题。

经过 19 个月的漫长等待，万众瞩目的小米 5 终于在 2016 年 2 月 24 日于北京国家会议中心发布了。这款手机配备的是 5.15 英寸 1080p 屏幕，搭载骁龙 820 处理器，3000 毫安时电池以及索尼 1600 万像素 4 轴防抖相机。一如既往，小米市场部为了这次充满“黑科技”的手机发布进行了别出心裁的策划，官方的预热活动也是如火如荼。2016 年短视频刚刚开始崛起，小米受到邓超的电影《恶棍天使》用小视频进行预热的启发，也做了预热视频。在视频中，3 分钟跳绳 1096 次的世界纪录保持者岑小林，表演了一段令人叹为观止的飞速跳绳，最后视频以字幕“快得有点狠”作为结尾，似乎表示小米手机 5 有着不错的性能和体验。

小米国际副总裁雨果 · 巴拉很快对这则视频中的跳绳发起了挑战。在一段新录制的视频中，雨果 · 巴拉尝试快速跳绳不成，气急败坏地扔掉了绳子，看上去十分搞笑。视频最后出现了“Insanely fast，and more”（疯狂地快，但不止如此）的主题，与“快得有点狠”不谋而合，可以看作是小米手机 5 预热视频的“国际版本”。配合这个视频的发布，媒体上充斥着“雨果·巴拉秒变逗逼”的新闻，也让人们对这款迟来的产品更加期待。

可以说，在市场营销方面，小米的创意一直是非常领先的，网友们看完这些视频后纷纷评论道：小视频展示的还是绝对的小米特色——有趣，好玩，接地气。

尽管发布会一如既往的成功，但是小米手机 5 还是自 2016 年 3 月 1 日起遭遇了产能不足的问题，缺货问题一直持续到 4 月的“米粉节”也未能得到缓解。一些网友说，米粉节期间，小米官网并没有放出更多的小米手机 5，抢购情况和之前相似。

其实小米内部此时也是有苦说不出，就在订单的准确性和市场预测情况屡屡出现偏差的时候，一笔高通的订单也出现了延迟交付。如果上游的芯片到不了，工厂根本无法生产，这让本已处于缺货状态的小米雪上加霜，外界的质疑声此起彼伏。为了排查这个问题的根源，高通全球总裁带着一个团队来到了雷军办公室，现场翻阅订单追溯问题所在。最后大家发现，确实有一个小米的订单停留在高通的销售系统里，没有进入排产系统。这两个系统当时没有打通，结果相当于小米比实际晚了一个月才下这些订单。

另外，不用说跟高通的系统没有打通，就连小米内部都没有一个完整的信息系统。每周最核心的订货会上，供应链、生产、销售三个部门分别抱着三台电脑，打开各自的 Excel 表格进行比照。听到这一奇闻，任何一个业内人士都不敢相信自己的耳朵，小米一年几千万台的出货量难道是靠这样的方法管理出来的吗？

这些问题尽管看起来都有一定的偶然性，但是雷军意识到了问题的本质，那就是手机团队的能力已经和小米的体量不匹配了，眼前的困难是巨大的，解决起来也绝不轻松。当外界对小米连篇累牍的负面报道开始出现铺天盖地的趋势时，这家公司已经处在舆论的旋涡当中。

除了硬件的缺货问题，MIUI 也在这一年遭受了灵魂考验。MIUI 的商业化试点在 2015 年下半年到 2016 年终于全面开启，工程师们也从刚开始的不情愿、很被动的情绪中走了出来。他们感受到了成为一个盈利创造者的快乐，也体验到为公司创造现金流的骄傲。在公司内部开会的时候，那些盈利很好的部门往往被看作公司的英雄，有了抬头挺胸的资本。因此，越来越多的团队中的工程师开始钻研怎么能更多地利用互联网流量获得收入。在谁也没有经验、谁也不知道标准是什么的情况下，他们在 MIUI 以及小米的 App 的角落里放上广告，有些并不那么适宜，有些甚至招致用户的反感。一些米粉开始在 MIUI 论坛上表达他们的失望情绪。雷军对此回忆道："刚开始没有对 MIUI 商业化设限，很多工程师就放飞了自我，商业化有些过度了"。

一些工程师经常推门就进到雷军办公室里，坐在他面前，直接问他："你不觉得吗？我们第一次站到了用户的对立面，你觉得我们还能这么干吗？"这种质问让雷军至今印象都极为深刻。

也有一些员工不惜用公开信的方式，直接诘问公司高管。早期负责小米社区的员工张少亮看到 MIUI 论坛出现的质疑，深感焦虑。在运营论坛的几年时间里，他感受到的一直是满满的热爱，是一种欣欣向荣的氛围，更是一种正能量。而现在，他无法允许他苦心经营好几年的领地出现叹息和失望，他感觉到一种"锥心之痛"。

2016 年的 4 月，他写了一封几千字的长信来表达自己的立场：

> 当你深入使用某个 App 时，有一些体验真的惨不忍睹。有的时候我就想，负责的同学每天都在用这个 App 吗？我们有很多工作还远远没有做到很好，更不用说做到极致！业务的营收目标可以直接量化，而又有谁在负责用户体验的量化考核，能在二者出现冲突的时候站出来为用户体验高声呐喊？我们是不是需要一个首席体验官的角色，不需要按个别人喜好行事，仅仅需要为用户的体验负责？我们能不能因为他们为用户体验努力而多发一些年终奖？ 曾经，我们每周五发版，让用户直接投票，

决定够不够格发布，今天，我们的 App 还有这样的勇气吗？

有人说，世上所有的坚持，都是因为热爱，我想说，坚持曾经的坚持，更是真爱。

这封信被直接扔到了米聊工作群里，MIUI 的负责人洪锋也在群里。当他看到这封义正词严的公开信时，他内心最大的感触是——熟悉。在谷歌总部工作时，他太熟悉这种正义感和公民意识了，工程师具有那种不是为了赚一份工资而是为了做一份事业的揭竿而起的精神。所以，在谷歌总部，隔三岔五就有员工游行、抗议，为的就是让公司正确地做事。而此时此刻，他把这种宽容带到了小米。

洪锋把这封公开信转发到更多的工作群当中，希望引起更多人的关注，他让工程师展开内部大讨论——如何做出对用户更友好的调整。这个调整过程被证明是一个长期的过程。

这时候的小米，经历着多重文化相互冲突的震荡。手机硬件团队与公司互联网企业文化的冲撞、互联网产品体验主义与互联网变现冲动的博弈，都让小米公司深刻地感知着什么才是成长路上真实的痛。

就在小米硬件的研发周期节奏被打乱、小米 5 旗舰手机遭遇延期、MIUI 的商业化引起一些争论之际，一个更棘手的问题出现了——供应链团队在小米公司发展壮大的过程中过于强势，因此大大小小的矛盾一直都在累积，而这一回，供应链副总裁终于得罪了对小米来说几乎最重要的供应商——三星公司。

三星公司决定不再给小米供应屏幕。而雷军经过仔细调查才知道，原因不是天灾，而是人祸。在一次和供应商的交流会上，因为供货和成本问题，供应链某个负责人对三星高管出言不逊，从而导致了巨大的冲突。自此之后，三星和小米就屏幕的合作就终止了。这是小米成立以来遭遇的最大的供应链危机，小米 Note 2 因此整整延迟了近一年的时间。

在这种内外交困的局面之下，雷军再次被推到最前台。

雷军亲自道歉

小米与三星交恶的过程，在腾讯调查记者的文章《小米重生故事》一文中被详细记载。“三星半导体中国区一位高层带着团队与小米供应链团队见面，在现场 PPT 演说过程中，由于小米态度很差，三星也很强势，双方在现场发生了很激烈的争执，直接拍了桌子后，这位三星高层站起来就离开了。”

而事情的真实情况可能比这段描述更加糟糕，甚至到了很难用语言记载下来的程度。三星半导体中国区的这位高管走出小米办公室后，在愤怒中把整个过程写在了一封电子邮件当中。这封被发往三星总部所有高管电子邮箱的邮件，最终导致的结果就是——三星决定不再向小米供应本来产能就极为有限的 AMOLED 屏幕。

这对小米来说，无异于是一场重大事故。

三星是供应链领域的霸主，其触角遍及芯片、存储、屏幕等领域。在手机行业中，三星一度是一家综合研发创新能力最强的手机厂商，每一次创新都会带动整个行业的潮流。自从三星在手机上实现曲面屏之后，很多厂商便纷纷效仿，才有了手机行业在屏幕方面的革命性变化。

AMOLED 屏幕也是三星拥有商标和专利的产品。可以说，这个屏幕产品的诞生对于手机行业有巨大的影响，它是一种有机发光二极管，具有自然照度大、视觉角度广、色彩丰富、节能、弯曲等特点。在同一对比度、同等亮度下，AMOLED 视觉感知亮度更高，有助于降低功耗。另外，AMOLED 是自发光的，所以不需要背光模组，这样散热就轻松了很多。由于这些特点，AMOLED 被称为“梦想展示”，也是许多旗舰手机的首选。

三星对整个 AMOLED 屏幕市场保持着几乎垄断性的地位，2016 年，99% 的 AMOLED 面板都出自韩国三星。这个产品的产能极其有限，因此三星常年限制对外的供货数量。拿 2016 年来说，全球柔性屏 AMOLED 出货量一共才 0.6 亿片，而 2016 年 3 月上市的三星 Galaxy S7 edge 仅在上半年就卖了 1330 万台，这就吞掉了柔性屏出货量的五分之一还多，留给其他厂家的货源所剩无几。而在市场的驱动下，三星把很多的产能留给了苹果公司。

从三星拒绝和小米合作的那一刻开始，小米就无法再度使用这块炙手可热的屏幕了。而能替代的产品几乎没有，这让正在规划中的小米 Note 2 成为直接受害者，它的双曲面屏幕本来计划采用三星 AMOLED 屏幕，但由于小米处理供应商关系不当，不得已临时换成了另一家供应商的屏幕。

这场供应链危机终于被推到了小米创始人雷军面前，而作为最后的知情者，雷军看到了这场危机背后的问题的本质——硬件团队实在是与整个公司太隔绝了。现在，在尊重核心高管的自由意志，让他发挥最大的主观能动性，保护他在自己领地之内的支配权，与顾全公司的大局、保证公司的正确航向之间，出现了无法调和的矛盾。对于一个创始人来说，要照顾的情绪和要解决的麻烦，可以说是千头万绪。

小米早期的供应链是雷军亲自参与建立的，为此，他还多次南下台湾，他深深知道每一个供应商都来之不易，他也一直在向公司员工灌输手机厂商和供应商之间是鱼水之情的关系。而今天，他最不想看到的事情发生了，自己的公司也受到了伤害。

他几次通过中间人联系这位三星中国的高管，希望和他做一次当面沟通，但是都没有能够和他直接对话。有一天早上，他按捺不住自己的心情，直接拿起电话拨给了这位往日的朋友，雷军对他说："你什么时候有时间，我飞到深圳去给你赔罪。"在下一个周一的早上 10 点，雷军见到了这位合作多年的伙伴。在中午的饭局上喝光了 5 瓶红酒之后，三星的这位高管情绪激动地重述了当时在会场受辱的场景，还原了当时的所有对话，雷军听完后感觉非常难过。他拍着对方的肩膀连连表示："我们做得不对，我们做得不对，这样的态度不能代表小米。"与此同时，雷军内心也发出了这样的感叹："自己怎么把公司管成了这样？！"

这么多年来，他第一次感到如此愤怒。

就在那一天，雷军联系了四位手机行业里的朋友，让他们分别通过电话帮自己和这位三星高管道歉。其中有两位是雷军在 2012 年深圳欢乐海岸的茶馆里那场手机局上认识的朋友，一位是金立的CEO卢伟冰，一位是OPPO的创始人陈明永。还有两位是供应商，分别来自闻泰通讯和瑞声科技。

在这次见面之后，雷军为了表达诚意，又几次飞到韩国三星总部道歉。经过漫长的几个月，最终，三星公司同意在两年之后给小米供货，因为“两年内的产能确实已经被排满了。”

在这段时间内，舆论对小米的围攻让雷军第一次有痛彻心扉的感觉。一时间，批评、看衰小米成为科技舆论圈的风潮。

其实，舆论的看衰并非完全没有依据。在消费电子硬件工业领域，对于一个掉队者而言，现实向来是残酷的，历史上，除了苹果以外，还没有哪家公司在业绩下滑后能逆转。从个人计算机行业的王安电脑、DEC、康柏，到手机行业的西门子、黑莓、奔迈、索尼爱立信、诺基亚、HTC等等，那些曾经闪耀一时的名字，要么消失在历史的长河中，要么一直苟延残喘，很难再次出现在大众的视野当中。最典型的例子莫过于诺基亚和HTC，他们在3年时间内优势殆尽直至彻底崩盘，其实就发生在不久之前。

究其原因，是因为手机业绩下滑会动摇供应商的信心。如果产品的表现不好，供应商就会对厂商失去信心，进而不再支持先进的工艺技术，同时不再提供足够的零配件及产能。一旦走入这个“死亡螺旋”，几乎没有人能从中挣脱出来。

数字或许更能说明问题，2016年第一季度，小米智能手机全球销量1480万部。HIS iSuppli中国研究总监王阳对这个数字做出了分析：“在小米产品结构调整时期，在红米3和红米Note 3缺货的情况下，小米手机有这个成绩还是不错的。如果纵向对比小米2015年第一季度1498万台的销量，这个数字不算难看。但是，放在行业的横向坐标里，小米的处境堪忧。”市场研究公司IDC发布的最新数据显示，小米已经滑出了全球智能手机销量的前五名，取而代之的是OPPO和vivo。

在这种情况下，一波接一波的负面文章汹涌而至。有媒体说：“随着华为、魅族等品牌对小米的步步相逼，以及要干掉为发烧而生的小米的其他品牌的威胁，小米在供应商那里的议价能力正在变弱，加上日益傲慢的态度，让供应商开始避开小米。”

“早期的小米，是个不折不扣的优等生，它把握住了最好的时机，又拥有绝佳的营销天赋，很快就成为脱颖而出的佼佼者。但是，现在的小米，只顾着远方的星辰大海，忘记了踏踏实实地把路走稳。”

这就是小米和雷军在 2016 年前几个月面临的真实痛苦。这也是创业者的真实写照——当公司面对强有力的竞争时，创业者要做出重大调整。然而，高管的既有利益、员工的责问挑战、内部纷繁复杂的声音、外部幸灾乐祸的嘲笑，都是创业者在高光背后独自一人时必须面对的问题。创业者很多时候必须内心强大，才能面对真实世界的一地鸡毛。

《创业维艰》的作者本·霍洛维茨曾经感受过那种孤独，他说：“任何借口都无济于事。我绝不会说出‘这都怪经济形势太恶劣了’‘都怪我得到的建议不中用’‘都怪形势变化太快了’这样的借口。我所面临的唯一选择是，要么生存，要么彻底毁灭。大多数事情都可以假手于人，大多数管理者都有权在自己的专业领域做出决定。但是，最基本的问题是公司如何生存下去，这个问题是留给我一个人的，也只有我才能回答这个问题。”

雷军此刻领会到了那种心情：任何借口都无济于事。他必须下定决心去解决这些问题，然后，让小米生存下去。

小米史上最漫长的一天

2016 年元旦假期，雷军拨通了林斌、黎万强和王川的电话：“你们有空没有，过来聊会儿天如何？”几个人放下电话就来到雷军家里。没有想到，他们这一聊，就聊了 18 个小时。

这个时候，小米还有 15 天就要召开年会了，小米即将对市场宣布这一年 7000 万的销量。尽管看上去销售结果还在峰值之上，但是雷军知道，这个成绩来之不易。2015 年“双十一”，整个团队是按照每半个小时一次做的战况推演，取胜格外艰难。而 2015 年这一年，因为产品规划出现问题，销售势能全靠品牌俯冲，但是这样的战略充其量只能维持一年。因此，那个痛苦的问题此刻正缠绕着雷军：如果早期对团队贡献巨大的创始人，此时已经不适合整个机体了，怎么办？

雷军觉得必须找人说一说这个问题了。

那一天的谈话就像一场马拉松比赛一样漫长，雷军表现出了很少在外人面前表现出来的一面——委屈、痛苦和纠结。情势进退维谷，如果下决心调整硬件团队，他找不到合适的人接手，公司的未来将很难保障；但是如果现在还不调整团队，公司的未来则肯定不能得到保证。

那一天的长谈让几个人困到崩溃，但是最后依然没有得出什么有用的结论。就像任何一个艰难的决定一样，它并不是轻易就能做出的。

时间就这样从冬天走到了春天，然而，就在这短短 4 个月的时间里，各种各样的事情仍在不依不饶地发生着。小米 5 虽然拥有诸多让人眼前一亮的黑科技，但其机身采用的是一年前旗舰手机采用的 3D 玻璃，高配版采用的是 3D 陶瓷。这个配置让一些米粉感到失望，因为当时市场上 99% 的旗舰机都已经采用金属机身。全金属机在手感、坚固度以及质感上毫无疑问会更加出色，而尽管微晶锆纳米陶瓷号称是手机外壳材料的一次进步，但是仍然存在良率不高的问题。

小米 5S 使用的超声波指纹也在小米内部产生了一定的争议，当时的手机普遍采用的是按压式的指纹解锁方式，这让电容传感器的扫描指纹很容易受到手指上汗渍、水等因素的影响，从而降低指纹识别的精度。而超声波指纹是一个更为先进的解决方案，它可以对指纹进行更深入的分析，哪怕手指表面沾有污垢也无碍超声波采样，甚至还能渗透到皮肤表面之下识别出指纹独特的 3D 特征。

然而，这个对于手机工艺的追求后来被证明有些超前。由于技术的成熟度不够，导致指纹的识别率只有 80% 多，关于解锁不灵敏的问题时不时会反馈到小米客服部门。用户认为，这个功能并没有想象的好用，而一旦指纹识别不能开启手机，愤怒的指责声和抱怨声，就会在售后部门此起彼伏。

这些还是关于技术判断力的问题。手机产业最终被证明是一个十项全能的产业。在日益残酷的竞争环境当中，技术预研、技术选型、ID设计、供应链管理、资源调配、市场营销，哪一个也不能缺失，哪一环节的能力都不能弱。供应链、交付、销售体系必须像三个齿轮一样紧密咬合，联动向前，才能保证公司的健康运转。而此时的小米在硬件研发能力上，显然已经出现了问题。再加上供应链上的高通订单问题、供应链和三星的危机问题，这一切的一切都显示，很多地方在漏水。

在2016年5月的一次高管例会上，小米历史上第一次也是唯一一次面对面的激烈争吵发生了。手机部的负责人在小米5销售承压的情况下开始指责市场部，他认为，正是因为小米网的销售出了问题以及市场部的营销不力，才导致小米5的销售没有达到预期，而这触怒了刚刚回归不久的黎万强。黎万强积攒已久的怒火终于喷发了出来，他和硬件部门的负责人在例会现场你一句我一句地争吵了起来。

这是雷军创立小米5年多以来，第一次没能把例会开完。在两个人的对峙以及旁边人的劝架声中，雷军走出了会议室。走出房间的那一瞬间，他心里竟然充满了一种从天而降的平静。他知道，有些事情，他一定要做一个决定了。

2016年5月10日，小米大屏手机小米MAX在北京国家会议中心发布了，连同手机一起发布的，还有MIUI 8和小米手环2。在这次发布会上，气氛一如既往的热烈，米粉的欢呼声，更换主讲嘉宾时的音乐衔接，雷军登上发布会舞台时用发胶将头发扬上去的造型，以及他干净整洁的淡蓝色衬衫，一切都显得如此正常。雷军面带微笑地在人们的欢呼声中介绍了产品，甚至没有忘记把网友的俏皮歪诗放到了发布会的大屏幕上：屏到用时方恨小，大屏底下好乘凉，充分显示了小米文化当中那种民主、轻松和简单传达的特点。

在一切看起来都很欢乐的氛围下，雷军面带微笑地完成了演讲。对于创业者来说，这其实是一言难尽的一幕，因为几天来，他的内心波澜起伏。创业者就是这样，在舞台上总是一如既往的风趣和坚毅，而走下舞台，他们就要面对最复杂的心事。

发布会结束之后，雷军一个人闭关思考了三天三夜。最终，他做出了一个决定：人事调整必须在此刻进行。在这期间，曾经有一些可怕的念头出现在他的脑海中。他想，如果进行重大的人事调整，整个团队会不会出现哗变？一旦出现军心大乱的情况，公司的业务会不会翻船？他甚至想，小米这么大的规模，要不要和政府机构报备一下这个重大变故，以便在需要帮助的时候可以及时呼救？他还想，如果在公司内部和市场上都找不到可以接任的手机部门负责人，该由谁最终对这个部门负责？最后一刻，雷军想明白了这个问题：能解这个结的人，只有他自己。创立这家公司已经有5年零2个月的时间，他不是不知道这个工作的复杂度，但是他还是决定，在没有合适人选的情况下，他只能亲自上场。他甚至不恰当地想到了一个比喻，如果一个孩子生了重病，那么不惜任何代价也要救治他的，肯定是他的父母。

2016年5月15日是个星期日，雷军召开了创始人内部会议，大家投票表决，一致通过了撤换手机部负责人的决定。在随后的5月16日这一天，公司召开了一个紧急的董事会议，在这个不平凡的上午，小米的董事们一致同意了这个对小米的未来发展无比重要的决议。在会上，大家还做出了周密的准备和详细的分工，比如用什么形式和当事人做正式的交流、如何进行流程上的准备、如何面对可能的舆情风险。董事们甚至提议准备一辆救护车，以防各种意外发生。

2016年5月16日下午两点，和这位重要创始人的谈话在北京马奈草地的会所开始了。首先由雷军作为董事长和他单独会面，告诉他董事会的这个最终决定。随后由董事会代表刘芹和小米公司代表祁燕与之会谈，这场谈话持续了8个小时之久，到晚上10点才结束。总体来说，这个过程没有想象中的惊涛骇浪，也没有出现各种夸张的剧情。当事人最终平静地接受了这个事实，在草地之中繁星之下，结束了自己相对还算成功的小米生涯。

他带来的摩托罗拉时代累积的经验、精英团队以及团队之间固有的默契，给小米前 5 年的辉煌打下了坚实的基础。而在现在的乱局当中，必须有人看清楚目前的局势，将优秀的东西薪火相传，将故步自封的东西打破。艰难的人事调整，是一个企业发展中的必修课，而小米终于完成了这一课，从这一刻开始，它从一个创业公司成长为一家更为成熟的公司。

根据小米市场部徐洁云的回忆，这一天是小米历史上最漫长的一天。5 月 16 日这一天他在上海出差，黎万强给他打了一个电话，告诉他无论手头正在进行什么工作，都暂时停下来飞回北京，因为公司有一个重要的事情即将宣布。飞回北京后，徐洁云发现，市场部的同事已经在一个小小的办公室里聚齐了，他们坐在一起，并没有被分配具体任务，黎万强只是通过微信给他们发了简单的三个字：等消息。

晚上 11 点，他们等来了这个在小米历史上都很值得铭记的消息：硬件负责人将担任小米的首席科学家，今后不再负责手机部的管理工作，而正式的全员通知邮件会在两天后发出。

对于这个消息，媒体从不同的角度做出了不同的解读。有的说：雷军将亲自抓手机研发和供应链，可能是为了更好地把握小米手机新品的研发节奏，以更高效的方式省去中间沟通环节的时间成本，来应对目前云谲波诡、瞬息万变的国内手机市场的残酷竞争。

有的媒体评论道：雷军亲自抓供应链，是为了提高手机出货量，而这显然需要跟供应链建立更密切的合作，雷军真的急了。

有的说：小米希望加厚技术基础。

还有人说：小米任命首席科学家，表现出小米对前沿科技探索的战略倾斜。

在很多人眼里，这条消息只是媒体信息爆炸时代众多公司新闻里普通的一条，但是对于小米公司来说，这却是一个重要的历史转折点。它让小米完成了从一家创业公司到一家成熟公司的进化。这更是雷军经过很多不眠之夜仔细思索后的最终结果。迈出这一步，对于他自己来说，也是人生中的一次重要成长。

耐克创始人菲尔·奈特（Phil Knight）在其自传《鞋狗》里写道："智慧是无形的资产，资产都是一样的，是充分的理由值得为之冒险。创业就是唯一让生活中的其他风险——婚姻、财富、地位，变得更有可能的事情。但是我希望在我失败的时候，如果我失败的话，我可以迅速终结败局，这样就有足够的时间来整理来之不易的经验教训。我不会经常设定目标，但是这个目标每天都盘旋在我的脑海里，直到成为我内心的颂歌——迅速结束败局。"

对于雷军来说，完成这个过程的他，内心如同走过了千山万水。但是，通过这次重要的自我突破，他再次收获了智慧这种无形资产。而对于即将接手的新的工作，他有一些紧张，但是总体来说，他还是充满信心的，因为，如果一家公司真的形势不好，产品不会供不应求。

雷军要迅速终结的，只是一个乱局。

雷军接手手机部

2016 年 5 月 17 日，雷军开始负责小米公司的手机业务。

他的内心非常清楚，虽然他一直是个电子发烧友，但是他的专业背景主要是软件和互联网，而手机几乎是世界上最复杂的消费电子产品，研发和供应链的复杂度远非外人所能想象。他面前的路会异常险峻。

另外，手机部是公司内部一块非常封闭的领地，团队成员大多是摩托罗拉的旧部，如果团队发生哗变，将对公司造成重大的影响。即便团队不集体出走，如果他们不愿意积极配合工作，也会给公司内部造成更深的裂痕。

此时，过去 20 多年的管理经验帮助了雷军。他本能地知道，现在有两件事最为重要，第一是取得整个团队的信任，第二是理解和抓住业务的核心。他决定两件事同时进行。接管手机部的第一天，他就在内部会议上宣布："从今天开始，手机部的第二次创业开始了，过去的成绩都已经过去了，过去的错误也不用再提，我们今天重新开始。”这里所说的错误，甚至包括了供应链部门制造的和三星公司之间的那次重大危机，这让很多人都目瞪口呆。雷军强调：“在我这里，大家不需要站队，只需要重新开始。”

在以往的手机研发过程中，雷军经常会和手机团队开产品讨论会，但是顾及硬件团队领导者的情绪，他几乎从来没有和手机团队成员进行过一对一的交谈。自从接手手机部以来，他从8个部门的负责人开始，陆续和手机部门的200名同事进行了一对一的谈话。他要做的事情是，第一，快速了解一个人在本部门内的工作职责，并和他快速增进了解。第二，通过谈话梳理出公司现在面临的最大困难和需要解决的问题，然后有针对性地制定解决方案。第三，让团队民主投票选举出每个部门最有能力的业务负责人，由公司决定新的人事任命，具体方法是，在和每个团队成员谈话的时候，让其列出团队里最优秀的三个人。

在和200名团队成员做了一对一的交谈之后，雷军不禁感叹小米前5年创造商业奇迹的客观条件——小米竟然是在组织结构如此脆弱和人力资源严重不足的情况下去打仗的，而且还打到了世界前列。不得不说，小米早期的成功，依靠的是大家共同的梦想和成熟团队之间的默契。尤其是，互联网的期权激励制度起到了很大的凝聚人心的作用。

在雷军接手之前，手机部是按项目组的方式进行运营的。大部门分为ID、结构、基带、BSP、关键器件等几个部门。在整体的产品规划完成之后，几个部门分头去完成自己的工作，然后在一部分模块做完之后，再转到下一个模块继续推进。按照模块组建部门最大的问题是，整个手机研发端没有相互拉通，导致各个部门为自己争夺话语权、抢夺领地的问题特别严重。而且随着各个部门之间的隔阂越来越深，他们也越来越难以通力合作。在和团队成员进行一对一交流的过程中，雷军发现大家反映的一个共同问题是，射频天线组已经到了“狂傲到不可理喻”的程度。天线是手机结构里最重要的一个模块，对手机的外观有着决定性的影响，如果它始终不愿意追求技术进步，在手机结构里占据很大的空间，那么整个手机的创新都会受到拖累。在当时的小米，射频天线组的管理风格和技术把控已经处在非常僵硬的状态，但是它的强势又让其他部门有苦说不出，只能被迫妥协。

更为关键的是，手机部门在组织架构上缺乏产品组和项目管理组，这让所有的产品定义都太过依靠直觉和部门主管，整个项目的推进依靠的是团队成员在摩托罗拉工作期间形成的工作习惯。用第 62 号员工手机部的张国全的话说：当时手机部门的运作不是依靠流程，而是依靠人治。

在交谈的过程中，雷军发现员工对手机部换帅这个重大事件总体表现出一种如释重负的态度。当时在天线部门工作的年轻工程师张雷说："其实，大家在内部的感受和外部对我们的感受是一样的，当时的小米，很多技术把控不住了，质量也不是太好，但是，当你想把问题拆解到哪个部门的时候，你会觉得这是个系统问题，很难去认定责任。比如，小米 5S 超声波指纹解锁率的判断失误，最后大家想追责都不知道应该去哪个部门追责，小米急需一场改革。"

雷军接手手机部的时候，整个团队正处在士气非常低落的阶段。手机做不好不仅会影响小米公司的命运，也会影响员工个体的命运。很多员工 5 年来都是拿着大量公司的股票以 996 的方式没日没夜地工作，如果公司做不好，对他们的未来也会有非常现实的影响。"谁拦着公司向前跑，就是拦着我们的财富自由之路。因此，我们内心的声音是，举双手赞成改革。"张国全说。小米过去 5 年的辉煌正是这些工程师亲手缔造的，他们对公司感情很深，小米手机就像他们的孩子一样。雷军之前的担心低估了这些人对小米的热爱。

2016 年 7 月，雷军召开了一场手机部的誓师大会。到场的人不仅有手机部的员工，其他部门的核心员工也悉数到场。雷军开诚布公地分析了手机业务的现状、小米目前遇到的困难和挑战，他对大家说："现在公司遇到的问题就是这些，如果大家相信我，请和我一起努力扭转局面。"

现场掌声一片。

雷军在取得团队成员的认可之后，开启了一场大规模的组织结构调整，对于他来说，这是一场长达一年的大仗。总体的思路是，小米要对标市场上最优秀的公司，按照研发的功能来重新分组，理顺整个手机部的内部结构，把原有的项目组结构调整成产品、研发、供应链和质量四大模块。

为了让手机团队有更符合科学规范的管理流程，他从结构上设计了产品部和项目管理部。产品部的功能是大规模合理地梳理和扩张产品线，为产品定义做出严密深入的调研和清晰无误的规划，找准产品的方向，同时保证小米在核心技术上得到足够的研发投入。而项目管理部的职责是对手机的每个研发节点做出规定，督促工程师在时间范围内完成自己的研发。

在研发模块，雷军把手机外观设计部门，即被人称为 ID 的部门调整了进来，从而改变了两个部门分立的状态。几年的研发经验让雷军意识到，手机 ID 是一个公司综合能力的体现，表面上看它只是设计，但是背后体现的其实是一个公司对手机材质、结构和技术的综合理解，因此 ID 部门和研发部门必须紧密配合。雷军大胆启用了他认为对审美有异常深刻理解的朱印，希望他快速地将自己的审美运用到硬件领域中来。而以前喜欢和雷军抬杠、抱怨手机外观设计不尽如人意的朱印，在接到了这个任命后，立刻从 MIUI 的管理中跳进了硬件外观研发这片汪洋大海中。从平面设计转向硬件设计，朱印在这个学习过程中逐渐体会到，手机的外观设计是一个非常复杂的问题，同样一个 R 角，不同的工艺处理方式会影响成本，也会影响交期，还会影响工程。在一个合理的成本下，做出一个超预期的产品，成为他日后一直的追求。

雷军还成立了核心器件部门，在相机、屏幕、电池和充电器领域加大力度重点投入。这样一来，相机工作得以单独规划和开展，聚焦业务的影像实验室初步搭建成功，这也是手机厂商能否在市场上保持优势的关键所在。

雷军意识到将测试模块单列对于加强产品质量的重要性，测试部门必须是一个中立的部门，而且是一级部门，这样才可以保证产品的质量，也可以检验研发的目的。只有当研发部门和测试部门形成一种制衡的关系时，测试才能最大程度地发挥出它的效应。

除了梳理组织结构外，内部提拔干部的工作也提上了议事日程。天线部门的总监最终离职，由票选出来的年轻工程师张雷接手了这个部门。雷军对他说："你是民主选举出来的，我相信你可以胜任，我们先尝试干半年，半年之后看看你是否经得起考验。"而以前基带研发部的朱丹，被指派着手组建手机产品部，这让一直在研发领域工作的朱丹非常意外，因为通常来说，研发工程师的职责非常单纯，只需要考虑把上头交代的活做好就行，不用考虑商务问题。而新的任命，促使他用全新的眼光来看待手机这个产品，同时用大局观来思考问题。一个产品是多维度的，他开始从雷军那里接受用户画像、人群分析和方法论的概念。在两年的时间里，他几乎没有出过差，每天跟着雷军在办公室里从早上到深夜地学习。他在两年的时光里获得了把控产品方面的巨大自信，在后期小米的成长中，发挥了自己的力量。

这些新提拔的干部是雷军亲自培训的，在当时手机部干部奇缺的情况下，这些新人还显得非常青涩，而如果雷军需要这些年轻的工程师成为可以带队伍的领导者，就需要告诉他们怎样才能表现出领导力。这种对中层的培养，是从怎么着装、怎么讲话、怎么做出一份表达有力的 PPT 开始的。"当时的很多年轻干部，讲话的时候全程只看屏幕，在演讲的过程中不知道怎么和大家进行眼神交流、怎么解释重要的问题、怎么与外部进行沟通。后来我要求他们，谁负责组织会议，谁就要预先进行彩排，如果第二天演讲，前一天要把所有的演讲过一遍。在演讲中，要学会和团队成员进行目光交流，彩排这个环节会增加他们的信心。"雷军就是从这样的细节一点一滴开始管理干部的。每个月一次的干部研讨会后，雷军还要请大家吃个饭，喝个酒，放松一下心情。

自从组织架构调整后，大规模的招聘工作也正式展开，核心部门和每个领域都开始有专家加入，一些外部有能力的新鲜血液不断地进入小米公司，成为这片创新土壤的一分子。小米手机部的产品总监王腾，就是这个时候从 OPPO 离职加入小米的。当他来到北京，看到小米只有 300 多人的研发团队时，还是大吃一惊。他心想："OPPO 的研发团队至少有 2000 人，这个公司人这么少，究竟是怎么把那些很酷的产品做出来的？"

在这样一个格外特殊的春夏之交，小米开启了它的精细化运营和系统性成长之路。组织结构的调整、业务线的梳理、中层干部的培养，各种事情不一而足。这几乎是雷军在创立小米之后工作得最辛苦的一段日子，至少有 50 人向他直接汇报。他说："在业务调整这样的特殊时期，当你的中间层不够强大时，直接沟通是最有效的方法，它可以保证中间的信息不会传递有误。"每次开产品研发会议，这些人会把他的办公室挤得满满当当。有大概一整年的时间，雷军的日程表上每天至少安排了 15 个会议，有的时候是 22 个，凌晨两点下班成为一种常态。有一次，他的助理魏来发现，雷军这一天因为在座位上坐了太久，开完会已经直不起腰了。

这段时间，雷军仿佛又回到了在金山那段再次创业的日子。2003 年，雷军在金山开启网游战略以后，每天早上至少有 20 个人在他的办公室开会。当时，他早上开会布置的任务，到了晚上就要检查，几年如一日。这几乎显示了一个公司的常态——日常运营既不光鲜也不酷炫，只有日积月累的细节和耐心。

有一次，小米工程师临时深夜回来取东西，看见雷军正在鼓捣遥控器要关闭墙上的电视——他经常是最后一个离开办公室的人。手机部的工程师郭峰清晰地记得，有一次开产品会议，雷军感冒了，他穿着一件羽绒服在讲解产品细节，一把鼻涕一把泪的，手边还放了一盒纸巾。

终于，在手机的产品定义、项目管理、核心器件和测试等部门重新整合之后，公司的士气被渐渐地提振了起来。这个时期，雷军总是对这些年轻人讲的一句话是：知耻而后勇，小米现在要在每一个角度和最先进的技术对标。他也一再地把小米的价值观在内部进行输出，比如"时间是小米的朋友"，再比如"在信息越来越透明的今天，小米贴近成本定价的模式最终代表正义与光明"。在这样的激励之下，被提拔的年轻领导们雄心勃勃，工程师与工程师之间的沟通不再困难，各种学习和培训也火热地开展起来。小米还进行了大量的拆机分析和组装培训。这让以前只做一个模块的工程师们迅速了解了整个手机行业的全貌和技术现状，对新技术的分析和头脑风暴每天都在火热地进行。

打开窗户之后，光芒又照了进来，这让刚刚加入这家公司不久的王腾都感觉到，只要按照这种步骤前行，小米一定会很快复苏。他是从 OPPO 过来的研发工程师，他见过比这低得多的低谷，OPPO 曾经在功能机转型到智能机的浪潮中遇到巨大的困难，在制式升级的过程中几乎要倒闭了，然而，它在低谷中重新摆正自己的航向，做了很多有利的调整，最后重回手机行业的前列。而这样的事情，正在此时此刻的小米发生。

在一年多的时间里，雷军都在以工作狂的模式工作着，他就像一个在狂风巨浪中驾驶游轮的船长，努力将游轮带向风平浪静的港湾。雷军知道，研发并不是一个能够速成的工作，它需要按照 3 年、6 年、9 年这样的进度去推进。但是，还好，小米毕竟已经走上了一条正轨。

到 2016 年年底，手机硬件团队从 300 人增加到 595 人，几乎增长了一倍。研发资金也快速地进入新技术的各个领域。这一年，小米的研发资金达到 21 亿元。也是从此时起，小米研发团队的人数，几乎是以每年翻倍的速度增长，研发资金每年也大幅度增加。

有时候创业者就像是一个成年孤儿，必须独自面对所有的失去和暴风雨。如同《成年孤儿》的作者亚历山大 · 李维（Alexander Levy）说的那样：暴风雨过后，总有东西需要清理，例如老树被摧毁了，脆弱的建筑崩塌了，有些过热的地方开始冒烟。然而，就如同经过暴风雨一样，哀伤之余，我们四周的空气开始再度清新起来，我们会感觉到呼吸比以前顺畅，甚至拥有了一眼望向天际的能力。

在小米内部，大家感到空气正一点儿一点儿清新起来。

张峰接手小米供应链

在大力改革手机部的同时，雷军知道，还有一个环节的管理同样复杂而棘手，而它所需要的时间，甚至比重整手机部还要多——那就是小米的供应链体系。

《蒂姆 · 库克传》一书中，对硬件公司的供应链管理有过一段描述，很贴切地描述了普通公众对于供应链管理的感受：“市场预测和改善供应链听起来一点都不酷，对于记者来说，他们不会想把苹果的运营改革写成《财富》和《连线》杂志的封面文章，对于普通消费者来说，他们只有无法按时收货时才会注意到企业的供应链问题。”

然而一个公司的内部却无法忽视供应链的管理，同样是在这本书里，作者描述道：“库克对库存的厌恶，就如同乔布斯对拙劣设计的厌恶一样，库存会给公司造成负担，库克在描述堆积如山的库存时，甚至会上升到道德层面，称之为‘丧尽天良’。”

在手机生产过程中，供应链管理几乎成为每一个生产厂商的痛点。用长年浸润在硬件领域和供应商打交道的张峰的话说，手机市场预测的难度真的太大了，库存和缺货是永远的两大命题，很多手机厂商在这个过程中已经万念俱灰。而对于小米这样以互联网模式横空出世、以软件起家的企业来说，供应链管理则成为一个更为显著的难点。如何进行成本管理、如何处理和供应商的关系，都是解决这些难题的关键。

前两年，雷军曾经深入参与的手机项目有两个，一个是小米 Note，一个是小米 4C，因此对一些供应商和零配件比较了解。在参与这两个项目的过程中，他最著名的事迹就是，经常拿着一把游标卡尺测量电池和手机外壳的间距。为了找到最佳间距，他曾分别在 ATL、欣旺达和冠宇三家小米电池供应商的生产线和实验室泡了一整天，这使他对电池工艺极为了解。另外，他了解最多的组件是相机模组，并且从产品定义的角度做过很多研究。

调整手机研发部门的结构之后，雷军开始同时推进全供应链的优化工作。他就像任何一个业务一线负责人一样，全身心钻进了这个看上去更为复杂、更无边无际的供应链管理业务当中。这个工作十分繁杂，涉及的零部件成百上千，在众多的头绪里，雷军以定向招标的方式重新梳理小米的供应链。除了原有的供应商之外，他让团队找来更多的一线供应商，看看他们是否有和小米合作的意愿。从那时起，雷军的会议室开始川流不息起来，供应商的老板或直接决策者带着两三个人的团队来到五彩城，来解释各自的产品有哪些创新。“访客密度骤然提高，有时候我的办公室外面全是人，感觉就像一个菜市场。”雷军说。

通过高密度的交流，雷军发现，供应链的复杂程度已经超过他的想象，就连一根最简单的数据线都充满了学问。

为了了解真实情况，雷军邀请小米的老朋友张峰帮他做了一次小米采购的数据线的成本分析，看看小米拿到的价格是不是最合理的。在拆解这根数据线进行成本评估之后，张峰发现，小米拿到的采购价格其实很贵，这在很大程度上说明了一点：尽管小米产品的品质一直是要求最高的，但是小米的商务能力并不强，供应商给小米的价格通常也不是最好的。在这种情况下，张峰飞到北京和这家数据线的供应商坐下来重新进行了一轮谈判，最终，大家厘清了这根数据线的真实成本，并对采购价格进行了调整。当然，这中间会产生一些可以想象的“情感冲突”，而张峰对供应商是这样解释的：“凡是小米过去已经下过的订单，我们都认为它的存在有其合理性，但是从明天开始，就是新的一天了。”

除了调查真实的成本，雷军还发现，小米过去几年采用的一些材料存在着不可思议的资源浪费现象。就拿一颗螺丝钉来说，一家供应商给小米的报价是其他厂商的5倍，这还是小米从2010年创建之初就采用的供应商。这么高的报价让雷军感到匪夷所思，在办公室里和供应商交谈时，雷军提出了疑问：“咱们都合作六七年了，你的东西凭什么这么贵？”对方拿着一颗自己的螺丝钉颇为骄傲地介绍：“你看，我们的螺丝钉有两大优势，第一，它的扭矩是苹果标准的两倍，质量真的很好。第二，在每个螺丝钉上，我们都刻着一个小米的MI字LOGO，精益求精。”“那苹果现在还用你们吗？”“我们的东西好到苹果也用不起了。”雷军哭笑不得。他找到公司的采购部交流，发现大家都认为螺丝钉是个小件，不过是几块钱的事情，没有必要抠得太细。雷军对这个观点感到非常惊讶，小米手机一年的出货量是几千万部，如果一部手机贵上几块钱，乘以几千万就是个天文数字，其中的资源浪费简直不可想象。而对成本这样不友好的事情，竟然就发生在他的眼前。另外，雷军也发现，由于之前手机部的部门墙一直存在，导致公司的螺丝钉没有标准件，每一个手机型号都使用独有的一套螺丝钉，没有统一规划。

对于产品的材料来说，并不是最昂贵的就是最好的，也不是用低价购买廉价的材料就是节省成本。其实，成本多是一种设计的结果，是一种最优的方案选择。小米手机的一个标准件——打开卡槽的卡针，就说明了这个问题。在小米建立的最早期，这个卡针的报价是 2.2 元人民币的“天价”，雷军曾经要求供应链团队把这个零件的价格降下来。到雷军接手供应链时，卡针的价格是 8 角钱一根。在重新进行供应商招标的过程中，雷军发现，三星旗舰手机的卡针价格只不过是 3 角钱，普通机型的卡针价格是 1.5 角，还不到小米采购价格的二分之一。在咨询供应商之后，雷军才知晓其中的缘由。原来，小米手机的卡针是全不锈钢做的，要求的精度特别高，加工时还要用机床铣，供应商连 8 角钱都不愿意接单，觉得做了就亏。他们给雷军提出了一个建议：“卡针的功能其实很单一，而且所有的人只使用一次，这个零配件的做法完全有更好的替代方案。不锈钢好看归好看，但是并不是成本最优的选择。”最后，经过和供应商的共同商讨，卡针用曲别针做成了一个漂亮的心形，不但让这个配件的成本优化了，而且功能、体验丝毫不减。

很多包装的成本与设计师的理念有关，一个简单的小米手机说明书就很能说明这个问题。雷军在摸底供应链时发现，很多本意是希望优化成本的设计，最后却在操作中造成了巨大的浪费。

小米最初设计的产品说明书是四页单独的纸片，它的制作流程是，四页纸张分别印刷出来后由机械手按顺序放好，然后用一块透明的塑料纸进行塑封。在这个环节的报价单上，雷军看到这四页纸从印刷到完成塑封竟然需要 8 角钱，和其他的厂商相比，这个价格贵得离谱。在雷军的眼里，“8 分钱都觉得贵”。然而，在和供应商沟通的过程中，雷军发现，供应商对这样设计的说明书也是连连吐槽，他们抱怨道：“雷总，干你们这个活儿的难题在于，四页纸片特别薄，一不小心就会放错，你们的质量要求又很高，每百万个是一个错都不能有的。这样一来，成本肯定低不了。我觉得这个做法其实挺蠢的，为什么不能设计成平面印一张纸然后折叠起来呢？”雷军思考了半天，怎么也想不通当时这个设计方案的来由，他找设计师探讨了一下，发现设计师做出这个设计的初衷竟然是为了省钱——四张纸片万一弄错了一张很容易更换。

在回忆这个案例时，雷军这样感叹："其实排版只是一件事，设计成一张纸铺开显然对成本更有优势，对于消费者也更友好。这是典型的部门与部门之间没有拉通的结果，大家只是按照自己的想法去做设计，本想节省成本，但是在设计的实现上却花了数倍的钱。"在那段时期，他发现了很多这样的浪费，并且进行了纠正。对于自己亲自管理了一段时间供应链工作，雷军后来感到庆幸，他说："如果一个创始人自己都搞不清楚核心业务的基本规律，怎么可能指望其他的人比你还清楚呢？"

在梳理了整个供应链体系之后，雷军明显感觉到，再同时管理手机研发和供应链体系，会出现精力不足的问题。手机研发和供应链体系都是公司最核心的业务，而供应链管理的一个非常典型的需求是，要经常和供应商进行面对面的交流。你需要知道每一个细节，沟通每一笔订单，比对每一个价格，有时候甚至需要在饭桌上来一场酩酊大醉，这基本上是一个建立在时间之上的工作，还涉及人与人之间的感情。在雷军人来人往的办公室里，经常有供应商前来敲门，热情地想和他打个招呼。几个月下来，雷军明显感觉到——他的时间已经不够分配了！必须有一个可靠的人来帮他打理这一切。

面试供应链的负责人花了两个月的时间，但雷军依然没有找到合适的人选。此时刘德提出了一个建议——为什么不干脆直接让张峰来干这个事儿呢？张峰和小米的缘分始于英华达，浓厚于紫米，现在还在帮助生态链的兄弟企业做打通供应链的顾问，他应该就是这个职位最合适的人选了。而雷军的本能反应是，他怎么可能会过来呢？此时，张峰的紫米科技蒸蒸日上，移动电源业务也已经稳居市场第一，他怎么会来吃"这份苦"呢？刘德自告奋勇，说："我去问一问张峰。"

出乎意料的是，在刘德和张峰表明来意之后，张峰认为这并非完全不可能的事情。随后，雷军安排了和张峰的见面。他们见面的那一天是 2016 年 8 月 28 日，张峰对雷军说："给我三天时间，我去和股东们交代一下，然后任命一个新的CEO，三天之后，9月1日早上9点，我准时去小米报到。”

2016年9月1日早上，小米的老朋友张峰，准时出现在了小米公司五彩城的雷军办公室里，他对雷军这样保证：“至少会帮助小米的供应链三年时间。”

从英华达出来自己创业后，张峰的特点是不喜欢大公司文化，他最喜欢的工作状态就是，带着一个100人左右的团队一起打仗，有什么问题大家直接沟通就好，他喜欢那种管理上的轻松感。在紫米科技，他甚至不喜欢待在单独的办公室里，而是喜欢和大家一起坐在格子间，这让他有一种和同事亲密无间的感觉。而这一次，为了和小米之间这份特殊的感情，他再一次走进了一家上万人的庞大公司。

从这个时候开始，小米的供应链管理逐步进入良性健康的轨道。与供应商深度沟通的担子落在了张峰的身上，而他也深谙此道。这种关系，跟其他合作伙伴的关系一样，都是建立在真诚和信任的基础之上。

张峰会把那种变通的柔性运用于和供应商的关系当中。比如，有时供应商的生产线会有两个月的过剩，希望能和小米多做一些业务，张峰就会把订单提前一个月给到供应商，但是要求供应商下一个月再发货。这样既让供应商暂时空转的生产线运转了起来，也不影响小米的日常运营。毕竟，付款时间是按照发货时间来确定的。张峰知道，供应链需要可以变通的做事方法。

张峰甚至会关心供应商个人的感受和命运，在能提供一臂之力的时候尽量帮助他们。有一次，某个供应商的中层告诉他，公司要求要和小米达成2亿元的采购额，他的股票激励和升职才有保障，而到了年底他一计算，公司和小米订单的成交额还差500万元。张峰认为，这件事情对小米来说其实不大，但是对这个中层个人的影响巨大。他在小米内部发起了讨论，是否在订单中给这家供应商倾斜500万元。这个内部讨论最后得到了通过。通过这样的微调，小米和供应商结下了情谊，这样在小米有产能困难的时候，对方也愿意在他的公司内部帮助小米努力争取资源。在甲乙双方随时发生换位的供应链行业，平日里建立起的深厚感情，在一些关键时刻会起到意想不到的作用。

供应链就是这样一个既需要雄才大略，又需要体察人际感情的工作，对人的综合素质要求极高，而且供应链不是一个单独存在的环节，它和公司整体的认知有关。为了解决全体员工的认知问题，张峰曾经在小米总参大楼地下一层的多功能厅给小米高管举办了一次大会，题目叫作《破山中贼易，破心中贼难》，在这个以王阳明剿匪的故事为题目的演讲中，他讲道：

> 对于交付来讲，供应链当然是一个重要的环节，但是交付的源头是产品规划，它和产品设计、可量产度、市场营销都有重要的关系，和今天在座的每个人都有关。如果今天大家说，让我抓一下交付，我们狠命地抓一下供应链的环节，问题就改善了，这就是破山中贼。但是如果各个部门的老大，都认为交付不是自己部门的事儿，与我无关，这个就是心中贼。

多功能厅的音响声音很大，张峰的话回荡在大厅当中。台下的小米高管们都陷入了沉思。

张峰接手供应链之后，从改变全员意识到供应链信息化改革，全方位的工作就这样慢慢地开启了。和很多入职小米的创业者一样，从进入小米的第一天开始，张峰就开启了节奏疯狂的工作，他每天召开部门会议，核对各种数据，经常半夜才能回家，工作的辛苦程度和以前相比有过之而无不及。

张峰和几年前一样，喜欢穿休闲西服，对人态度谦逊，说话经常带有一种自黑的色彩和一丝不经意的冷幽默。但是经过了和小米公司起起落落的交往，他已经实现了很多深刻的自我进化。

张峰曾经做过这样一个比喻：其实供应链的管理不是什么原创性的工作，它更像是一个公司的厨师。“一个公司特别棒，肯定不是因为它的厨师特别好，但是一个好的公司需要好的厨师，让大家机体健康，精神愉悦。你总不能搞一次食物中毒，让整个公司瘫痪吧。”

说这番话时，张峰依然用自黑的方式，隐藏了他的谦逊。

小米之家正式起航

2016年，互联网流量快速增长见顶的趋势已经非常明朗。在2012年CCTV中国经济年度人物颁奖典礼上王健林和马云打赌时，中国网络零售额只占社会消费品零售额的6.3%。到2016年，这个比例升高到15.5%左右，但是增长不再明显。而随着移动互联网O2O大潮退烧，一个新的方向逐渐显露出端倪，那就是互联网公司从线上走到了线下，将虚拟经济与实体经济进一步结合，一些创新的生态开始出现，让虚拟经济对线下的资源与运营有了更大的依赖。

这意味着，如果不往线下拓展，小米大盘的基本面不会再继续增长了，线下的市场份额也拿不到。

在这样的形势下，小米在互联网以外唯一的销售渠道——全国代理商体系，正在面临瓦解。在利润空间非常有限的情况下，如果小米手机的流速不够快，零售商就会转向利润更高的商品，而小米总部和这些全国代理商体系之下的零售商是脱节的，也没有办法进行管控。

2015年7月16日，负责线下拓展的张剑慧在江苏省南京市溧水区的洪蓝镇、和凤镇，以及高淳区的桠溪镇观察时发现，县镇通信门头和通信营业商几乎都被OPPO的店包了。这些小店喜欢销售这个品牌产品的原因是它的利润空间足够，售后服务也有保证。人们拿着有问题的机器去修理，大都一周之后就可以返回。在核心大镇上，金立、OPPO、vivo的销售基本占了六成。在线下，这些品牌有着长期的耕耘，而小米手机之前不在线下出售，流转到线下的手机基本是通过黄牛或其他渠道层层转手而来的，黄牛为了利益，经常会在小米手机里预装各种软件，一开机，三屏的应用铺天盖地，让用户的开机感受非常不好，并且如果乡镇市场没有小米官方授权的网点，大多数小店都遵循在哪买在哪修的原则，保修期之内的手机回到地市修，保期外的就在非授权网点随便给用户修一修。这样造成的后果是，店主认可小米品牌，但是不敢进货。

在这种情况之下，雷军和林斌决定从 2015 年 10 月中下旬开始，全面开启小米公司的线下扩张之路。路径分为继续在全国建设小米之家零售店和建设自己的零售体系两种。他们指定此前一直负责小米售后服务和建设当代商城店的张剑慧为小米之家这个渠道拓展的执行负责人。雷军和林斌分别和这个风风火火的姑娘谈过几次话，希望她能在这次战略拓展中起到带头作用。

雷军多次和林斌、张剑慧分享自己创建小米之初研究过的偶像级企业——开市客（Costco），希望小米之家可以参照开市客的商业效率理念，给中国线下零售带来不一样的风貌。

雷军最开始研究这家企业是在 2011 年底，当时他经常在往返中美两国时看到一个奇怪的现象——每一次，当他和朋友或同事飞到美国，总是有人下了飞机就直奔一个大型卖场疯狂购物。一次，他和金山的高管张宏江博士去美国出差，一下飞机，张宏江博士就租了一辆车前往这家叫作开市客的大型连锁卖场。购物之后，张宏江博士和大家分享了自己的购物体验，他说，这一家的东西好用又不贵，他呼吁其他高管有机会也可以去那里抢购一番。第二天，雷军跟着大家一起体验了一下这家连锁大卖场，站在这个巨大的空间里 15 分钟，雷军就发现了其中的奥妙。一个在北京卖 9000 元的行李箱，开市客只卖 900 元，价格相差 10 倍之多。开市客的商品品类并不多，但每一个 SKU 都是精品，感觉怎么买都不会亏。雷军立刻感觉到，这家卖场的本质和当年他创办的卓越网模式是一样的，即用精选的商品，卖最好的价格，最终收获消费者的信任。

在很多次公开场合的分享中，雷军都表达过对这家企业的尊敬——开市客所有的商品定价只有 1%~14% 的毛利，如果任何商品的定价毛利超过 14%，就必须经过 CEO 的批准，还要再经过董事会的同意。总体而言，开市客是一家以低毛利和高效率为信仰的公司，它赢得了消费者的终极尊重。这也是雷军创立小米的初心。

早期受到开市客的感染和启发，雷军将低毛利和高效率的模式引入到了互联网渠道，引发了一场效率革命，而现在，他希望把一种叫作“新零售”

的业态再度带到线下。在雷军的眼中，小米做零售业肯定不可能是对传统零售业的一种重复，而是会把小米的互联网基因和流量革命的概念深深嵌入到旧有的模式中。在他的设计里，这将会是一种线上和线下互动、相互融合的场景。小米希望通过一些提升流通效率的方法，将质高价优的产品送到消费者手里，最终能实现消费升级的创新零售模式。

“新零售”这个概念在2016年10月13日横空出世，这背后还有一个有趣的故事。雷军公开提出这个概念的时间是在这一天召开的中国（四川）电子商务发展峰会上。巧合的是，同一天，马云在云栖大会上也提出了“五新”的概念，它们分别是新零售、新制造、新金融、新技术、新能源。因为同一天提出“新零售”概念这种巧合，媒体上还有过“谁是第一时间提出新零售概念的人”的争论，甚至还有网友试图从马云和雷军两个人的演讲时间上做一些比对，把网页上的演讲时间画上了红色的框。其实，不管是谁先提出的这个概念，新零售此时成为一种大家可见的新趋势已经毋庸置疑。

那段时间，雷军经常在米聊上给张剑慧发一些关于新零售的战略想法，比如，探索小米的爆品策略，大胆试验，测算投入产出比。他告诉整个团队建设零售店的逻辑：利小量大利不小，利大量小利不大。小米线下的这套模式和传统模式不太一样，并不会靠单一产品的利润取胜，而是靠量。小米希望通过产品的流量来弥补利润率的不足。

而曾在金山负责渠道拓展，然后在小米负责全国的售后服务，后又建设了当代商城小米之家的张剑慧，她所有的经验好像都是为这一刻准备的，她天然地适合这个岗位，自己也跃跃欲试。然而，就在她刚刚和雷军、林斌确定了自己的工作职责和预算，准备高歌猛进的时候，却总是感觉到身体不舒服。尤其是在备战2015年“双十一”期间，她的团队特别忙，白天忙完了工作，晚上她还要带领团队体验小米互娱新出品的一款网络游戏——《列王的纷争》。在金山时期，张剑慧就是一个打游戏的高手，经常把男同事打得满地找牙。而这一次，她发现，平时强壮得如同小金刚的她，到了半夜12点半眼皮就扛不住了。

“双十一”当天，是整个小米公司战事正酣的时候，而她终于难受得熬不住了，只能请假前往医院就诊。医生在做完一系列检查之后，给了一个她非常意外的诊断——她怀孕了。

这是一个女性职场人士面临的经典困境。在需要打一场硬仗的时候，却发现自己忽然处在一个最需要呵护的时期。上还是不上？如何取舍和平衡？这通常会让很多人非常纠结。一向很女强人做派的张剑慧，在当天晚上为自己定制了两套方案。

2015 年 11 月 12 日，“双十一”的第二天，张剑慧和她的直属领导林斌一起去售后服务部的备件中心，那是一个物流仓库。“双十一”大战刚刚结束，紧接着就是物流运输大战了，林斌和张剑慧需要一起给物流团队开一个动员大会。会议结束之后，张剑慧站在仓库前，让林斌稍等一下，她对林斌说：“领导，我有一个情况可能会影响工作。”林斌顿时有些紧张。张剑慧接着说：“情况是这样，我现在怀孕了，但是我知道现在小米之家这件事很紧急，目前我这儿有两个方案，第一，小米之家我先带着干，您尽快找一个人接手。第二个方案，如果您暂时找不到其他人接替，正常的产假是四个月，我只休两个月，两个月后我马上回来。”

林斌沉思了半分钟之后，对张剑慧说：“方案二吧。”

就这样，小米之家的全面扩张之路开启了。在这段日子里，为了与一线团队密切沟通，本来有自己单独办公室的林斌抱着电脑驻扎到了张剑慧的办公桌，亲自指挥整个小米之家的作战。张剑慧也开始了全面考察线下店的旅程。有时候，她会和林斌一起去考察线下店，经常忘了自己是一名孕妇。

她回忆说，自己是到怀孕 7 个月时才停止出差的。为了学习全球设计最好的体验店，让小米尽快掌握线下的“语言”，她成了苹果体验店的一名常客。全国 42 家苹果体验店，她几乎全部走了一遍。用她的话说，“当时看店已经进入了如痴如醉的状态”。

在苹果三里屯店外，林斌和张剑慧会坐在附近的小广场上数每个时段的客流量，然后记录下来。他们会留意这个店面是中午顾客多，还是晚上顾客多，是男士多还是女士多，年龄层大概怎么分布。他们会在店门口驻足一会儿，看看消费者是喜欢先向左转，还是先向右转，苹果店对顾客走路的动线是怎么设计安排的。张剑慧还会到二楼看看预约区的人数多不多，预约区又是怎么进行日常运营的。如果客人没有预约临时来店，苹果店又会怎么处理？她有时候也会亲自去苹果的官网上预约几节体验课，感受一下苹果店内的人员是怎么进行培训的，同时也会看看现场的产品，比如 iPad 的界面是怎么设计露出的。

除此之外，张剑慧最关注苹果体验店的装修标准和装修风格。苹果店是怎样把简洁的设计理念贯穿其中的？为什么里面会有很多平行的线条？为什么有些地方会有大面积的留白？他们又是怎样凸显“产品即英雄”这个理念的？张剑慧甚至观察到，除了一楼到二楼有玻璃楼梯之外，并未看到其他楼梯，那么他们的员工是怎么上到三楼办公室的呢？原来，在二楼的尽头有一个隐形的直梯，外表看上去是个用铝板封起来的平面，但是员工一推就可以进去了。这让张剑慧感叹这个设计的精巧，尽管铝板的造价很高，但是墙体用银色铝板的妙处很多。第一，它的颜色容易控制，全球店铺容易统一。第二，它的平整度和光洁度很好，显得非常有质感。第三，铝板坚固耐用、颜色永远不会过时，也比较容易清洁。让张剑慧颇为震撼的是，设计师甚至细心到连“消防栓”三个字，都用的是和铝板一样的银色。

那段时期，在苹果三里屯店里经常能看到一个年轻孕妇流连忘返。她拿着一把电子的尺子，一按就会显示数字的那种，在展陈的长桌旁边反复测量桌子的长度。有时候她还会长时间地打量墙上灯箱广告画幅上的图片，一会儿远看，一会儿近看，一会儿站在那里一动不动。有些店员觉得她举止有些奇怪，就走近问她：“小姐，有什么需要帮助的吗？”而这位年轻的孕妇总是习惯性地回答：“不需要，我量一下就好。”

小米之家华润五彩城店就是在张剑慧这样的学习精神下筹建的。小米第一家标杆店的选址由小米副总裁祁燕牵头，张剑慧后续去谈的合约。张剑慧后来回忆，当时预算并不是太多，因此谈来谈去，只有地下一层一个 300 平方米的位置基本符合要求，房租只要两三万元。她说："我们去的时候那一层楼还什么商铺都没有，外面只有一个食中天，是吃饭的地方。"

张剑慧知道，小米要真正地做出一个标杆店来，从装修到运营，都要做到容易复制，这样将来才好推而广之。因此她是用做产品的思维来做小米之家的，其中有一个重要的工作，就是把装修进行标准化。在选择材料时，就连地砖的颜色选择张剑慧都希望做到最好。她采取的方法是，让团队成员把十几块不同灰度的地砖摆在小米总参的一个办公室里，然后让 80 后和 90 后的员工分别组队过来观看，让大家为自己喜欢的地砖颜色投票。最后，所有人还要亲自在地砖上踩上几脚，以对比这些地砖的可清洁度。

顾客动线的设计、货架的摆放最初都是参考苹果店的装修。而其中最让人较劲的就是灯箱的放置。在做广告图时，张剑慧再一次发现自己的公司还是一家充满电商基因的公司，给她的图样都是适合手机上看的精度相对较低的图，因此她还需要去推动大市场部做出高精度的大图，渲染之后再修剪成她想要的尺寸。在火热的装修现场，张剑慧戴着口罩进进出出，完全不在意自己是一个怀着孕的准妈妈，一直到五彩城店开业之前的 2016 年 3 月 19 日，她都是每天戴着口罩出入装修现场。在验收这家店时，她特别注意了一下"消防栓"三个字的颜色，发现是按照通常的设计做成了红色的，她指着那三个字对设计师说："给我改！改成银色的！"

在开店的过程中，小米要学习的内容还有很多。从家具供应商、展陈，到灯光系统、灯箱的摆放位置，每个细节都要追求极致，而线下团队必须迅速地学习。张剑慧请来了金山时期的老同事王海洲，请他全面打造一套线上线下融合的销售系统。这个学习的过程，其实也是小米公司从一家纯线上的电商公司，完成融合线下新零售业态的一种蜕变过程。为了配合线下扩张，雷军和林斌也做出了相应的组织结构调整：将销售运营部进行分拆，让朱磊负责线上线下分货。

这家看起来风格简洁的小米之家零售店，最大的奥妙在于，它的系统和小米网是打通的，价格体系也完全一致。如果小米网调整价格，线下也会跟着调价。而线下店要担负店面租金、装修成本、人员工资等支出，利润会非常之低，要想让线下店在这种情况下保持运转，选品策略就成为能否赢利的关键。

根据雷军的设想，小米之家的选品策略应该是销售那些自带流量、能造就巨大转化率的产品，并把生态链的产品组合带进小米之家，这样就可以把进店没太多东西可买的低效流量，变成进店总能买走几样有趣产品的高效流量。在这样的指导思想下，除了小米手机外，空气净化器、插线板、小米电视甚至平衡车这些日常生活用品被陈列进以白色为主色调的小米之家里。雷军3年前启动的生态链计划孵化出的众多产品，此时成为小米之家里品类的最好补充。就在这一年，雷军为了区隔小米品牌和生态链品牌，赋予了生态链产品一个新的品牌——米家。越来越多的米家爆品，也被选进了小米之家，在线下出售。

这样的选品策略被证明是非常成功的。小米之家北京五彩城店自2016年2月18日开始试营业起，就给传统的零售行业带来了新的气息，每天的客流量达到了将近3000人次。

就在一周之后，一个消息连同小米5一起在小米春季发布会上发布了：小米之家将正式转型为零售店。这个消息被媒体解读为小米的战略突破。

20多天之后，带着小米橙色LOGO，摆放着原木色陈列展台，充满简洁风格的小米之家五彩城店在北京正式开业了，店铺里面展陈着很多高品质、高颜值、高性价比的小米产品。而“小米之家”这个“产品”，就像很多小米的产品最初投放到市场时一样，让人们充满了对“新物种诞生”的感叹。每天店里都人来人往，顾客川流不息，销售额不断在增长。经过几个月的运营，这家小米之家的月均销售额高达1100万元，接近整个商场销售额的10%。开业10个月时，五彩城小米之家的销售额占到整个商场一年总销售额的1/14。为此，小米之家获得了五彩城购物中心颁发的全优之星奖，这意味着小米之家是购物中心客流量最大、销售额最高的品牌。

小米产品的流量完全可以带动小米之家的运转，有很多零售业的人帮助小米之家计算了它的费用率。非常神奇的是，在全行业费用率都在15%上下浮动时，小米之家的费用率只有 9.9%。而另一个专业数据则显得更加亮眼，那就是坪效，这个指标是指每坪（1 坪 =3.3 平方米）面积可以产出的营业额，是衡量一家超市或者百货商店经营状况的重要指标。根据公开的数据，苹果在全球各地开设了 500 家左右的零售店，其坪效堪称世界第一，为 5546 美元 / 平方英尺，约合人民币 36.7 万元 / 平方米。世界零售店坪效排名第二的，是奢侈品品牌蒂芙尼（Tiffany），它的坪效能达到 20 万元人民币。而小米之家的坪效保持在 22 万元人民币左右。

在华润五彩城顺利跑通模式之后，小米之家在全国的选址工作开始了。一些核心商圈也主动向小米伸出了橄榄枝，并给小米之家提供了更加优惠的政策，因为他们发现，小米是一个自带客流的品牌，引进小米之家能够帮购物中心产生新的价值。

在全国开店的过程中，林斌每个周末都在各个城市出差，跑遍了除西部个别省份以外的所有省的省会城市，有时候，他甚至会到县一级的城市去看看，感受和一线城市完全不同的线下零售业态。张剑慧的孩子出生后，和当初对林斌承诺的一样，她两个月之后就回到了战场，或者也可以这么说，她其实从来没有离开过。在坐月子期间，团队成员就开始到她的家里召开业务例会。在休产假期间，团队成员也会把雷军和林斌的会议录音拿给她听，然后她据此做出工作部署。奇怪吗？小米整个的工作氛围会让你觉得，这真的一点也不奇怪。

到了这一年年底，小米在全国开出了 50 家小米之家。林斌和张剑慧开始了分头出差的日子，他们跑遍了中国的大江南北，不断复制小米之家的商业模式。此外，在小米直营店的基础上，他们还探索出一种叫小米专卖店的模式，即小米和商户合作，由零售商负责地租和人力成本，由小米直供商品，然后派驻店长，承担物流、经营、人员培训等管理成本。在这种模式下，专卖店不用背负库存的压力，只需要在小米账户上存有保证金即可。

短短几个月时间，他们就让小米具有现代感的零售店和著名的橙色 LOGO，出现在了更多人的视野当中。

低谷中的曙光

2016 年下半年应该是小米公司发展史上压力最大的半年，上半年经历了重大的人事调整后，雷军接管了研发和供应链两大业务板块，还有很多调整在密集地进行中，新产品的规划也在紧锣密鼓的部署当中。但是，重大调整的效果不会立刻显现出来。在这样的情况下，小米迎来了竞争格外惨烈的下半年。这段时期，小米的销售出现了一段失速下滑，整个公司都处在焦虑当中。在当时负责小米全网电商的耿帅印象中，这是小米面临“生死压力”的一段时间。

在外界的质疑声中，一些供应商也出现了对小米信心不足的情况。仅媒体报道的就有两家公司对小米格外担心，一家是京东，据媒体报道，刘强东曾经亲自过问过小米的状况。另外一家是中国移动，这家曾经和小米签署过 3000 万部手机包销协议的运营商，也在密切地注视着小米的走向。

在这样的情况下，雷军在手机部任务异常繁重的情况下，决定再拿出一些时间亲自指挥小米在线上的销售，守住小米最具优势的阵地。在创办卓越网期间，雷军对电商的投入曾经达到过废寝忘食的状态，当时他对团队的要求是按像素点击计算销售额，计算每一个像素点的销售效率。在屏幕上有几个广告位，平均有多少销量，这是系统自己计算的，如果不符合要求就要立刻更换。而现在，小米的电商销售分为小米网和小米网之外的全网电商两块，后者包括天猫、苏宁和京东的店铺。

从 2016 年 7 月开始，雷军参与了小米网和全网电商的一场场战役。他不仅给团队下达命令，还抽出时间亲自给员工进行电商销售的指导。当时管理小米网的年轻干部李名进对这个阶段的回忆是：他用两个月的时间上了一系列全球顶级的 EMBA 课程。

雷军发现了很多团队以前没有发现的细节问题。比如，他指出小米商城在手机 App 上的访问速度比较慢。团队成员起初对于这个评价非常不服气，他们认为，整个团队一直在关注访问速度问题，小米商城的访问速度与竞品并没有差距。雷军现场打开一个叫作口袋购物的 App 对他们说："你们感受一下这个软件的打开速度，就知道你们的速度到底如何了。"李名进团队经过反复对比发现，他们的访问速度确实不是市场上最快的。通过研究他们发现，小米商城的打开页面不适合加载太多的图片，这会影响用户的使用体验，于是，他们立刻开始改进这个问题，让工程师修改安卓的加载引擎，力求把其他电商的页面访问速度"甩出一条街"。事实证明，这样一个小小的修改就会让用户的体验好很多。

另外，雷军从一个标题、一个图片这样的细节开始指导，让小米网的员工反复体会，首焦图片到底用哪种素材和哪类图片才能提高点击率和转化率。雷军特别指出，京东和天猫都是昂贵的资源，在其上投放的图片要经过反复验证，这一点特别重要。

在那段时间里，全网电商的负责人耿帅感受到了雷军身上背负的压力。尽管在压力最大的时候，雷军也很少把自己的压力传导给下属，但是他们通常能从他的精神状态上判断出来他昨天休息得怎么样。有的时候，耿帅看到雷军的眼睛里全是血丝。在感到压力巨大的时候，雷军偶尔会抽一支烟；在开会的过程中，他一边和员工核对业务数据，一边习惯性地把烟灰整整齐齐地刮进喝光的可乐罐里。在很多员工眼里，雷军是一个极其注重细节的人。

就是在那段大家都面临很大压力的日子里，耿帅为了达到细节的要求，几乎被折磨到了神经质的程度。也是从那个时候开始，他对手机的声音产生了某种恐惧感。他开始害怕手机传来的提示音，尤其害怕微信里蹦出来的不是文字消息，而是图片。通常，一旦他收到的微信消息是一张截图，那一定是雷军把哪张图片截了下来，然后在上面某个地方画了一个圈儿。耿帅形容他看到图片的感觉——"通常是瞬间就炸了"。后来他回忆那段日子，早上醒来去拿手机的瞬间会产生一种挣扎感。那种感觉很像还没有从床上爬起来，就要面临一场大考。

为了坚守小米的线上阵地，雷军给小米网和全网电商下达了 KPI（关键绩效指标）指标，小米网每个月力保 100 万部的销售量，全网电商每个月 150 万部的销售量，并且要求每天晚上检查当日销量。如果没有完成当日的销售目标，团队领导需要给雷军发个红包，而如果完成了，雷军也会给团队发一个红包。

整个团队进入了战时状态。小米网的员工金亮很清晰地记得当时李名进是怎么指挥团队作战的，他们把 100 万部的 KPI 拆解到了每个小时。每天早上，团队成员坐在小米总参办公楼的一个办公室里，从 9 点开始每个小时清点销售结果，一旦某个时段有销售下滑的情况，大家会立刻分析原因，看看是运营端的问题还是技术问题，然后立刻跟进一些活动促进销售。后来，每个小时一通报变成了每 15 分钟一通报，尽管有系统来推送数字，但是小米网团队成员还是习惯用 A4 纸来记录自己的战况，这样一来，他们就可以把一些临时规划随时加进去。每天工作下来，团队成员平均每人能写满二十几张 A4 纸。

2016 年 9 月 9 日，在小米总参地下一层的多功能厅里，一场关于销售运营的动员大会由雷军亲自召开，核心高管全部到会。在这种内部会议上，雷军通常表现得更为放松和性情。他回顾了几个月以来他死盯电商的原因以及整个电商团队的进步。他说："咱们要守住阵地，才能再去出击，根据地是我们的立身之本。小米电商和全网电商这两个战场咱们一定要赢。最近两个月，我每天晚上都检查小米商城的销售。晚上我给大家发红包，发现大家领红包不积极。二毛（李名进的别称）说，老大现在已经是凌晨一点了，我给你拍个视频看看。我一看，团队还有 7 个人在工作，大家没有时间领红包。我和耿帅也打了几次销售的赌，赌了六天，他只输了一次，只输了 10%。耿帅不着急。这两个团队，在这两个月都获得了长足的进步。所有的图片质量，都到了无与伦比的程度。"

就在小米的销售攻坚战进行得如火如荼的时候，在漫长隧道的尽头，一些光芒正在照射进来。小米的主战场之外不断传来一些好消息。刘德在投资生态链企业的过程当中，终于感受到那种他在艺术大师的画卷中才能感受到的失控感。生态链企业经过三年的发展，已经疯跑成长得如同失控一般。到 2016 年，生态链已经孵化几十家企业、上百个产品，推出了一款又一款爆品，完成了小米的点状布局的使命。这一年，小米来自生态链和 IoT 的收入，已经达到 100 亿元。可以说，小米用两三年的时间，为整个小米生态链建立了一条稳固的护城河。

小米的很多产品不但有着极高的性能，在设计方面也令人过目不忘。在生态链部门成立之初，生态链产品就秉持极致设计的理念，做生活的艺术品，这让它们在设计界大放异彩，不断斩获像红点设计大奖（Red Dot Design Award）这样的国际设计大奖。这甚至让雷军登上了 2016 年 4 月《连线》杂志英国版的封面，文章的标题是《是时候复制中国了》。在这篇文章中，雷军有句话是这么说的：这些年，小米的使命已经改变了世界对中国产品的看法。

此时，小米投资生态链背后的方法论已经显示出其非常独特的价值。和任何投资公司或孵化器的工作方法不同，当小米用几百人的队伍对所投资的公司在产品定义、外观设计、价值观梳理以及渠道上进行支持时，生态链输出的产品自然而然地参考的是小米标准。当这些公司集群越来越庞大时，小米模式带动的中国制造业转型升级，便自然地发生了。

另外，在印度市场曾经狠狠摔过一跤的小米，很快就修正了自己的错误，在海外市场找到了感觉。小米于 2016 年 3 月在印度发布了红米 Note 3 手机，这是小米在印度发布的第一款全金属带指纹的大屏幕手机，非常符合印度市场的需求。而且，这款手机的电池容量都在 4000 毫安以上，很符合供电不稳定的印度市场对电量的需求。这部性能很高、价格也十分具有竞争力的手机半年就卖出了 230 万部，让小米首次在印度市场实现了盈利。

此后，小米在印度势如破竹。红米“极致性价比”的理念很符合印度用户的收入水平，粉丝社区的运营也符合印度人喜欢社交的特点。更重要的是，小米终于赶上了印度电商第一拨腾飞的红利，让自己走上了正确的海外扩张之路。

这也正符合中国移动互联网企业出海的大体节奏。到 2016 年，出海的中国企业的体量和市场规模，都跃升了一个台阶。比如阿里巴巴，已经将其网络拓展到全球 213 个国家；而猎豹移动，除了广为人知的 CleanMaster（清理大师，垃圾清理软件），在内容业务上也突飞猛进。扬帆出海的移动互联网企业还在不断增加，小米的海外业务比例也随着这般潮流慢慢提升。

在这一年的 10 月份，小米又将推行新品发布会。绝大部分小米员工都不知道，有一个酝酿已久的概念产品马上就要在这个发布会上发布了，那将是一款来自未来世界的手机。

它将在整个行业引发一场惊涛骇浪般的讨论。

世界上第一款全面屏手机

2016 年第四季度，新一轮的资本寒冬悄然袭击了高速发展了几年的中国移动互联网产业。无论是科技领域还是传统企业，都处在转型升级的关键节点上。很多人认为，互联网行业正处在转型升级过程中一个最脆弱的时期。

小米的出货量也出现了大幅下跌的态势。根据国际数据公司 (IDC）发布的 2016 年中国手机市场季度跟踪报告：2016 年第四季度，OPPO 以压倒性的优势勇夺桂冠，相比之下，小米的销量呈现出暴跌的趋势。

小米当时销量下跌的主要原因在于手机、供应链的补课刚刚启动，在上一个产品周期尚未结束时，暴露的问题还没有得到完全解决。此外，高通芯片的订单未排期，使得小米需要一段时间来补充货源，这造成了很多产品依然处在严重缺货的状态。因此，那是小米内部十分焦灼的一个季度。

从整体市场来看，手机市场静悄悄地完成了一轮转换。根据 IDC 公布的全球智能手机数据，2016 年全球智能手机出货量为 14.706 亿部，相比 2015 年 10.4% 的增长率，2016 年的增长率是个位数，市场接近停滞。与此同时，一二线城市用户的智能手机普及已经完成，需求日趋饱和，而三、四线以及更为广袤的农村市场刚开始进入智能手机大规模普及阶段。这也是 OPPO 和 vivo 在这个阶段市场份额不断上升的原因。小米当时还没有机会进入下沉的线下市场，这让小米在这个领域很难发挥出自己的特长。

一些行业内人士注意到，按照全年市场份额估算，此时小米已经跌出全球前五名的位置，归属到 Others（其他）的行列。

这几乎是小米历史上最艰难的一个季度了，销售运营的困境让这个秋冬之际显得漫长而寒冷，小米内部一直弥漫着一种认为公司处在低谷的气氛。但是，雷军一如既往精神抖擞地出现在 2016 年 10 月 25 日的发布会现场。还是像以往在这种场合的打扮那样，他身穿淡蓝色毫无褶皱的衬衫，两只袖子都卷到手肘的位置，深蓝色的牛仔裤，后腰处的皮带上别着麦克风盒子。不管遇到什么样的艰难困苦，在这样的场合，雷军总是保持着昂扬向上的状态和满面春风的微笑表情，让人很容易联想起《创业维艰》中的一句话：形势越不利，迈克就越坚强，他堪称是一位终极战士。

这一天，小米要在北京大学体育馆发布自己的新产品——小米 Note 2。为了配合小米进军线下市场的需求，小米特意把形象代言人梁朝伟先生邀请到了发布会现场，这也是小米开始做品牌升维、探索新营销方式的重要尝试。而在发布会之前，黎万强特意隐藏了一款重磅产品的发布，除了公司内部的一个小范围的团队外，大部分人对此一无所知。

当梁朝伟慢慢走上发布会舞台时，台下爆发出一阵欢呼声，人们不禁感叹——他真的来了！这样的明星效应还是第一次出现在小米的发布会现场。梁朝伟用自己出演过的电影解读了小米 Note 2 这块双曲面屏幕的特质，他说："一面一代宗师，一面花样年华。"雷军也和现场粉丝开起了玩笑，他说："我可以替大家和梁朝伟合一个影，你们回头再把我 P 掉。"台下发出了一阵阵会心的笑声。

在"直线属于人类，曲线属于上帝"的感叹当中，小米 Note 2 的发布持续了 50 分钟。这是一场看起来中规中矩、具备所有正常元素的发布会。就在大家以为这场发布会接近尾声时，一个出乎现场观众甚至很多小米员工意料的情节发生了。雷军告诉现场观众，今天他还有一款手机要发布，这款手机就是来自未来世界的产品——小米 MIX 全面屏手机。

这就是 2014 年雷军拍板决定要做的那款不计商业代价、不以商业目的为驱动、让所有的创新精神能够发挥到极致、他视为一次风险投资的产品。这就是那一款开全球手机之先河、让手机的屏占比第一次达到 90% 以上、全面改变手机形态的产品。就在它正式发布的那一刻，很多工程师还有些恍惚，仿佛还沉浸在过去一年多那些无比艰难的研发工作中。很多惊心动魄的内情让他们觉得，这款手机的面世太像一场充满未知的旅行了。它的发布，并不是理所当然的产物，而是一次险中求胜的奖赏。

此时此刻，站在发布会后场的 MIX 研发主工程师刘安昱已经热泪盈眶。北京大学是他的母校，他以前经常在这个体育馆里参加篮球比赛，但没有一场胜利像今天的这场胜利，让他内心充满了委屈和激动的情绪。他觉得，参与研发 MIX 这样的产品，真的需要一种体育精神，既要有坚韧不拔的耐力、追求成功的野心，同时也要能坦然面对注定有人会失败、终将有人退出赛场的现实。

的确，这是一款看上去就充满野心的产品，研发的难度不言而喻。当市场上的手机纷纷强调屏占比这个指标、希望给用户越来越大的屏幕显示位置时，小米 MIX 将市场上普遍 70% 多的屏占比提高到了 90% 以上，这将是世界上屏占比最大的一款手机。

因为想把屏幕尽量放到最大，这其中复杂的解决方案让工程师每天都跌跌撞撞，外观的改变要求结构工程师彻底颠覆以前的手机结构设计——屏幕发声和感应的方式都必须是前所未有的。在克服很多难以想象的困难后，工程师的解决方案是：用搭载的悬臂梁式压电陶瓷声学系统将电信号转化为机械能，通过微震点击的方式带动整机的中框共振，将声音传递至耳朵。而传统手机上的红外线距离感应器在小米 MIX 上也被替换成了超声波探测系统，以防止误触现象发生。为了驾驭这款手机性质独特的材料，工程师还用上了榫卯结构，以此连接屏幕、边框和背板。

在加大屏幕比例、将屏幕的角度改成有曲度的 R 角的条件下，为了将比例做得让人舒服，ID 工程师在一年的时间里不断做着折磨人的试验。16 : 9、16 : 5、17.5 : 9 、18 : 9……在进行了无数次试验之后，ID 工程师确定将既往 16 : 9 的屏幕宽高比改为 17 : 9。这看似只是微调的一步，让工程师们投入了巨大的时间成本。当时，雨果·巴拉注意到工程师对屏幕宽高比的改变，马上提醒工程师：这个改变可能会违反谷歌兼容性定义文档（Compatibility Definition Document，CDD）的规定。通常，为了保证安卓设备的体验，包括应用的兼容性，安卓的兼容性文档要求屏幕的比例介于4∶3和16∶9之间。而小米要做特殊的屏幕，就必须说服谷歌总部同意做出相应的改变。为此，小米工程师用了大半年的时间与谷歌沟通，其间通了无数通越洋电话，对全面屏技术做出了详细的解释。雨果·巴拉和宋嘉宁也带着MIX的工程师前后两次飞到谷歌的芒廷维尤总部，和谷歌的高管当面沟通。雨果·巴拉每次出现在不少老同事的面前，还用上了谷歌的哲学来解释小米做出这个改变的用意：一切为了用户。经过几个月的沟通，小米终于收到了来自谷歌的肯定，这让小米终于可以将屏幕适当拉长，尽量做好堆叠，取消正面多余的区域。而小米MIX也成为一款安卓深度定制的手机。

解决了结构问题，还要解决外观问题。这部手机的机身主要材质并非常见的塑料、金属或者玻璃，而是具备金属光泽、延展性好、既剔透硬度又高的特殊陶瓷。雷军在发布会现场不禁感叹：MIX手机的全身如同黑色的珍珠一样闪耀。这样的材质不仅让手机的成本飙升，它的加工难度也是远非常见的材质可比。这种陶瓷要用1500℃的高温进行烧制，烧制之前和烧制之后会产生很大的缩水现象，很不容易控制造型。在早期研发阶段，工程师有时候把一锅炉陶瓷片放进炉灶进行试验，一旦掌握不好火候，5000片陶瓷就全都废掉了。一次又一次的失败，曾经让他们产生自我怀疑：这个项目还能做下去吗？

就在产品发布的两个月之前，小米公司的内部还对这款产品持有巨大的争议，工程师中有发布与不发布两种声音。一些工程师甚至知道，在这款手机的研发过程中，很多友商都知道“小米正在做超大屏手机”这个消息，但是并没有引起他们的重视，因为没有人觉得小米能把难度这么大的东西做出来。最终，经过不断优化，小米决定让这款惊天地、泣鬼神的作品面世。雷军知道，尽管这是一款概念产品，但它将带给产业深远影响，也会给公司带来巨大的信心提振。这是对于创新者最好的回馈。

更令人欣慰的一点是，这款手机并没有因为前卫的设计而在性能上打折扣。它搭载骁龙 821 处理器，4GB+128GB 存储组合，电池容量为 4400mAh。最终小米对这款手机采用的是少量量产策略，以两个版本的价格实现了上市。

这场发布会除了梁朝伟以外，还请来一位世界级的设计师——菲利普·斯塔克（Philippe Starck），雷军展示了斯塔克过去设计的一些作品，比如乔布斯的私人游艇、法国总统官邸爱丽舍宫的室内设计、上百万件的路易斯幽灵椅，还有外星人榨汁机。当然，最后，雷军给大家展示了这位世界上最负盛名的设计师的最新设计——小米 MIX。现场掌声雷动。当雷军邀请斯塔克上台和他一起点亮手机进行拍照时，整个发布会现场响起此起彼伏的欢呼声和尖叫声。

一款拥有超大屏占比、像一整块玻璃的手机，在两个人手中闪耀出橘黄色的光芒！

那一天，整个小米发布会的后半场都沉浸在一种让人惊艳赞叹的气氛中，粉丝的狂热与尖叫让人好像又回到了 2011 年 8 月 16 日，那个为发烧而生、沸腾不止的小米手机 1 发布会现场。很多人再次点燃了对这个酷炫品牌的发自内心的热爱。一位米粉在 MIUI 论坛中说："是的，就是那种真的让你永远年轻、永远热泪盈眶的感觉。"还有人说："那个曾经遇佛杀佛、一心只追求技术的小米，回来了。"

发布会结束后，雷军带着这些研发工程师回到办公室，开了一瓶酒。大家都有些想抱头痛哭的冲动。雷军举起酒杯，感慨地说了一句话："我们祖坟冒青烟了，终于把它做出来了。"

小米的这次科技创新赢得了整个科技界的尊敬。铺天盖地的报道，让小米重新获得了品牌上的声量。媒体人士说：

> 小米 MIX 的发布是品牌再造，也是回归初心。
>
> 小米黑科技，从未黑得如此彻底。
>
> 小米第一次提出全面屏的概念。在目前手机市场严重同质化的时代，只要注重创新，还是会得到市场和消费者的认同。

科技媒体 TechRadar 的评价是：

> 小米打造了 2016 年外观最酷炫的手机。

这一次，小米通过自己的努力，获得了全球媒体的关注。一个标志性事件便是菲利普·斯塔克举着小米 MIX 登上了《时代周刊》。《时代周刊》以“Starck phone makes big-screen debut”（斯塔克的手机让大屏手机有了它的首秀）为题，从设计师菲利普·斯塔克出发，赞赏了小米 MIX 的设计，并将之称为“陶瓷技术的革命”。

事实证明，小米 MIX 是全球第一款全面屏手机，它比三星的全面屏手机早了半年，比苹果的早了一年。而它对产品趋势的影响更是远超想象，谷歌在发布会之后给小米的工程师发来了邮件：“恭喜小米，非常震撼，我们正在制定一个计划来支持更大比例的屏幕和圆角切割。”这是中国手机企业推动行业发展的一个很好的案例。自小米 MIX 之后，全球智能手机领域都开始享受全面屏带来的红利，这让中国手机企业的研发和创新越来越多地受到全球的瞩目。

小米 MIX 的发布及其产生的巨大影响，给彼时处于幽暗境地、负面新闻缠身的小米，带来了很多东西。那种势能的回归，那种士气的提振，那种对供应商发出的积极信号，那种为发烧而生的熟悉感，让人们看到了小米公司对未来有所期、对未来无所畏惧的勇气。而它在市场上造成的声量，也造就着小米这个品牌的重回辉煌之路。这对于正处在资本寒冬，整个移动互联网行业都在痛苦中煎熬的人们来说，像一剂强心剂，让人们看到了创新的意义。

在小米的产品规划表上，操盘手们看到了一个又一个手机新品的研发规划，小米手机团队在经过整体补课之后，正在成为一只非常骁勇的部队。只不过，这时候外界对小米的回归还没有很明显的感知。有一天，朱磊在看到自己公司的产品规划周期表之后，特意在日历上标注了 2017 年第二季度开始的日子。她知道，当时间运转到这一天时，小米一定会真正地走上逆袭之路。

第三部分
最年轻的世界500强

2017—2020

第九章
逆转向上

小米的生命线

小米 MIX 全面屏手机的发布，被视为小米公司的一个转折点。它让外界看到了小米在技术上的眼光和突破能力，也给公司内部传递了积极信号，这让小米员工颇为感慨。一位年轻的工程师在社交媒体上写下了参与研发的心得，颇能代表一些工程师的心声：

> 工程师除了勤奋之外，更需要勇气，他们就像欧洲的航海家一样，在技术的大航海时代，探索着属于自己的新大陆。他们克服恐惧，把自己交给时间和未知，让自己成为茫茫大海里的先行者，成为这个时代的麦哲伦和哥伦布。

在 2016 年雷军提出补课元年的说法之后，创新、质量和交付成为小米手机业务的三个重要核心。

除了在创新方面继续探索之外，张峰领导的供应链团队承担起了非常重要的保证交付的重任。从 2016 年下半年开始，供应链团队就像特种部队一样，大家要在短时间内协同作战，把一些棘手的系统性问题集中解决掉。那段时间，张峰几乎不眠不休，后半夜才能下班成了常态。在巨大的压力之下，他出现了一些过火反应。

一次，他在办公室和一个员工核对某个数据，忽然发现有一个物料出现了严重的缺货，于是他马上开始追溯问题的根源，连珠炮一样向这个员工提出了很多问题。而这个员工也许天生就是相对乐观的性格，在和张峰一问一答的过程中，还是笑意盈盈。这让张峰一瞬间怒火中烧，他脱口而出："都什么时候了你还笑得出来？"他指着办公室的门说："不对了！你出去！"那位员工的表情顿时僵住了，只能委屈地拿着笔记本走出了办公室。

当晚 12 点，当张峰结束一段工作从办公室走出来时，看到这位员工还坐在工位上忙碌，他对自己的态度感到非常抱歉，走过去和那位员工说了对不起，并直言道："在问题这么严重的时候，看到别人还在笑，自己的感受不太好，但是实在不应该用这样的态度说话。"

在接手供应链的前几个月，张峰有四五个月的时间，都要求团队在月底签出一份"计划军令状"，保证下个月完成多少供应量，而且这种保证会用一种充满仪式感的方式表现出来。比如，如果整个团队保证下个月出货 1300 万部，张峰会让工作人员用投影仪把红底金色的数字投放在办公室的大屏幕上，然后每个人在投影面前拿着自己的任务单合一张影。对于张峰来说，这样做的好处很多，他要用现有的人、现有的系统完成更多的任务。而这样具有仪式感的过程，会让大家更有紧迫感，也会让每个人对自己的任务有清晰的认知——毕竟是和任务单一起合了影的。

事实证明，这种仪式感发挥了神奇的作用。每个人都异常重视自己负责的环节，供应链团队成员每个月都达成了自己的交付任务。在系统流程不断优化的同时，张峰也开始不断地推动供应链信息化建设和人员的优化，这让供应链渐渐趋于稳定。事实上，两年之后，张峰每天电子签核的任务已经达到上千条。信息化的好处显而易见——它可以把一些烦琐的东西变得好检查、易追溯，让整个供应链系统更加透明。而信息化管理更大的妙处是，就算有天气变化这样的情况，也可以让供应链系统提前预警，从而规避一些可能产生的问题。比如，如果一场台风 10 天后要在广东登陆，供应链的信息系统将自动提示这个区域将有多少家供应商可能会受到影响。有了这样的预警，采购方可以提前做出生产线调配和物流准备。人们不会再把天气因素归结为不可抗力。

在手机的创新和交付都在加强的时候，质量管控依然让雷军有些担忧。质量问题事关公司命脉，只有产品质量得到保证，小米才能在竞争中立于不败之地。尽管雷军已经把质量部门调整为和手机部平行的一级部门，但是他依然认为，这个部门在公司的话语权不够。

产品质量不好会给一家公司带来灾难性后果，行业内的人都已经眼见为实。其中一个典型的案例就是三星 Note 7 的爆炸事件。2016 年 8 月 24 日，韩国发生了第一起三星 Note 7 手机充电时爆炸事件，随后，世界各地陆续传出类似的新闻，令消费者和渠道商谈之色变，全球主要的航空公司甚至公开宣称——拒绝旅客携带这款产品登上飞机，这给三星这个品牌带来了很大的伤害。

雷军把对产品质量的思考一直延续到了 2017 年春节。在瑞士圣莫里茨（St. Moritz）滑雪场休假期间，他在这难得的几天假期里却几乎没有怎么走上雪道。很少有人知道，那时候他已经因为产品质量问题焦虑得睡不着觉了。在一个星期的时间里，他基本没怎么说话，而是一直拿着一部小米 Note 2 在思考：究竟有什么方法，能在高维度上保证小米手机的产品质量？

春节后的第一个工作日，雷军推开了办公室的门，他做的第一件事情，就是让助理召集公司四五十名核心高管开了一个紧急会议。在这个会议中，雷军和高管们讲述了他对产品质量问题的担忧，而这也引起了高管们的共鸣。大家一致认为，公司必须把对小米产品质量的管理再提高一个量级，让公司对产品质量的管控落实到更严格的层面。就在这个紧急会议上，一个解决方案被讨论了出来——一个叫作质量委员会的机构将在小米公司成立，这个机构将把产品的质量检验提高到最高权重，这样一来可以唤醒全员的质量意识，让员工提高认知警戒线；二来可以给质量检验的系统性提升确立标准，让员工有章可循。雷军知道，解决质量问题，一定是长期的、系统性的，而且注定在短期内会让人感到痛苦，但是小米必须走出这一步。

本来雷军想亲自抓质量，但是考虑到自己管理的手机部的工作已经千头万绪，于是他选择自己挂帅质量委员会主席，让一个对质量“有感觉”的人负责具体执行。这一次被雷军点名的，是小米手机的早期结构工程负责人、小米 MIX 的策划人之一——颜克胜。

可想而知，一过春节就被赋予这样一个重任，颜克胜并没有心理准备，他觉得有些突然。任何人都知道，这很可能是一个会得罪所有人，让自己变得没朋友的工作。一旦接手这项工作，他必须要在公司里四面出击、严格把关，面对的还都是过去和他一起奋战过的老同事，如何处理同事关系将会成为一个令人头疼的问题。面对这份棘手的工作，颜克胜的本能反应是逃避。但是，提到质量问题，他回想起了自己亲身经历的一件事情，那是在小米 1 刚诞生的时候，有一次，他给一个供应商打电话，在整个通话过程中，他手里的电话竟然重启了四次。那一次他愤怒到把电话摔到地板上，那是一种对自己的愤怒。这一幕颜克胜还记忆犹新，他知道，从大局出发，他也必须担负起质量管理这个责任。

为了唤起全员的质量意识，2017 年春节后，小米开启了非常严格的质量提升之旅。质量委员会在其成立后的第一次动员会上，就给所有人展示了令人“触目惊心”的一幕。颜克胜把各个部门的负责人聚集到一起，让负责售后的主管张剑慧播放了一段录像：一名顾客走进小米的售后服务网点，一进门，他就把手机狠狠地摔在地上，然后上前一步，打了在场的工作员工两记耳光。

在场的人全都被震惊了！

质量管理的工作是细碎而长期的，颜克胜开始了和公司相关负责人一对一的交流过程。在聊天的过程中，颜克胜发现，大家其实并非不重视质量，毕竟谁也不想把事情搞砸，但是很多人并不了解质量到底应该怎样管理，他们缺乏方法。

因此，质量委员会从宏观上制定了手机生产标准和检验流程，然后在微观上进行专项改善。质量委员会把每一款小米手机都拿出来做测试对比，然后对标行业数据确定自身问题所在。质量委员会成立了一个个专项改善小组来死磕这些问题，直到所有的问题得到改善为止。以死机和重启问题为例，专项改善小组一共拆解了470多台手机，把涉及硬件、软件、制造、设计等可能造成死机的原因一项一项列出来挨个落实改善，最后让有关死机问题的投诉率大大降低。

质量委员会还引进了节点控制制度，来保障手机研发的成熟度，这也是促进手机质量、确保研发效率的重要举措。通过引入缺陷检测（Defect Inspection）系统，质量委员会将研发中的每一个问题都进行评级打分，要求每一个项目在量产前必须位于一定分值以下。

最重要的一点是，质量委员会开启了对产品源头的质量管控，也就是对上游供应链端进行质量控制，质量委员会将从每一个零部件开始检验小米手机采购物料的品质，从而真正抓住质量的关键问题。这种对质量的严格把控，曾经让公司内部的供应链部门叫苦不迭。质量委员会一名叫许多的员工，曾经在小米的一家屏幕供应商那里蹲守了两个星期，经过评估，他认为一批屏幕中有10%不能出货，这让供应商非常烦恼，直接把申诉电话打到了小米供应链负责人时东禹那里，希望对方通融通融。时东禹向许多求情："多哥，我们现在一个月才出200万台货，你这一下就卡我10%，有点不合适吧。"许多则告诉时东禹："质量问题没办法通融，如果现在不处理，将来咱们出货1000万台的时候，有问题的就不是这点儿数了。"

就这样，小米全员的质量意识不断被强化，小米也真金白银地加大了对质量管控的投入，这是小米团队和代工厂之间不断磨合的结果。

一开始，小米派员工许多蹲守在代工厂，还让他把代工厂出现的各种问题记在小本上督促厂长们改进，这让厂长们哭笑不得。最后，代工厂厂长告诉许多，要贯彻在业内看来堪称"不讲理"的小米新质量标准，会让工厂的效率有所降低。如果想要代工厂完全配合小米的质量理念，每部手机的代工成本需要增加几元钱。小米毫不犹豫地同意了。

让颜克胜深感安慰的是，他并没有遭遇当初想象的人际关系问题。在质量把关的过程中，他感受到的更多的是支持的声音。当所有人都把质量放在首位的时候，共识是大家共事的基础。尤其是在工程师文化浓重的小米公司，这激发了工程师解决 bug 的本能。

在质量委员会成立的当年，小米一共召开了 254 次质量会议，小米的产品质量也取得了长足的进步。到了年底，有关小米手机死机问题的投诉率下降超过 60%，小米售后维修率也下降了 40%。

更让人欣喜的是，2017 年 4 月，小米发布了年度旗舰手机——小米手机 6。这款产品被称为是毫无短板的“水桶机”，由于它质量非常好，一些米粉在很长时间里都没有产生换机需求，因此小米 6 被戏称为“手机界的钉子户”。

2017 年 4 月初，雷军约了小米其他 6 位创始人一起“重走长征路”，7 位合伙人一路回访他们曾经一起战斗过的办公地点——保福寺桥银谷大厦、望京的卷石天地大厦和清河的华润五彩城，在每一个地点他们都驻足了一会儿，感触良多。这一天，大家都穿着印有金色的“小米 7 周年”字样的黑色 T 恤，在依然微寒的 4 月阳光中里拍了几张合影。在带领这家企业向前奔跑的过程中，岁月留给了他们很多的课题，而他们的眼神，都比 7 年前深邃了许多。

接下来，几位合伙人来到卧佛寺开了一个持续两天的重要会议，在这次会议上，雷军给几位创始人发了一些预算表格让大家分别填写。当他把表格汇总梳理之后重新发给大家时，几个人低头一看，发现了一个令他们惊奇的数字——1000 亿元。是的，小米创始人们在此刻就已经看到了 2017 年小米集团的预估总营收，按照所有业务的营收计算，小米集团的营收数字将在 2017 年超过 1000 亿元人民币。其实，雷军正是希望用这个独特的方式告诉各位合伙人一个事实——在经历了一段时间的重挫以后，这家公司已经重新回到了高速成长的轨道。

这个春天似乎在此时已经散发出特别的暖意，小米在激烈的市场竞争中不但很好地应对了外部的压力，也顺利地完成了阶段性的组织修复。其实，一家创业公司，往往都要经历这样的过程，一开始勇往直前、激情四射、感性至上，随后就会出现一段规模扩大之后的疲惫期，在这个时期，许多问题会暴露出来，整个组织都需要恢复。而一段关系、一个组织，往往经过一段沉潜的修复之后，就会爆发出那种一往无前的态势。

小米之家探索线下

在手机部门不断地修复自己的问题、弥补自己的短板之际，小米的渠道政策也在做着同样的事情。到 2016 年年底，小米的线上销售额占到总销售额的 75.16%，线下销售则占到 24.84%。增强线下阵地，毫无疑问是 2017 年小米渠道政策的重点。简单而言，除了在互联网上，小米希望能让更多的人在商场里和其他销售网点购买到小米产品。

小米之家五彩城店，真正验证了小米之家直营店这个商业模式的成功。

在很短的时间内，小米之家成为小米公司的一张名片。在北京华润五彩城地下一层川流不息的人群里，人们偶尔可以看到小米创始人雷军的身影。那一年，对于来访小米总部的客人来说，雷军陪着他们参观公司楼下的小米之家，成为一个新的固定环节。

林斌带领的线下销售团队也开始了迅速复制、同时开店的模式。如果把 2016 年定义为小米之家的模式探讨年，那么 2017 年则是小米之家的压力测试之年。

扩张的基础是坚实的线上线下协同机制，对管理的要求非常严格。张剑慧和王海洲不断在新零售这个领域进行着各种探索。两个年轻人都遇到了需要不断突破自己边界的挑战。“做新零售的细节特别繁杂，你不仅需要懂供应链，懂信息化，懂线下市场，也要懂电商。”张剑慧说。

张剑慧不断拆解底层数据，然后分析如何获取这些数据，再把它们分成产品维度、门店维度和渠道维度等数据模块，最后总结出她的运营需求。王海洲则带领产品经理将这些需求产品化，再开发出信息管理的工具。可以说，这套工具的便捷性和实用性非常良好，它可以让管理人员在手机上看到一个小时内小米之家店里接受订单的情况以及物流信息。

在林斌的提议下，小米有了很多线上线下协同的机制，最简单的一种协同就是店内的“扫码购”功能。对于一些体积过大或者复购率不高的商品，小米之家的备货率也不会很高。但是如果消费者看中了展陈的商品，可以通过手机扫码购买这个商品，然后让快递直接送货。消费者可以选择一小时送到家或者正常物流配送两种送货方式。

在商业模式不断被验证和信息化建设不断优化的同时，小米之家在扩张之路上也摸索出一套在全国同时开多家店的方法和流程。那段时间，小米之家全国同时开店的消息不断出现在媒体上，人们开始感受到，小米把它的互联网速度带到了传统零售行业。而这种速度，其实依赖于整个团队将开店当成了一种程序来管理。从选址开始，到室内设计、店铺装修、工程进场、人员培训，一整套“工作流”逐渐被固定下来，工作周期也保持一致。这套方法后来被张剑慧笑称：我们做出了“开店流水线”的程序。

这个流水线的流程基本上沿用了“过店会”的方式在小米总部进行。这样的工作场景通常会异常紧张和狂热。在“过店会”上，小米总部的人员、地区的一线人员以及职能部门三方会坐在一起。首先，由地区一线人员把要选址的小米之家所在的城市概况、商圈的位置、商铺的体量、楼层和整个楼层的平面分布图、动线设计、客流量情况做一个综合汇报。然后，他们会向总部展示店铺的照片和视频。其中，照片分别包含店铺前后左右的各个角度，而视频里也会有不同时段的人流状况展示。通过这些素材，团队会进行讨论，综合分析，然后对要不要开这个店得出“过”或“不过”两种结论。一旦选址位置通过，团队就进入下一环节的讨论——让设计团队和工程团队沟通进场条件和进场装修的时间。最后，小米会根据工程的工期，提前准备人员培训提纲，对人员招聘和培训做出准备。

“在这个过程中，选址是最重要的，如果选址出了问题，就会影响整个店的未来，因此我们对选址的讨论时间是最长的。”张剑慧说。而工程这样相对标准的工作被拆解成了模块。一开始，工程团队一听到每个店23天的施工时间都感觉是天方夜谭，但是经过很多次练兵和实战，他们在会上骄傲地和张剑慧汇报，他们把工程周期缩短到了18天。

从2016年到2017年，小米之家通过自身的探索，将线上的模式带到了线下，而这套高频产品组合的方式，经受住了考验。经过测算，每家小米之家平均的营业流水大概在7000万元左右，第一批店没有亏损的。用张剑慧的话说，只是有个别店回收成本较慢。外界开始解读小米之家这个现象级的成功案例，人们说，这个时代已经开始成全高效率的庞然大物的线下连锁了。而小米之家最终证明了一件事情：当线上线下成本趋同时，线下店也是流量生意。

小米之家极大地提升了小米的品牌势能。经过压力测试的小米之家，最终让小米在线下也获得了信心，雷军给这个团队下达了新的工作指标：3年开出1000家小米之家。

2016年到2017年这段时间，在小米探索线下模式的过程中，一个十分具有传奇色彩的世界级人物再次走进小米公司的视野，他就是苹果旗舰店的御用设计师——蒂姆·科比（Tim Kobe）。蒂姆曾经和乔布斯一起工作，设计出了不同版本的美轮美奂的苹果体验店，他也被称为与乔布斯一起影响世界的空间美学大师。蒂姆·科比一直相信，一家零售店的情感，应该永远大于功能和形式，而一个好的零售设计应该激发非理性的品牌忠诚。正是秉持着这种设计理念，蒂姆·科比让苹果店充满了一种以用户为中心的体验感。他打造的苹果店内外部环境和商品摆设，都贯穿着一种以人为本的氛围。人们说，蒂姆·科比是对苹果精神理解最深的人之一。

毫无疑问，小米之家建立之初，小米员工通过对苹果店的不断探访和学习，完成了对蒂姆·科比的致敬。他们在打造小米之家店铺的过程中，深入地研究了苹果体验店，发现了很多令人叹为观止的“魔鬼一般的细节”，尤其是在整个店的灯光系统的使用上，让小米员工对苹果体验店产生了一种膜拜的感觉。

很多人并不知道，蒂姆·科比其实在2012年就和小米有过不浅的交集。乔布斯去世之后，蒂姆·科比将自己的工作室搬到了新加坡。2012年，他感受到了小米的品牌势能，曾经主动拜访过小米公司，希望能和小米进行线下商店的合作，而当时接待这位大师的，正是小米的联合创始人之一林斌。

在会谈中，林斌饶有兴趣地向蒂姆请教了苹果建造纽约第五大道旗舰店的过程。蒂姆也愉快地透露了很多有趣的细节。当时乔布斯要求纽约店的巨大建筑外立面只采用一块玻璃材质，而不是两片玻璃拼接。设计师为此头疼不已，很长时间都没有想出解决方案。一直等到玻璃工艺进步后，设计师才重新装修这家苹果店，达到了乔布斯的要求。苹果为此可以说是不计代价，花费的美元以千万计。

蒂姆还告诉林斌，苹果店的设计理念是受到贝聿铭设计的卢浮宫广场的玻璃金字塔的启发。乔布斯希望人们站在苹果店里和站在玻璃金字塔中的感受是一样的。在他看来，艺术与设计一脉相通。

在当时的这场谈话中，林斌带来的两名小米设计师李宁宁和陈露坐在一边两眼放光，她们像两个追星族一样激动雀跃。这可是蒂姆·科比！在工业设计领域，他可是大神级的人物。更何况，他还是她们在美国毕业的院校——美国艺术中心设计学院的校董。

在蒂姆来访的2012年，小米还是坚决的电商主义的信仰者，对线下开店暂时没有计划。但当时光走过5年，整个市场已经风云变幻，小米的线下策略也已经清晰可见。此时，小米建立全球第一家旗舰店的需求也涌现了出来，蒂姆·科比和小米终于可以再续前缘。

2017年初，蒂姆·科比承担了小米之家旗舰店的设计工作，小米由此迎来了一场中国产品与世界级设计的对话。经过很多波折，小米旗舰店最终选址在深圳南山区的万象天地，这里是深圳最具体验感的国际化社交、消费、休闲、创作天地，物业团队希望小米的进驻能给这里增添一些科技感。蒂姆·科比派出了一个设计师在小米常驻，他自己每一两周就和林斌对一次设计方案。一直到今天，他的设计手稿还在小米总部留存。

为了和林斌阐述深圳旗舰店的设计理念，蒂姆带着林斌亲自去日本银座的苹果旗舰店走了一趟。站在这家旗舰店不远处，蒂姆用手指着这家店告诉林斌，银座店和深圳旗舰店的结构很像，同样是多层结构，其中二楼被设计成中空的样子。其实这个设计当时乔布斯是不同意的，因为东京银座的地价极贵，苹果希望尽可能保留销售面积。但蒂姆还是坚持打掉了楼板，给消费者带来了更宽阔的视野。

在深圳旗舰店里，蒂姆也采用了同样的设计手法，奢侈地打掉了足足有150 平方米的楼板。而这样的挑高设计，确实给人们增添了一种壮观的视觉冲击——人们在二楼可以看到一楼，纵观全局。

一些创新的设计也被实验性地应用到了这家店里，比如展陈桌子使用水泥材质。蒂姆决定放弃苹果的原木风格，而采用水泥材料作为展台，对此小米团队欣然同意。当一张 4 米长、1 米宽的水泥展台被制作出来时，一种后工业的酷炫风格跃然眼前。但是，林斌发现，造价这么昂贵的水泥台没有办法在其他店进行复制，而且它的重量让其难以在店内挪动，怎么清理也成了令人头疼的问题。最终，蒂姆采用了一种折中的方案——仅展台台面采用水泥材质。

林斌还提出了一些具有科技感的元素，使这家店令人耳目一新。比如，研发团队用两个月的时间开发出由 5 块 80 英寸的屏幕组合而成的互动购物墙，人们可以通过手势操作来浏览大屏内的产品，还可以直接实现全自助式购物，先锋感十足。当人们走过店内的互动墙，屏幕上的指示键会跟着滑动，效果十分酷炫。

做这家旗舰店的工期紧张、过程辛苦，每一个人都在和时间赛跑，极限能力都被激发了出来。就在旗舰店试营业的前一天，五连屏才终于被工程师调试通畅，几千张图片的组合变幻让人目不暇接，一种未来感扑面而来。当消费者站在这些比人还高的屏幕前点点看看时，这个场景成为中国新零售演进历史中独特的一幕。

2017 年 11 月 5 日，小米深圳旗舰店如期开业了。和苹果旗舰店的全玻璃结构类似，从外观上看，这家店充满了晶莹剔透的现代感。雷军和很多小米高管一起出席了开业活动，他们在现场感受到了米粉的空前热情，店外的队伍一直排到了大街上。

这一天，人们看到在这家叫作小米的中国公司的体验店里，处处充满黑科技的元素，而它的创始人雷军，也在这一天充当了一把营业员的角色——他面带微笑地站在店门口，用收银神器给前来购买商品的米粉们结账。这一幕，被很多在现场的观众用小米手机捕捉了下来。

2017 年这一年，小米之家最终覆盖了 170 个城市，新增了 235 家，平均 1.65 天就新开一家门店。而就在深圳旗舰店的开业仪式开始之前，雷军把创始人们集结在一起，他们需要就一个关键事件做出重要的投票。

直供体系突围

小米之家的不断拓展代表小米自营渠道取得了成功。然而，线下拓展却不能只依靠自营渠道。毕竟，小米之家只能覆盖到市县一级的市场，如果品牌想要继续下沉，还需要多种渠道的深耕细作。

在全国代理这种模式逐渐崩盘的情况下，小米一直探索着自己独特的线下发展之路。与此同时，为了配合线下战略的推进，小米公司开始研发针对线下市场的机型，小米 5X 就是其中之一。这款手机预留出了不错的利润空间，就是希望让核心客户有动力进行销售。然而，就在 2017 年，在各种线下试验进行得顺风顺水的时候，林斌却遇到了他接管销售运营工作以来最大的危机。

此前一直负责电商销售的朱磊成为公司销售运营的操盘手以后，也面临着很多小米人曾经面临的挑战：她需要涉足一个自己从未涉足过的领域——给线下分货。小米的线下战略逐渐形成后，她需要调配线上线下的销售比例，让整个公司更加良性地运营。这个过程让她一度非常担忧，偶尔她会有这样的顾虑：自己会不会成为公司的瓶颈？她请求林斌多招聘一些线下销售人才来协助她进行工作，于澎就是这个时候进入小米公司的。

于澎进入小米公司的经历非常有趣。2014 年，他还在负责三星手机华南区的运营商业务，和当时主要在线上进攻的小米手机交集不多。但是在那一年的年底，小米在中国电信广东公司的订货会现场，给了他相当震撼的感受。当时，于澎作为三星业务大区的负责人，每个月手里会有几百万元到一千万元不等的市场费用，为了抢下岁末年初的销售业绩，他在订货会上“豪放地”投放了很多资源。当他在台上宣布完自己的投放额后，台下只是响起了几声稀稀落落的掌声。而在他之后，小米在广东地区唯一的员工上台了。他只简单地说了一句话就让现场沸腾起来。这名小米员工声音洪亮地表示：“今天，我们小米拿出了 3000 台现货供大家现场订购。”现场掌声雷动，有的渠道商直接从座位上站起来欢呼！

渠道商对小米的疯狂给于澎留下了深刻的印象。2016 年 8 月，他加入了这家让他心向往之的公司，和朱磊搭班子负责销售运营的工作。入职后，他特意找到订货会那天上台的小米同事交流，于澎对他感叹道：“那一幕你给我的印象太深刻了！”

于澎加入小米时正好是小米最低谷的时候。2016 年 5 月，雷军刚刚接管手机研发和供应链的工作，每天都是凌晨两点回家。但是作为创始人，他依然在战略上思考着小米的线下拓展工作。当时，雷军交给于澎一个课题：去走访各地的零售商，调研小米在线下的真实销售情况。

于澎走了一圈后发现，真实情况不容乐观。小米品牌在线下的销售在市场上只能排到第 10 位。不但魅族、金立超过了小米，就连百利丰这样不为人所知的小品牌都排在小米前面。他对雷军总结道：“在线下我们很薄弱，没有渠道，没有阵地，没有团队。”

在这样的情况下，小米建立自己的阵地就显得十分重要了。2017 年，雷军成立了线下销售部，由于澎负责该部门。他的任务是建立除小米之家以外的整个线下渠道，重点构建小米的核心零售客户体系，也就是业内通称的KA（Key Account）体系。

当时业界通行的一个做法是，除了传统的国包、省包，厂商还通过资金物流平台（National Fulfillment Distribution，简称NFD）与核心零售商（KA）展开合作。资金物流平台在厂家和零售商之间充当对接平台，一边承接厂家的商品，一边给零售商提供周转资金，赚取物流和资金的服务费用。按照于澎的说法，资金物流平台会按照厂家指定的要求和流程分货，相当于一个搬运工的角色。它本身获得的利润点位比代理商要低，但是只要有足够的销售量支撑，依然可以立足于自身的商业模式。在2017年小米的客户关系和客户服务能力都不够的情况下，找到一家全国知名的资金物流平台和小米进行销售合作，成为一个自然而然的选择。

2017年，小米手机6的销售从线上到线下一直都供不应求。而小米历史上第一款充分考虑线下渠道需求的机型小米5X也显示出了巨大的潜力——它的产品力很强，外观也相当漂亮。为了聚焦核心客户，用小米5X做出一个销售标杆，林斌带着于澎跑了广东、浙江、江苏、四川等10个省份，亲自洽谈核心客户。他们带着小米5X给零售商进行现场展示，告诉他们产品的配置是什么、卖点是什么以及大致的利润空间。在积极跑动的过程中，小米做足了这次小米5X的首销组织工作，给68家零售商制定了独家授权原则和独占期：在一个省份内，最少选择一家，最多选三四家零售商合作，并且承诺让他们首卖15~30天。可以说，一系列的政策有力地调动了零售商的积极性。

2017年7月26日，这款由明星吴亦凡代言的小米5X上市了。这一次，小米将宣传重点放到了摄像功能上。这款手机搭载变焦双摄，拍人更美，还配备高通骁龙625处理器，拥有4GB运行内存+64GB机身内存的组合，这些都让这款手机在市场上获得足够的关注。

因为做了充分的准备，小米5X在线下一炮而红。首发当天，全国线下渠道就出货2万部。于澎到浙江参加品鉴会时，一个零售商一手拿着酒杯一手拍着于澎的肩膀说："我特别感谢小米，首销 10 天，我感觉出货的速度就和火箭一样！"于澎站在零售商的中间，仿佛回到了 2014 年那场订货会的现场，那个令渠道商家疯狂的小米，又回来了。小米 5X 在零售商体系已经卖疯了的消息在线下不胫而走，更多的客户纷纷来寻求合作。很快，小米的合作零售商从 68 家扩展到 120 家，还有很多零售商在洽谈中。

谁也没有想到，正是在这样的"高光时刻"，一场灾难降临了。

一天晚上，于澎出差回到北京，合作方资金物流平台的老板约他吃晚饭，于澎满心愉悦地去了。本来他以为这将会是一场庆功活动，大家又要"不醉不归"了。然而，没有想到的是，对方却在饭桌上告诉他了一个不好的消息：今后不能再和小米合作了。于澎的心"砰"的一声爆炸了。他最担心的事情终于发生了。

在合作初期，于澎就有过隐隐的担心，资金物流平台并非只服务于小米，而是服务于所有的手机厂商，这其中当然也包括小米的竞争对手。由于小米起步较晚，与资金物流平台的合作总量要比竞争对手少很多。一旦其他友商提出不能和小米合作的要求，资金物流平台很难抵抗住压力。这是最真实的残酷竞争的体现，在消费电子这个竞争环境里，这甚至成为很常见的一幕。资金物流平台的合作者是于澎的朋友，他虽然有能力帮助小米，但是在重压之下，资金物流平台单方面撕毁了合同。

这件事带来的心理打击可想而知，于澎难过得好几天没有睡着觉。而后续工作怎么进行的问题已迫在眉睫。对于林斌来说，他同样遭遇了一次从喜悦到沮丧的心理暴击。而且一个清晰的现实就是，即便再换一家资金物流平台，同样的剧情可能还会反复上演。小米只能想一条绝杀之路，跳出对手的围追堵截。

经过几天的思考，林斌带给小米一个破天荒的解决方案，那就是——全面直供。其终极思路是，小米将去掉中间商，和零售商进行一对一的合作，这样做既规避了竞争，也不用再支付中间商的利润点。在零售行业，这个想法史无前例，对团队成员来说，有些石破天惊。小米的团队成员很多都是在通信行业工作多年的老手，他们服务过的企业有三星、摩托罗拉、华为、OPPO、vivo 等，没有任何一家企业尝试过全面直供的模式，这将给整个团队带来前所未有的管理压力。

最初听到这个解锁线下的方式时，于澎团队的第一反应是震惊。大家纷纷讨论——这怎么可能干的过来呢？但是很快，于澎明白过来，这其实不是一道选择题，而是一条必选之路。自 2010 年以来，小米的团队已经习惯了这样那样的“不可能”和“没见过”，习惯了挑战众多行业“惯例”和“常识”，在巨大的压力之下，他们强烈的好胜之心往往会冲出思维的枷锁，给行业带来前所未闻的全新打法。

所谓创新，多半是被逼出来的。

从提出全面直供到下一代产品的发布，只有一个月的时间了，小米必须利用这个时间窗口，完成从资金物流平台到全面直供的转换。这意味着小米要建立自己的系统，与所有核心零售商直接签订合同，一对一地协商沟通，要做的工作是海量的。

于澎开始了对管理干部的宣讲，告诉大家这次渠道切换的重要性，他还把小米面临的渠道封锁的现实一五一十地告诉了所有人，让大家认识到形势的严峻。而这样的现实很快就激起了所有人的战斗力，大家群情激奋，以一种必胜的心态开始了这场战役。于澎的团队成员都成了不回家的人，他们天天拿着电话，没日没夜地敦促各地分公司去和当地客户签署直供合作合同，然后将合同寄回小米总部盖章，再进行系统录入、输入订货地址等后续工作。于澎更是每天驻守在办公室里，焦急地询问合同签署的进度。最终，这个团队完成了对 400 多家零售商的谈判和系统录入工作，而令人惊讶的是，这个过程一共只用了 7 天。

2017 年 9 月，小米 MIX 2 和小米 Note 3 如期上市，小米的这套直供体系在首销一周前就收到了七八亿元的预付款，这个结果验证了小米品牌在零售商中的影响力，也证明了这个因为形势所迫而做出的战略调整的可行性。整个团队忽然意识到，在最困难的情况之下，几乎是对手逼迫着小米提前完成了自己的革命理想。在最低谷的时刻，小米完成了一次涅槃重生。

在收到预付款之后，发货、物流等工作由小米公司直接进行。于澎坦言："直供体系确实会带来巨大的管理压力，一直到今天，服务好客户依然是我们要不断强化的能力，但回过头看，走出那一步，真的很需要勇气。"

在完成这次渠道封锁的突围后，"全面直供"成为小米渠道创新的一枚标签，它带来的是线下零售系统最"胆大妄为"的一次效率革命。

从亿元俱乐部到有品电商

从 2016 年开始，生态链负责人刘德每隔半年就要和生态链企业召开一次闭门会议，解决现有的问题并商讨未来的发展。到 2017 年，生态链兄弟企业里有了很多销售额超过一亿元人民币的企业，在小米生态链企业内部，它们被称为"亿元俱乐部"。

这一天，当刘德想和"亿元俱乐部"的 CEO 们在自己的酒店房间召开一个短会时，生态链的同事告诉他："德哥，酒店房间恐怕装不下了。"

那一天，刘德的酒店房间挤满了人。在他印象中，年销售过亿的小米生态链企业应该不过七八家，但是此时，这个数字显然已远远超过他的预期。刘德意识到，拥有小米对产品定义的把握和销售渠道的加持，年销售过亿元不再是生态链企业的一个门槛，一些企业很容易就能达到这个"小目标"，比如生态链企业石头科技 2016 年 8 月发布的米家扫地机器人，翻过年来销售额就已经过亿了。在后来的生态链企业年会上，小米继"亿元俱乐部"之后又组织成立了"十亿元俱乐部"。

从 2014 年开始，在生态链企业持续孵化爆品的同时，每一个生态链产品都加载了用于 IoT 平台的 Wi-Fi 模组。经过几年时间的积淀，小米智能设备的品类越来越多，这让 IoT 和生态链企业之间发生了奇妙的化学反应，小米智能家庭（后更名米家 App）上可以用手机控制的设备也越来越多。通过这些连接，小米将手机打造成了智能家居的核心，而这个核心也逐渐成为最大的 IoT 平台。

在当年的平台策略失效的情况下，第三方厂商开始饶有兴趣地进驻小米的 IoT 系统，比如欧普照明的很多灯具都开始安装小米的智能系统，飞利浦照明的一些产品也加载了小米的 Wi-Fi 模组。可以说，随着时间的推移，雷军当初帮高自光设计的万物互联的路径——由自家产品慢慢推向第三方企业，就这样慢慢地变成了现实。

随着小米智能家庭的日活跃数量的上升，它逐渐成为一个流量入口。高自光开始尝试在小米智能家庭中开出一个一级菜单，将流量导向小米商城。其实，这个做法最初只是为了给用户提供一些方便，比如当净化器的滤网需要更换时，手机会做出相应的提示，并将用户导向小米商城的购买界面，这样，用户通过几步跳转，就可以完成滤网购买。

很快，大家发现通过小米智能家庭联结起来的用户，对于新奇酷的产品有着天然的好奇和很高的接受度，它足以容纳并验证小米工程师们其他的奇思妙想，小米众筹就是其中之一。

小米众筹是 2015 年 7 月 13 日正式在小米智能家庭上线的，当时很多平台都在做众筹，这个形式对大众来说并不陌生。在工厂还没有正式生产某款产品之前，大家可以先把产品定义抛出来测试一下消费者的购买欲望，让大家来预购。这个产品会不会是爆品，放到众筹平台上一试便知。小米第一款众筹的产品是小米万能遥控器。此后，小米众筹一发不可收拾，各种带有小米独有的参与感的众筹层出不穷。

在成功众筹了很多智能硬件商品之后，一个大胆的想法在高自光的脑海里冒了出来：既然是好的流量平台，它不应该只局限于众筹智能硬件产品，这是一种浪费，毕竟智能硬件产品只具有低频次的购买需求，而其他的非智能硬件商品，尤其是生活消费品，也可以在这个平台上进行众筹尝试，这可以探测出平台的真正潜力。

然而这个想法却在小米内部遭遇了反对。在一次内部会议上，高自光第一次向管理层提出想在小米智能家庭平台众筹一款床垫的想法。高自光发现的这款床垫，是由一家叫作趣睡科技的公司推出的产品，和传统的床垫不同，这款床垫不用一滴胶水黏合，原材料不含甲醛，最有意思的一点是，这款床垫可以通过真空卷压缩打包到一个小盒子里，不仅将运输成本从200元降低到40元，也让床垫进出电梯变得非常容易。尽管只是一个床垫，但它符合小米众筹产品“新、奇、酷”的特点。但高管们对这个想法不以为意，只是对高自光说了一句：“好好卖你的智能产品，别折腾了。”

但是高自光并没有死心，他用两个月的时间来思考消费品众筹做还是不做这个问题。两个月之后，他下定决心，还是要“偷偷折腾一下”。高自光联系了趣睡科技的CEO李勇，告诉他这次众筹并没有得到高层认可的事实，高自光说：“小米不一定会让你们上线这次众筹，但是你们先准备1000张床垫吧，我自己会顶住压力。”而李勇的回答是：“899元的价格史无前例，我觉得怎么也能卖3000张，我就先备3000吧。”

从2015年12月1日起到2015年12月8日结束，一场为期7天的床垫众筹在小米智能家庭平台上默默地进行着。这次未经允许的众筹，最后竟获得了意想不到的成功。7天之内，10000张床垫被订购一空，创造了家居行业的众筹纪录。而李勇后来查看订单的发货地址，发现有近100张床垫是不同的床垫厂商买回去做研究用的。

这次尝试给了高自光非常大的信心，也让他认定小米智能家庭从电子产品向生活消费品转移的逻辑是没有问题的，只要这个平台坚持出售最创新、最奇特、最酷的产品，就会得到米粉的认可。此后，关于生活消费品的众筹开始频频出现在小米的这个平台之上。雷军后来也关注到这次试水，开始笑意盈盈地在各种会议上对床垫这个案例提出表扬：“高自光的尝试不错！”

2016年3月，小米发布米家压力IH电饭煲，与此同时，小米推出了“米家”这个品牌，小米智能家庭同时更名为米家App。雷军做出这个决定，是因为生态链的产品品类已经很多了，必须要和小米做出区隔，这是对小米品牌进行保护的一种举措。刘德正式对外披露，小米生态链不仅要捕捉万物互联的风口，还要捕捉消费升级的风口。无独有偶，一个月后，网易上线了“网易严选”精品电商平台，并提出了“好的生活，没那么贵”的品牌口号，这和小米高端产品大众化的理念非常相近，消费升级很快成为这一年的年度词汇。

消费升级，就是指人们的消费需求指向更高的品质、更好的设计、更完善的体验、更强的功能。在小米公司看来，消费升级不是东西越卖越贵，而是同样的价钱，消费者能买到的东西越来越好。

网易严选的诞生触动了小米管理层敏锐的神经，在他们的商业判断里，尽管此时的严选看上去是一个和小米业务没有关系的精品生活类电商，但是雷军知道，网易严选一步一步做下去，就有可能聚集大量的用户，然后就可以慢慢地向小米的市场进行渗透，最后和小米直接形成竞争。小米必须有进一步的动作来防止这种危险发生。

此时高自光进行的生活消费品众筹实验，已经显现出它的价值。在雷军的建议之下，电商真正从米家 App 项目中分拆出来的时机已经到来。在床垫众筹试验正式进行一年之后的 2016 年年底，高自光从 IoT 团队拆分出 30 人的开发团队，开始单独进行精品电商的开发。对于小米来说，这既是一种战略防御，也是一种战略进攻。

2017 年 4 月，小米有品电商正式发布，高自光全力以赴新的业务，小米早期员工范典开始带领 IoT 团队。对于高自光来说，一扇新世界的大门已经打开。他后来回忆，他进入的这个新世界太过复杂，和他以前接触的领域全然不同。

小米有品最开始是以一种“无知者无畏”的状态进入电商世界的。在高自光的商业考虑中，凡是太重的东西，他都不想做。因此，在有品电商最初运行之际，他只希望管理好商品品质和流量，把物流和售后服务这些环节留给商家自己负责。然而，高自光很快就发现，这个做法并不可行。尽管有品出售的很多商品都是生态链企业的产品，和小米多少都有一些关系，但是无论大家平时的关系有多么融洽，一旦发生物流仓储或者售后的问题，矛盾就会发生。一个商品出了问题，要不要退货？如果从有品的角度来看，为了用户的体验，小米通常希望尽快帮助用户退货。但是商家往往会有相反的情绪，毕竟，退货会产生利润损失，也会产生物流费用，商家总是有些勉强。高自光意识到，退货机制不通畅，伤害的其实是小米有品的口碑。在有品早期售后体验糟糕时，就连雷军都来问高自光："有品下面怎么全是吐槽？"答案是，没有售后服务。

高自光是以二次创业的态度来对待这次有品电商的建立的。从 2017 年起，他开始小心翼翼地重新定义这个事业，这个阶段，小米有品几乎不做对外推广，全靠自然流量支持这个新物种的运转。而高自光开始组织团队重新定义商品，这个时候，设计师出身的产品经理陈波，花费了巨大的精力进行了有品的产品规划，让所有产品的品质能够相对统一到一个较高的水平。从 2017 年下半年开始，有品组建了物流、售后等服务团队，希望赋予有品全套的系统支撑。高自光知道，精品电商势必要有精品服务，这是一个电商必须要把基础业务做"重"的原因。

这也是有品修炼内功的开始。

雷军通过规划一个全新的业务，为小米建立了一条较深的护城河，而一个看似边缘的业务，此时慢慢生长成为公司的重要战略补充。有品电商在雷军的心中代表着未来的一个方向，站在新经济的浪潮中，他知道，从 2016 年开始，消费升级的概念已经不断升温，中国的经济结构也在不断优化。2016 年，消费支出对经济增长的贡献率已经达到 64.6%，人们对高品质的商品提出了更高的要求。总体来说，品位、格调更高的产品潜力将是巨大的。不但如此，供给侧改革的措施也频频出台，政府有关部门希望通过增加消费领域的有效供给来满足升级了的消费需求，从而达到促进消费的目的。关注到新的趋势，看到生活消费品将成为未来新的增长点，雷军对高自光的期望是——未来 5 年，有品电商冲击成交额 1000 亿元。

《成为乔布斯》里有一句话：公司的每个角落里都充满了可能性，史蒂夫最重要的任务是甄别这些业务的可能性，分析如何才能利用这些可能性打造全新的产品。对于雷军来说，或者对于任何公司的创始人来说，甄别这些业务的可能性都是一个非常重要的本领。对小米而言，有品的诞生，正是从庞杂的业务中生长出来的可能性，并得到甄别的一块宝藏。它给小米的未来增添了有益的希望，也增添了很多的想象空间。

人工智能和小爱同学

2016 年 3 月 16 日，小米联合创始人黄江吉带领着一位叫王刚的计算机博士推开了雷军办公室的门。他们希望和雷军分享那场刚刚发生不久、举世瞩目的对决——AlphaGo 在围棋上第一次取得了和人类对弈的重大胜利，它和韩国传奇棋手李世石展开的对抗吸引了超过 2.8 亿中国人观战。比赛结果也令人惊叹——AlphaGo 五局四胜一负。

作为全国人大代表的雷军在两会召开间隙也关注了这场特别的比赛。原本他以为人工智能可以赢一局，没有想到，人工智能在比赛中呈现出压倒性优势。

按捺不住激动的心情，雷军利用两会时的休息时间写了两篇文章，标题分别是《这局棋，我站在人工智能这边》和《这局棋后，我们走向全新纪元》。他感慨道：

> 过去科技带来的人类能力的延展基本是物理性的，远的有纺织机代替手工作坊、汽车代替马车，近的有 GPS 实现全球定位，通信 + 智能终端实现实时资讯传输、交互等，但眼下则是完全不同的维度。这应该是人工智能第一次进入真正的思维领域，它将为人类带来分析、判断、决策思维的直接效率提升。

的确如此，这场对决对于全球科技的发展有重要的意义。驱动 AlphaGo 的核心技术——深度学习，有了人工智能领域的突破性进展，大大增强了机器的认知能力。如同《AI · 未来》里所讲述的那样，使用深度学习的程序，在人脸识别、语音识别、核发贷款等工作上超越了人类。在过去长达数十年的时间里，人工智能革命总像是“再过 5 年”才会到来，而 5 年复 5 年，直到深度学习在过去几年里有了长足的发展，这场革命才终于真正到来。

这样重大的全球性科技进步，一经发生，就搅动了小米公司里这些极客的内心。在比赛进行的当天，小米的工程师就像迎接一个节日一样，他们在办公室里一边做着日常的开发工作，一边开着新浪直播的小窗观看比赛，并就每一局的比赛局势进行着实时的交流。

AlphaGo 战胜李世石的当天晚上，黄江吉便迫不及待地找到小米公司里最资深的机器学习专家王刚，想让他深度讲解一下 AlphaGo 背后的原理。而在王刚的办公室，黄江吉碰到了同样兴奋地前来讨论的技术高管崔宝秋。三个人就人工智能这个话题展开了一场酣畅淋漓的讨论。

毕业于香港科技大学计算机科学系，曾在微软亚洲研究院和腾讯工作，长期从事机器学习和搜索引擎方向研发工作的王刚，深刻地理解人工智能将会给人类的生产力带来怎样的爆发式增长，也知道人工智能对劳动力市场的颠覆能力。

进入小米公司以来，王刚在小米的云平台、大数据和机器学习三大技术板块里，负责大数据和机器学习相结合的项目，他带领技术团队打造出了小米的用户画像，并制定出了精准的推荐政策。可以说，借助小米的大数据能力，这个团队让更多的互联网业务成为可能。短短一两年时间，王刚团队打造的精准推荐的信息流技术，使小米的互联网收入接近翻倍。

这一天，他在办公室里对黄江吉和崔宝秋讲解了 AlphaGo 战胜李世石这一事件的前因后果。他介绍道，深度学习其实很早就得到了广泛应用，随着计算力的提升，模型可以越来越复杂，再加上大数据的加持，它造就的将是快速的技术进步，尤其是在语音和图像方面，这两个领域的深度学习将取得非常大的进展，行业应用也会更加广泛。

王刚还讲到除了 AlphaGo 之外，人工智能的进步还有一个重大标志，那就是早在几年前，在一个叫 ImageNet 的人脸识别大赛上，深度学习的技术取得了前所未有的进展，在接下来几年的比赛中，机器识别的错误率逐渐下降到几个百分点，已经超过了人类的视觉识别能力。这个事件当时也在行业里引发了高度的关注，只不过它并没有演绎成为一个公众事件。

三位技术专家都意识到 AlphaGo 是一个颠覆性的里程碑，而这样的技术进步，对小米来说，其重要性不言而喻。崔宝秋分析，小米如果发展人工智能，至少有三个方面的优势。第一，小米具有天然的硬件优势，其他互联网公司虽然拥有技术，但是产品很难落地，而小米已经拥有了海量的手机和生态链产品。第二，小米拥有大数据的优势，此前黄江吉和崔宝秋都非常重视大数据和云技术，小米在云上积累数据已经有几年历史，而大数据已经成为人工智能的燃料。第三，小米拥有 IoT 场景的优势，经过三年的默默耕耘，小米智能家居此时已规模初现。

黄江吉让王刚当天晚上就做出一份 PPT，准备第二天一早和雷军就这个重大事件进行一次沟通。而这个讨论会一开，就持续了三个小时。

雷军对 AlphaGo 的出现也激动不已。从高中起，他就多次获得围棋业余组的冠军，对围棋有深刻的理解。他知道机器要把围棋下好难度有多大。在大学期间，他就学习过人工智能的相关课程。那个时候，同学就和他打过一个赌——数十年后，机器能不能像人类一样进行自然语言的处理。而今天，这个讨论言犹在耳。雷军还从品牌的角度对 AlphaGo 战胜李世石这个事情进行了评价，他很赞赏谷歌巧妙地把技术的进步变成了一个公众事件，它用一种有趣而新奇的方式，把好的技术传播给了公众，在这一点上，谷歌给全世界的科技公司做出了典范。

大的趋势已经来临，黄江吉和崔宝秋以及王刚的团队，都在不同的领域展开了技术小组讨论，讨论的主题是：人工智能在小米的应用以及人工智能如何在小米落地。经过多轮讨论，大家不约而同看到了一个方向——智能音箱。在这个方向上，亚马逊已经通过音箱实现了较为流畅的语音交互，这给了小米团队成员很多启发。

早在 2014 年 11 月，亚马逊公司的第一批智能音箱就出货了，贝佐斯听从员工的建议，把这款产品命名为 Echo（回声）。这款产品可以播放音乐，也可以回答普通的问题，使用者使用唤醒词就可以通过语音与 Echo 互动。随着技术的不断演进，Echo 的使用者可以利用它对房间的照明设备进行开关控制，还可以让它帮忙订购比萨。可以说，通过研发智能音箱，亚马逊走在了语音识别的前沿。两年之后的 2016 年，Echo 已经成为亚马逊最畅销的产品，到 2016 年 4 月，它的销量已经超过 300 万台。

小米团队经过讨论认为，从触屏到语音的转换将是颠覆性的，这是一次重新洗牌的机会。巨头在研发自己的智能语音技术的背后，是要抢占最新的人机交互入口。随着深度学习的发展，当时科技界已经达成共识：语音对话的模式更符合人类自然交互的方式，智能语音将打造互联网的新的“操作系统”。未来，如果智能语音设备的使用量不断提高，各大公司有可能摆脱对苹果和安卓生态的依赖。

小米的另一位联合创始人王川也在这个时期思考了小米如何在人工智能时代立足的问题，他也看到了智能音箱的潜力。其实，关于语音交互，王川很早就在小米的电视团队开始进行实践了。就在亚马逊推出智能音箱的同一年，王川主导的小米电视也推出了语音搜片功能，人们拿着遥控器说出自己想看的电影，小米电视就可以将这部影片搜索出来。经过一段时期的探索，小米的电视团队已经积累了大量的训练语料。因此，此时推出智能音箱的想法，基本上属于水到渠成。

在 2016 年的国庆假期之后，雷军召开了一次高管会。在这个会议上，大家取得了共识——小米必须全力投入人工智能。雷军对技术团队说：“小米认为路由器会是智能家庭枢纽的这一判断在人工智能时代必须进行修正了，发布智能音箱刻不容缓。”2017 年元旦刚过，雷军再次重构团队，他明确了一件事情——智能音箱将是小米公司的战略级产品。

王刚团队等几个团队在人工智能方面的布局和努力，在这一刻正式跃上全集团最核心的战略舞台。

在这样的决策之下，小米电视、小米大脑和小米探索实验室共同开启了对小米智能音箱的研发工作。这就是后来在市场上出现的“小爱同学”。王川带领小米电视的一支10人小团队负责硬件，崔宝秋和王刚的云平台负责软件。面对各大科技公司的竞争，小米希望用6个月时间推出新品。又一次，激烈的行业竞争让小米的各个团队发挥出了能力极限。

智能音箱产品研发过程的困难程度不言而喻。在项目早期还没有硬件音箱实体时，王刚团队都是在小米电视上进行软件调试。王川每天都会亲自试验产品的语音交互能力，不停地对电视变换各种指令，各种技术难题也不断出现。当语音识别率还不尽如人意的时候，王川总是对王刚发出灵魂三问：能不能搞定？什么时候搞定？用什么方法搞定？王刚只能反复解释，语音交互需要时间积累，单就技术而言，他完全有信心。

其实，那段时间王刚压力很大。当智能音箱逐渐成为一种潮流和趋势时，猎豹移动专门成立了一家名为猎户星空的人工智能公司，组建了上百人的团队，他们不仅开发自己的人工智能产品，还希望成为小米智能音箱背后的中枢和大脑。当时，猎豹移动的CEO傅盛三天两头来找王川交流，希望能和小米达成合作，而这给了王刚团队一种巨大的危机感。想一想，如果小米的智能音箱竟然启动的是外部大脑，这将让王刚的团队情何以堪？

最终，顶着巨大的压力，王刚团队完成了“小爱同学”的语音交互研发。“小爱同学”无论在唤醒率、响应速度，还是在声音的甜美程度上，都做到了市面上的最佳。而傅盛在此过程中也并非全无收获，当时猎户星空采用的一项叫作TTS（Text To Speech，文语转换）的技术要强于小米，因此最终被“小爱同学”采用。

2017年7月26日，小米正式发布了“小爱同学”智能音箱，售价只要299元。这款音箱采用360度远场语音控制，用户只要说出“小爱同学”四个字，即可唤醒音箱。“小爱同学”不仅可在线听音乐，还是用户的智能管家，用户可以通过音箱给家中的小米产品下达指令，比如控制小米电视，开关扫地机器人、空气净化器等，也可通过小米插座、插线板来控制第三方产品。

“小爱同学”的销售成果最终超出了预期，人们不知道的是，王川已经开出了五套模具，仍然满足不了市场的需求。后来，“小爱同学”成为小米历史上供不应求时间最长的产品，尤其有趣的是，当其他公司的智能音箱开始疯狂的补贴大战时，“小爱同学”仍显示缺货。即便如此，“小爱同学”还是登上了当年国内智能音箱市场排行的前三名，开启了小米对未来的想象。

研发团队的内心充满喜悦。他们知道，一个伟大的公司不应该只盯着销售额、销量和利润，而是应该聚焦于产品，只有做出最棒的产品，才能得到用户的喜爱和拥护。

在小米研发智能音箱的过程中，雷军和高管团队清晰地看到了在这场人工智能的大浪潮到来之际，小米屹立于浪潮之巅的必要性——在小米的战略版图上，人工智能将平行于手机，逐渐上升为公司的两大战略之一。小米对人工智能板块的研发投入，很快将上升到百亿元量级。

印度登顶

可以说，在 2016 年年底这个时间点，外部看小米还是迷雾重重。那一年，雨果 · 巴拉最终提出了离职，而这也成为外部解读小米不被看好的信号之一。

然而，通过一年多的潜心调整，小米的复苏之路已经悄悄开启。只不过这个时候，很多人还没有关注到这些积极的信号，尤其是当小米屏气凝神地在国内市场进行内功修炼之际，小米的海外市场已经悄悄地起飞了。

雷军是从 2015 年开始管理印度市场的，从那个时候开始，每个季度，他都会率领高管飞往班加罗尔，每次至少待 7 天。班加罗尔与北京没有直飞航班，每次雷军都要从香港转机后再飞一个通宵。但是，雷军通常是下了飞机就直奔印度办公室，几乎不给自己留休息的时间。

每天的会议会从早晨 9 点持续到次日凌晨 2 点，中间一有时间，他还会拉着中印混合团队“上山下乡”，走进印度的大街小巷和田间地头，去了解印度用户真正的需求。

雷军和高管们深知海外市场的重要性，尤其是印度市场，很多竞争对手都已经开始在这片土地上抢夺市场。小米确定了境外市场“印度优先”（India First）的战略，在所有的海外市场里，产品线和供货全部向印度倾斜，给这个市场最大程度的支持。

这个战略得益于小米团队对于印度市场的判断：2016 年，印度人口规模为 13.2 亿，中国的人口规模为 13.8 亿，两者已经十分接近；而 2016 年，中国 GDP 的总量为 11.2 万亿美元，印度仅为 2.3 万亿美元，约为中国的五分之一。印度的手机出货量不到 3 亿部，而中国手机市场的出货每年稳定在 5 亿部左右，二者存在约 2 亿部的出货差。从 2013 年到 2015 年，智能手机在印度市场快速渗透，而从 3G 到 4G 的换机大潮，也在 2014 年到来。从这些根据公开资料整理出来的数据可以看出，印度市场蕴含着巨大市场潜力。

2015 年之后，小米在印度市场很多产品的操盘，都是雷军带着产品经理们在黑板上反复演练后最终做出决策。经过实地考察后，一些产品做了印度市场的本地化定制，目的是让产品越来越符合当地的用户需求。比如，印度的湿度和灰尘比较大，让充电线的插头很容易损坏，因此，小米为印度定制的手机产品的充电线插头采用了特别的材质，不易损坏。另外，印度的电压不稳，所以充电电源的电压不能做成常用的 220 伏，而是改用 380 伏。最后，因为经常停电，印度用户对电池的容量格外在意，小米也对这个市场的产品上多采取了大容量电池的方案。在很长一段时间里，都是先由中国团队提出一些改进的方法，再由印度团队进行可靠性试验，以保证差异化产品的质量。

除了在产品定义方面投入大量精力之外，小米在印度的本土化制造之路也从 2015 年开始了。

小米公司的手机产品开发部的许多团队负责了与在印度的富士康工厂的合作事宜。第一家小米的代工厂位于印度的安得拉邦省，这是一家富士康的代工厂，原本做的是诺基亚的手机业务。尽管工厂不错，但是里面各种组装功能机的设备与智能手机需要的设备相去甚远，小米的工程师们必须把它改造成适合小米手机的生产基地，这里面有太多需要跨越的障碍。

比如，工程师郭金保为了让印度的工人熟悉改造后设备的操作规程，特意编写了一份英文教程，但是当他把这些教程发下去之后才知道，印度的官方语言众多，很多工人其实根本不会英语，这些教程他们也看不懂。再比如，印度的雨水太多，每当雨季来临的时候，仓库的木栈板下面全都是水，小米的工程师只能第一时间把木栈板更换成塑料栈板，再把底层垫高，确保货品和雨水彻底隔离。与此同时，小米加速了工业用货架的使用，从根本上解决了以往栈板不适合存货的问题。

印度的基础设施跟国内有较大差距，这带来了很多生活上的不方便。有一次，许多和同事的车坏在半路，他们打了半天电话却怎么也叫不到救援。于是，他们只能在酷暑之下自己把车子推到了附近的修理店。

很多中国同事不适应印度当地的饮食和卫生状况，经常有人生病。一个小伙伴曾经拉着郭金保的手哭笑不得地说道：头天晚上拉肚子已经拉到虚脱，难受到准备写遗书的地步。还好，第二天他吃了特效药，很快康复了。

克服重重困难后，2015 年 8 月，首批在印度组装的小米手机正式下线了。2016 年，这家工厂的出货量达到 100 万台。小米后续在泰米尔纳德邦又有了自己的两家工厂。这些在印度的本土工厂不仅节省了小米的关税费用，也缩短了物流周期，且具有更加贴近本地市场的灵活性，他们给印度市场的手机出货提供了相当大的便利。

2015 年，得益于亚马逊和 Flipkart 两家电商疯狂的补贴大战，小米在印度线上市场成为双方争抢的重点，这让小米的业务推进异常顺利。随着印度工厂的建立，2016 年，红米 Note 3 的销量在印度取得巨额增长，这款手机也被称为小米在印度的腾飞之作。2016 年，小米手机在印度市场的出货量比 2015 年增长了一倍，达到了 650 万部，这让小米完全走出了 2014 年初入印度时的阴影。

2017 年的第一季度，小米在印度距离市场榜首只差最后 1% 的份额，超过三星已经指日可待，小米在印度成为所有人瞩目的品牌。

在印度线上市场取得胜利的情况下，小米吸取了在国内市场进攻线下市场较慢的教训。从 2015 年开始，雷军就在思考印度市场的线下布局问题。每个季度在印度出差的一周里，雷军总要花三天时间走访印度的线下市场。最初，雷军的心情很是沉重。2015 年，OPPO 和 vivo 已经把在国内的打法完全照搬到了印度，在印度乡村，蓝绿色的店铺铺天盖地，比在中国的乡镇还要夸张。在一个小村子里，雷军甚至看到了一个 200 多平方米的巨幅广告牌，从这种壮观的广告投放量上，普通人都可以感受到 OPPO 和 vivo 抢占这个市场的决心。

与此同时，印度线下店主对于出售小米手机还有顾虑。有一次，在新德里的一家街头小店，店主不停地向雷军推销友商的手机，却不建议他购买小米手机。店主甚至还夸张地介绍："尽管这款手机后盖是塑料的，但是它不会发热，而且这款手机的返修率是零。"这让拿着金属后盖小米手机的雷军哭笑不得："返修率不可能是零！"在雷军的一再追问之下，店主才终于承认："销售小米手机没有利润，因此一般情况下，我不会建议顾客购买小米手机。"

在切身感受到商家的顾虑之后，雷军坚信，大水漫灌式的线下渠道效率不高，小米必须在印度探索一条适合自己的线下发展之路。

首先，自营渠道肯定是最便于管理的方式。于是，小米之家的模式被复制到了印度市场，而这个品牌直营体验店完全没有让人失望，它受到的追捧程度几乎和国内无异。

2017 年 5 月，印度第一家小米之家在班加罗尔的凤凰商场开业了。开业当天，排队的人群就造成了商场外的道路拥堵。一天的时间，小米之家卖掉了 5000 多部手机。雷军在微博上发布了现场的盛况和销售数字——有超过 1 万名小米粉丝到店，来自印度的 10 个邦；12 小时的销售额达到 5000 万卢比（约合 533 万元人民币），达到一家优秀的印度传统手机零售店单店全年的收入。小米在印度正式进军线下市场。

就在这一天，小米全球副总裁、印度业务负责人马努在新店开幕时表明了小米在线下扩张的野心——两年内，小米将在印度开设 100 家零售店，遍布德里、孟买、海得拉巴、金奈等大都市，小米之家不仅出售手机系列产品，也将出售耳机、空气净化器等智能设备，还有健身产品、充电宝以及自拍杆等配件，每个体验店都有单独区域供米粉体验。可以说，来自小米的“中国制造”，逐渐走进了海外用户家庭。

除了品牌直营店，单独为印度设计的渠道策略也在紧锣密鼓地制定当中。经过总部和印度团队的不断商讨，2017 年 6 月，一份叫作 PPP（Prefer Partner Program）的优选合作伙伴计划被制订出来。这个计划的核心是，在一个商区内只授予一家合伙伙伴经营权，目的是用效率换取盈利。在同一条街上，当其他品牌用几十上百家小店分食客流时，尽管利润空间不错，但是实际盈利却差强人意。而小米在一条街上只用一家店来吸引客流，通过销售量的不断累积，让单品微小的利润得到叠加。

PPP 计划实施一个季度之后，就被验证是完全可行的方式。到 2017 年 12 月，小米已经与 11 个城市的 37 家中小分销商达成了合作，这些分销商主要为手机零售店，尽管同时售卖多个品牌手机，但是他们的店头都有醒目的 MI 字 LOGO。就在这一年，小米在印度市场的线下销售的比例达到了 7.7%。

2017年1月19日，小米在印度市场发布了一款备受追捧的“千元机”——红米 Note 4。这款手机装载高通骁龙 625 芯片、4GB 运行内存、64GB 机身内存，配置金属外壳，续航时间最长可达 2 天，而它的售价只有 13000 卢比（约 1270 元人民币）。这款手机在 Flipkart 进行闪购时，因为抢购者的暴增，一度让网站陷入了瘫痪。

根据 IDC 智能手机市场数据显示，2017 年第三季度，小米凭借 820 万部手机的出货量，占据了印度智能手机 23.5% 的市场份额，小米第一次超过三星，成为印度第一大智能手机品牌。

指数级的增长在第四季度得到了持续，在这个季度当中，小米在印度市场出货 920 万部手机，市场份额达到了 25%。与此相对应的是，同期的三星手机的市场份额降至 23%。

就这样，小米手机在印度市场登顶了。

经过整整一年多的调整，小米在全球市场的势头得到了回归。而小米在印度的销售，占据了小米集团全球市场的28%。不但印度市场高歌猛进，国内市场的出货量也走上了逆袭之路。2017年10月，小米全年7000万部手机出货量的目标被提前完成。与此同时，小米管理层在公司年会上提到的2017年力争收入破千亿元的小目标，也提前完成了。

到2017年结束时，小米一共销售了9141万部手机，总收入为1146.25亿元，同比增长67.5%，经营利润为122.15亿元，同比增长222.7%。此时此刻，小米终于回归了全球智能手机出货前5名的阵营。

而这一年，还有很多值得铭记的时刻，比如，小米自主研发的澎湃S1芯片正式发布。这是一款64位八核处理器，采用4×A53大核+4×A53小核设计，最高主频2.2GHz，内置的GPU为MaliT860 MP4。从配置上看，澎湃S1是一款相当于骁龙6系列的中端处理器，而首款搭载澎湃S1芯片的手机小米5C也在这一年发布了。澎湃S1为小米赢得了一片赞誉，人们评价S1芯片是“中国创造和中国智造的生动体现”。对于关心小米这家公司前途命运的人来说，澎湃S1犹如一颗定心丸一样让人安下心来，它证明了一件事情——小米在核心技术探索之路上从未停步。

2017年8月，小米MIX获得了美国IDEA设计奖金奖，正在亚特兰大游学的刘新宇代表小米公司领取了这个奖项。领奖时，80后的刘新宇回想起了小时候电视上播放的“劲歌金曲”颁奖典礼，当主持人念到最佳歌手的名字时，获奖者总是站起来跟身边的人拥抱一下，然后向全场观众致意。万万想不到，这一套儿时的记忆，此时此刻将由自己出演。当设计委员会宣布小米MIX获得金奖时，刘新宇缓缓站起来，和身边的谷歌团队握了一下手，并且调皮地“安慰”对方：“你们做得也不错。”这一刻，是小米设计再次登上世界舞台的巅峰时刻。

现实是此岸，理想是彼岸，中间隔着湍急的河流。2016年到2017年，小米跨越了湍急的河流。

可以说，小米从2016年的低谷时刻到2017年的重新逆袭，雷军像他的商业偶像——英特尔的 CEO 安迪·格鲁夫（Andrew Grove）一样，完成了管理上的进阶蜕变。格鲁夫曾经启动过一场壮士断腕的变革，让英特尔完成了从生产存储芯片到生产微处理器的转换。雷军在内部演讲时总是说，格鲁夫让英特尔在还没有走到崩溃的边缘时，就完成了一场凤凰涅槃。而对于雷军来说，这一次他也完成了管理上的重要一课——他带领着一家在阵痛边缘徘徊的公司，成功走上了逆转回归的荣光之旅。

第十章
一波三折的上市之旅

正式启动上市之旅

2017 年，小米公司又回到了高歌猛进的节奏，它再次成为媒体竞相报道的对象。有媒体以《雷军的黄金岁月》为题，报道了小米的逆袭过程。雷军对小米势能的回归，发出了这样的感叹：世界上没有任何一家手机公司销量下滑之后还能成功逆转，除了小米。

在多次被唱衰后，小米用事实证明了它的生命力——它依然是全球领先的手机品牌之一。

2017 年下半年，有了前三季度公司的业绩回归和成长，又感受到风调雨顺的节奏，小米的创始团队开始探讨一个重要的问题：小米是不是已经到了登陆资本市场，给股东以回报和给员工以激励的时间节点？在雷军的心目中，上市的窗口期已经来临，它将成为小米公司新征程的起点。

此时，距离中国移动互联网的黄金岁月已经过去了五六年的时间，在这段时间里，中国的创业生态圈渐渐成熟，阿里巴巴、百度和腾讯的发展，证明了中国互联网的巨大潜力。一拨又一拨的风险投资和创新人才涌入互联网行业，市场如火如荼，创业公司的数量呈几何级数增长。

在这个过程中，资本的目光都集中在估值在10亿美元以上、被市场称为独角兽的初创公司上。那些估值超过百亿美元的超级独角兽——蚂蚁金服、今日头条、美团点评，更是备受关注。而小米作为一个新物种，毫无疑问，也是资本投以热切目光的一家公司。

2017年年底，胡润研究院首次发布的《2017胡润大中华区独角兽指数》显示，大中华区独角兽企业在2017年已经达到120家，估值总计超3万亿元。这些数字背后，是一部信息技术不断进步的中国科技生态系统的进化史。

作为这部进化史的深度参与者，小米也敏锐地感觉到了市场热切的目光。2017年10月底，在小米的深圳旗舰店开业仪式前，小米召开了唯一一次在北京之外举行的高管会议，其中最核心的一个议题就是上市事宜。和想象的不一致，并不是每位创始人都同意上市。

小米创始人之一王川表达了对上市的顾虑。他说："从资金的角度出发，小米没有一定要上市的紧迫性，因为小米并不缺钱。"王川担心小米成为上市公司后，可能会受到股价等因素的影响，对小米保持长期战略定力造成一定压力。王川的顾虑并非没有道理，一些企业上市后，确实会因为顾及每季度财报是否亮眼而用一些短期行为来运营企业，从而对企业的长期战略部署产生不好的影响。雷军也发表了自己的观点："上市固然有它的缺点，但是，一家公司只要能保持长期战略决策的能力，这些缺点都可以被管理。除了缺点，上市的好处也显而易见，它是公司组织发展健全的机遇，一家公司可以借助上市，把组织结构、品牌战略等问题一次性理顺。"

其他创始人也表达了对上市这个决定的赞成，他们朴素地认为，对于一些长期在小米工作的员工来说，七年的时间已经过去，他们的辛苦付出应该得到回报，这也是小米锁定优秀人才、保持公司核心竞争力的一大关键。

在这次讨论之后，小米高管就上市事宜进行了最后一轮投票表决。雷军和王川投了弃权票，周受资作为上市执行人选择不参加投票。虽然有两票弃权，但是按照多数通过原则，小米准备上市的决定最终获得通过。

2018年1月13日，周受资发了一条微博："我特别喜欢我们内部一张特别红的图。”下面的配图上有一句话：“未来一年，连睡觉都是浪费时间。”这句话毫无疑问就是周受资未来365天的真实写照。媒体人士随即做出解读：这条微博相当于小米官方正式宣布小米开启上市之路。

就在一个月之前，香港上市制度的调整，让小米在选择上市地点时有了比较明确的倾向性。2017年12月15日，香港证券交易所宣布，港交所将允许“同股不同权”的公司在香港主板上市。这种结构，将有利于成长性企业直接利用股权融资，同时又能避免股权被过度稀释，从而导致创始团队丧失公司的话语权的情况，保障此类成长性企业能够稳定发展。百度、阿里、京东等均为同股不同权的“AB股”结构。

在“AB股”这种结构中，B类股一般由管理层持有，管理层普遍为创始股东及其团队，A类股一般为外围股东持有，此类股东看好公司前景，因此甘愿牺牲一定的表决权作为入股筹码。在互联网科技公司崛起的浪潮中，多数公司都采取了同股不同权的架构，这一制度有利于管理层掌握对公司的决策权，不受短期利益的影响。在国际上，由于美国纳斯达克可以实现“同股不同权”的股权结构，因此成为新经济企业上市的首选地。而港交所在此之前一直坚持同股同权的政策，以保护中小股东的权益，这使得港交所在多年前错失了阿里巴巴。

在考虑赴美上市还是赴港上市时，小米高层因为港交所的新政策而普遍支持小米在香港上市。周受资说，在二者资本流通性都差不多的情况下，香港更靠近内地市场，且与北京没有时差，便于管理。在同股不同权的设置当中，创始人们共同决定：雷军拥有55.7%的投票权，可决定普通事项；雷军和林斌共同拥有85.7%的投票权，可决定重大事项。

这对于小米的意义非同小可，不仅仅关乎大股东的控制权，更是小米能够始终保持其商业模式的独特性、价值观不受外力影响的关键保证。

从周受资发布微博的那一天开始，小米要上市的消息在资本市场便不胫而走。券商、投行和律所纷纷前来拜访周受资，这让周受资的日程表一下子变得疯狂起来，每天工作15个小时成了他的常态。有趣的是，在高科技公司习惯了穿休闲装的周受资，此时因为每天要接待各种投行、律所人士，被迫穿上了西装。周受资说自己每天忙得晕头转向，从内部工作完全变成了外部工作。

2017 年 12 月 19 日，周受资带领小米 IPO（首次公开募股）团队举办了一个非常简单的启动仪式，来自财务、法务、公关等部门的成员终于聚在了一起，他们为这个项目拟定了一个朴实的代号——Milestone（里程碑）。

2018 年 1 月，小米对投资银行进行了选美（Beauty Parade）程序，即不同投行来竞标，企业从中挑选其上市承销商。周受资整理收到的标书后发现，已经有近 100 份。周受资像以往研究创业企业一样，一一会见了前来接洽的投行，他们如同在市场上竞价一般，都给小米出具了极高的估值。

小米上市前的最后一轮估值还是在 2014 年进行的那次巨额融资上，价值为 450 亿美元。而第一拨约见小米的券商就把估值锁定在了 750 亿美元，此后估值又被抬高到 1000 亿美元，最后，在一份标书里，周受资赫然发现，券商已经给出了 2000 亿美元的天价估值。

抬高欲上市公司的价值以争取入围 IPO 发行，是投行的常见行为。雷军和周受资对此都心知肚明，但是公众并不知晓，小米超高估值的传闻很快见诸媒体。

就在投行不断给小米投递标书的这疯狂而火热的两个月当中，一项新的政策突然“袭击”了小米。2018 年 3 月 30 日，国务院发布《关于开展创新企业境内发行股票或存托凭证试点的若干意见》，一种新的上市形式——中国存托凭证（Chinese Depository Receipt，简称 CDR）正式开启了。这给了众多以前注册在开曼群岛的优秀的互联网企业接触中国 A 股投资者的机会。早前这些优秀的互联网公司，尽管立足于中国市场并依靠中国消费者成长，但是因中国的证券法只允许在中国注册的公司在 A 股上市而无法在国内发行股票。为了改变这一状况，开展 CDR 试点的呼声越来越高。

在小米透露出上市意愿后，证监会就通过券商找到了小米公司，希望小米参与 CDR 创新试点。小米对此邀请做出了积极回应，成为首批 CDR 试点公司。如果小米凭借中国存托凭证上市成功，它就将成为史上首个港股“同股不同权”的上市公司，同时也是史上首个在中国 A 股市场上通过 CDR 方式上市的公司。这样的创新试点对于整个上市团队，既是机遇，也是巨大的挑战。在接受这个邀请之后，小米就从简单的香港上市，变成了香港、内地两地上市。这其中的准备工作，可不仅仅是乘以 2 那么简单。

周受资在知晓公司接收了 CDR 邀请之后，同时开始了三个层面的工作。第一，他抽出大部分的精力，准备两地上市的招股说明书。第二，他要和香港证监局做不间断的沟通，参与一个相当于立法讨论的工作，因为小米是第一家在香港上市的同股不同权的公司，周受资的团队要和证监局探讨如何保护小股东，同股不同权的界限在哪里。第三，理顺同步创新的工作，研究 CDR 的规定和在香港上市的规则，进行对比，从而让两地上市没有阻碍。

即使是对经常创造历史的小米来说，同时遭遇这么多第一次的情况也不多见。

周受资对于那段时间的记忆只有四个字——昏天黑地，很多记忆变成了模糊的片段。他只记得，为了确认招股说明书上的一个数字，他晚上 12 点半给同事耿帅打电话，而耿帅毫无怨言地帮他计算推演了两个小时，然后告诉他准确的答案。他只记得，他在证监会附近的酒店租了一个房间，但是每次都忙到只能去洗个澡就折返回来。他只记得，他每个周六周日都在办公室里，和财务、法务、公关团队以及一众投行、律所等机构一起反复修改招股说明书，写完中文的再写英文的，并和公关部总经理徐洁云一个人看中文，另一个人看英文，做文本校准。周受资说：“招股书里的每一个字，我都想过好几遍。”要知道，那份港交所 H 股版本的招股说明书，足足有 600 页。

与此同时，小米公司的股权架构也被暂时固定，小米公司通过一封内部信件做出了一项重要声明：联合创始人周光平和黄江吉辞去了公司的职务。在这封内部信件中，雷军这样表示：他们都为小米做出了卓越的贡献，是小米奇迹的缔造者。

可以说，处理如此繁杂而庞大的业务，是周受资有生以来面临过的最大挑战。这个新加坡男孩在回忆这一切时说，自己是新加坡的“国家富二代”，他的父亲曾经在20世纪60年代创立一家建筑公司并取得了巨大成功。然而，由于管理不善，这家企业后来遭遇了困境。从一夜暴富到一无所有，这个过程曾经给年轻的周受资以巨大的心理冲击。他暗暗下定决心，这一生一定要参与建设一家伟大的企业，并要让它立于不败之地。雷军曾经对他说：“你这是想对这段童年经历复仇！”周受资想了想说：“复仇二字，好像过于强烈了。”

终于，在小米IPO的准备阶段，这个年轻人有了一个机会去引领一家公司，做一件他认为非常伟大的事情。尽管辛苦，但他觉得畅快淋漓，仿佛这样就可以抚平童年的那段伤痛。

硬件净利润率永不超5%

在周受资团队为上市做着各项准备的同时，雷军正在思考一个严肃的问题，那就是如何解决上市后的一个担忧。王川投弃权票时的那番表述并非没有道理，雷军其实也在担心，在资本的游戏规则中，公司盈利没有最多，只有更多，资本永远希望一家公司利润比以前更多。上市之后，小米会迎来众多的外部股东，他们如果不了解小米的业务，就会给管理层施加巨大的盈利压力。在这种情况下，小米能不被这种意见左右吗？其实此时雷军关注的问题的本质是——如果有一天他不做CEO了，继任者能不能继续坚持小米的价值观？

这关系到小米创办时的初心问题。小米是雷军在40岁之后、早已实现财务自由的情况下创办的。这家企业关乎他年少时的梦想，更关乎他聚集数十年的商业洞察——什么样的企业才能基业长青？在创办小米之初，雷军就曾经问过自己，怎样才能创办一家百年企业？为了寻找答案，他首先想到的就是，在中国，哪家企业做到了一百年？

雷军第一个想到的企业是同仁堂。在研究同仁堂这家企业的过程中，他发现同仁堂最重要的准则是它的司训：“品味虽贵必不敢减物力，炮制虽繁必不敢省人工”，意思是，做产品，材料即便贵也要用最好的，过程虽然烦琐也不能偷懒。换句话说，做产品要真材实料。另外，同仁堂还有另一句话来保证这句话的执行，那就是“修合无人见，存心有天知”。意思是，你所做的一切，只有你自己的良心和上天知道。这让雷军深受震动。他坚信他找到了让企业持久运营的密码——做产品就必须真材实料，而要想让企业坚持下去，就要把真材实料当成信仰。

雷军推崇的公司还有美国的开市客和沃尔玛。2014 年在小米创办 5 周年之际，雷军受原君联资本（前联想控股）总裁朱立男的邀请，在联想控股分享他创办小米的创新思考。他说：“沃尔玛和开市客这样的零售企业给我的经验就是，低毛利是王道。只有低毛利，才能逼着你提高运作效率。而小米按照接近成本的价格定价，运营高效率就是王道。我们既然不想坑用户，又要赚钱，就只能用所有的智慧来想办法提高效率。”

有了这些对公司的研究理论，小米一出生就带有创始人的认知。“感动人心，价格厚道”从第一天开始就是小米的信条。这也是小米从 1 代手机到现在的所有手机产品，以及各种生态链产品的定价准则。在很多次内部宣讲会上，雷军都和公司高管反复强调公司价值观，他说：“这样的公司其实满足了古今中外用户对商品最本质的期待，所以只要公司选择了与用户站在一起，小米就立于了不败之地。”

在小米公司的发展过程中，雷军曾经多次收到周围人的劝说，希望小米大幅度提高产品的定价。在小米 MIX 手机行将发布之际，行业分析师孙昌旭就曾花了几个小时劝说雷军，希望他能制定一个相对高一些的价格，以匹配这样一款带有突破性技术的手机，但是雷军还是坚持自己的想法。他说，他要防止小米变成他曾经憎恨的那类公司。

克制贪婪，其实一直是小米公司成长过程中的主题之一。2017 年 8 月，在小米的财务分析会上，雷军甚至提出了一个方案——用返券的形式将多赚的利润返还给用户。小米商城负责人随后仿照其他电商“双十一”活动的规则，设计了多种返券形式。没有想到，这些方案遭到了雷军的批评。他说：“返券形式太复杂了，用户会看不懂，所有的返券不要设置门槛。”于是，2017年年底，小米以无门槛现金券的形式送出了1.5亿元现金。对于大多数公司来说，这几乎是闻所未闻的事情，这1.5亿元可全部是实打实的利润啊！

在上市程序启动之后，如何约束小米的净利润一事，被提上了议事日程。雷军希望推动以法律文件的形式来约束小米的未来之路，他的目标是将净利润比率写入公司章程。这是一个向他尊敬的企业开市客致敬的举动，也是一个让很多人觉得不可思议的举动。开市客规定，任何商品的毛利润率不得超过14%，如果超过，需要CEO和董事会批准。雷军甚至比开市客还要激进和理想主义，他希望做出一项规定：小米硬件产品的税后净利润率永远不超过3%，一旦超过，就要返还给用户。

这个提议让很多一路跟随雷军的外部董事和投资人目瞪口呆。不少人提出了异议或表示反对。这些人对小米的价值观已经烂熟于心，但是他们依然难以理解，为什么小米要永远放弃自己的可能性，关闭高额利润的大门？

留给统一思想的时间并不多。此时已是4月上旬，距离提交IPO申请只有半个多月的时间。而这样一则重大信息，必须在提交IPO申请之前尘埃落定并在招股书中进行披露，从时间上看，这个消息的最佳披露节点就是这个月底的一场产品发布会了。

此时，离发布会的召开只剩下不到两周的时间了。

财务团队负责提供这项决议的可行依据，市场团队在紧张筹备发布会事务，公开信的草拟工作已经开始，而另一边，小米的几位高管还在争分夺秒地努力做股东们的说服工作。

2018年4月23日深夜，在小米管理层最后一次与股东们沟通的电话会议上，股东们仍有疑虑异议，以至黎万强在电话会中站起来大声提醒大家：“几十年后回头看，这将是商业史上一项了不起的决议。”

4 月 24 日 0 时 1 分，股东们最终批准了董事会的决议，只是做了一个数值上的修改。他们认为，小米已经发展成一家全球化企业，会受到各个市场的汇率影响，如果把利润锁定在 3% 这个点位，微小的汇率波动就会造成亏损，股东们希望把这个数字再上调一些，以保证微利。最后，这个数字被锁定在了 5%。

2018 年 4 月 25 日，小米公司在武汉大学召开了小米手机 6X 发布会。在这一天，雷军回到了自己的母校，也回到了珞珈山下。正是在这个会上，雷军宣布了董事会通过的最新决议——从 4 月 23 日起，小米向用户承诺，每年整体硬件业务（包括手机及 IoT 和生活消费产品）的综合税后净利润率不超过 5%，如超过，将把超过的部分用合理的方式返还给小米用户。

当天发布的小米手机 6X 便是这个利润率的坚定执行者。小米手机 6X 采用高端芯片骁龙 660，搭载最新的人工智能技术，当竞争对手的性能、工艺同级产品，甚至配置还不及小米 6X 的产品都定价在近 3000 元时，小米还是坚持紧贴成本定价，只卖 1599 元。

雷军在会上阐述，小米奉行的策略是薄利多销，除了硬件利润，还会依靠内容和互联网服务赢利。划定 5% 的综合净利润率红线，不会制约小米的发展，同时也是小米鞭策自我、遏制贪婪的一种手段。

这样的做法让人们感到惊奇。一些媒体评论：企业公开限制自家产品的净利润率，小米可能是头一家。有人说，纵观世界性的大公司，这种做法十分罕见。传统的商业思维都以追求利润最大化为目标，以不断从消费者身上获取最大价值为导向，而雷军正在反其道而行之。

当然，也有一些“是情怀还是套路”的猜测在媒体间流传。一些人认为，小米不是上市公司，不会公布具体的财务数据，因此所谓净利润也就无从核实。也有一种声音认为，小米从事的硬件行业本身利润就很薄，其实小米根本没有赚到高于 5% 利润的能力。

其实普通公众并不知道，在这场发布会召开的 8 天之后，也就是 2018 年 5 月 3 日，小米将正式向港交所递交上市申请书。几个月后，小米就会成为一家上市公司，而财务报表的披露会成为一项日常工作。这将是世界商业史上首次，一家公司以董事会决议文件的形式规定了硬件净利率不超过 5%，无论是现在还是未来，小米都已经放弃了在硬件上获取高于 5% 净利润的权利。

这是小米可以安心上市的前提。

2018 年 5 月 3 日，是小米一波三折的上市之旅的开局之日。此时周受资和团队成员已经两三天没有睡觉了，他们终于完成了第一个版本的招股说明书。这一天，一行人穿上西装，在香港的一个印刷社把招股说明书打印完毕之后，兴高采烈地来到香港证券交易所，正式递交了招股说明书。港交所的工作人员递给周受资一张纸条，上面写着一行字——恭喜你公司的招股说明书已经被港交所受理。

那一天，小米招股说明书中的那封雷军的公开信传遍了互联网，这封信向人们解释了两个问题：小米是谁？小米为什么而奋斗？这封信既像是小米对外界的自我介绍，也像是小米对自己这些年的创业生涯的总结。小米利用这个机会，再一次向公众阐释了自己的价值观：

> 创新科技和顶尖设计是小米基因中的追求，我们的工程师醉心于探究前人从未尝试的技术与产品，在每一处细节都反复雕琢，立志拿出的每一款产品都远超用户预期。我们相信打破陈规的勇气和精益求精的信念，才是我们能一直赢得用户欣赏、拥戴的关键。
>
> 目前，我们是全球第四大智能手机制造商，并且创造出众多智能硬件产品，其中多个品类销量第一。我们还建成了全球最大的消费类 IoT 平台，连接超过 1 亿台智能设备。与此同时，我们还拥有 1.9 亿 MIUI 月活跃用户，并为他们提供一系列创新的互联网服务。
>
> 真正让我们自豪的并非这些数字，而是中国智能手机和智能设备等一系列行业的面貌因为我们的出现而彻底改变。
>
> 优秀的公司赚的是利润，卓越的公司赢的是人心。更让我们自豪的是，我们是一家少见的拥有“粉丝文化”的高科技公司。被称为“米粉”

的热情用户不但遍及全球、数量巨大，而且非常忠诚于我们的品牌，并积极参与我们产品的开发和改进。

这封公开信一经发出，就引起了大量关注，而“小米是谁？小米为什么而奋斗？”一时间成为热门话题。它甚至引发了众多中国企业家发出“××是谁，××为什么而奋斗”的跟随问，江湖一片回响。比如，复星集团董事长郭广昌率先发文《郭广昌回复雷军：复星是谁，复星为什么而奋斗》，再比如，真格基金创始人徐小平在看了这封信后也发文《徐小平回复雷军：真格是谁，真格为什么而奋斗》，等等。这句创业天问，又一次成就了“雷军体”。徐小平在公开信里说，雷军改变了中国制造业的潮水方向。

从这一刻开始，小米公司的上市路演之旅正式开启，所有人都信心百倍，兴致高涨。

路演风云和小米上市

周受资和投行一起递交招股说明书的第二天，雷军从深圳赶到了香港。那一天的行程对于他来说也是史无前例的。在深圳，雷军和三星电子副会长李在镕见了面，还邀请他参观了小米之家。在香港，雷军率领高管拜访了90岁高龄的商界传奇人物李嘉诚，在午饭的饭桌上，李嘉诚决定通过个人的基金会认购3000万美元小米股票，这个消息轰动了香港！晚上，雷军拜会了香港地产大亨李兆基的长子、恒基兆业地产主席兼董事总经理李家杰。李家杰在这之前担任了小米的独立董事，为小米上市传递出积极的市场信号。

很快，雷军会见“三李”的消息轮番登陆各种媒体。这让一直跟在雷军身边的周受资也不禁感叹——像做梦一样，一觉醒来，全世界都在报道小米！那天晚上，雷军站在四季酒店30层的行政酒廊，俯瞰着灯光灿烂的维多利亚港湾，创业几年来的一幕幕历程，如同电影镜头一样在他脑海里回放着。

最美好的时刻总是宿命一般隐藏着危机，这让很多人即使在最顺利的时刻都保持着最虔诚的敬畏。在这看似风光无两的时刻，一轮接一轮的波折已经在慢慢接近小米。这些波折让其中的当事人饱受折磨。

2018 年 6 月 11 日，小米通过港交所聆讯的同一天，小米向中国证监会递交了 CDR 的招股说明书。小米确定了高通、中国移动、顺丰、中投中财等 7 家基石投资者，一切看起来都如此顺利。宏观大环境看起来也尚可，就在小米递交 CDR 招股书的前三天，富士康工业互联网（工业富联）在上交所上市，首日大涨 44%，一跃成为 A 股市值最高的科技公司。富士康是全球最大的手机代工厂，也是一家深受全球化贸易影响的公司，它作为风向标向人们表明，整个市场依然看好全球化趋势。

然而，就在徐洁云买了 4 条烟，把自己和财务、法务的同事关在一个专门办公区里，昏天黑地地分头逐条回答证监会的 12 轮问题之时，重大的资本市场震动已经在暗流涌动之中。唐纳德·特朗普（Donald Trump）就任美国总统之后，中美贸易摩擦接连不断。从 2018 年 1 月开始，美国政府先后宣布对中国铸铁污水管道配件、铝箔产品、钢制轮毂等产品发起反倾销调查，并拟对 1000 亿美元的商品加征关税。2018 年 6 月 15 日，美国政府再次发布了加征关税的商品清单，将对从中国进口的约 500 亿美元的商品加征 25% 的关税，其中 360 亿美元将在 7 月 6 日开始实施。中国随即反击，实行了反制裁措施。累积的矛盾终于到达一个临界点。最终，中美贸易摩擦升级。这个历史事件将对小米上市产生重大影响。

正如晨兴资本董事总经理刘芹后来所说的那样，小米上市撞上了中美贸易摩擦的黑天鹅。只不过彼时，沉浸在紧张准备上市过程中的小米团队，对这场贸易摩擦掀起的波澜会有多大，感受还不深刻。

6 月 16 日至 18 日端午节小长假期间，雷军把一些高管召集到小米五彩城办公室，大家这一次的工作是修改小米上市路演的 PPT。此前数天，他们已经开始感受到市场的整体温度在走冷，在贸易摩擦的阴霾之下，一些原先疯狂开出高估值并且争取份额的机构开始变脸，此时小米只有把自己的模式和价值讲得更明白才行。

这一次，雷军的完美主义再次发挥得淋漓尽致，他对各种细节的要求甚至到了走火入魔的程度。这三天，是具体执行撰写工作的团队刻骨铭心、痛不欲生的三天。除了凌晨回家睡几个小时的觉，他们全都在五彩城 15 楼雷军的办公室里。怎么让境外投资者很快理解小米的商业模式，是大家头脑风暴的主要内容。晨兴资本的刘芹提议，一定要把小米的价值观演绎成一个好莱坞式的剧本，小米要用西方人听得懂的方式来和投资人进行对话和沟通。他说："小米的上市路演应该像马丁·路德·金的演说一样激动人心。小米的故事实际上是一个科技平权的故事，我们不分肤色、年龄、性别，让每个人享受科技带来的乐趣。"为了让人们更深刻地了解小米模式，大家设计了一系列巧妙的小细节给路演助力，还挑选了几件"道具"，以便在路演时展示。

此时为上市准备忙碌了几个月的雷军和周受资已经累得筋疲力尽。雷军在这段时间更是和各种事件愤然抗争，其中还包括来自外界的一些误解。在修改 PPT 的这三天三夜里，一贯以精力超级充沛、有超长待机著称的雷军，也会有撑不住的时候，这时他会到办公桌后面的地板上小睡一会儿。

在为 CDR 做了所有的努力之后，宏观环境已经发生变化，而一些莫名其妙的压低小米估值的舆论也在互联网上疯传着，这一切都给小米人造成了极大的心理压力，也让闻风而动的投资者受到了影响。也许正是从那个时候开始，市场的风向真正转变了，在舆论的影响之下，一些看衰或者质疑小米的声音开始出现，这也让人对此前传闻的小米如同过山车一般的估值更觉雾里看花。

在黑云压城一般的压力以及资本市场形势不明朗的情况之下，综合各种因素，2018 年 6 月 18 日晚，小米做出了一个艰难的决定——暂缓 CDR 上市。次日晨间，证监会的官网对这个决定做出了回应——尊重小米的选择，已经取消第十七届发审委 2018 年第 88 次发审会议对该公司发行申报文件的审核。这看似简单的信息里，包含了太多小米管理层审慎的思考，也包含了太多难以言说的波折。

此时，中美贸易摩擦产生的连锁反应已经开始在资本市场显现了，就在这一天，内地股市全线大跌。上证指数报 2907 点，创下两年来最低，两市跌停的个股近 1000 只，1600 只个股跌幅超过 9%，没有一个板块翻红。

而这一切，都对市场的信心和小米的估值产生了重大影响。

2018 年 6 月 21 日早间，小米集团在港交所网站更新了招股说明书。这份近 700 页的招股说明书的披露，意味着小米将开始正式全球招股，离港股上市只差“临门一脚”。公众也因此看到了更多的公开信息——招股说明书上显示，小米公司法定股本总面值 67.5 万美元，由 700 亿 A 类股（价值 17.5 万美元）和 2000 亿 B 类股（价值 50 万美元）组成，公司上市后将成为“港股同股不同权的第一股”。而外界一直猜测的估值问题也终于揭开面纱——此次小米在香港 IPO 拟融资 61 亿美元，根据小米每股 17~22 港元的定价，小米香港 IPO 的估值为 550 亿 ~700 亿美元。

很显然，小米香港 IPO 的估值，远低于此前高盛、摩根士丹利、摩根大通银行、中信里昂证券、瑞信等多家机构给出的 800 亿 ~940 亿美元的估值。一些分析人士称，雷军选择主动调低价格，是为了给小米上市后留足上涨空间。然而，从客观上分析，这其实更像是一个宏观大环境忽然逆转、经济下行、CDR 过程中屡次受挫，以及市场对资本信心不足等因素综合造成的结果。小米上市团队面对现实，重新调整了预期。大家一致认为，在这样的大环境下，小米只要能够完成上市之旅，就可以完美收官了。

2018 年 6 月 21 日，小米在香港举办了投资者见面会，周受资对这次会议的印象是场面依然非常火爆。投行认购的环节很快就大幅超募，而且一家主承销商的份额在当天午后就已全部认购完毕。周受资心情大好，这种感觉一直持续到 2018 年 6 月 23 日小米举行全球发售股份的新闻发布会时。

这个重要的新闻发布会被安排在香港的四季酒店举办，而非常有趣的是，出于安保考虑，小米的高管们需要从酒店的厨房进入会场。一行人西装革履地从厨师、案台、灶火间穿过，这让周受资突然有了一种香港老电影的即视感——帮派社团里的江湖儿女在厨房间进行大战，然后冲上街头开始追逐战。

而此时此刻，一场和他有关的大战就要开始了。几个小时之后，他将飞往纽约，小米的全球路演正式拉开帷幕，小米的高管将兵分三路前往世界各地。在全球路演的过程中，雷军和周受资任务最重，他们将奔走于纽约、波士顿、旧金山和芝加哥等几个城市。另外两路是林斌一路，洪锋和刘德一路。

那些精心准备的细节和道具，在纽约派上了用场。在美国路演的第一站，除了小米手机以外，雷军和周受资还带来了三件小米生态链产品，分别是小型无人机、彩虹电池和米家螺丝刀。为了更好地呈现“感动人心，价格厚道”这个理念，周受资在纽约一家路边的便利店购买了普通的电池。面对投资者时，他一边展示普通的 5 号电池，一边拿出五颜六色的小米彩虹电池。当他告诉投资者，小米的彩虹电池不仅做工更精良，售价也只有 9.9 元人民币时，投资者震惊了。小型无人机也在路演的会议室飞了起来。有时，操作者会故意将无人机向墙壁撞去，使其跌落在地上。就在投资者以为这是一场事故时，无人机却完好无损再度起飞，这给人们带来了惊喜的感受。投资者在这个“小剧情”中，理解了小米的产品质量。

纽约的路演非常顺利，在这场路演之后的周日，一行人终于迎来了一个久违的休息日。他们选择去纽约的中央公园跑步。跑累了，大家饶有兴趣地玩起了自家的小米无人机，这甚至引起了纽约警局的注意。而这将是整个路演过程中，大家最后一次感受到放松和幸福的时刻。

第二天早上，坏消息传来，投行的朋友告诉周受资：中美贸易摩擦再次升级，有人开始撤单了，而市场热度也因为贸易摩擦彻底冷却下来。市场情绪此时已如雪崩，各种坏消息接连传来。当风险来临时，所有人都停下脚步开始观望。这让周受资感到了空前的压力。

历史就是这样充满了各种出其不意和巧合，这也是小米团队最终决定以最低价上市的最重要原因。在美国西海岸开完会，做了这个最后的决定后，雷军回到自己的房间，和衣睡着了。在跟随雷军多年的人眼中，雷军一直是个精力无敌旺盛的人，续航能力很强，这是第一次，他们看到雷军因为工作原因困到直接倒下，大家知道——他彻底没电了。而更深层次的原因也许是——在创业的过程中，他最初满怀激情，却受到了深重的消磨，他需要自我疗愈一下。

在经历了这一系列堪比好莱坞大片一样跌宕起伏的剧情之后，2018 年 6 月 29 日，周受资终于在洛杉矶收到了最后一份来自投行的订单，这次命运多舛的 IPO 终于可以画上句号了。旁边的人拍了拍他的肩膀，轻声地跟他说："恭喜你，结束了。"周受资则一个人呆呆地坐在椅子上，愣了有好几分钟，一种恍如隔世感油然而生。对于他来说，这一切的一切，太像一场不真实的大梦了。

7 月 6 日，小米集团在港交所公告了发行价和 6 月 24—28 日的散户认购情况以及基石投资者的认购情况。小米将香港 IPO 价格定在了每股 17 港元，净筹资 239.75 亿港元；共收到约 10.35 亿股认购申请，相当于超额认购约 9.5 倍。以定价估算，小米上市估值为 539 亿美元。

时间终于走到了 2018 年 7 月 9 日。这一天，由吴亦凡代言的小米手机 8 的巨幅户外广告，铺天盖地一般出现在这座被人们称为东方之珠的城市里。这一天的香港，对于小米这家公司来说，有着极不平凡的意义。为了这一天，小米已经等待了太久。

早上 10 点，平时仅容纳几十人的香港联交所大厅里挤进了大约 600 人，小米的上市仪式在这里正式举行。此前，为了满足小米公司的嘉宾来参加敲钟仪式的要求，港交所将四个展厅打开连通，开辟出一块空前大的区域。但是即便如此，当天参加上市仪式的人数也几乎超出了大厅的承载能力。展厅里目力所及之处，全是喜庆的红色布置。在场的人全都面带微笑，为亲历这样的时刻感到幸运。而港交所也专门为小米上市定制了一面重达 200 公斤的大铜锣，雷军亲手敲响了它，现场欢声雷动。

小米的高管们都来到了现场，他们每人都特意佩戴了一条橙色的领带，与在场的工作人员及媒体人士一起见证了这一值得铭记的时刻。同时，小米的"100 个梦想赞助商"的米粉代表洪骏也来到了现场。在雷军敲响大锣的瞬间，这个性格沉稳的中年男子抑制不住内心的激动，双手握拳挥舞起来。多年来，小米在中国经历的所有跌宕起伏的故事，都让人感慨万分。

现场的镁光灯闪耀成了灿烂的海洋。这个时刻如同雷军在内部员工公开信里所说的那样："在如此动荡的市场中，小米的上市已经创造了巨大成功，它跻身全球科技公司前三大 IPO，并成为香港资本市场第一家同股不同权的上市公司，小米已经创造了历史。"

尽管小米上市之后的微微破发让雷军的心情受到了很大的影响，但是第二天，他选择了一个非常娱乐性的方式来纪念这次与众不同的经历——他第一次买了一条破洞牛仔裤穿上，并在微博上留下了文字和图片。他说："今天特意穿了件破洞裤，纪念一下昨天 IPO 的首日表现,（这让我）时刻提醒自己：革命尚未成功，同志仍需努力！"

言语间，雷军幽默依旧，但是很少有人知道，对雷军和小米来说，这确实是一场充满伤痛的旅程。然而，无论对公司还是对个人来说，伤痛和暴风雨都是必须经历的，只有经历了这些，个体和组织才能变得更加强韧，才能增长足够的面对未来的智慧。这些经历是让人和组织变得更加鲜活的必需品。就像斯蒂芬·茨威格在《昨日的世界》里说的那样："不管怎么说，每一个影子毕竟还是光明的产儿，而且只有经历过光明和黑暗、和平和战争、兴盛和衰败的人，才算真正生活过。"

撕裂性成长和组织结构调整

上市是小米的重要里程碑，这家公司用 8 年时间打造了一个市值 539 亿美元、年收入突破千亿元人民币的公司，这在世界商业史上也是绝无仅有的故事。它的成功上市也给早期投资人带来了丰厚的回报。晨兴资本、启明创投、顺为资本这三家创投机构，这一次成为创投领域的最大赢家。

以晨兴资本为例，它早期投资小米的 500 万美元，在 8 年的时间里获得了 866 倍的投资回报，平均速度是每年 2.3 倍，晨兴资本一共收获了 290 亿元，打造了一个经典的中国创投时代的伟大故事。而这样的故事，即便是放在硅谷这样的创业圣地，也会让人眼前一亮。根据《硅谷百年史》的记载，截至2012年年初，风险投资行业回报多于收入的情况，已经14年未曾出现了，而且在这10年间，几乎没有大型退出的案例。在脸书的股票上市之前，谷歌仍然是投资者获得回报最大的案例。

晨兴资本创始合伙人刘芹也在小米上市后写下了一篇长文——《相信“相信”的力量》，阐述了风险投资者是如何与企业家一同保持信仰，在企业发展的道路上与企业一起前进的，尤其是在公司面对困难和挫折之际。

他说，具备企业家精神的投资人，要相信公司的长期价值，因为公司的短期波动常常带来巨大的噪声，但不会影响长期价值的创造。投资人要和创业者建立高度互信的伙伴关系，用成熟的心态面对公司接踵而至的坏消息。当公司进入负面循环的时候，不因为短期噪声和压力对创业者形成放大的压力。

在这篇文章里，刘芹也阐述了作为风险投资家需要具备的素质——如果我们致力于投资那些具备真正企业家精神的创业者，我们必须成为同样具备企业家精神的投资人!

除了风投机构获得巨额回报之外，小米这场IPO也给很多个体带来重大影响。在结束IPO的那一刻，那些为小米而奋斗的年轻人，也都实现了个人财富的重大突破，他们塑造了这个时代里令人神往的励志故事。人们估算，在持有小米股票的7000人当中，将会诞生数十个亿万富翁，上千个千万富翁，而小米上市也直接导致创始人雷军身价暴涨，这也是继百度、阿里上市之后的又一场互联网造富运动。而刘芹在上市晚宴上去寻求合影的姑娘管颖智，就是这些人中一个非常有趣的代表。

在2010年唯一一次早期员工认购小米股票时，管颖智拿出了自己的全部嫁妆钱，而当时连小米手机1都还没有发布。当时只有26岁的她笑着说自己嫁给了小米。而今天，刘芹把管颖智称为一个真正有信仰的投资者。

除了获得金钱财富，人们在这个过程中也收获了更多的个体经验，这才是这个时代最值得铭记的故事。黎万强后来用“撕裂式成长”这个词来形容小米人创业至今的感受。几乎每一个身处小米这片版图上的人，都能感受到在这场创业长跑中那种被推动的剧烈成长。小米在一片荒芜中建立起自己的天地，而那些早期的拓荒者无一不是被迫在自己完全不熟悉的领域进行跨界学习。今天，他们已经成为这个领域的专家。比如，雷军开始学习管理上万人的公司，林斌从销售运营到管理手机部，黎万强从一个设计师到可以从无到有创建电商平台小米网，刘德从一个大学系主任完成了一系列生态链公司的商业打造，洪锋将 MIUI 的活跃用户带到了 1.9 亿，而王川则开启了中国智能电视时代的新篇章。每个人的每个故事，细细品味，都是充满张力、破茧而出的故事。他们就像童话故事中的魔笛手，人们享受着他们演奏出的美妙音乐。

对其他的管理者来说，人生的变化也是巨大的。王翔、张峰、崔宝秋、周受资、朱印、高自光、王海洲、朱磊、张剑慧等，他们每一个人几乎都在这种接近极限的工作强度中获得了他们的人生智慧。创业的代价也显而易见。张剑慧曾经非常感慨地说，她儿子的最大梦想就是每个星期至少能见一次妈妈。手机部的员工郭峰在提到自己 5 岁的儿子时潸然泪下，他遗憾地表示，自己陪伴孩子的时间实在太少。被小米员工称为“大师”的朱印，形容他负责手机工业设计的这两年，如同过了 20 年一样漫长。他深有感触地说：“做硬件的设计，你会感觉自己越来越渺小，随着你做这件事情的时间延长，你会解锁很多你不懂的东西，但是越是这样，你就越会有敬畏之心。”在刚刚接手手机工业设计的时候，朱印为了保留些许艺术范儿而留下的小胡子还是黑的，现在，刚刚 40 岁的他，那撮胡子已经接近全白。而曾经是全美业余组拉丁舞冠军的宋嘉宁自从进入小米之后，就放弃了自己的拉丁舞爱好，体重也直线上升了 15 斤。

今天，这些年轻人在回望自己的人生时，都无比感慨，在这个撕裂般成长的过程中，在很多的得与失之间，他们收获了一个崭新的自己。正如在《硅谷生态圈》这本书里，作者维克多 · 黄（Victor W. Hwang）和格雷格 · 霍洛维茨（Greg Horowitt）指出的：

> 企业家带领人们去做的事情并不总是可以用金钱来计算，正如（斯坦福大学教授）阿德·马卜贡杰所说的那样："你只有感动了他们，才能领导他们。企业家是一个讲故事的人，他帮助人们为了信念冒险。""如果你去询问硅谷或者其他类似地方的初创团队的成员，问他们为什么选择了现在的工作，你会发现，驱使他们行为的，是超理性动机。"

小米人的这些收获证明了很重要的一点：雷军带领人们去做的事情，并不总是可以用金钱衡量的。他用一个又一个的愿景，让人们参与这项伟大的事业，体验胜利的喜悦和失败的沮丧，同时又可以获得大量的金钱。雷军知道，成功的企业，在于人与人之间的交互。只有人们渴望体验生活的过山车时，创新才能繁荣。这就是《硅谷生态圈》里所说的，创业需要一个热带雨林般的氛围。

在实现了上市这个目标之后，更加庞大和繁杂的任务在等待着小米。雷军知道，小米有着更加远大的使命和愿景。如果小米 10 年后的目标是成为一家营收过万亿元、员工过 10 万人的全球化公司，那么组织结构的调整将成为现阶段一个最重要的目标。就如同小米高管在分析上市对一家企业的好处时说的那样，上市其实是小米走向成熟化、正规化的契机，还可以倒逼企业建立一系列的制度和规范。

可以说，在上市前的 8 年里，小米一直是互联网思维的模范生，其崇尚的扁平化管理被认为是保持高速增长的宝贵经验。在很长一段时间里，小米的管理只有三级：合伙人——总监——工程师。在早期的高速增长期，小米也确实是用产品来驱动公司的。在那个时候，产品好就是制高点，就能得到整个公司的支持。因此，小米在过去一直以速度、扁平化、没有 KPI 著称，也创造出"爆品策略""风口上的猪""首战即决战"这样风靡行业的概念。但是，随着公司市值上升到 3000 亿港元左右、拥有 2 万多员工和将近 2000 亿元人民币的营收时，单个产品已经不足以调动公司的系统资源了，业务的增长也开始冲击组织的天花板。

根据小米集团公布的2018年第二季度财报，小米手机销量为3200万部，同比增长43.9%，小米8系列开售当月销量即超过110万部。根据Canalys数据，2018年第二季度小米手机在印度市场同比增长106%，连续4个季度稳居市场份额第一，截至2018年第二季度，小米手机在西欧的出货量同比增长超过2700%。

在手机业务取得了不俗成绩的同时，小米IoT和互联网服务也一路高歌猛进。2018年第二季度，小米已建成全球最大的IoT消费物联网平台，联网智能设备（不含手机、平板和笔记本电脑）达1.15亿台，同期MIUI月活跃用户达2.07亿，互联网服务收入39.58亿元，同比大涨63.6%。

在这样的业务发展中可以看出小米公司越来越强劲的互联网属性。公司的管理层现在的一个很自然的想法就是——将IoT和互联网两大战略领域打穿、打透。

但是，当生态链部门之下的小米有品电商变成了一个年销售额数十亿元的电商平台，当小米IoT业务也就是物联网平台成为全球最大的消费级物联网平台后，这两个业务如果还是二级部门，就不可能得到公司的系统性支持，它们的发展就会受限。因此小米的组织再造工作，到了必须起航的时刻。

在确定小米要在香港上市的几个月后，2018年5月，小米管理层经过通宵达旦的讨论，决定正式开始组织结构的重大调整。

雷军将这个任务交给了刘德来主持。这个重大决策背后的核心思想是，改变以前合伙人各管一摊的模式，把合伙人层级的高管集中到总部，增强总部决策层的力量，包括建立一个新的、以80后为主的总经理阶层，重新对业务进行梳理，同时推动内部的经营目标管理以及集团治理的规范化。

当外界观察并感叹“小米变了”的时候，刘德用“阶段性正确”来解释这种变化：“所有的事情都是阶段性正确的，就像经济学家凯恩斯那句著名的话：当事实改变之后，我的想法也随之改变。”

2018年9月13日，小米进行了公司成立以来最具深度的一次组织结构调整，在集团层面成立了组织部和参谋部。此前负责生态链业务的刘德任组织部部长，此前负责电视业务的王川任集团总参谋长，此前负责MIUI业务的洪锋转而负责小米金融。此举将在外开疆拓土的合伙人调回了集团，一来降低中央大脑的负担，让经验丰富的核心高管从战略层面和管理层面为年轻管理者引路护航；二来通过组织部的建立，集中负责中高层管理干部的人事管理，解决了与干部相关的三个问题：创造出管理岗位，创造出上升通道，形成组织意识。

总体而言，调整组织架构的终极目标是，让小米从过去每个板块各自狂奔的状态，向一个能建立集团系统优势的公司转变，把公司做成一台“战争机器”。

对于创始人此时需要放下自己曾打下的江山，会有不舍情绪的问题，刘德面临着担任组织部部长后最真实而艰难的工作——说服。他坦诚地说：“创始人要知道不同的阶段公司需要什么样的管理者。在不同的阶段，必然要改变自己的身份。在这个改变中，可能有些工作不是自己擅长的，也不是自己喜欢的，但是作为创始人，有责任为公司的不同阶段而改变自己。”

自此，一场轰轰烈烈的裂变在小米内部发生了。电视部、生态链部和MIUI部以及互娱部重组为10个新的业务部门。一大批80后年轻人走上了业务一线，成为小米的前线团队。屈恒、范典、金凡、李伟星、刘新宇这些当年加入小米的年轻人，被任命为各个业务部门的总经理，被赋予了真正的决策权。这些年轻人的平均年龄为38.5岁，且对小米有着罕见的忠诚度，到此时，小米创立只有8年时间，而他们在小米供职的平均时间达5.9年。

如果说，在小米的前8年，他们已经经历了一次撕裂式成长，那么现在，他们承担起的大都是百亿规模的业务盘子，这将是又一次深度学习的机会，也是他们的人生面临的又一次在奋斗中飞跃的机遇。

对于组织干部年轻化这个问题，组织部副部长金玲颇有感触，她说：“锐气对于企业来说，真的是战斗力。”互联网公司是有生命力的公司，这种生命力是靠年轻人去支撑的，人到一定年龄之后，很难再去冒险做一些事情。

接管电视部的80后李肖爽还清晰地记得从王川手里接过电视部那天的心

态变化。其实从2017年4月开始，李肖爽就已经开始承担小米电视部的硬件研发工作，相当于王川的副手。因此，当刘德让他准备担任电视部总经理一职的时候，他认为只不过是一个称谓上的变化，自己的工作和以前并无实际差异。但是，从真正接手的那一天开始，所有的信息都开始汇总到他这里，很多决策需要他来签字，李肖爽这才明白，确实和以前不一样了，“以前，天塌下来，还有川总扛着。而现在，真的就只能靠自己了。”

这是这些年轻人走上管理一线之后非常典型的心理变化。

从此时开始，组织架构调整和一系列新的任命是小米的一个长线进程，用刘德的话说，这将是一个新常态。而每一次调整和每一次任命都成为这家公司模式进化的注脚。比如，当AIoT战略越发凸显时，大数据、云计算和AI技术三个部门都进行了独立编制，季旭、冯宏华、叶航军三位年轻的业务领头人被提拔为部门总经理。

一个有趣的现象是，小米创始人在转换赛道之后，时常也会释放出前所未有的潜能，在新的领域做出颇具创意的创新。比如，洪锋自从掌管小米金融之后，再次获得了工程师解构新事物的强烈自信。2018年，小米金融开始建立智能制造行业的供应链金融大数据系统，这让小米供应链金融可以直接为企业提供急需的资金和供应链支持。当一家企业很难从金融机构获得融资时，小米供应链金融通过和合作伙伴的数据互联互通，可以实时在线追踪并验证这家企业的上下游交易，从而可以通过交易数据为其提供供应链的金融解决方案，解决企业的燃眉之急。到2020年，小米金融的这个新业务已经累计为企业提供融资453.28亿元人民币。在洪锋看来，“这里面新的玩法层出不穷”。

一家公司未来将如何发展，组织结构的重要性不言而喻，反过来，从组织结构上也不难发现一家公司对未来的谋篇布局。小米成了继华为和阿里之后，第三家专门设立组织部的大型公司。在接下来的几年内，组织结构的调整将以更高的频次到来。

拓荒欧洲市场

2016年6月，波兰首都华沙的街头，一个戴眼镜的寸头青年拖着行李箱在寻找酒店。他叫吴松，一周前刚刚加入小米国际部，连部门的人都还没认全，就拎着箱子飞到华沙，独自一人开始了小米在东欧市场的拓荒。

如果说，雷军带领的印度市场从2015年起逐渐摸索出一条适合小米发展的道路和打法，那么此时这个画面则说明，小米全球化扩张的道路真正拉开了序幕。这是王翔在2015年年底正式接手国际部以来，决定进军的第一个市场——东欧。

小米在印度的成功，很大程度上验证了小米在中国摸索出的商业逻辑：产品在线上大幅度提高了商业效率，通过口碑传递给了消费者。当产品在线上获得一定流量后，再把销售拓展到线下。这一切得益于印度电商的发展和逐渐成熟，让小米充分享受了电商崛起的红利。然而，王翔凭借他多年的商业经验知道，发展全球市场必须尊重本地特色。在全球范围内，只有中国和印度有着不错的电商市场，而在其他国家，电商占整体零售的份额只有2%~10%，最多的地方也不会超过20%，因此绝大部分地区还是以线下市场为主。小米的全球化扩张之路不可能照搬一个公式，尤其在欧洲市场，开放市场和运营商市场占据着最大的市场份额，因此踏踏实实做好零售阵地的建设，同时加强与运营商的合作，才是小米在海外发展的机会。

在部署国际市场时，王翔制定了“先近后远，先易后难”的逐步推进战略，在一个市场成功后再进入另一个市场，完全摒弃了之前小米在多个地区同时进攻的策略。在团队搭建上，王翔也采取了“循序渐进”的方法，采用的策略通常是，派出熟悉小米理念又有国际化背景的中国员工去当地市场进行拓荒，在扩大规模的同时，再逐步吸收本地人才来扩充本地团队。因此，王翔首先建立了总部的核心团队。早期清理小米手机4国际库存的刘毅成为其中的重要领导之一，他和年轻的团队一起开始了海外拓展的征程。

与联想进行的并购式海外扩张不同，小米在当地现有的系统里让自己的文化和当地的文化进行碰撞。小米的海外扩张之路，意味着将新的文化直接导入当地市场，这就要求那些成为先头部队的年轻人必须独当一面，吴松就是一个自己闯荡的典型例子。

2016 年吴松来到波兰时，苹果、三星、华为、LG 等众多品牌已经在这里运作多年，他们的成功多是依靠投入巨额市场费用，快速堆积起品牌势能。而小米却要用较少的费用撕开市场的一道裂口，这符合小米效率优先的一贯理念。尤其是，小米还提出了分销商要 100% 预付费用的条件，让海外扩张显得格外艰难。但是在跑遍了波兰的零售商之后，吴松发现，波兰的消费者在公开市场有一个特点，那就是喜欢自己比价。这里的消费者并不太会受厂商对市场投放的影响，而是习惯在反复比对价格之后，对产品做出自己的判断，而这正是一个重要的突破口。

在确定了当地消费者的消费习惯之后，小米确定了两家当地的分销商 ABC Data 和 Ingram Micro 成为小米的合作伙伴，然后迅速和他们打成了一片。王翔部署的重要商业策略也在此时此刻发挥出了效应，小米这次直接把利润让给分销商，让他们用成本价进入这个市场。在签订合约之后，小米把“参与感”通过分销商带给了零售商，和他们一起策划店面促销活动，国际公关部会帮助他们一起制定本地公关策略，一起头脑风暴，分析如何触达更多的消费者。“拓荒者”会把小米的经验和以往的案例直接提供给分销商，一改以往分销商只是一个搬箱子的角色，大大激发了他们的积极性。在这个过程中，吴松发现，分销商已经逐步参与到小米的品牌建设中。而小米的产品，一旦和当地消费者见面，就会因为其年轻、新奇和高性能的特点吸引他们，尤其是小米产品的价格在同等配置下比竞争对手低很多。

以这样的打法进入当地市场之后，小米很快建立起自己的品牌形象——年轻、酷和时尚，市场份额也一点点得到了提升。很快，波兰模式被证明是成功的，这让小米在东欧市场得以继续扩张。继波兰之后，小米在 2016 年圣诞节进入乌克兰市场，三个月时间就成为当地市场第三名。

在解锁东欧市场之后，王翔在 2017 年 11 月做出了进军西欧市场的决定。

这一次，他选择突破的国家是有着不错的群众基础的西班牙。一个叫欧文的年轻人，成为西欧市场的拓荒者之一，他对这段经历有着非常奇幻的记忆。

> 第一天到西班牙报道时入住的是公司的宿舍，宿舍地处贫民区，推开门就是一张不宽的床，墙面和天花板的墙皮有点儿摇摇欲坠。

这就是小米在一个国家刚刚起步时的真实状况，它保持了一家在创业初期公司对成本敏感的特点。在没有办公室时，大家经常在咖啡厅开会，几个人点杯咖啡讨论事情，一坐就是一天。在选择办公地点时，小米团队的海外驻地往往要求避开繁华的市中心，同时又要交通便利。这样筛选下来，小米人往往都是住在老旧的住宅区。初到的同事只会英语，对于西班牙语一窍不通，遇到被偷、被抢这类事情，都不知道怎么报案。

欧文的工作是在一边做业务，一边给办公室盯装修的过程中起步的。而开启业务时，他发现了一个让人啼笑皆非的现象：在小米进入西班牙之前，不少小米产品已经通过各种非正规的渠道流入了西班牙。在零售商只是自行销售小米手机的情况下，小米 2017 年在西班牙的市场份额竟然达到了 8% 左右，这也正是小米在西班牙群众基础不错的很好体现。

然而，就因为这样，一些商家在小米进入这个市场之前，已经打着小米的旗号做起了生意，他们甚至印出了像模像样的名片。而欧文的出现则让分销商真伪难辨。“刚开始时，我被当成了骗子，我只能反复地对他们说，我是真的小米员工，你看，我的邮箱是以 xiaomi 为后缀的。”

鉴于小米在西班牙已经有了一定的知名度，王翔决定为这个市场制定与东欧市场不同的打法，采取线上线下双管齐下的方式，在最短的时间内取得品牌决胜。因此，在马德里的发布会现场，当王翔宣布小米开启西欧市场的征程时，他也将自己的战略公之于世，小米的商业模式——“硬件 + 新零售 + 互联网”三部分内容将同时在西班牙落地。

除了小米自己运营的小米网以外，另一家出海的中国企业——阿里巴巴全球速卖通，对小米的海外扩张也发挥出了巨大的助力作用。全球速卖通是阿里巴巴旗下面向全球市场打造的一个在线交易平台，被人们称为“国际版的淘宝”。海外买家可以通过支付宝国际账户进行担保交易，并使用国际快递收货。从 2010 年建立开始，速卖通逐渐成为全球第三大英文在线购物网站，这让全球 220 个国家和地区的买家可以买到来自中国的商品。它的流量也是惊人的，每天有 2000 万访客访问这个网站。可以说，小米对西班牙线上市场的切入，就是和阿里巴巴全球速卖通合作的开始，在这个没有阻力的渠道里，小米很快就在线上展露出头角，速卖通也被人们称为小米的“神助攻”。

两家中国企业，用这样的方式联手开拓海外市场，应该是中国企业在海外扩张过程中非常意味深长的一幕。速卖通逐渐成为小米扩张海外市场的一个重要阵地，通过这个跨境电商平台，小米后来进入了 80 多个国家，成为速卖通最大的品牌之一。

小米在速卖通上的成功，也吸引了电商平台亚马逊的目光。在和亚马逊合作之后，小米再次把擅长线上运营的特点发挥到淋漓尽致的程度，员工通过线上社区的运营、社交媒体的打造、线上引流等多种方式，让在亚马逊出售的小米手机仅用几个单款机型就直接冲到了第一名的位置，这让亚马逊建立了对小米品牌的信心。到现在，小米每发布一款产品，速卖通和亚马逊都希望争抢到小米的首发，来夺取网上的流量。就这样，小米在西班牙的电商市场份额直线上升。在一年的时间内，小米就在西班牙做到了电子商务的第一名。

对于市场份额更大的线下市场，小米则用授权店的方式来获得消费者对品牌的认知。2017 年 11 月，小米在马德里开启的两家授权店，成为小米在西班牙开启线下市场的序曲。欧文负责的分销商市场，最初也遇到了和东欧市场一样的困难。当地客户对于小米的低毛利策略完全不认同，并且要求小米给出非常长的账期。与在东欧市场采取的策略相似，小米用“出血”的方式来获取和分销商合作的第一单。欧文提高了给分销商第一单的利润点，并且承诺，如果手机卖不掉，小米将负责解决库存。而分销商通过第一次的销售尝试见证了小米品牌的威力，当第一批货被一抢而空时，他们建立起了对小米品牌的信心。更多的合作，也在公开市场渐渐展开。在这个过程中，王翔也亲自跑了无数的零售店，最后促成了小米和欧洲最大的 3C 零售集团 Media Market 的合作。一个有趣的事情是，Media Market 一开始不同意在他们的阵地建立小米的专区，因为这样的资源对于他们来说非常昂贵。而王翔推荐了他们喜欢的小米平衡车作为合作开端，就是从这个产品开始，小米在 Media Market 从一个专柜，逐渐拓展到整个欧洲地区的专柜。和这样的大型连锁店合作的一大好处是，产品在一个国家做好了，邻国很快就会关注到，他们之间有自己的沟通渠道。

可以说，对于小米这样从零开始进入一个海外市场的品牌来说，困难是不言而喻的。比如，拓荒团队最初连给分销商展示用的样机都没有，经常要托同事从国内带过来，因此，一有人过来出差，行李箱里一定有半箱样机。再比如，欧洲团队因为要和总部保持高密度的沟通，所以经常要扛着时差和总部开会。不仅仅是欧文，几乎所有人在晚上 12 点前都没法睡觉。欧文说："到了小米，我就养成了只睡 4 个小时的习惯。"而吴松因为工作繁忙，只用一个周末的时间匆匆举行完自己的婚礼，就又飞回了欧洲进行谈判。他苦笑着和经销商说："我的蜜月是和你过的。"在海外拓荒的过程中，辛苦是一个创业团队的标准配置。

从宏观管理上，王翔也逐渐总结出一些海外团队的管理方法。比如，在人员招募上，拓荒者把市场打开之后，就要把本地人员的招募提上议事日程。现在，小米海外员工的比例越来越高。从经验来看，只有深谙本地文化的人才能做出更加贴近本地市场的传播方案。而且本地人员在和分销商洽谈时，通常也更能得到对方的理解。王翔对此的总结是，拓展新市场要把小米的文化与本地的文化融合起来，然后结合本地的实际来生根。

另外，海外团队和中国总部保持高密度的沟通十分重要。在外部充分沟通之后，内部的沟通被视为头等大事。除了每周的例会外，王翔要求，海外市场负责人每半年必须回来述职，而述职过后，他们必须要和每个业务部门的领导开一对一的会议，这样做耗费的精力显而易见，但王翔认为，这样的方式会让团队和总部捆绑得更紧，有利于发现问题迅速解决。

事实证明，西欧市场的拓展非常成功，小米后来也把西班牙的成功经验复制到了法国、意大利等国家。2018 年 5 月，小米在巴黎开出首家小米之家，开业当天虽然下着冰冷的雨，还夹杂着冰雹，但门口一直有消费者排队。小米之家在法国的第二家店铺开业的时候，更是迎来了“千人疯抢”的盛况。

也许数字更能说明问题。2018 年，欧洲手机市场出货量的三分之一来自中国厂商，旗舰机型的价格也大幅下降。而中国手机厂商在欧洲出货量最大的是华为和小米，华为以 23.6% 的市场份额排在第三，小米以 6% 的市场份额紧随其后。小米在欧洲市场上同样坚持自己的性价比模式，显示出其价值观的一致性。而挺进欧洲市场，也为小米的国际化营收贡献了力量。2018 年财报显示，小米国际市场营收全年达到 700 亿元，占比达到 40%，最高一个季度达到 43.9%，而在 2017 年，这一数字还仅仅是 28%。

小米正在攻克的，是占据欧洲 50% 市场份额的运营商渠道，更多跌宕起伏的故事正在发生。这里包含的一种新的趋势非常令人深思。要和欧洲的运营商合作，就必须达到它们的测试标准。刚开始的时候，一些运营商会拿出 300 多页的标书，小米需要回答的问题多如牛毛。而现在，小米可以和运营商讨论他们的标准，然后一起做出改动。在小米品牌的感召之下，沿用多年的测试标准可以被调整，这是一个品牌甚至国家力量崛起的体现。

正像欧文感慨的那样：“有了小米这样的品牌，我们才有了谈判的资本。”在很多年前，这样的情景是很难想象的。

在小米进军国际市场时，这个中国制造的品牌以全新的形象出现在世界市场。当地的媒体敏锐地捕捉到了这一点：“西班牙消费者开始享受像小米这样的中国科技公司带来的巨大的研发成果，这是一家以创新、质量和设计著称的公司。”[①]“智能手机和科技公司小米不断对新产品进行着革新，自从它进

---

① EUROPA PRESS 2020.1.02 Ou Wen (Xiaomi): Spanish consumers have appreciated Xiaomi’s R&D efforts, https://www.europapress.es/portaltic/empresas/noticia-ou-wen-xiaomi-consumidor-espanol-sabido-apreciar-esfuerzo-id-xiaomi-20200102134056.html.

入市场以来，小米不断因为它的创新科技、杰出的设计、使用的友好性而脱颖而出。”①

小米产品在国际市场上的良好表现，与创始人雷军在多年前设计小米这家公司时的理想一致。它让世界范围的消费者意识到中国品牌的巨大潜力，中国设计和制造的产品也有征服世界市场的能力。

进击 AIoT

AlphaGo 的出现标志着 AI（人工智能）浪潮的到来，政府对人工智能的支持和风险投资的追捧也接踵而至。当各大公司都开始把人工智能作为新的产业周期到来的标志时，新一轮的竞争开始了。

深度学习让人工智能回暖，研究人员、未来学家、科技公司的 CEO 也开始讨论人工智能的巨大潜力和应用——识别人类语言、翻译文件、识别图像、预测消费者行为、辨别欺诈行为、批准贷款、无人驾驶。

李开复在《AI · 未来》一书中讲道：

> 柯洁向阿尔法狗投子认输不到两个月，国务院公布了《新一代人工智能发展规划》，这是中国国家发展人工智能的远景规划，明确提出未来将对人工智能发展给予更多资金、政策支持，以及国家级的统筹规划。该计划明确提出了 2020 年及 2025 年的发展目标，并希望到 2030 年中国成为人工智能领域的全球创新中心，在理论、技术及应用等方面领先全球。而嗅觉灵敏的中国风险投资人在 2017 年这一年，给予人工智能创业公司的风险投资占到了全球人工智能投资的 48%，中国在这个数据上首次超越了美国。

① Xiaomi advances positions thanks to its development in technological innovation, EL MUNDO .https://www.elmundo.es/promociones/native/2019/12/17/.

当人工智能浪潮来临之际，各个巨头都开始了自己的布局。小米早期布局的云存储技术和大数据的积累，让小米有了平滑无缝地切换到人工智能时代的可能性。小米技术高管崔宝秋说："这也正是小米的人工智能走出的技术路线—— CBA。这比那些直接走 ABC 路线的公司，有着不可想象的优势。"①

正是因为有了小米早期部署的云存储和在手机、生态链产品上积累的大数据，小米进入人工智能的姿态才从容不迫，特别是大数据的作用不可小视。"大数据和人工智能融合起来，才能发挥出巨大的价值，而融汇大数据，打通数据孤岛，将产生核聚变一般的效果。小米在 IoT 时代积累的大数据资源，将成为小米进军人工智能的巨大优势。比如，小米在生态链方面的布局、小米做硬件的经验积累，都让小米在智能场景方面的创新机会远多于其他公司。"崔宝秋说。

自从进入 IoT 领域以来，小米对大数据的积累就不遗余力。2018 年的两款 IoT 爆品再度让人们看到了小米在万物互联领域的巨大潜力。其中一款产品，就是从 2017 年开始崛起的入口级产品——小米电视。

小米电视自从诞生以来，就和市场上非常激进的对手——乐视电视有着激烈的竞争。但是，在 2013 年到 2017 年的 4 年时间里，小米奉行的都是微利但并不补贴的策略。在雷军眼中，硬件产品和纯互联网服务不同，后者的补贴程度是可控的，不仅能够精确地测量，而且可以随时止损。而硬件产品只要没有交付到用户手中，其亏损就会随着时间的延长一天天扩大。这个预测也精准地被乐视的结局所验证。

2017 年，乐视资金链轰然断裂，创始人贾跃亭远走美国，竞争对手的败局让小米电视在市场上轻松晋级。2018 年，小米电视的优势进一步扩大，全球出货量达到 840 万台，同比增长 225%。此时，用投资方式聚合的互联网电视的内容（此前小米先后投资了优酷、爱奇艺），也开始吸引更多的用户，这让小米电视产生了越来越多的互联网收入。2018 年第 4 季度，小米来自电视

① 这里的 A 指 AI，B 指 Big data，C 指 Cloud。

的互联网收入占到互联网收入的 8%，同比增长 119%。可以说，2017—2018 年，互联网电视已经在中国崛起。而小米电视和人工智能结合的探索早在这个过程中就已启程。小米的 AI 大脑——“小爱同学”就是在这样的探索路径中产生的。

众所周知，这个大脑后来又经过升级打磨，装进了小米的智能音箱、手机等设备当中，成为一套跨平台的完整 AI 系统。在推出小爱同学智能音箱后，2018 年，小爱音箱的新产品陆续推出有小爱同学 mini、小爱同学蓝牙音箱等，售价进一步降低，这让小爱同学的语音请求量不断攀升。

在“小爱同学”不断成熟之后，由它来唤醒众多小米生产链产品的诉求也成为小米人工智能版图里最顺理成章的部分。当米家 App 里装载了“小爱同学”以后，语音控制小米生产链的产品就可以轻松实现。这样简单的联动，让崔宝秋也十分感叹——小爱同学天生就是含着金汤匙出生的。

2018 年上半年，小米MIX 2S 发布，小爱同学正式被应用于手机上。在 2018 年下半年发布的小米MIX 3 里，小爱同学还拥有了独立的 AI 按键，这让 AI 赋能小米产品的节奏越来越鲜明。

2018 年下半年，小米高层再度讨论了 AI 战略，AI 赋能万物互联的图景已经被小米初步实现，此时此刻，一个新的公式正在雷军脑中酝酿，它有关小米新的战略版图。2018 年 11 月，在乌镇举办的世界互联网大会上，雷军首次将这个公式公布于众，他说：“过去 10 年是移动互联网的时代，未来是万物智慧互联的时代，因此，AI+IoT=AIoT。”

这一年的小米开发者大会（MIDC）也被命名为“小米 AIoT 开发者大会”。组织这次会议的崔宝秋还深深记得，当他请雷军参加这个会议时，雷军的助理遗憾地告诉他，雷军这个时间计划去印度出差，因此不可能出现。这让崔宝秋以及大会其他的组织者都有些泄气，其他部门对这个会议的支持力度也没有想象的大了。然而，就在会议即将召开的前一天晚上，转机出现了，雷军的印度行程被取消了，空出来的时间，他希望来助力这次小米准备已久的开发者大会。可想而知，这个消息一出，会议组织者和参加者的热情都陡然升高。

雷军当天的演讲是自然而充满趣味的。

首先，他说小米要感谢历史进程，感谢移动互联网时代，让小米从一开始就站在了AIoT产业的最高处。早在2014年，小米就成立专门部门做IoT连接模组，后来又成立小米生态链部，孵化投资IoT领域的创新创业公司。不到5年时间，小米投资和孵化了220家生态链企业，其中100多家专注于智能硬件和生活消费产品。华米、云米等品牌均已独立上市。在运动手环、空气净化器和平衡车等消费品类领域，小米生态链创造了多个世界第一。

接着，雷军公布了一系列数字——小米IoT平台现在已经支持2000款设备，智能设备连接数超过1.32亿台，AI智能助理小爱同学累计激活设备约1亿台，累计唤醒次数超80亿，月活跃用户数超3400万。

有意思的是，雷军在大会现场演示一款49元的蓝牙音箱时，小爱同学未能准确识别雷军的语音，当他提出问题："小爱同学，你能做什么？"时，小爱同学给了他一个令人笑场的答案："人家还小嘛，这个问题太难了。"而这样的一幕也展现出互联网公司轻松随意的一面。在小爱同学的语音识别准确率高达90%以上的情况下，雷军从未想到为这个场合做任何提前预演，因此，他把最真实的一面给了现场观众。

事后，技术人员分析，当时大会现场有上千人，导致舞台音响环境太复杂，才有了这个花絮。

在这次开发者大会上，"开放"成为一个关键词。IoT部门总经理范典介绍，过去一年，小米IoT平台接入了1000多款第三方产品，2018年小米IoT还将进一步开放，为第三方提供接入服务、海外服务和行业解决方案。

同时开放的还有小米AI平台。崔宝秋认为，未来AI的竞争，最终是开放生态的竞争。目前，小爱开放平台已有1000多家企业开发者和7000多名个人开发者进驻，在众多开发者的参与下，小爱同学拥有了1300多项技能。2018年6月28日，小米将移动端深度学习框架MACE开源，如今小米AI已广泛应用于拍照、场景识别、翻译、语音等场景。

值得注意的一个细节是，在前一年的小米开发者大会上，雷军曾经宣布，小米要力争把高质量的 Wi-Fi 模组售价降到 10 元以内，而在此次大会上，小米最新推出的 Wi-Fi 模组售价最终降到了 9.9 元，这将让硬件设备的智能化成本急剧降低。

在行云流水一般的战略版图上，雷军宣布："未来 10 年，AIoT 将是小米的核心战略。"

这次大会引发了媒体的报道热潮，人们说，小米介绍了接入设备可绕地球几圈的 IoT 平台。人们还说，雷军放了一个大招儿，一场演讲拉动了 100 亿元的市值。事实上，这次会议，雷军带领小米 AIoT 核心成员崔宝秋和范典上台一共演讲了 75 分钟，小米的市值确实上涨了约 108 亿元，相当于 1 分钟的演讲拉动市值 1 亿余元。而当小米 IoT 和宜家宣布达成全球战略合作后，小米股票再次应声上涨。

大会当晚，崔宝秋兴奋地给雷军发了一条信息，他说："如果 2010 年，你说抓住移动互联网窗口可以飞起一头猪来，我觉得今天可以飞起一头大象。"电话那头的雷军也颇感振奋，他回复崔宝秋："以后这样的会应该多开一些。"

这次开发者大会对小米的 AIoT 战略来说，有着"发现新大陆"一般的意义。在接下来的一年里，雷军做出了 5 年投入 100 亿元进军 AIoT 的决定。小米核心战略的变化也呼之欲出。

在开发者大会创造的热度还未消散时，一些人已经开始悄悄地关注起小米公司的全年财报发布时间表，一个人们等待 5 年的"10 亿赌约"就要揭晓了。对小米和格力谁主沉浮这个问题的讨论，将为人们再次复盘 5 年以来移动互联网和制造业的快速发展。

第十一章
新时代，新征程

卢伟冰加盟

《创业维艰》一书中的一句话精准地描述了创业者所感受到的那种情绪：

> 你知道创业公司的最大好处是什么吗？
>
> 是什么？
>
> 就是让你体验两种情绪：欢乐和恐惧。我发现睡眠不足会令这两种情绪更加强烈。

在强烈的情绪起伏中完成上市历程的小米公司，此时已经蜕变成一家公众公司，而这样一家在移动互联网时代几乎以横空出世的姿态进入近百个传统行业的公司，恰逢与社交媒体的崛起同步，这让小米不按常理出牌的打法、用硬件带动的互联网模式以及它的一切誓言，都被放置到公众的目光之下。上市后的小米成了一家更透明、更具话题性的公司。

刚刚经历了风调雨顺的2017年，小米在2018年第四季度又开始面临强大的市场压力。曾经希望“用10个季度回到中国第一”的小米，又回到了人们审慎的目光之中。作为移动互联网时代一名具有网红性质的创始人，雷军又一次面临着市场上像素级的拷问，尤其是在上市之后，小米股价在短暂上升之后进入了下行通道。而雷军在上市晚宴上情之所至脱口而出的那句“让所有的投资者至少赚一倍”的豪言壮语，再次成为极具争议性的话题。

2018 年 12 月，华为首席财务官、华为创始人任正非之女孟晚舟在加拿大温哥华被捕。中美贸易摩擦的不确定性在那一刻加剧了，几乎所有人都确信，中美关系将发生根本性的变化。美团董事长王兴对此预言道：“2019 可能会是过去 10 年最差的一年，但却是未来 10 年最好的一年。”

几乎所有的创业者都确信，一个漫长的经济寒冬即将到来。

而正处在一系列转折过程中的小米，不可避免地处在竞争最激烈行业的最中心。

2019 年 1 月 2 日，雷军的一条微博引发了互联网上的热议，一个流传了大半个月的传言最终被证实——金立集团前总裁卢伟冰加盟了小米公司。普通公众对此的解读大多停留在高管空降的层面。而对于手机行业的资深人士来说，这一刻颇让人有“敢教日月换新天”的感慨。七年前，卢伟冰和雷军相识于深圳欢乐海岸的手机局，那时候雷军创立的小米还是手机行业里一个横空出世的“新秀”，小米手机 1 和小米手机 2 的成功正让传统的手机品牌开始感觉到惊讶和新奇。而今天，那个局里所有企业和企业家的命运都已经被时空改写。在那一次相聚的企业里，只有小米、OPPO 和传音三家公司依然存在，其他的企业，离场的方式各有不同，但最令人惊奇的，还是 2018 年年末，金立公司的“非正常死亡”。

经历了市场上消费电子产品最激烈竞争的金立公司，在 2017 年之后，出货量出现断崖式下跌，逐渐被归类到“其他厂商”的行列，而此前一直在互联网上流传的传言被最终证实——金立资金链断裂是董事长刘立荣参与赌博导致的。后来，刘立荣公开向媒体承认，自己在塞班岛参与赌博，“借用”了公司的巨额资金。

可以说，金立的消亡，如同一颗深水炸弹一般，在产业界激起层层浪花。

此时，金立前总裁卢伟冰创立的诚壹科技已经成立一年多了，这是一家专注于海外市场的硬件公司。在自己创业的这一年多时间里，卢伟冰终于体会到作为创业者的最深刻的痛苦，“最艰难时，我时常会在凌晨三四点钟惊醒。”他说。

雷军想邀请卢伟冰加盟小米的想法早在 2014 年就萌生了，而最终打动卢伟冰的却是两个人在 2018 年 8 月 31 日深夜的一次长谈。当时，雷军在常州出差，他拉着卢伟冰在下榻的酒店大堂聊到凌晨三点。对于诚壹科技面临的困境，雷军以一个朋友的身份直言不讳地对卢伟冰说：“我觉得你不应该在一个错误的方向上继续浪费时间了，还是加入小米吧。你的公司，我来收购。”

在小米的历史上，为了一个人而直接收购一家公司的事情，已经发生过三次了。第一次是收购多看阅读，王川成为小米公司的联合创始人；第二次是收购瓦力科技，尚进成为小米互娱的总经理；第三次是收购 RIGO Design 工作室，朱印成为 MIUI 和手机工业设计部的负责人。总体来说，这代表了雷军对于人才的一种思路——如果看中了，就不惜一切代价。那晚之后，小米负责了诚壹科技所有的解散事宜，这相当于一次变相收购，而卢伟冰也正式加盟小米。

卢伟冰直到 2019 年 1 月 2 日来到小米报道的那一天，都不知道自己的具体工作职责是什么。他其实一直希望能够回到技术和研发的行列。到了 2019 年 1 月 2 日晚上，雷军才告诉他在小米公司未来的职责和定位，出乎意料的是，他将负责一个全新的品牌的操盘和打造，而这个品牌，就是从小米独立出来的 Redmi（红米）。

这个战略部署对于小米来说是至关重要的一步。实际上，2018 年，全球手机行业已经陷入集体萎缩状态，全球手机出货量下降了 4.4%。一方面，由于 5G 时代已经临近，消费者开始对手机市场持观望态度，这拉长了换机周期。另一方面，手机行业的竞争日益残酷，三星基本退出了中国市场，一线军团中国际品牌只剩下苹果一家，国产手机仅有华为、小米、OPPO 和

vivo 四家，这五家共同占据了中国 90% 以上的市场份额。对于最终进入决赛圈的四家国内厂商来说，已经到了刺刀见红的阶段，而小米的形势不容乐观。

2018 年第四季度，小米以 10% 的市场份额险居中国第五大智能手机品牌。然而，2017 年第四季度它的排名还是第四,一年间小米的市场份额跌去了 3.49%。而小米此次市场份额下降的原因，再次让管理层陷入了深刻的自省当中。

2018 年，OPPO、vivo 率先推出弹出式全面屏和屏下指纹的解决方案。这让小米在当年 10 月 16 日发布的 MIX 旗舰手机失去了石破天惊的优势。而小米MIX 3 采用的滑盖式全面屏的解决方案，市场表现也比较一般。这说明，当时小米的创新还不具有稳定性。

这一年在渠道策略上，小米也出现了重大失误。2018 年上任的销售运营主管在线下采取了极为激进的进攻策略，对线下市场进行了疯狂扩张。一方面，小米向经销商大举压货，让经销商在前三季度承担了巨大的销售压力，而流转不畅的恶果终于在第四季度显现出来。另一方面，小米之家的扩张速度也明显加快。在这个过程中，商圈、人口流速等标准一度被降低。这样一来，小米之家追求效率的运营模式未能被忠实执行。而“小米小店”这个让下沉市场的卖家直接向小米进货的直供模式，也被证明在当前的管理和运营能力之下并不能达到理想的效果。

经过一系列战略思考，小米创始人一致认为，小米和 Redmi 品牌进行拆分已经到了刻不容缓的时候。这样做的总体思路就是让 Redmi 继续承担极致性价比的使命，直接对标那些像素级模仿小米、以性价比为目标的品牌。而小米则再次创业，摆脱价格的束缚，走极致体验和探索黑科技的道路。表面上，新创的品牌是 Redmi，但在内在逻辑里，获得新生的则是小米。

这里其实包含一个普通公众很难深入了解的商战逻辑，在 2011 年到 2014 年小米品牌上升势头最猛的时候，竞争对手通过对标小米品牌的方式侧面帮助小米进行了定位，现在让 Redmi 与竞争对手重新对齐，可以让小米这个品牌从缠绕中解放出来，获得自己真正的成长空间。

2019年，国内外通信行业“洗牌之战”的5G大幕徐徐拉开。面对技术升级下的增量市场比拼，媒体评论：这是一场Redmi的“独立战争”。

卢伟冰虽然对自己将被交付的任务的难度早有准备，但听到自己的工作职责之后，还是感觉责任重大，压力也非比寻常。但是，他没有表示出任何迟疑。他说：“自己在创过一次业之后已经明白，其实所有的老板都希望自己的干将指哪打哪，毫无怨言。”对于小米公司来说，他的岗位几乎是小米内部最重要的岗位之一。

这一天，“卢伟冰”三个字作为关键词第一次被百度指数收录。

事实证明，这个名字在接下来的一年时间里，在手机这个江湖上异常活跃。用卢伟冰自己的话来说，他是一个在技术、产品、供应链、销售、市场这五个环节都亲自挽起裤腿干过的人，并且摔过很多跟头，如果一个品牌操盘手之前没有这样的摸爬滚打并且交过10亿元以上的学费，是不可能真正了解这个市场的复杂度的。他说：“我就是那个被经验教训喂出来的操盘手。”

卢伟冰扛起Redmi的大旗，而且很快就在小米这片战场上找到了专业选手的感觉。这是小米公司历史上第一次将品牌决策权交到一个人手上——雷军赋予了卢伟冰这一大权。从Redmi Note 8开始，卢伟冰一次又一次地帮助Redmi梳理未来的产品线，定下了未来产品的基石。

很多时候，在操盘的层面，卢伟冰依靠的是多年对市场的经验和判断。比如通过上游供应链的一些蛛丝马迹，他就能预知市场的变化。这些经验也增强了公司对新技术判断的完整性和准确性，从而纠正了之前Redmi产品规划上连续性和稳定性不足的问题。这种惟手熟尔的自信，给公司内部带来了巨大的信心。而卢伟冰这个本来在业界比较模糊的形象，到了小米之后也风格突变。媒体人士评论：卢伟冰已经化身为社交网络达人，其风格也变得很“小米”。他敢于冲上一线直面各种争议，并把各种互联网元素运用到了炉火纯青的程度。人们形容他好斗，能折腾，进入角色就会“张牙舞爪”。

很有代表性的一个例子是，卢伟冰向网友科普充电效率，接连指出竞品的充电功率常年只有10瓦，网友因此给他冠以“卢十瓦”之名，并且调侃发明了“1卢=10瓦”的计量单位。在发布会上，卢伟冰欣然笑纳这一外号，并频频制造话题，赢得了很多人的好感。

在讲解Redmi K20 Pro前置拍照广角无缝拼接功能时，场下观众问小米9有没有这个功能，卢伟冰回答说“这个要问雷总”，他调侃小米是Redmi的“友商”——“希望友商尽快跟上”。而雷军则在自己的社交媒体上表示：“Redmi K20 Pro支持全景自拍，自拍角度扩大一倍，团队合影特别方便。”卢伟冰则在转发这条微博时称：欢迎友商抓紧跟进。

在这样的一问一答中，两人引发了人们对一个公司两个独立品牌的好奇；也是在这样的对话中，公众感受到“小米”与“Redmi”两个品牌相互区隔的决心。

在一整年的时间里，人们看到Redmi的产品接连不断地发布，Redmi的品牌目标也越来越清晰——极致性价比和高品质一个都不能少。因此Redmi不只要做千元机，还要做高端旗舰甚至任何高品质和极致性价比的产品。Redmi品牌的产品线要比以前清晰许多，三大系列分别是旗舰的K系列、中端的Note系列，以及入门级的数字系列。其中K系列覆盖2000~3000元档位，Redmi Note覆盖1000~2000元的售价范围，数字系列则在千元以下。

独立运营不到一年，Redmi不负众望。Redmi Note 7全球销量11个月达2600万部，后续的Redmi Note 7 Pro用时3个月全球销量达到1000万部。Redmi K20系列的推出，帮助Redmi完成了从入门级到高端的全线产品布局。随后，一系列Redmi生态链产品，比如Redmi电视和小爱音箱Play，以及路由器AC2100也陆续登场。

在人们看到的一次又一次裹挟着段子和诙谐元素的产品发布背后，其实包含着一些严肃的战略思考。卢伟冰的操盘策略中最重要的一条原则就是——下游之战要在上游解决。他认为，手机的上游才是一场“人们看不到的战争”，也是手机竞争的主战场，因此在手机做完之前，就要取得战争的胜利。在具体的战略执行中，卢伟冰把这一思维运用到了极致。

在规划 Redmi Note 8 Pro 时，卢伟冰提出，这款手机要改变以前一直采用高通处理器的惯例，让 Redmi 首次尝试使用联发科 MTK 的 G90T 处理器。这个决定最初遭到小米全球销售团队的反对。大家普遍认为，MTK 的处理器不好卖，一旦采用就会影响 Redmi 的销售。而卢伟冰认为，采用 G90T 势在必行，一方面，从几个供应商相互制衡的角度来说，同时和两个以上的供应商合作更加符合成本优势。另一方面，在中美存在贸易摩擦潜在风险的宏观环境下，从战略安全角度考虑，采用不同地区的处理器其实是一种更合理的策略。最后，MTK 的处理器性能不错，只是市场营销能力不足，卢伟冰坚信，只要做好市场推广，消费者是可以认识到它的产品力的。

在和雷军沟通并取得高度共识之后，卢伟冰顶着压力在公司内部宣布：Redmi Note 8 Pro 将采用联发科 MTK G90T 芯片。之后，在 Redmi 手机的预热和营销过程中，卢伟冰作为新生代的科技网红，不遗余力地掀起了芯片科普和讨论狂潮。他连续发出微博，解释 Redmi 这次采用联发科芯片的原因：

> 现在的手机用户大多数是比较年轻的，而且这些用户有一个共同的爱好，就是玩游戏。虽然现在市面上确实有一些专门用来玩游戏的电竞手机，但是价格普遍在 3000 元以上，所以 Redmi 想要打造一款千元价位的游戏手机。
>
> 不少用户在我微博底下评论 12nm，担心 G90T 的功耗和发热问题。的确，经过我们的实测，12nm 处理器在功耗方面有 10% 左右的差距，为了解决这个问题，Redmi Note 8 Pro 配备了 4500mAh 的大电池和液冷散热双重保障。
>
> Redmi Note 8 Pro 安兔兔最新 v8 版本综合跑分 283333，可以说远超目前友商 3000 元手机上还在用的骁龙 710，比友商 810 也只是差一丢丢，可以说是旗鼓相当，一个等级。

卢伟冰制造的话题取得的成效，很好地阐释了一款科技产品诞生之前互联网预热的重要作用：互联网的民主性可以将产品性能透明地展示给民众，让大家自己做出判断。

可以说，正是由于这种互联网精神的极致发挥，人们逐渐认识到这款芯片的定位和真实能力。而这款在内部备受争议的产品最终获得了成功。从2019年8月29日Redmi Note 8系列发货以来，它的全球出货量已经超过1400万部。“这种成功是全球性的。”卢伟冰说。

面对竞争更加白热化的5G时代，卢伟冰部署了Redmi K30这样的产品来迎接激烈的挑战。这款手机1999元的价格给了网友们一个巨大的惊喜——当众多5G手机还处在3000元这样的价位时，雷军设计的超前商业模式，又给了市场重重的一击。在Redmi K30发布会上，产品代言人王一博跳的“流速舞”，让在场观众热血沸腾。大家仿佛又一次回到2011年8月16日小米手机1诞生的那一天。

这个场景似乎也预示5G时代的竞争真正拉开了帷幕。2020年，对于所有手机厂商来讲，都是决胜之年。

而对于卢伟冰来说，加入小米这样的创业队伍，使他在创业之外找到了一种超越世俗的力量，还有在自己的阵地全情出击的刺激感。人们也非常好奇，在这一年里，究竟是什么魔力迅速地改变了卢伟冰，让他迸发出职业生涯里与以往全然不同的力量。

在总结自己这一年的小米生涯时，卢伟冰说：

> 小米是一家简单的公司，这种简单让我比较喜欢。以前的公司太复杂了，复杂到作为二股东二老板有很多事情都无法解决。而小米的商业模式是超前的。在几年的拼杀过程中，你可以知道它有非常强劲的东西，也有相当薄弱的环节。现在把薄弱的环节补齐，很多价值很快就被放大出来。目前的我，特别享受这个工作。

格力赌约

和 Redmi 手机大放异彩不同，很多人注意到，小米手机这一年发布的产品并不多。很多人并不知道，小米品牌砍掉一些旗舰产品，实际是为了在 4G 时代和 5G 时代的切换过渡中做充足的准备。作为经历过产业周期的几次更迭，也经历过手机制式两次更替的创业老兵，雷军知道，从 4G 转向 5G 的过渡期无疑是一个巨大的机遇。有权威机构预测，2020 年，全球 5G 智能手机市场规模将超过 2 亿部，是前一年的 20 倍以上。在这种过渡期，产品战略将直接影响即将到来的增量市场的比拼，而这也是对各大厂商综合能力的考验。

2019 年，小米在国内发布了两款 5G 智能终端，分别是小米 9 Pro 5G 和 Redmi K30 5G，另外，小米 MIX 3 的 5G 版本在西欧发售。小米 9 Pro 5G 采用水滴屏的设计方案，搭载高通骁龙 855 Plus 处理器，并通过外挂骁龙 X50 基带支持 5G 网络。它搭配 40W 功率的超级快充，还支持 10W 的无线反向快充，发售价格为 3799 元，比同期的 5G 手机价格更有竞争力。

在内部决策上，雷军、林斌和卢伟冰都逐渐意识到在 5G 的双模时代来临之前采取战略收缩的必要性。在研究了政策和电信运营商的 5G 网络建设进度后，小米内部普遍认为，手机要最好地体现 5G 性能，就需要依靠独立组建的 5G 网络（SA），而不是基于 4G 核心网的非独立组网产品（NSA）。而运营商正式大规模投入建设独立组网的 5G 网络的时间也是在 2020 年。在这个过程完成之前，小米的产品发布节奏需要控制和调整，这就需要砍掉过渡性的产品，直接部署支持独立组网和非独立组网的产品。

在这种情况下，众人期待的一批高端旗舰产品的发布也被刻意延后。卢伟冰在回忆这个决定时说："我们认为，用过渡性的技术来支撑一款旗舰产品是有风险的。从产品周期的角度考虑，跳过单模 5G，直接研发双模 5G，更符合小米的产品战略。"

事实证明，这个预判是准确的。2019 年 9 月 20 日，工信部部长苗圩在国新办发布会上表示，自 2020 年 1 月 1 日起，申请进网的 5G 终端，原则上应该支持独立组网和非独立组网，也就是大家所说的“双模 5G”。小米砍掉 MIX 4 的决定，让这款未出世的产品避免了“短命”的命运。

此时，并不为外人所知的是，在小米内部，一个代号为 J1 的重磅项目已经在 2019 年 2 月正式立项。这个项目不同于以往的是，除了采用双模 5G 技术、高通最新的骁龙 865 芯片外，研发工程师在相机模组、内存、Wi-Fi、屏幕、对称式立体声等各个维度上都采用了市场上最为先进的技术，它将是一部集合了小米 10 年研发力量的“梦幻之作”，而这样一个产品，定价也将冲破小米以往的束缚和羁绊，在 4000~6000 元这个价格区间上。它将是小米公司 10 周年到来之际，一部代表其自我突破精神的产品。它展示出来的小米对屹立于高端市场的野心不言而喻。

随着 5G 元年的到来，中国线下零售渠道的变化初现端倪。全国范围内，通信一条街、手机大卖场式的业态正在消亡。随着中国城市化的推进，居民消费地点越来越转向购物中心这样的场所，而小米已经在这条战线上耕耘了四年。要在购物中心建设品牌店，单一手机产品无法承载，而小米琳琅满目的生态链产品就成了优势。另外，随着 5G 时代来临，运营商的补贴政策将进一步扩大到 AIoT 产品，而这正是小米的长板，可以说，小米的战略前瞻得到了回报。

小米在 2019 年采取的另一个战略收缩决定，与小米放缓高端产品的发布相辅相成，那就是加速 4G 产品的出货流速。2019 年的“双十一”人们没有看到小米像往年那样在“双十一”战场上进行大火猛攻，雷军在 2019 年 11 月于南宁举办的核心供应商大会上，回答了这个问题：“很多人问我，今年小米为什么不猛了，因为我家没库存，猛个啥？”这段视频后来也在网络上被广泛流传。到 2019 年 11 月，小米 4G 手机产品已经逐渐清库，收拢现金成为小米工作的重心。

从 2019 年 1 月到 11 月，在这个几乎贯穿了一年的时间线内，小米的库存策略也因为 5G 时代的到来而发生了重要改变。不囤货、不过度生产、保持正常的流速，成为这家公司的主旋律。而这些举动，都在为至关重要的 2020 年铺路。

对于已经有众多生态链产品的小米来说，5G 时代的到来，对小米的手机、IoT 生活消费产品以及互联网服务三大业务都会有重要影响。可以想见的是，随着数据传输速度的骤然加快，各种设备将不再受限于网速，万物互联将不再是一个概念，它将生发出无限的可能性。早在 2019 年年初，手机 +AIoT 的双引擎战略就被确定下来。雷军判断，有了 5G 的助力，小米的 AIoT 会插上翅膀。这将对小米商业战略的闭环起到重要的助推作用。

为了实现这一系列战略调整，小米公司的组织架构在这一年也发生了几乎让人应接不暇的变化。上市后，小米改组电视部、生态链部、MIUI 部和互娱部为十几个一级部门，业务部门陡然增多。而之前的一些组织结构调整也成效显著，比如，金凡担任互联网一部的总经理之后，其部门的职能已经和负责 MIUI 商业化的部门完全分开。作为负责 MIUI 体验的部门，金凡专门成立了广告整治小组，把去除低俗广告放在了工作首位。而他最大的勇气是，设计开发了 MIUI 一键关闭广告系统的功能，把自主权完全交给了用户。这在互联网商业史上也是一次令人不可思议的决定。雷军对这位年轻人的“壮举”颇为感慨：“非常伟大，尤其在 2019 年我们业绩压力如此之大的情况下，这种做法勇气可嘉。”后来，这个行动被内部命名为“摘帽行动”——金凡带领团队做了一系列“外科手术”，最终帮助 MIUI 去掉了“ADUI”的绰号。可以说，类似这样的组织结构调整，把像金凡这样的年轻人的斗志充分调动了起来，也发挥出了他们的优势。金凡曾在谷歌工作多年，在他眼里，能够赢利的互联网公司，才是成熟的互联网公司。谷歌就是一个典型的代表，它在赢利的同时，也保持了人格上的独立和对价值观的坚守。

2019 年，为了配合自身的战略版图，小米公司更大的组织结构调整仍在不停地进行。小米在集团层面成立了三大委员会，分别是质量委员会、技术委员会和采购委员会，这使小米完成了三部三委的组织结构建设。如果说，集团的组织部、参谋部和财务部的职责是直接管理小米总经理层面的干部，三大委员会则在小米关键的质量、技术和采购三个层面对各个部门实现纵向把关，以保证小米死守质量关，挖掘行业核心技术，不断优化采购的竞争力。

2019年小米公司组织架构调整的另一大重点是强化中国区。2019年5月，面对手机大盘下滑，雷军亲自出任中国区总裁，把控中国区的战略调整。另外，随着线下成为未来几年小米将重点建设的渠道，小米将拿出50亿元资金追加渠道建设。

在看似漫长又寒冷的2019年，很多公众并不能解读出小米战略收缩和频繁调整组织架构的内涵，而随着中美贸易摩擦的阴云愈发浓重，年轻人周受资终于开始面对那个他并不想面对的情况——人们对于小米股价的质疑。

早在上市之前，周受资和阿里巴巴联合创始人蔡崇信就有过一次交流，蔡崇信告诉他："你一定要有短期内股价低于发行价的承受能力。"事实上，阿里在美股上市后，股价也一度破发。但在股价变化前后，阿里没有发生任何重大变故，所有的变化都来自市场的波动。但是，几年之后，阿里巴巴的估值一路攀升，最终到达4000亿美元的高点。

尽管有"前辈"的告诫，小米的股价波动还是出乎周受资的预期。虽然小米的业绩一直在稳健增长，但是针对小米的空头势力依然大得惊人。对于小米的市值是否被低估的问题，市场产生了严重的分歧。当然，在小米内部，大家普遍认为，小米已经被严重低估。

在这段时间里，小米董事会几次做出回购股票的决议。而最重要的工作——鼓舞士气、重燃信心，则由创始人雷军担负起来。在千人干部大会上，雷军告诉大家：在公司价值被严重低估的情况下，小米的未来没有捷径，技术立业，苦练内功，是小米唯一的出路。雷军还用自己多年创业的经历现身说法，讲述了他对股价的看法：他接手金山时，是金山最为困难的时候，金山股价仅为每股2.7港元，而经过一系列改革，金山拿到了移动互联网的船票，最终成功实现逆转。雷军用自己的实例证明，股价的波动只是短期的。对小米的观察，要放在更长的时间里，细细品读。

一些媒体人士也观察到雷军这几乎没有休息日的一年——推行"手机＋AIoT"战略，推动手机、IoT、互联网三大主业平衡，落实小米与Redmi两个品牌的独立运营，调整公司组织架构，雷军几乎马不停蹄，人们再次把他称为科技圈的“劳模”。但是知情人明白，所有这一切的调整，是一个相当大的工程，雷军的长征还没有结束。

2019 年，雷军和董明珠 5 年前在央视的赌约终于要揭晓答案了。一种莫名兴奋的情绪在互联网上蔓延。这场赌约最大的看点在于，这是一场关于传统制造业和互联网行业之间的竞赛，这是一份关于“未来”和“趋势”的最好答卷。

2013 年，这两家公司的营收起点差距很大，格力营收约 1200 亿元，小米营收只有 265.8 亿元，仅仅相当于前者的零头。但是从 2018 年年底的数据看，两者的业绩已经没有巨大的悬殊，因此人们只能依靠两家公司披露的财报得出准确的结果。一些人在等待结果时说“胜负只在一线间”，让人们对这场赌约的结果更加充满好奇。

有趣的是，每年都有“好事者”根据数据预测两家的胜率。比如 2015 年、2016 年，小米营收分别相当于格力的 68% 和 63%，赶超的希望看似比较渺茫。然而到了 2017 年，小米突然发力，营收达到 1146.2 亿元，已经相当于格力的 77%。2018 年上半年，小米、格力营收分别为 796.5 亿元和 909.8 亿元，小米已追至格力的 88%。但是由于两家公司 2018 年上半年营收增速分别为 75.4% 和 31.5%，因此，到了 2018 年年底，最终的胜负反而不能一眼可见了。

在小米野蛮生长的增速下，人们都在观望两家企业谁会是最终的撞线者。当然，也有人说，这样的赌约其实很考验格力的“财技”。

终于，答案在 2019 年的春夏之交揭晓。2019 年 3 月 19 日，小米集团正式公布 2018 年度财报，集团 2018 年全年营收为 1749 亿元，同比增长 52.6%，调整后净利润 86 亿元，同比增长 59.5%。其中智能手机总收入占比 65%，共计 1138 亿元。在 3 月 20 日小米的业绩发布会上，“赌约”的话题再次被记者们问及，而雷军则笑着作答：“我一直在等格力正式的财报。”

此前，格力电器 2018 年度业绩预告显示，格力在报告期内预计实现营业总收入 2000 亿 ~2010 亿元。

终于，格力2018年财报于2019年4月28日发布。与预计的2000亿差不多，格力电器2018年营收最终为1981.23亿元，同比增长33.61%，净利润262亿元，同比增长16.97%。至此，雷军与董明珠的“10亿赌约”正式揭晓，格力总营收超过小米232亿元，董明珠赢下了此次“赌约”。

虽然结果已经很明确，但是产业的深入观察者在对两家公司的商业模式进行全面剖析后指出，尽管小米在营业额上与格力仍有距离，但格力在近5年间电器销售以空调为主，2018年，格力电器空调业务营收规模达到1556.82亿元，占总营业额的78.58%，而小家电等生活电器占比仅为1.91%，智能装备的营收占比只有1.57%。

而小米作为新物种，它的生态布局正慢慢完成闭环。从2015年到2018年的4年中，IoT与生活消费产品分别贡献了小米总收入的13.0%、18.1%、20.5%、25.1%，呈现出清晰的逐年递增态势，说明小米已构建出属于自己的市场生态体系。小米拥有全球最大的消费级IoT平台，有着在未来不输于格力的可能性。另外，小米的互联网基因也在不断地凸显：2018年，小米的互联网收入为160亿元，同比增长61.2%，爆发出迅猛的增长态势。而且，小米也最终进入了格力的“领地”——白色家电，并逐步推出空调和电冰箱等产品。人们通过反复、深入的比对，挖掘出了小米这个新物种的特征和优势。可以说，更加多元的布局和更完整的战略，让小米的未来空间更为广阔。因此，从营收增速和净利润增速角度来看，并不能说小米处在落后的位置。

在各种数字解读中，人们充分认可了小米模式的先进性。

在长达5年的竞赛中，格力和小米两家企业在媒体上共同制造出一个又一个话题，赢得了空前的关注，因此可以说这个过程其实没有输家。而整场“赌约”的真正赢家其实是广大的中国消费者。在小米创业的这几年，高端手机的降价与山寨手机的消失渐次发生，而格力也在空调的核心技术上不断进步。与其说“10亿赌约”是一个玩笑，倒不如说是人们对两家企业的勉励，希望小米与格力能带给人们更好的科技生活。从这样的赌约当中，人们也可以更直观地目睹中国制造业和国力的崛起。

在 2019 年的一次会议上，有人问雷军：“有没有想过和董明珠再赌 5 年？你觉得 5 年之后，你的胜算是否很大？”雷军笑而不答。而在私下的场合，当有人提出这个问题时，雷军则表现出了绝对的自信，他说：“下个 5 年，我想应该没有悬念了。”①

改变中国制造业

2017 年年底的一天，一个叫王晓波的中年人来到小米五彩城的一间办公室里等待小米创始人雷军的到来。此时他还是一家叫作亦庄国投的国有企业的总经理，这次可以算是他人生中的第一次面试。在国企工作了多年的他并不清楚互联网公司的穿衣风格是什么，因此那天他破天荒地穿了一套深蓝色的西服。身材高大的他一路穿行，一直到走过小米工程师的工位，他才感觉到，自己的着装在这样的氛围中，多少显得有些奇怪。

雷军走进自己的办公室，为迟到了半个小时而诚恳道歉。他给王晓波介绍了自己参加的上一个会的具体内容，并解释了一下自己迟到的原因。这让略微有些拘谨的王晓波一下子放松了下来。在他眼里，这不太像是一次面试，而更像是一次深入的探讨和交流。雷军为王晓波详细地介绍了小米公司铁人三项的商业模式和成立 7 年以来的重大事件，并提出了一个让王晓波印象深刻的概念：中国制造业的黄金 10 年。

如果说，雷军从创业之初始终抱有改变制造业的梦想，那么创业几年之后，一些目标已经陆续达成。雷军认为，小米改造制造业的梦想，此时已经到了从 1.0 版本上升到 2.0 版本的时候。这个 2.0 版本，就是向中国制造业的上游拓展。这也是小米达到一万亿营收的基石——深度参与中国的制造业。

---

① 2020 年 4 月 15 日，格力电器公布了 2019 年业绩快报，其年度总营收为 2005.08 亿元人民币，同比增长 0.24%。在 4 月初，小米公布了 2019 年财报，总营收为 2058 亿元人民币。在众所周知的“十亿赌约”结束之后，小米仅用了一年便超过了格力。

在内部讨论时，雷军说："我们可不可以通过产业投资的方式，真正参与制造业上游的研发？这样不但对上游制造业有真正的贡献，也可以和小米众多下游生态链公司有一定的互动协同。"

和在2010年敏锐地捕捉到移动互联网的机会一样，雷军从2017年就开始聚焦中国制造业发展的未来。雷军的战略视点和整体宏观环境密不可分。近些年来，美国一直在大张旗鼓地搞"制造业回归"，希望改写当前全球制造业的格局。而老牌工业制造强国德国，更是提出"工业4.0"战略，提出以互联网和大数据为手段、以知识为核心的智能智造。毫无疑问，制造业是国家综合国力的体现，也是决定民众生活质量的重要条件。

当人们还在津津乐道小米的铁人三项模式并见证诸多小米生态链公司的崛起时，雷军的视野已经投向更长远的未来。在他心中，深度参与中国制造业的战略已经清晰地勾勒出来，和当初制定进军移动互联网的思路一样，既然看到了前景，雷军就要马上付诸行动。和王晓波的交谈，正是践行这个野心和梦想的一部分——他需要一个懂投资的管理合伙人，来帮助他观察制造产业并落地执行。在和王晓波交谈之前，他已经将明星分析师孙昌旭和潘九堂拉入小米的舰队，制造业项目的考察和研究已经开始。而建立一只产业基金的想法已经得到湖北省政府的支持，湖北省政府承诺，将作为国有背景对基金进行部分出资。王晓波面试的职位——新的产业基金管理合伙人，将会帮助小米进行下一步的资金募集和基金运营管理。

在那一天两个小时的会面里，王晓波从雷军眉飞色舞的讲话中，充分了解了小米如何参与中国制造的1.0版本，也了解了雷军钟情于改变制造业的原因。其实，从读到《硅谷之火》开始，雷军从18岁到今天所做的事情，基本上一脉相承。

小米参与中国制造业变革的步骤非常清晰。第一步，小米和竞争对手们通过制造手机，与大量的行业制造商深度沟通交流，在和供应商长达7年的磨合中，行业的工艺水平和工厂的制造能力得到整体提升。以2013年小米公司推出的Redmi（红米）手机为例，它给当时泛滥的山寨手机市场致命一击，大量做山寨手机的企业被迫转型。与此同时，一大批正规的国产手机供应商成长起来。在日益激烈的竞争中，国产手机供应链不断优化自己的制造能力，逐渐完成了对日韩企业的反超。

2011 年加入小米手机部的工程师郭峰，早期几乎每个月都要到日本谈判，因为当时在中国做手机，不论是采购屏幕还是相机模组，都依赖于日本厂商。而到 2019 年，小米在南宁召开供应商大会时，郭峰面对满场的中国供应链公司猛然意识到，自己已经有好长一段时间没有去日本了。在屏幕领域，中国出现了以京东方、维信诺、深圳天马、华星光电为代表的四大天王企业，而在相机模组方面，本土的欧菲光、舜宇也已经全面崛起。

小米手机在追求不断创新的同时，不但给供应链提供了大量的订单，也用创新促进了供应链的技术进步。比如 2016 年横空出世的小米 MIX 手机，不但开创了手机的全面屏时代，也把一些技术创新演变成为行业趋势，这让整个供应链都因趋势所需而提升了自己的制造能力。比如，MIX 手机要实现屏占比最大化，必须实现相机模组的小型化，小米工程师第一次在 4.5 毫米 × 5.5 毫米的面积上做到了 500 万像素。今天，相机模组的小型化已经成为整个行业的惯例。而 MIX 手机采用的陶瓷学名叫氧化锆陶瓷，此前仅被用于补牙等医疗领域，通过小米与生产商潮州三环的合作，氧化锆陶瓷开始在工业领域大规模应用。

如果说用手机带动制造业是小米参与中国制造的第一阶段，那么小米 + 顺为的投资思路，以及由此打造的诸多小米生态链企业，则是用鲇鱼的方式，促进了中国相关制造业的进步。小米通过对产品的重新定义和设计，提升了中国产品的品质，让生产制造商逐渐提升了生产工艺。

沿着移动电源、空气净化器、插线板诞生的逻辑，小米每进入一个行业，都试图以最好的品质和价格组合给这个市场带来冲击。这种追求极致的风格，也在生态链公司里形成了一种“MI-Look（米家风）”。2016 年诞生的另一个经典产品——米家压力 IH 电饭煲，设计生产它的生态链企业纯米为了制造出中国最好的电饭煲，请来了压力 IH 电饭煲的发明人内藤毅做顾问。为了蒸出口感最好的米饭，纯米在研发过程中消耗掉了几吨大米。

在小米的带动下，国产小家电在短短几年里取得了长足进步。可以说，中国消费者不远万里前往日本购买电饭煲、马桶盖的情况，得以改变。到2020年初，米家电饭煲甚至反向进入日本市场，实现了内藤毅4年前的愿望。雷军指出，到2017年，小米“用5年时间投资100家生态链企业，影响100个传统行业”的目标已经提前达成。

在让智能设备相互连接的过程中，小米还顺势而为扶植起了一些国有制造业企业，比如芯原微电子和乐鑫科技。当雷军对高自光提出将IoT模组的价格降到10元以下的要求时，高自光带领团队在国内各个城市寻找芯片公司，而这两家企业就是这样被发现的。

芯原微电子和乐鑫科技是两家拥有较强科技实力的公司，但是当时它们却无法融入中国制造业崛起的大潮。这是因为传统的家电企业缺乏对芯片行业的了解，只能根据品牌知名度来进行选择。出于安全考虑，它们宁可使用较贵的国际品牌芯片，也不敢冒险选择小品牌创业公司的优质产品。

当高自光找到乐鑫科技时，他发现这家企业的芯片技术实力并不弱，而且公司已经达到每年产出1000万片芯片的产能。但令人不可思议的是，乐鑫当时在国内毫无市场，产品只供给小厂或者出口日本。

高自光立刻意识到，乐鑫科技对于小米有巨大的潜在价值。小米工程师拥有敏锐的技术判断能力，同时对于价格又非常敏感，如果乐鑫的芯片可以用于小米的IoT模组，将大幅度降低模组的成本，这对小米的物联网策略将有很大的促进作用。一番交谈之后，双方一拍即合。乐鑫成了小米的物联网芯片供应商，自此，小米IoT模组的成本逐年下降。而对于乐鑫科技这样的企业来说，小米则起到了品牌背书的作用。当乐鑫的产品在小米完成大规模验证和应用后，前来寻求合作的企业络绎不绝，他们对乐鑫芯片的成熟度和可靠度深信不疑。从此，乐鑫科技进入发展的快车道。

双方合作之后，小米预见到物联网芯片的广阔前景，随即对乐鑫进行了战略投资。

可以说，这样的案例，给小米进入上游制造业提供了无限的灵感。

在与雷军做了全面的交流之后，王晓波义无反顾地离开了服务近30年的国企，成为湖北小米长江产业基金的管理合伙人。那一天，他用很短的时间就消化了和雷军交谈的内容，他知道，小米接下来将准备做一类更慢的投资——对中国的上游制造企业进行投资，而这种投资，将不期待短期的财务回报，而是用10年以上的耐心陪伴制造企业成长。这就是小米投资的2.0版本的实质，这一切充满了想象力。

2018年9月，湖北小米长江产业基金正式成立，募集资金120亿元，是当时中国民营企业产业基金中规模最大的一只。王晓波在资本的寒冬中，帮助小米完成了艰巨的募资任务。长江产业基金成立后，雷军选定了四大核心领域进行投资，分别是先进制造、智能制造、工业机器人和无人工厂。其中又细分出显示、触控、摄像、材料、基带、电源管理、MCU、集成电路等赛道。从投资节奏上看，从2019年开始，小米平均每个月会宣布一项投资，而2020年前两个月，小米已经宣布了10项投资。

目前，该基金所做的投资多半集中在集成电路，也就是芯片上。根据产业基金投资合伙人孙昌旭的说法，目前小米投资的这十几家芯片大多是纯设计的Fabless（芯片设计公司）企业。投资这类企业的意义是，小米将在这个赛道上更多地汇集一流的选手到供应链和生态的大旗之下，这些公司可以帮助小米以及生态链企业进行芯片定制，小米只要定义芯片的核心功能，这些公司就可以帮助实现。这对小米的上游竞争力的提高不言而喻。在这些被投企业里，芯原微电子就是一个重要代表。

“中国芯片企业在国产替代方面的空间巨大，现在能找到的公司就有1000多家，对于优质的标的，我们正在密切跟进。”孙昌旭说。

小米是以坐10年冷板凳的心态投入制造业上游的投资的，正如雷军所说的，这些行业回报周期很长，与资本天生喜欢快钱的调性不符。因此基金没有任何短期赢利的要求。小米带给这些企业的，也绝非短期的订单生意，而是从终端和未来的角度出发，对被投企业的未来发展提供建议和指引方向。

在投资这些企业时，小米总是会问两个问题，第一是5年之后你能做成什么样子？第二是小米如何可以帮到你？实际上，小米希望可以和被投企业共同成长，并且帮助被投企业判断未来技术发展的方向。而科创板的出现，竟然让小米的这些投资获得了意想不到的快速回报。

2019年7月22日，科创板正式开市，首批上市的25家公司全线上涨。科创板的开通给创投企业带来巨大的利好，它的推出将为科技企业的高技术、高创新带来更多展示的机会，也为它们快捷募集资金、快速推进科研成果资本化带来便利。

截至2019年12月，已上市和在申报的科创板企业超过180家。在这180家企业中，小米参与持股的企业就有9家，因此，小米也被称为科创板推出后的最大赢家。在这9家企业中，既有小米的生态链企业，如九号智能、石头科技，也有雷军30年前奋斗过的金山办公，而最多的还是小米的上游供应链，如乐鑫科技、晶晨股份、聚辰股份、创鑫激光、芯原微电子、方邦电子。其中，最后三家都是小米在2019年上半年完成投资的。

令人感慨的是，小米布局开始时，这些企业都还没有上市的计划，科创板也没有诞生。有人感叹小米的“幸运”，而雷军却说：“我们不是任何形式的投机主义者，只是命运更青睐有准备的人，仅此而已。”

“有时候快就是慢，慢就是快，这个结果也让我们出乎意料。”雷军说。而纵观小米10年来的发展，一切的一切，其实都和刚开始的小米故事有关——一切的机遇，向来只是留给有准备的人。

最年轻的世界500强

2019年12月16日是雷军的50岁生日。那一天，他告诉助理，在日程表上给他留出两个小时的时间。在这个特殊的日子里，他需要自己安静一会，写一写关于过去一年，甚至过去10年的感受。其实从10年前开始使用智能手机起，雷军就练就了一个本领——用手机打字的速度比用电脑还快。而今天，他决定用纸和笔来书写。这个具有仪式感的行为，是一种让他放空大脑进行思考并展望未来的方式。

创办小米的最初想法，其实是从雷军 40 岁生日那一天开始萌生的。2009 年 12 月 16 日，早已实现财务自由的天使投资人雷军步入不惑之年，他意识到，自己不想就这样“庸庸碌碌”地过完余生，他想做一件以后回想起来一直能为之自豪和激动的事情、一件伟大的事情。而这件事情，在飞跃了时间之海后，就是人们看到的今天的小米。

如今，小米已经成为一个在移动互联网时代有着自己独特故事的公司，人们无数次通过各种消息、报道和“野史”来复盘这家公司令人称奇的成长故事。在移动互联网崛起的时代，绝少有人有勇气尝试从硬件 + 软件切入的逆向思维去创业，或者说，在安德森的免费理论被奉为“圣经”的年代，人们普遍认为，用软件免费获取用户是一个通用的思路。在这个黄金 10 年崛起的诸多中国互联网独角兽公司，如滴滴、美团、今日头条，无不是用这个思路创生的。而从 2010 年小米希望用硬件 + 软件的切入方式获取增值的互联网服务的思路来看，这确实是一个充满风险的“壮举”。它的关键前提是，硬件必须取得首要的成功。而在 10 年前，雷军是一个从未参与过硬件制造的创业者。

就连雷军今天回想起当初的这种尝试时，也惊叹于自己当年的勇气。这样的商业模式，需要有强大的资金输血能力，对团队实力也有非常全面的要求，一眼看去，这是一个堪称鸿篇巨制的战略。可以说，这样的思路其实容错率非常低。就算今天的小米已经成长为一家全球化的公司，并且每年能够创造 2000 多亿元的营业收入，雷军在回忆这段创业之旅时，还会情不自禁地唏嘘感叹：“2011 年年底之前敢投资小米的股东几乎都是疯子，即便是我自己，如果当时有现在对硬件的了解，绝没有勇气开始。”他还用互联网语言半开玩笑地说：“创办小米，全是靠的革命浪漫主义情怀和一种无知无畏的精神，当时的自己，一定是有了梁静茹赠予的‘勇气’。”

10年以来，小米的发展超越了人们的想象。

2019年9月24日举行的一场新品发布活动，可以被视为浓缩了小米9年历史的一个场景。首先值得注意的，是这个新品发布活动的地点——北京海淀区安宁庄路的小米科技园。这是小米公司在“北漂”9年之后购置的新家。从2019年9月开始，小米的一万多名员工分批次搬到了这8座高挺的、拥有银灰色玻璃钢外表结构的建筑群里。这些建筑从上到下全部采用落地玻璃，远远看去，整个科技园拥有一种玲珑剔透的壮观。而巨大的橙色背景的MI字徽标位于建筑的顶部，和银灰色钢铁侠一般的外观形成了鲜明的对比。这个耗资52亿元、可以容纳1.6万个工位的科技园区由全球知名的设计师设计，充满了后现代风格。

此刻，一场极具先锋性的高科技发布会正在地下一层的篮球场举行。来自世界各地的员工，也在各个楼层里忙碌着。可以说，这个动态场景，是今天小米公司实力的直观呈现，也是小米10年成长的一种见证。它让小米人结束了在8个园区来回游走的办公状态，也让一家和世界发生实时联系的公司，最终有了汇聚之地。

就在两个月前的2019年7月23日，《财富》杂志发布了当年全球500强公司的榜单，小米公司首次进入这个榜单并且创造了一项纪录——从开始创业到成为榜单中的一分子，小米只用了9年的时间，成为历史上最年轻的全球500强。

《财富》全球500强名单中的公司营收门槛为1500亿元人民币。2017年，小米的营收已经达到1146亿元，只要保持正常的增速，进入世界500强就没有悬念。2018年，小米的营业收入达到1749亿人民币，净利润达到86亿元，这个成绩让其位列2019年《财富》全球500强名单的第468位。而达到1500亿元营收的门槛，华为用了23年，腾讯用了19年，阿里巴巴用了18年，京东也用了18年。虽然外界质疑小米的成长之路，但是它依然能够在世界范围内取得这样的成绩，不得不说，它创造了一个商业历史上的奇迹。有人这样评论小米：无论小米曾经遭遇过多少质疑，都无法否认其商业价值及其对中国互联网发展的积极促进作用。

另外重要的一点是，《财富》杂志的排名还将小米归为互联网服务与零售行业。这让之前的争论——“小米是一家硬件公司还是互联网公司”，有了一个尘埃落定的回答。尤其是，随着小米商业战略的推进执行，它的财务数据也可以越来越坚实地证明其越来越强大的互联网基因。近 10 年中，小米通过 MIUI 聚集的上亿活跃的互联网用户和智能家居设备用户，与未来的人工智能时代，有着一种密不可分的联系。

从 2014 年开始，在小米的 AIoT 的蓝图中，形成了“1+4+X”的品类战略，1 指传统控制中心智能手机，4 指电视、智能音箱、笔记本电脑和路由器，X 则是小米海量的 IoT 产品。当所有的设备互相连接时，大数据和算法的力量终将显现，它们最终会对现有的科技世界进行某种颠覆和重构。而小米正行走在摸索更加丰富的智能场景的道路上。到 2020 年第一季度，小米 IoT 平台设备连接数超过 2.52 亿台（不含手机、笔记本电脑），拥有 5 个及 5 个以上智能设备的用户数在小米 IoT 平台达到 460 万。在 2019 年的 MIDC 小米开发者大会上，IoT 平台部总经理范典宣布，小米智能家居产品，已服务家庭数达 5599 万，智能场景每日执行次数为 1.08 亿次。

截至 2019 年 12 月 31 日，小米集团在全球范围内共拥有 14000 多件授权专利，有 16000 多件专利正在审核中，累计申请专利数超过 33000 件，其中 AI 领域专利申请数量已经进入全球互联网企业第一阵营。

在这个蓝图中，除了小米手机在 5G 时代进行的备战外，小米中国区销售运营二部的总经理（负责电视和大家电）蒋聪，也在 2019 年 12 月 30 日的微博上宣布，小米电视已经提前完成 2019 年中国市场销售 1000 万台的目标，成为中国市场出货量第一的电视品牌。在 40 多年的电视发展历史当中，只做了 6 年电视的小米是第一家年出货量突破 1000 万台的企业，这对小米的硬件即流量入口的战略，是一个极为重要的助推。

由于小米在 2019 年作为互联网公司成为世界 500 强公司，这使得中美互联网公司的力量对比变为了 4∶3。人们说，这反映出中国互联网产业与经济的活力和实力。而雷军希望将这个事件变成小米从成功走向伟大的起点。他说：“岁月让小米成长为一棵参天大树，但年轻才是小米最不一样的地方，也是小米的巨大优势所在。”所谓年轻无极限，雷军希望9岁的小米“从过去的成功，真正走向伟大”。

而9月24日这场发布会之所以成为具有浓缩意义的场景的另一个原因，在于小米所展示出的技术实力。这一天，小米发布了一款来自未来的产品——MIX Alpha。这是自2016年小米引领了世界范围内的手机全面屏革命后，再一次做出引领全球趋势的突破。它代表的是一种探索精神——MIX Alpha机身正面、侧面、背面都被一整块屏幕所环绕，屏占比高达180.6%，是一款颠覆性的新品。当屏幕点亮时，它就像浩瀚的宇宙，没有终点，也没有边界。

在这款产品近乎残酷的研发过程中，小米的工程师展示出了杰出的能力和超强的毅力。如何做好MIUI交互？如何卸载掉柔性屏的应力？如何做大电池以应对5G和大屏幕的耗电量？这都是小米从未碰到过的难题。尤其是在研发的中途，本来就无比艰难的过程还被雷军加上了一个新的要求——加入一亿像素的相机模组。这让工程团队和工业设计团队同时陷入了失眠的痛苦，而最终，这些困难都被一一攻克。小米为此组建了1000人的项目团队，投入了5亿元研发费用。这个案例可以代表在世界范围之内，中国工程师手机研发能力的大幅提高。10年前，如果说中国工程师将引领某款手机的未来形态，看似还有些天方夜谭，那么在经过这些年的创业与创新之后，这样的事实已经发生了不止一次。

小米正在越来越频繁地进入全球各地人们的视野中。除了小米的产品正在进入世界各地的千万家庭外，它的行业理念也开始被全世界的科技产业所瞩目。而小米进入全球90多个市场，除了创造就业、促进当地市场的繁荣和引领创新以外，还把“科技平权”的理念带给了当地的消费者。当雷军在2018年公布小米的硬件综合利润率不高于5%并将适用到全世界范围内，他已经把新的商业文明和一种新的商业哲学引荐到企业家的世界观里。正如乌麦尔·哈克在《新的商业文明》一书中所指出的：

> 未来的竞争优势取决于公平性，而不是不公平性，有弹性的企业不会用不公正的手段和策略来保护昔日的商业模式、产品和服务，而是尽可能高地将自己暴露于自由、公正的交易环境，从而创造出厚价值。这样的企业明白，不公正、反竞争手段的代价就是无法产生飞跃式的发展，因此企业会持续选择公正而非暴力的手段，选择哲学而非竞争战略。

而这正是10年时光，小米留给时间最宝贵的东西。

一路走来，小米成长为一个被媒体人称为“有图腾意义”的公司，也成了一个值得研究的时代样本。如果用深刻的眼光去剖析小米是如何完成那个“鸿篇巨制”的战略的，就会发掘出背后许多错综复杂的因素。但是终究，它和这个时代崛起的很多企业一样，是人的命运、时代的命运和国家命运相互交织的产物。

从人物的命运来看，小米的诞生和雷军的个人经历息息相关。生于1969年的雷军于1987年进入武汉大学，接受的是中国最好的计算机教育之一。如果说，《硅谷之火》赋予了他一颗家国情怀的种子，也让他把追寻伟大和改变世界变成了自己的原始冲动，那么，冲破羁绊和喜欢胜利则是一直流淌在他血液中的元素。

雷军曾经这样表达自己这一代的成长历程：“我们从小接受的是集体主义教育，但是转过头，满眼看见的都是自我。”在成长的过程中，内部世界和外部世界的强烈冲撞一直是一个主旋律，而个性的表达则一直裹挟在对秩序和服从的外部要求下，雷军一直在寻找安放自我的方式。很少有人知道，在武汉大学软件二班里，雷军除了具有“三好学生”的典型特质外，还是全班第一个到交谊舞培训班报名的人，他不但自己学会了交谊舞，还带领很多同学前去学习。而毕业之后，他也是班里第一个脱离体制、在90年代初尝试自己创业的年轻人。可以说，中国市场经济的开启，市场逐渐对外开放，计算机产业的崛起，与雷军解放生命中强烈自我的那一部分是同步的——当承载这样鲜明个性、有内驱力的年轻人的土壤一旦形成，这些曾经无处安放的战斗欲和奋斗欲就有了施展的可能性。而这些，都成为后来的企业家精神的基石。

这样的例子其实是一代企业家的时代缩影。他们都是在剧变的社会发展和时代洪流中找到了承托理想和自我个性的空间的人，而那些冲破体制的时代故事，时常在这样的人身上发生。比如丁磊离开宁波电信局的故事；再比如，1995年，马云从杭州电子工业学院辞职，自己凑了2万元准备创业的故事。可以说，当一些条件慢慢成熟，就是这些“超级冒险家”登场的时刻。而这一批人，就如同在美国出生于1955年的比尔·盖茨和史蒂夫·乔布斯一样，是自己的天赋和时代碰撞的产物。

不可否认，创办小米的初衷，也和雷军从小拥有的那种“一直想赢、不服输”的心态有关。雷军在金山担任职业经理人十几年之后，互联网世界对个人计算机产业发起了第一轮冲击，这让几个和他同辈的创业者实现了对他的暂时赶超。这让“出道”很早，一直在给这些同辈创业者提供各种资源和帮助的雷军一度很痛苦，也让他开始深入地思索一个问题：他们为什么会成功？他认为，这些同辈创业者的成功，正是源于对趋势的准确把握，他们当时正行走在趋势的风口浪尖上。而拥抱趋势对他后来的创业也至关重要。雷军至今都记得那种“挫败感”，他和某个互联网公司创始人在珠海的一家酒店进行了两天一夜的漫漫长谈之后，他为没有抓住互联网的机遇深感落寞，而这也成为一个激发起他强烈斗志的时刻。

2010年，当雷军选择再次创业时，他最终拥有了拥抱趋势、驾驭“铁人三项”这个宏大战略的能力。金山16年的经历给予了他商业判断的能力和足够的管理经验，以及丰富的互联网业务的操盘能力。而做天使投资人的成功经验，又赋予了他对产业深入观察的能力和广泛的风险投资圈的人脉，这让小米后续持续融资的能力得到了保证。可以说，集创业者和天使投资人的双重身份于一身的雷军，具有其他创业者不具备的得天独厚的优势，他的名字就是小米创业的品牌背书。

这也是小米后来始终能够吸引优质团队一起打拼的重要基础。

而最关键的一点是，当一个财富早已自由的人开始创业时，他可以真正放下对赚钱和利润的执念，把克制贪婪的理念融会贯通在自己的创业过程中，这让企业家可以大胆放手去追寻商业的本质。这是小米能够成功最关键的因素，也是雷军设计的“铁人三项”的理论能够被执行的终极原因。因此，当我们再次复盘小米的故事时会发现，如果换一个人在当年去操盘同样的商业模式，则很难保证这个战略在执行的过程中不会动作变形。因此可以说，小米这个故事的独特性，大部分来自雷军。

从这一点看，雷军在金山时期的痛苦、离开金山时那种凤凰涅槃的感受、做天使投资人的观察，甚至那场让他有些落寞的交谈，都好像是催生小米这个崭新物种的前期准备，这里面充满了某种宿命的味道。

一个企业的成功和时代的承托密不可分。2010 年，中国的网民数量为 4.57 亿，智能手机的销量只有 0.27 亿部；而 2019 年，中国网民的数量达到 8.54 亿，智能手机销售为 3.69 亿部。中国不但是全球最大的互联网市场，也是全球最大的智能手机使用地，这里面蕴含的机会无限。和诸多独角兽公司一样，小米成长的黄金 10 年，依托的正是中国移动互联网蓬勃发展的 10 年。人口红利对于智能手机的增长有着至关重要的作用——2010 年中国正处在移动互联网爆发的前夜，智能手机的升级换代凸显出前所未有的增长红利。在很多传统人士的眼中，小米几乎是这种红利的最大受益者之一。小米在 2011 年的出世，几乎是一种瞬间的腾飞，它成为中国制造业最闪亮的“新星”。而从 2G 到 3G 再到 4G 的两次升级，智能手机从硬件和软件每个技术量级的进步，从移动互联网到“5G+AIoT”都蕴藏着巨大的机会，小米成为抓住这一风口，成长为巨型公司的典型代表。

商业模式的创新和风险投资在这个阶段的融合，让科技与资本发挥了双引擎的效果，催生了移动互联网这 10 年的创业投资热潮。当中国成为全世界风险投资基金最多的国家，其中的创业者也成了最活跃的一个群体。他们给社会带来了不可思议的变化。

回顾这 10 年，很多大公司和新的业态都在这个阶段诞生。比如，2009 年诞生的微博彻底改变了人们获取信息的方式，而 2011 年诞生的微信则彻底改变了人们的社交生活，尤其是微信 5.1 版本发布后，“扫一扫”将线上和线下、人和机、物和网完美地结合了起来，人们可以用手机购买电影票、机票，进行各种支付。这催生了 O2O 大潮的诞生，也促成了中国移动支付市场的兴起。根据 2016 年的统计数据，中国移动支付市场当年的规模差不多是 790 亿美元，而美国只有不到中国的 1/10。微信支付和支付宝按照单笔数据单量来看，已经超过了 VISA 全年的单量。当出行类的巨头滴滴、消费类的美团以及信息服务类的今日头条纷纷崛起时，人们的生活方式，已经发生了翻天覆地的改变。

创业者百舸争流，一个 10 年已是沧海桑田。过去 10 年催生出许多独角兽公司，它们在庞大的消费市场中历经磨炼，又将其收获的经验复制到其他市场去。人们发现，“Copy to China”（中国复制）已经逐渐减少，“To copy China”（复制中国）却渐渐成风。硅谷创投教父彼得·蒂尔（Peter Thiel）在 2015 年来华接受媒体采访时就说，“Copy to China”模式已经到达极限。小米在印度市场的成功，就是一个将自身的商业模式成功复制到海外的典范。在小米进入的 90 个国家中，在 30 个市场中处于前五。

当小米渐渐在全球树立起自己的品牌，不仅很多高管，比如林斌、刘德、洪锋、崔宝秋、王翔等人从多年打拼的海外职场回归到本土创业，曾经进行过海外并购的一些中国公司的高管，例如联想公司的常程也跳槽到小米公司。而高手从竞争对手的公司进入小米的现象，也成为非常常见的一幕。比如 2017 年从中兴离职加入小米手机供应链的李俊，后来成为小米手机部主管供应链的副总裁。先后供职于三星、华为、TCL、魅族的杨柘也在 2020 年 6 月加入了小米，并担任中国区首席营销官一职，很多这样的职场老兵开始不约而同地用一个成语来形容和小米公司的缘分——情投意合。

最有趣的一个现象是，一些顶级的国际技术人才也开始流向中国。就在 2019 年 10 月 19 日，小米技术委员会主席崔宝秋在微博上宣布：在人工智能语音领域被称为“天才学者”的丹尼尔·波维（Daniel Povey）教授加入小米。波维教授是著名语音识别开源工具 Kaldi 的主要开发者和维护者，被称为“Kaldi 之父”。此前，他从美国约翰斯·霍普金斯大学离职后拒绝了脸书的加盟邀约，开始在中国寻找工作机会。在看到小米对开源软件的热爱和在人工智能领域的优势后，经过几个月的考虑，丹尼尔·波维最终选择了小米。而他在寒冷的 10 月中旬穿着一双拖鞋走进小米园区的样子，也瞬间传遍了互联网。波维教授的加入，只是众多国际人才加入中国顶级互联网公司的案例之一。

这在某种程度上佐证了中国这 10 年的国力成长。不管是人工智能还是物联网革命，技术的进步正在加速迭代。对于世界经济格局来说，中国崛起已经成为最大的变量。从 1978 年到 2018 年，中国 GDP 从 3679 亿元增长到 90 多万亿元，增长了 243 倍，GDP 平均增速达到 9.8%。继 2010 年超过日本之后，中国经济总量开始坐二望一。2018 年中国 GDP 总量占全球的 16.1%。而庞大的网民规模优势，支撑着“互联网 +”的趋势一骑绝尘。中国拥有全球最大的电子商务市场，占到全球电商交易总额的 40% 以上。而在 10 年前，这一比例还不足 1%。中国也拥有全球三分之一的独角兽企业，10 年以来，这使得中国成为塑造全球化格局的重要力量。[①]

可以说，这个宏观大背景，正是如同小米这样的中国公司可以崛起的时代大背景。正如本书的序言里说的那样，这不仅仅是一个人和一家公司的故事，这是一个关于中国崛起的故事。这是一个在风投系统逐渐成熟、移动互联网全面崛起、产业正在像素级追赶以及消费升级时代来临之时，一个国家和一个时代如何综合成就创新者的故事。这不是中场战事，这只是另一个刚刚开始。

2019 年 12 月 16 日，许多老朋友给雷军发来了生日祝贺短信，祝愿他——出走半生，归来仍是少年。而雷军并没有告诉别人，他自己在纸笔上书写的具体内容是什么。这一段的思考成了一个谜。但是对于他来说，在 50 年的人生里，他早就已经重新定义了“胜利”，在商业竞争中同样如此。正如

---

① 王德培 . 中国经济 2020［M］. 北京：中国友谊出版公司，2020.

耐克创始人菲尔·奈特所说的那样："当你创造了某项事物，当你改进了某项东西，当你传递了某种思想，当你为陌生人的生活增添了一些新事物或服务，让他们更加开心、健康、安全和满意，当你干净利落地按照理所应当的方式解决上述问题，你就会更多地参与到宏观的人类大舞台上。"

过去的沸腾的黄金 10 年已经结束。

新的 10 年正在开启。

对于科技工作者来说，5G+AIoT 的新的技术时代已经来临，科技的价值也将被指数级发挥出来。中国的优势是复杂产品的大规模开发制造能力。像小米这样的中国公司，其实就是站在科技与制造的一个黄金交汇点上。就在 2019 年的最后一天，小米的第一家智能工厂在北京亦庄开始首批手机的生产，这是小米进军智能智造的开端。

在雷军看来，个人计算机互联网是 10 亿级设备的规模，移动互联网是 50 亿设备规模，而超级互联网则是 500 亿级别设备的规模。未来的小米有着无限的可能，机遇和挑战并存。

凡是过往，皆为序章。此时此刻，年轻的工程师们正在小米科技园区里热烈地进行着各种讨论，而这家只有 10 岁的公司，更好的征程，其实才刚刚开始。

后 记

迈向下一个 10 年

2020 年 4 月 6 日，是小米公司诞生 10 周年纪念日。这本书就像是送给小米这家公司生命前 10 年的一份礼物。这份礼物的核心是记录、总结、复盘和反思。小米希望将过去 10 年的经验、商业战略的演进和自省记录下来，从而朝气蓬勃地走向下一个 10 年。

在撰写本书这长达一年的时间里，我和百余位小米的高管以及员工，做了 200 个小时的口述历史和采访记录，可以说，每一场访谈都充满了丰富的情感和强大的张力。每一场采访结束时，我们都能感受到人物命运和时代命运的交织，我和采访对象都心潮起伏，不由得对时间心生感叹。很多人在回忆中表示，10 年创业历程，发生的事情太多太快，每一天都过得如同打仗一样，而每一年却又如同过了好几年那样漫长。

在访谈过程中，小米人最大限度地敞开了自己的心扉，将自己 10 年创业历程中最幸福、最挣扎也最摄人心魄的故事和盘托出。这需要非比寻常的勇气，也和我这段时间亲身感受到的小米文化很有一致性。作为一个 10 岁的移动互联网公司，这里的创业者普遍比较年轻，他们用 10 年的时光把最有诚意的产品带给了这个时代，也带给了全球多个市场。同时，他们也把一种可贵的特质融入了这家公司，从而形成了一种公司气质，那就是以年轻工程师为核心，以产品为导向，以不眠不休的奋斗精神为底色，在移动互联网时代融入民主精神、自由开放的氛围、追求新锐又务实落地的气质。这也决定了他们把一种类似的气质带到了我对他们的访谈中，那就是有一说一，不装和真实。

在一遍又一遍地听这些口述录音的同时，我非常感慨。很少有一家企业能够如此坦诚地面对自己的爱与痛，成长和失误，以及在复杂多变的竞争环境中的每一次商业思考。在这本书里，你可以看到一家企业初生时的奋不顾身、彪悍生长时的畅快淋漓，战略转变当中的小心尝试和大胆求证，还有一段蹉跎岁月里的漫漫求索，以及冲出重围时的那种重见天日感。而这些篇章里最具有跌宕起伏特征的，应该是雷军作为小米创始人，在 2016 年小米最为幽暗漫长的一段低谷期里，如何化解供应链危机，全面改革核心部门，提升整体技术力量，引领小米破局的故事。这一年，可以说是小米 10 年发展中承上启下的一年，是一家初创公司走向巨型公司的转折点。

雷军非常坦诚地说，重新谈及这一年的具体细节让他痛苦不堪，就像一道伤口本来已经愈合，又不得不重新打开一样。但是，创业不仅仅只有高歌猛进，也时常泥沙俱下，他承认，能够诚实才是强大的基础。

这本书被赋予了最充足的故事性，很多个人的真实情感展现在这本书里，也让这些创造历史的个体得到了尊重，甚至疗愈。与那些简单的新闻报道和只喜欢结论的载体不同，这本书不仅仅关注结果，更关注达成结果的那些来之不易的过程，以及创造历史过程中的那些喜怒哀乐，当这些情感得到释放，生命个体的重要性便得到了凸显。这让我时不时想起口述历史与非虚构写作的意义，正如白俄罗斯作家斯韦特兰娜·亚历山德罗夫娜·阿列克谢耶维奇在创作《二手时间》时所说的那样："历史只关心时事，而情感被排除在外，人的情感是不会被纳入历史的。"而非虚构写作的一个重大意义是"乐此不疲地探究无边无际、数不胜数的人性真相"，从而让人的情感，被纳入历史。

因为有了最真实的情感和最丰盈的故事，这本书不仅仅是属于小米人的一份礼物，也是给同时代的企业家以及创业者的一份礼物。在商业文明的演进当中，小米是一家非常独特且成长迅速的公司，这家公司每一天和每一年发生的故事，都是很难在商学院的教材上看到的真实案例。小米的员工说，小米自己就是一家开在真实战场上的商学院。它承载的商业故事和商业案例，以及其中关于商业道德的思考，都是这个时代值得铭记和仔细研究的范本。

随着写作的推进，当整本书在 2020 年 1 月底完成之际，小米这家公司在我心中越来越像一个有情感的生命个体，而每每当我希望用一个词语来描述这个生命个体时，思想者纳西姆 · 尼古拉斯 · 塔勒布（Nassim Nicholas Taleb）所说的那个词——反脆弱，就会出现在我的脑海。是的，当小米的 10 年故事天然地成为一个破茧而出、在异常残酷的竞争中战胜自己的弱点，在各种不确定的因素中迅速成长的样本时，小米本身就成了一个“反脆弱性”的经典案例。

按照塔勒布的说法，不确定也有有益的一面，甚至有其存在的必要性。反脆弱是一个超越复原力和强韧性的概念。复原力只是事物抵御冲击并在受到重创后复原的能力，而反脆弱性则进一步超越了复原力，让事物在压力下逆势增长，蒸蒸日上。

2016 年，小米在遭遇供应链危机和创始人调整事件之后，于低谷中完成了这个反脆弱的过程。其中最显著的一个变化表现为小米的组织修复能力不断进化以及不断追求新技术，这不仅仅让小米的元气得到恢复，更让其远期能力的提升得到了保证。

在研发团队的人数上，到 2016 年底，小米手机部的硬件研发人员还只有 595 人，到了 2019 年年底，就发展到 3218 人。另外，软件、互联网、人工智能等研发部门还有 7000 多人，这让小米的整体研发队伍超过了 10000 人。

2016 年，小米研究相机模组的人员只有 26 人，而到了 2019 年，相机团队已经发展到 624 人。2018 年，相机已经作为一个独立的部门分拆出来，并引入了影像领域的大批专家，研究深入到各个细分领域，也让小米在海内外都有了多支研发团队。

可以说，正是 2016 年的那次危机，让小米对技术的重视提升到了一个前所未有的高度。2019 年，小米在技术研发上的投入是 70 亿元人民币；而到了 2020 年，这个数字将达到 100 亿。而且，对于格外重视研发效率的小米来说，它的技术产出速度也大大提升，从而让今天的小米有了可以在市场最前沿的领域和竞争对手比拼的能力。

2019 年年初，Redmi 品牌和小米品牌进行了分拆。在这之后，小米的品牌进阶之路已经在紧锣密鼓地策划当中了。其中 2020 年小米的开年之作，那个让米粉翘望已久的小米手机 10，也就是那个内部代号为 J1 的产品，已经进入春节之前的量产备货环节，这个研发投入达到 10 亿元人民币，在技术指标上全面超越竞争对手，价格也第一次冲击 4000~6000 元的产品，将在 2020 年 2 月 11 日正式发布。

按照惯例，小米已经为它提前预订了会场——能容纳 2000 人的国家会议中心。

在小米工程师的眼中，小米手机 10，以及它的高配版本小米手机 10 Pro，是划时代的产品，它们不仅仅是 5G 元年到来之际，小米用自己的技术积累研发出的有众多突破的代表作，也将划分小米自己的时代，它们关乎小米自身使命的一部分，那就是在市场上冲击高端市场，弥补几年前小米 Note 留下的缺憾。在长达一年大火猛攻似的研发过程中，小米人把小米手机 10 称为一部为自己的 10 年献礼的、“集大成”的“梦幻之作”。

在小米内部，小米手机 10 的成败还关乎团队的信心。当一部分人信心满满的时候，另一部分人依然心存疑虑，4000~6000 元这个价格区间是小米以前从未涉足的，销售团队的一些同事担心这个价格是否能够被米粉们接受。因此可以说，小米手机 10 不仅仅关乎小米的品牌区隔，它还关乎小米人打破自己观念束缚的一次心灵解放。

本来这本书就是要终结在这样一个时间点上，剩下的故事将由时间来继续讲述。然而，一场意外，让我再一次有机会见证了小米“反脆弱”的时刻。

2020 年 1 月 21 日，大年二十八，下午 3 点，雷军在办公室里开了一个长达 3 个半小时的会议，在这个会议的中途，他还被同事叫出去与仍在坚守岗位的小米工程师合了一张影。结束这一天的工作后，雷军的计划是第二天飞离北京度过春节假期。等春节回来以后，小米手机 10 的发布准备工作将正式启动。

然而，2020 年 1 月 23 日，大年二十九，“黑天鹅”突然飞来。武汉宣布封城，新型冠状病毒肺炎的蔓延最终演变成一个全国性的公共卫生事件，这让全国人民都陷入了震惊当中。而此刻远在外地的雷军，立即开始远程指挥小米有品商城给武汉的捐助行动，有品运送到武汉的防疫物资包括 N95 口罩、隔离服、体温计等。后来，雷军又联合调度生态链公司一起持续给武汉捐款捐物，加上他本人 2000 万元的捐款，小米公司、小米基金会和个人的捐款捐物累计金额超过 5000 万元。

疫情意味着生活的停摆，也意味着经济活动的暂停。对小米来说，这意味着已经箭在弦上的小米手机 10 发布会，面临重大的不确定性。在疫情之下，公司的安排该怎样调整？此时此刻，这个问题急需回答。小米公司主管行政和政府关系的高管何勇提出了对举办大型线下活动的最大担心。可以说，这是雷军和整个小米管理层最为焦灼的时刻。

整个春节期间，在小米的很多工作群里，各种各样的预案被提出，讨论也一直在进行。随着时间的推移，疫情对春节之后经济活动的影响已经显而易见。接下来，推迟复工的消息接连传来，中国经济遭遇了前所未有的剧烈冲击，而企业界的焦虑指数也随着疫情的发展逐步升高。

关于是否如期发布小米手机 10，此时成为小米公司的一个重大话题。因为它是一款如此与众不同的产品，小米渴望通过它实现突破的愿望又是如此强烈，因此发布时间的选择成了一个艰难的决定。公众会对一家企业在疫情期间发布产品做何反应？小米要在无序和混乱中，做出一个充满风险的决策。这个决策几乎押上了小米手机 10 的全部命运，也考验着决策者的胆识。

最终，在整个行业陷入沉寂的时候，在上下游供应链厂商“行业需要一场旗舰发布会”的呼声之中，在诸多电商平台的期许之下，小米的管理层做出了一个载入公司史册的决定。历史上第一次，小米手机发布会将采用纯线上的直播发布，时间也从2月11日调整到2月13日。这意味着，在场下几乎没有观众的情况下，雷军将独自上台，完成所有产品的“云发布”。做出这样的决定，其实也源自雷军的初心。在全国人民陷入恐慌，并且隔离在家的情况下，小米希望能够给普通人以信心和一丝正常生活的气息，也希望在这个特殊时期传递一个重要的信号——生活可以被疫情影响，但是人绝不能被疫情打败。

以一种前所未有的形式，发布一个对小米如此重要的产品，这种临时大规模的变更，其实加大了某种不确定性。然而，这么多年来，第一个和第一次做历史性尝试的重担，总是悄然落在这家年轻公司的身上。小米又一次面临着破局的危与机。

准备一场纯线上发布会的艰辛不言而喻。在推翻小米市场团队之前花了一个月所做的所有线下方案之后，重新制定方案的工作量是巨大的。所有的物料作废重新修改，而发布的重点从偏技术转向了更偏体验。雷军在一个星期的时间里，每天都是白天戴着口罩在办公室开会、看资料，凌晨两点回家休息。在疫情期间，他要指挥整个产品发布的作战，也要熟悉整个发布会的技术指标，其中关于高通骁龙865的资料，就足足有几百页。在准备发布会的那几天，为了把这个技术指标阐述得更为精准，雷军把高通和竞争对手的资料反复看了几遍，而这仅仅只是他发布会上PPT的4页。

2020年2月13日下午两点，疫情来临之后的第一场中国企业的发布会，就这样以“云”的形式召开了。在云端，数家直播平台悉数到场，深圳卫视的超级发布会栏目也进行了现场直播。在台下，小米少数高管间隔就座，严密监控着整个发布会的进程；而台上，小米手机10和小米手机10 Pro的一个个技术指标被雷军放送出来，每一个技术指标输出的时刻，似乎都在夺取着米粉的呼吸。无论是高通骁龙865、1亿像素、DXOMARK总分独居榜首、新一代Wi-Fi 6、双1216超线性扬声器和对称式立体声、50W有线极速闪充，都以抢占市场制高点的姿势出场。一些互联网上的实时评论发出了弹幕：这些指标以钢铁般的事实证明，小米的这些产品已经超越了对手。这确实是一个新品牌破茧而出的时刻。

因为疫情，这场发布会意外地吸引了全国观众的关注度，它几乎成了疫情之外的另一个焦点事件，当经济活动在特殊时期依然正常进行时，这成了一种对焦虑情绪的抚慰和一种对正常生活的向往。直播中各种层面的讨论接连不断。在发布会进行到一半时，小米已经进入微博热搜指数。这也是第一次，很多米粉有机会召集全家人一起在电视机或者手机屏幕之前观看小米的发布会，从而让一些人第一次有机会认识小米这个品牌。很多人说此刻竟然有一种天涯共此时的感觉。

这场看似波澜不惊的发布会，其实浓缩了太多期许、勇气、冒险以及企业家精神，这是一家公司在无序状态下的一种终极考验，而小米顺利通过了这次考试。雷军从舞台上下来之后，同事告诉他效果不错。而此时他并不知道，这次特殊时期的发布会，已经在各种平台上吸引了 3 亿粉丝观看，这个数字是史无前例的，这充分表明，人们对新产品的渴望已经超过了以往。

新机发布之后，小米集团股价迅速攀升，由发布会之前的每股 12.86 港元，飙升至 13.58 港元。涨幅达到 5.6%，随后一直保持涨势，收市报 13.38 港元。这一天，小米的市值增加了 110.46 亿港元。同一天，小米的微信指数比上一周增加了 4500 万。一时间，小米成了全民都在讨论的一个品牌。

销售结果证明了小米这次在特殊时期的勇气。人们最终理解，在疫情之中，企业有进行正常经营活动的需要，也有更多的行业正希望从疫情的阴霾中走出来，恢复本来的生活。

2 月 14 日，小米手机 10 全渠道首卖，开售 1 分钟后，全平台的销售额突破 2 亿元。2 月 18 日，小米手机 10 Pro 首销日，这款 4999 元起价的手机，55 秒就突破了全平台销售 2 亿元的门槛。

新 10 年的里程碑，小米手机 10 的发布最终让小米这个品牌破茧而出，成为一个区别于以往的全新品牌。而这是小米公司在 10 年发展的历程中，又一个反脆弱的经典时刻。在《反脆弱》这本书里，作者塔勒布说：“风会熄灭蜡烛，却能使火越烧越旺。对随机性、不确定性和混沌也是一样，你要利用它们，而不是躲避它们，你要成为火，渴望得到风的吹拂。”“有些事情能从冲击中受益，当暴露在波动性、随机性，压力、风险和不确定性中时，它们反而能茁壮成长和壮大”“我们不只希望从不确定性中活下来，或仅仅是战胜不确定性。除了从不确定性中存活下来，我们更希望像罗马斯多葛学派的某一分支，拥有最后的决定权，我们的使命是驯化、主宰那些看不见的、不透明的和甚至难以解释的事物。”

疫情使本书的出版延迟了一段日子，也让这段本来无法写进书里的小米手机 10 的故事，有了呈现的可能性。其实，能够见证和书写小米在这个新 10 年开端经历的反脆弱经典时刻，本身意义就是非凡的。从某种层面上说，破茧而出的远远不只是小米这个品牌，很多事情的意义远远超过商业战略、竞争力、销售额甚至短期的市场变化和枯燥的数字。更重要的一件事情是，在这个重大事件中，小米人在精神层面的破茧而出。在危与机到来的时候，他们潜心前行、勇于突破，并获得从未如此强大的自信。他们获得了在任何无序和不确定的状态中，战胜自己的能力。而这种精神成长，才是小米人奉献给自己的，一份饱含自我超越气息、真正有价值的 10 周年礼物。从这个角度来说，这甚至是一个中国企业留给这个时代的，一份不平凡的纪念。

在充满不确定的日常中，这家企业已经如同纳西姆·尼古拉斯·塔勒布所说的那样：如果意外总会发生，那么，我们唯一希望能够实现的一个最终的理想，就是——学会如何爱上风。

致　谢

《一往无前》是我人生中的第四部作品，也是完成起来最艰难的一部。它的艰难，并不在于访谈和写作层面，而是在于我当时正处在人生中一个比较艰难的阶段。在项目启动的 2019 年 2 月，我的女儿只有两岁，这个阶段我还在适应母亲这个角色，而且已经两年没有睡过一个整觉了。在这样的情况下，怎样忠实记录和呈现小米这家公司在移动互联网时代的崛起？怎样将宏大叙事和那些历史中丰富的细节有机融合？如何再现一家公司在信息时代和人工智能时代的思考与发展？对我来说，各方面的挑战都是巨大的。

但是经过一年艰苦的工作，我还是完成了这部作品，这离不开身边众多朋友对我的帮助和巨大的支持。在这里，我想对他们表示感谢。

感谢雷军先生以及所有小米创始人的坦诚，正是这些无私的分享和深度的交流，让小米创立 10 年的故事以最生动的方式呈现了出来。感谢接受访谈的所有的投资人和小米人，你们不仅回顾了这家公司的诞生和成长路径，还让我感受到了跟随时代浪潮奋斗的那种蓬勃精神和内心力量。

感谢我的朋友蔡芫，我的每一本书你都是第一读者，这一本当然也不例外。每当我有不确定的感受时，你都会告诉我你阅读之后的良好感受，并屡屡在我信心不足的时刻扶我一把，让我有勇气重新上路。这种支持已经持续了 10 年，你几乎已经成为我情绪的压舱石。

感谢照顾我女儿的冯丽，你是我见过的最用心、最有责任心并且学习能力极强的人。说实话，你也是这本书能够成功的重要因素之一。当我每天看见你用爱来协助我养育我的孩子，带着孩子读绘本、上游泳课并且关注她的每一种情绪时，我才能放心投入到我的工作当中。我非常感谢上天赐给了我这样一个你。

最后，我要感谢自己。感谢自己 10 年以来对这一份事业的坚持，现在看来，打造中国顶级的商业传记更像是一次逆风而行的冒险。在短视频和直播崛起的年代，这样“重”的事业做起来绝不轻松。但是，我相信，在这样一个快的时代做一份慢的事业，依然有着无可比拟的价值。用文字记载人类商业文明的演进，让思考被知晓，让人物被铭记，让历史被记录，这个过程始终魅力无限。这样定格历史的工作，让我觉得，可以抵御一切容易破碎的时光。

小米是一家对世界充满纯情的公司，尽管一路走来跌宕起伏，但是它从来都是百分之百地努力。非常有幸，和这样一家划时代的公司，这样一群一往无前的人，有过一段同行时光。

范海涛

2020.6.15